企業再建手続運営プロセスの法理

企業再建手続運営プロセスの法理

——倒産処理における関係人自治——

河崎祐子著

信山社

はしがき

本書は、筆者が一橋大学大学院博士後期課程在籍中に執筆し、一九九九年に同大学より博士（法学）の学位を授与された博士論文を収めたものである。大部なこともあって、適当な発表の機会を得られぬまま学位取得後はや五年が過ぎたが、このたび駿河台大学より出版助成をいただく幸いに恵まれ、初著作という予期せぬ形でようやくその内容を世に問うことができることとなった。

この五年という歳月を経る間に、当時本格的に始動したばかりであったわが国倒産法制再編の動きは、急速に展開した。まず、本書の研究対象である新再建型手続の構想は、程なく民事再生法に結実した。改正会社更生法も、二〇〇三年四月から施行されている。このほか、国際倒産や個人債務者再建といった現代的な課題にも様々な立法的手当てがなされた。そして現在、最後に残された破産法改正についても二〇〇四年度からの施行が見込まれるに至り、今回の大規模な倒産法改正作業はいよいよ収束に向かっている。このように大きく状況が変化する中で、五年前に執筆した研究成果を今敢えて発表しようとするのは、次のような考えからである。

第一に、民事再生法の成立をもって、わが国の再建制度が完成されたというわけではない。民事再生法は、現場の緊急の必要に応える形で出来たいわば暫定的なものである。ゆえに、今ある評価に甘んじることなく、効率性の追求とともに、当初掲げられた理念をよりよく実現する、より完成された制度を構想する努力が今後も続けられなければならない。そこでまず必要なのは、民事再生法制定の過程では十分に議論がされたとは言いがたい、目指すべき再建制度はどのようなものかという根本的なテーマの探求である。この点に関して、民事再生法の根底にある利害関係人の自治的判断及び自己責任という考え方は、現在広く支持されており、ここに我々の再建法が目指すべき一つの方向性と課題が現れている。それは正に本書が主題とするところであり、倒産手続への利害関係人の自治的関与の可能性とその実現方法をめぐる本書での研究は、今日もその意義を全く失っていない。第二に、本書で新たに開拓することを狙った再建企業ガバナンスという研究領域は、民事再生法施行後ますます重要性を増すと見込まれる。このように本書の意義及び必要性は未だ損なわれていないと考えるがゆえに、拙く、不備の多い内容ではあるが、ここに本書を上辞する次第である。なお、本来であれば新しい立法の動きを反映した加筆を施すべきところではあるが、刻々と状況が変化するこの過渡期にあっては、その目的に固執して日を重ねるよりも、当時において完結した研究成果をそのようなものとして素直に受け止めて、今後の研究の出発点に据え、また、広く御批判・御指摘を賜ることによって、よりいっそう発展させていきたいと考えた。それゆえ、本書の刊行にあたっては当時の内容をそのままに、大きな加筆・修正を加えるということはしていない。この点の不十分さを補うために、一貫した問題意識のもとに民事再生法について新たに執筆した補論を最後に付した。

未熟な筆者が本書を形にすることができたのは、多くの先生方からの御懇切な御指導、先輩、友人、そして家族の励ましがあってこそである。

まず、大学院時代を通じて御指導をいただいている竹下守夫先生（駿河台大学学長）、上原敏夫先生（一橋大学）、山本和彦先生（一橋大学）、学部時代からの恩師である中島弘雅先生（東京都立大学）、佐藤彰一先生（法政大学）に、改めて深く御礼申し上げたい。とりわけ、指導教官である上原先生の御学恩ははかりしれない。夢ばかり大きくともすれば無軌道に突っ走りがちな未熟な筆者を、今日まで暖かく、御懇切に御指導いただいている。

研究者としての喜びや心構えも、上原先生から教えていただいた。また、論文執筆過程では原竹裕先生（一橋大学〔当時〕）からしばしば的確な御助言を賜った。そして、本書の出版を助成賜った駿河台大学には、若輩にこのような機会を与えて下さったことを深く感謝するとともに、当初の予定から二年も刊行が遅れたことを心よりお詫び申しあげる。

夢と不安にみちみちた院生時代を共に過ごした院生研究室の同志達、立教大学助手時代及び現在在職している駿河台大学の仲間達、常に新たな発見と感動をもたらしてくれる愛する私の学生達、彼らとの暖かい交流は大きな精神的支えであり、苦境にあっては確かな慰めであった。とりわけ高瀬弘文氏（一橋大学大学院博士後期過程）からは、研究者としてまた人間として、日々多大な刺激を与えられている。本書の校正作業も陰ながら励まし、助力してくれた。ありがとう。そして、昨今の厳しい出版事情にも関わらず、本書の出版を引き受けて下さった信山社社長袖山貴氏には、感謝の言葉が尽きない。主に私自身の不手際から大幅に刊行が遅れ、多大な御迷惑と御心配をおかけした。また、本書に収めた博士論文の執筆にあたっては、日本学術振興会より研究助成を受けた。

最後に、悩み迷うことの多かった大学院時代を学位取得をもって無事修了するのを見届ける形で、相次いで亡くなった最愛の両親に、深い謝意と愛惜の念をこめて、本書を捧げる。臨床医として理想の医療を追求しつつ、生涯一学者としての情熱を持ち続けた父と、その父を支え抜き、自らも医師として真摯に、ひたむきに生きた母の生きざまを胸に刻んで、今後の更なる研究の発展と不断の自己研鑽を期したい。

二〇〇三年一二月　亡き両親に捧ぐ

河　崎　祐　子

目　次

企業再建手続運営プロセスの法理

序　章　企業再建手続の意義・目的・方法

第一節　企業再建手続研究の意義及び目的

第一款　問題意識

1　問題の背景

現在、世界は社会的にも経済的にも大きな変革期にある。この変革の気運は倒産法の領域においても例外ではない。過去一〇余年の間に、フランス、イギリス、ドイツと先進諸外国が相次いで倒産法の大規模な改正に取り組んできた。さらに、一九七八年に世界に先駆けて抜本的な制度改革を行ったアメリカ合衆国でも、現行破産法を現代の要請に応えうるものとすべく数度の改正作業が行われている。現代的な倒産処理制度の実現に向けたこうした全世界的な動きに、いまわが国が最後の華を添えようとしている。

わが国では一九九七年一二月、法務省から具体的な法改正の構想（以下「検討事項」という）が明らかにされ[1]、わが国ではこれをもとに現行法制再編成の作業が急ピッチで進められてきた。わけても、会社更生法の適用対象外にある中小企業の再建手続については、不備が多く指摘されていた和議法及び会社法中の会社整理の規律を統合する形で新たに新再建型手続が構想され、緊急の要請に応えるべく他の倒産法の改正に先駆けて成立せられて、二〇〇〇年四月より施行されている（民事再生法。同法の成立により和議法は廃止された）。

新再建型手続は、従来の問題点を踏まえつつ内容の充実が図られ、倒産事件の大部分を適用範囲に含むもので、これによってわが国初の本格的な一般再建法が定まったことになる。かくして今わが国は新再建型手続の構想とともに、再建制度の意義と目的を、ひいては現代的な倒産処理制度のあり方を問い直す絶好の機会にある。そして、新再建型手続の構想の如何は、わが国が倒産処理法制先進国たりうるか否かの試金石でもある。すなわち、新再建型手続における最重要の論題の一つは、裁判所がこの新しい手続においてどのような形で、またどの範囲で事件の管理や監督を行うかということであり[2]、わが国再建制度の基本的なあり方が問われている。諸国の改正論議においても、倒産事件の当事者たる利害関係人の役割がどのように理解されるべきか、そこで公的な事件管理はどのように位置づけられ、関係人との間で権能や負担はどのように分担されるべきかという問題は、少なからず議論の対象となった[3]。このことは、とりわけ今日の規制緩和の潮流の中で、倒産処理制度が根本的、構造的に問い直されるべきときが来たということを告げるものにほかならない。

倒産法は経済活動の終焉を律し、信用秩序の基礎を形作る。のみならず、雇用や小規模子会社保護といった社会政策、競争政策にも関わる。倒産法はそのようなものとして法的安定性と制度としての確かな実効性・効率性が求められるが、同時に、国家が血税をもとに運営する制度として、国民への充実したサービスの提供という責務をも負っている。それゆえ、この制度の造形及びそこに現れる価値観が一般の国民感情や認識と著しく乖離することは本来許されない。

では、わが国倒産法制は、現在のあり方から何を学び、将来的にどのような方向を目指すべきなのであろうか。筆者はこの問いの答えを、関係人自治の効率的な機能を可能にする「場」としての制度枠組みの設計に求める。

その枠組みにおいては、倒産事件の当事者たる利害関係人の自助努力と自己責任が基礎となり、裁判所によるを初めとする公的な管理・監督は、できうる限り謙抑的であることが望まれる。というのも、倒産処理は、直接の利害関係人の利益に資するように、その自助努力を引き出し、またその責任において行われるべきものだからである。

2　倒産処理における関係人自治の意義

倒産処理をどのように律するか、どのような制度枠組みを設けるかを考えるにあたっては、利用者の立場からの視点が必要であること、他の民事手続法と同様敢えて述べるまでもない。そのうえでさらに、倒産及びその処理の局面を、経済人の一連の経済活動の一環としてその最後の節目にあるものと捉えるならば、倒産処理には、そこでの活動の幅を尊重するように自由かつ柔軟に、多様な可能性のある制度枠組みが必要である。

ところが従来の法制のもとでは、可能性のある利害関係人の私的自治の活力が十分に生かされているとはいいがたい。新しい倒産法制においてはこの点に是非とも改善策が施されて、公正・公平であると同時に効率的に機能しうる制度枠組みが設定されるように強く望まれる。他方、学者の議論においても、一時は関係人の手続参加の理念とその必要性が強く訴えられたものの、倒産処理実務の現場から突きつけられる、理想を裏切る厳しい現実への対応や合理性の要請という問題を前にして、その主張はかつての勢いを失いつつあるし、一歩間違えば、理念的な問題提起がスローガンのように単調に繰り返されるばかりということにもなりかねない。いまこそ、従来の主張から一歩踏み込んだ新しい議論が必要とされているように思われる。

(1)　とりわけ企業の倒産に関しては、経済合理性の観点がより積極的に取り入れられるべきであると考える。

ときに、企業の統一的な実態の解体による損失が社会に及ぼす広範な影響が強く指摘され、破産的清算を回避して再建を推奨する考え方が聞かれる。確かに、企業の清算はその直接の関係人のみならずさらに広い範囲に渡って非常に大きな損害を及ぼす。しかし、企業は、倒産という非常事態に陥っていようとも、自由市場を基礎とする資本主義経済にある私的な経済主体の一つであるということが軽視されるべきではない。倒産は、ある経済主体の経済活動の行き詰まりから生じる一つの経済的帰結である[4]。それゆえ、経済的に行き詰まった当の主体はいうまでもなく、この主体と取引をなし、平時にはそこで利得を得ていたものには、自由経済活動の一貫としてその取引関係の終焉と後始末に関しても、自らの負担と責任において行動することを求めるのが本来の筋である。また、法的倒産処理は、国民全体の負担で、限られた人的資本を消費しつつ行われものである。すなわち、倒産処理制度は、制度の潜在的利用者でありかつ真の運営主体でもある国民の信頼や支持を危うくするようなものであってはならない。それゆえ、政策的考慮や複雑な法律問題への対応ばかりでなく、一般の国民感覚としてあるこのような筋や道理の観念も、手続の設計・運営にあたって無視できない要素である[5]。

自己責任を強調するならば、責任と表裏の関係にある権利についても強調すべきである。倒産事業におけることのような権利は、倒産処理の方法や内容の選択・自己決定の権利であり、そのための手続への主体的参加の権利である。これは、個人が自由な経済的判断に基づいて行った当該企業への投資に関わる権利でもある。日本の倒産処理の実状、特に中小規模事件について指摘される利害関係人の手続参加状況の悪さを考えると、これは一見非現実的な着眼である。しかし、権利の行使は積極的にのみならず、消極的にも行われる。すなわち、関係人の無関心の理由の一つとして、中小規模の倒産事件では個々の債権者は目下の倒産処理に大きな経済的利害関係を有しておらず、そのため積極的に事件に関与するインセンティブを欠いている、ということがよく言われるが、この場合には、手続に参加しないことは一つの経済的に合理的な選択であり、権利行使の消極的な一態様である。

〝倒産処理における利害関係人自治〟というと、ともすれば現実と乖離した抽象的な「美しい」理念のように、それゆえ、断固として推進・達成されなければならないものであるかのごとく、あるいは逆に、現実の合理性や実効性の要請の前にまるで無力な空論であるかのごとく受けとめられがちなように思われる。しかし筆者は、その積極面ばかりを強調する意図も、消極面から直ちにその意義を軽んじる意図もない。これは現実的かつ合理的な理念であり、一つの明確な方向性である。すなわち、積極的に行われる場合は言うまでもなく、さらに消極的に機能する場合にも肯定的に意味づけを行い、そのうえで、後者の場合には利害関係人自治がマイナスに機能する場面であると位置づけて、関係人自治の対局にある、裁判所の積極的な手続関与を正当化する徴表又はその契機を画するメルクマールと捉える。

また、倒産事件の大部分が法的手続によることなく、裁判外での私的な交渉（いわゆる私的整理）[6]によって処理されているのが現状であることは広く知られているところである。このような利用者による裁判上の手続回避の傾向の原因は、主に利用者にとっての法的手続の効率の悪さ、利用しにくさに求められる。[7]したがって、次にも述べるように、関係人自治の機能不全又は実効性の欠如を強調するよりも、まずは、合理的にあり得る参加のインセンティブを失わせるような手続の複雑さや非効率、制度の不親切さが見直され、改められるべきである。

(2)　私的自治的な倒産処理は、現実の要請にも適う。昨今の長引く不況の中で倒産事件数は増大しつつあり、これに比して管財人等の人的リソースは現在既に逼迫している。法的資源の効率的利用は現代における必須の要請である。また、将来的に現在裁判外で倒産処理の行われている事案をも法の光りの下に取り込んでいくことを指向するならば、なおさらに裁判上の手続のよりいっそうの効率化が目指されなければならない。この効率化を助けるのは、適材適所の発想である。

倒産処理手続の方向や手続運営に最も直接的利害を有するのは、裁判所ではなく、事件の当事者たる利害関係人である。倒産処理手続の担い手は本来的にはこれら利害関係人であり、彼らにこそ手続運営の推進力が求められるべきところである。ところが、既に指摘がされているように、従来の倒産法制には、特に債権者のありうべき意欲が押さえ込まれているという不効率が認められる(8)。この点を改めて、それが可能な事件については広く関係人自治によって倒産処理が行われるようにするならば、すなわちそれを可能にする相当な制度枠組みが提供されるならば、これまで必要以上に公的監督が行われていたことでいわば浪費されていた、裁判所や倒産処理に優れた技能を有する弁護士ら倒産処理専門家の負担が、時間と労力の両面において大いに軽減されることになる(9)。そして、ここで節約された人的資源は、公的な監督や補助を真に必要とする事件に割り当てることができる。こうした負担配分は利用者にとっても、事件管理担当者にとっても、更には一の国家制度のあり方としてみても、望ましく効率的である。

(3)　新再建型手続においても、利害関係人による自治的活動に多くを委ねるような規律がなされている。すなわち、第一に、手続の原則形態として、倒産債務者が手続開始後も財産の管理処分権を失わず経営を続行する、いわゆるＤＩＰ型が念頭におかれている。第二に、柔軟な手続運営を可能ならしめるべく、手続上の多様なメニューが考案されている。このような斬新な基本枠組みの導入が大胆にも決断された(10)今後の関心は、現実的な課題として倒産処理における関係人自治の可能性をさらに切り開いていくように、例えばＤＩＰ型の手続の有用性・実効性を高めるための種々の工夫を凝らす方向へと向けられるべきであろう。

今回の立法・改正では切迫したスケジュールが組まれ、しかも、各界からの強い要望を受けて様々な現実の緊急課題に応える必要に迫られたために、新制度の理念や目的が曖昧になってしまった感が否めない。それゆえ、新法のよりよい運用、更に将来の法改正という次なる段階を念頭に置いて、再建手続のあるべき姿を探究・実現すべしとする問題意識は今後も引き続き維持されていかなければならない。

第二款　問題設定及び研究意義

以上の問題認識に基づいて、本書では、中小規模企業の再建型倒産処理手続を対象として、倒産処理手続が利害関係人間の交渉のプロセスであるという点に着目しつつ、手続の方向性の決定及び手続運営過程の規律において関係人が果たす役割とそこで働く力学を研究し、もって、関係人自治の効用を最大限に生かしうる倒産処理制度とはどのようなものか、そこでは裁判所の関与はどのような形でまたどのような限度で行われるべきかという課題につき、立法論的に考察する。

1　倒産処理における関係人自治の意義

倒産処理における関係人自治が論じられる場面は、大きく三つに分けられる[11]。

(1)　第一は、倒産に由来する利得又は損害の利害関係人間での配分内容の決定をめぐってのものである。この決定は再建計画を中心に行なわれるが、このための法的手続の外で行なわれる当事者間の事実上の交渉及びその結果もここに含めて考えることができる。もっとも、再建計画の立案こそが、再建手続の最終的なゴールである。手続は計画の立案を中心に、またこれを目指して進行する。それゆえ、従来一般に倒産処理における関係人自治という枠組みで論じられる場合には、この意味での関係人の手続参加が論題とされてきた。具体的には、計画内容に関係人の意見を反映させること、及びそのための計画立案過程への関係人の参画とこれを可能にするものとしての情報開示である。

第二は、倒産事件係属中の倒産企業の経営に関する関係人自治である。再建事件では、清算の場合とは異なり、手続開始後及び事件終結後も企業は原則として従前通りの経営を続行する。そしてその経営の巧拙は、配当原資たる会社資産を増減させ、最終的な配当内容にも影響を及ぼす。

この問題は従来の倒産法制の下では問題になりにくく、論じられることがほとんどなかった。なぜなら、この問題が論じられる典型的な場面は、従前の会社経営者が手続開始後も、相当な範囲の経営上の自由裁量を有する場合、すなわち新再建型手続においていま初めてわが国に導入されようとしているＤＩＰ体制においてだからである。従来の法制度においても、後見型の再建手続では、倒産債務者は原則として手続開始後も管理処分権を失わず、経営を続行するものとされていたが、純然たるＤＩＰ型形態がとられることはまずなかった。和議管財人や監督員による助言や監督、又はその他の検査・調査機関による事実上の監督が行われるほか、重要な意味を持つ行為については裁判所その他の監督機関の同意又は許可を要するものとされており、これに対して関係人の手続上の立場は弱かった。このような制度枠組みにおいては、関係人による債務者の経営や手続へのコントロールの問題が論じられる余地は乏しい[12]。或いは、その必要がある場合にも、不誠実で再建手続に値しない債務者の評価・処遇の問題に直ちに転化される。

最後に、第三の局面として、再建計画が実際に履行される過程への関係人の主体的関与の問題がある。これは、関係人間で合意形成がなされたうえで、事件開始後の経営の成果をも反映した配当原資を前提として行われるものであり、いわば先の二つの局面の次の段階の問題である。

(2)　本書ではこのうち第一及び第二の局面での関係人自治を取り扱う。その趣旨は、本書では、関係人の交渉を通しての合意形成の過程に主眼を置いているということにある。これは、利害関係人間の交渉を、各人がこれを通じて自らの利害損得を守るところの道具と捉え、この交渉の過程で、またこれを契機として、相互の妥協点が見出され、その結果より多くの人間がより多くの満足を見いだせるような最も効率的な倒産処理が実現されていく、との評価に基づく。これに対して前記の関係人自治の第三の局面では、この意味での交渉は、事後修正の目的ではありうるとしても、基本的に行われない。したがって本来本書の射程を超えるものであり、これについては立法論としての必要に応じて言及するにとどめる。

研究の対象としては、専らＤＩＰ型の手続を念頭に置く。なぜなら、第一に、本書で主眼を置く関係人の交渉による再建手続の形成は、ＤＩＰ形態においてこそ最もよく行われ、しかも最も典型的な形で様々な問題が生じてくるので、ＤＩＰ型手続の研究が問題状況の基本的考察に適すると考えられるからである。第二に、この関連で比較法研究を行うアメリカの倒産処理制度においてはＤＩＰ型手続が原則形態とされており、更にわが国でも同様に原則形態として新再建型手続に導入されていることをも考えあわせれば、ＤＩＰ型手続に照準を絞ることでより有意義かつ実際的な立法論的考察を行うことができるといえるからである。

(3)　具体的には、以下の点につき問題意識を有する。

第一に、現状においては倒産処理の運営における中心的な主体が裁判所となってしまっており、事件の当事者たる利害関係人の地位及び役割がその背後に隠れてしまっている点である。

現場を知らない書斎の人間に、実際の運用に関して意見を述べる資質は乏しい。しかし、例えば手続の開始や計画認可要件の審査に際して、裁判所が手続の結果として再建の成功を意識しすぎる余り高いハードルを設けがちであるという点は、かねてより倒産処理の現場にある実務家諸氏から指摘のあったところである。この指摘を事実として前提とすれば、倒産処理手続の理念としても、またそれ以上に実際問題としても、裁判所及びその他限られた倒産処理専門家の労力や能力の利用において、甚だしい非効率があると考えられる。そこで、前述の適材適所の発想が求められる。すなわち、法制度としては、関係人自治による倒産処理を可能にする枠組みを設定し、そこで関係人の主体的活動を促進するような措置を講じる方向性がより積極的に目指されるべきであると考える。かくして事件への裁判所の介入を最小限に抑えることができれば、必要な時間や労力の面でのコストはより効率的に切り詰められ、適所に再配備されることになると見込まれるのである。

また、倒産処理において価値あるのは、再建事件の成功という事実だけではなく、多様にあり得る倒産処理の方法や方向を制度利用者である関係人が自ら自由に選択し、実行していくという過程そのものもそうなのではないだろうか。そして、過程の効率化が実現されれば、その結果は自ずから相当な形で現れてくるはずである。それ以上の政策判断または特定の価値評価は、むしろ現実を歪める不当な結果をもたらすことにしかなるまい。

第二に、再建事件係属中の倒産企業の経営の過程での関係人自治の側面については、法律上もまた学者の議論においても、これまでほとんど注目が払われてこなかった。しかし今後は、新再建型手続で関係人自治の機能する余地を広範に認める方向性がとられたことを考えれば、この局面での関係人自治の活性化及び有効利用についてより立ち入って考察する必要性がいよいよ高まってくるであろう。

具体的には、管理・監督型の手続への移行や、現行法では特に重要な債務者の行為に対して裁判所や管財人の許可を要するとされている点につき、関係人の自助努力に期待し、これを生かした制度の設計・運用を検討する余地がある。特にＤＩＰ型手続を念頭に置いて、利害関係人による手続のコントロールをより広範に可能とする新たな制度枠組みの可能性を探求したい。このほか、検査・監督機関の事実上の監督によるとされてきた部分については、まずこの場面での関係者の地位や力関係につき、理論的な理解や状況の解明が必要であるし、立法論的考察はそのような理論的枠組みに依拠しつつ行われなければならないと考える。

2　研究意義

第一に、本書の主題は、関係人自治を生かした中小規模企業の再建型倒産手続のあり方を問い直し、その可能性を探求することにある。これは、とりわけ新再建型手続の構想が問われている今日、わが国倒産法制の重要課題である。第二に、本書では、これまでわが国では未だ十分な研究のなされてこなかった、事件係属中の倒産企業の経営の局面での利害関係人の自治的参加の問題を扱う。この未開拓の分野は、理論的考察を加えること自体が一つの大きな意義である。そのうえ、新再建型手続におけるＤＩＰ型手続の導入や手続開始原因の拡大に伴って、これは今後現実的に大きな問題になると見込まれるところであり、将来発生しうる課題の先取りとしての意義も認められる。また、この問題につき比較法研究の対象として取り上げるアメリカにおいては、この問題状況の理解のための理論枠組みが議論され、またわが国の立法論としても示唆深い具体的な諸提言がなされている。それにも関わらず、この議論は未だわが国では紹介されていない。そこで、この理論を紹介し、考察を加えることで、今後のこの分野での研究の発展に一石を投じることができるものと考える。

第二節　研究の方法

第一款　研究の射程及び立脚点

1　研究対象

研究の対象は、会社更生法の適用対象外となる、中小規模企業の再建のための後見型倒産処理制度に限定する。

(1)　中小規模企業の倒産事件に対象を限定した意図は、第一に、前述のように主に中小規模企業向けの再建手続の改革は、わが国現行法制における最大の課題であり、このように限定することにより現実の要請に応えた実効的な研究をなしうると考えるからである。第二に、本書では、今後の研究活動の基礎となる倒産処理の一般法理の研究を行うことを目的としている。それゆえ、会社更生法の適用が典型的に想定されるような大企業は、ここでの考察対象から除外する。というのも、会社更生事件は、社会的に多大な影響を及ぼす大規模な企業倒産事件の処理を目的として、固有の理念と価値観に基づく厳格な規律にしたがって手続が進められるものであり、関係人の自治的な手続運営という考え方がそもそも馴染まず、その可能性にも自ずから限界があるからである。そのうえ、更生事件の処理に際しては、倒産企業の処理それ自体だけでなく、公益という困難な要素が特別に考慮されなければならない。本書における考察対象の限定はこのような会社更生事件の特殊性に注目することによるものであり、ここにいう中小規模企業とは、会社更生法の適用外にあるものを意味する。したがって、ある程度規模の大きい企業も考察対象に含まれうる一方で、いわゆる中小企業問題として論じられる、これについての特別な保護や考慮の必要等の事項は当面の問題関心からはずれる。

また、自然人倒産も研究対象からはずれる。なぜなら、自然人倒産を論じるには債務者の更生等の特別な考慮が必要であり、前述の会社更生事件の対象除外と同様に、本書の目的に適合しないからである。

(2)　本書では後見型の再建手続に考察対象を限定する。後見型の手続とは、ここでその本書における定義を明確にしておくと、債務者自身が手続遂行機関としての役割を果たし、裁判所等の公的機関はあくまで後見的な立場で手続の適正・公正な進行の監督を中心に関与する手続、を意味する。したがってここでは公的な介入・干渉の程度は相対的に少なく、関係人の自治によりうる範囲はより広がる。これに対して、裁判所によって任命される管財人が手続遂行機関として職務を遂行する手続を管理型とする。(13)

この限定の趣旨は、端的に、管理型の手続及び清算手続には、本書の研究目的である関係人自治の可能性を探求する意義がないということにある。管理型の再建手続は裁判所の管理・監督下で進められ、また清算型の手続の目的は、現時点で手元にある資産を法定基準に則して分配することに集約され、ともに関係人の自治的・裁量的な判断や行動が機能する余地はほとんどない。

(3)　本書の目的は関係人主導の倒産処理制度の可能性を探求することにあるので、わが国には現時点では純然たる形では存在しないが、関係人自治の最も徹底された手続形態であるＤＩＰ制度をも対象に含める。むしろ、従来の倒産法制を見直している第一章を除いては、ＤＩＰ制度が叙述の中心となっている。

２　再建の意義及び位置づけ

(1)　本書は関係人の交渉による手続形成に着目するものであり、倒産後も企業実態が維持されて短期間であれその経営が存続される場合には、そしてその決定や実施に関係人の自治的判断が反映される限りは、再建事件と捉える。したがって、経営者や所有者が変わる場合であっても、清算目的での再建手続の利用又は最終目的は清算にあるがしばらくは経営を続行するといった場合も、研究対象に含める。

(2)　清算型倒産処理と再建型倒産処理は価値的に等しいものと位置づける。すなわち、倒産処理の直接的また第一次的な目的は、倒産債務者を法的主体として形成されてきた経済的関係において、法的権利と評価される財政的利害関係を有する者どうしの間での、財産関係の調整及び処分にあると捉える。

企業が清算されその実態が失われれば、倒産企業の労働者や周辺の共同体にまで広く及ぶ著しい損害がもたらされる。それゆえ、この点を強調して再建を清算より優先すべきとする考え方もある。しかし、倒産が自由競争を基本とする今日の経済活動の一つの結果であることを思えば、倒産企業の人的・物的な資産がより効率的に運用される主体があるならば、目下の企業実態を強引に維持するよりも、より効率的な利用に委ねる方が全経済的に見てより望ましいともいえる。また、一経済人が自らの経営を続行するか否かにつき下す判断は、私人の財産権の処分行為として尊重されるべきである。したがって、国家政策的見地から再建を清算に優先させる考え方には賛同しない[14]。また、労働者保護や企業をとりまく社会への影響などの考慮は、本来的には、倒産手続内においてではなく労働法の規律や関連自治体の対策において取り扱われるべき問題である。だからといって倒産処理においてはこれら要素を無視すべきだとまではもちろん言えないが、倒産処理の場面での利益衡量に過度に広い範囲の要素を持ち込めば、債権者の平等かつ公平な満足という倒産処理の第一の目的を見誤らせるおそれがあることに留意しなければならない[15]。

そもそも、再建型倒産処理といってもその形態は多様である。例えば、再建の枠組みを利用して、負債額を幾らかでも補塡すべく一定期間経営を続行する事実上の清算型倒産処理（いわゆる軟着陸型）や、破産によらず、安楽死的に事業を終わらせることを目的とした再建型手続の利用はしばしば行われている[16]。手続の方向性として再建と清算の二通りがあることは事実であり、この分類が説明や理解を助けることもあるが、この分類基準はあくまで手続構造の違いに着目したものであって、それぞれの手続の目的とは必ずしも一致しない[17]。したがって、倒産処理の主体とこれをとりまく人的・物的環境の特色を看過してこの二分法に終始し、ましてやこれに基づいて特定の評価を付することは妥当でない。

3 私的整理の位置づけ

現在わが国の倒産処理は、倒産五法の定める各種の裁判上の手続と、裁判所外での私的整理手続によって行われている。五種類もの裁判上の手続があるにも関わらず、全倒産件数の八割は裁判上の手続によらずに私的整理で処理されているとされる[18]。このように、多くの利用者に顧みられていないという意味で、法的倒産処理制度は機能不全に陥っている[19]。本書で指向するあるべき倒産処理制度とは、法的手続のこの機能不全が改善されて、私的整理との間の機能的な役割分担が行なわれるものである。本書では私的整理につき直接に論じることはないが、この意味において、私的整理と法的手続との連続性は強く意識されている。

私的整理の利点としてしばしば挙げられることとして、簡易性・迅速性・低コスト・密行性・融通性・高配当がある。これらを裏返したものが、利用者を遠ざけている裁判上の手続の欠点である。このように、私的整理は法的手続の間隙を埋め、さらには、破産宣告を避ける善後策として、法律上の手続に代替する倒産処理手続であると評価できる[20]。反面、これらの私的整理の利点は、整理屋の介入を招き、不正が横行する契機となるなど、容易に欠点にも転じうるし、また、私的整理を簡易迅速ならしめている要因が、実は法的手続では阻害要因として懸念されるものでもあるなど、単純に私的整理の利点を強調することにも慎重でなければならない[21]。そもそも、私的整理は生来的に任意性・非拘束性・弱体性といった欠点をはらみ、その効用には自ずから大きな限界がある[22]。

結局のところ私的整理の評価は、長所・短所のいずれを重く見るかによって分かれる。従来は低い評価が与えられがちであったが、昨今では、その利用割合の大きさをも省みつつ、むしろ破産手続を改善するためにも私的整理の改善が必要であるといった視点からの積極的評価が有力である。その際には、法的手続をいかに改善しても全ての倒産事件を吸収することは出来ないとして、私的整理のこれら短所の解消・適正化の推進を図ることによって、真に法的手続に値する事件のみが法的手続で扱われる結果がもたらされ、倒産処理制度全体の機能充実に役立つといった理解がなされている(23)。本書も、この近時有力な見解に倣って、私的整理と法的手続との連続性を考慮した、より全体的な視点で倒産処理制度を捉える。

第二款　本書の構成

本書は以下のように構成されている。

第一章では、再建計画立案の過程での利害関係人自治について論じる。これは、手続の基調の形成と手続の全体的な方向性の決定は誰の意思を反映させて、どのような基準で行われるべきかという問題に連なる。このように手続全体にとっての関係人自治の意義を問うことになるので、いわば関係人自治論の総論部分にあたる。前述のようにわが国において従来利害関係人自治が論じられてきたのはこの局面に関してであり、ここで全体的にわが国倒産法制の輪郭を利害関係人自治の視点からたどり、従来の学説の状況をまとめる。そして、検討事項、特に新再建型手続の内容を紹介して若干の分析を行うことにより、将来的な展望を明らかにする。これはまた、本書の最終目的である立法論的考察のための準備作業でもある。そして、この点に関して近年に優れた議論のなされたドイツ法に手がかりを求めつつ、倒産処理における関係人自治の意義及び可能性を問い直す。

第二章は、事件係属中の倒産企業の運営プロセスに関する研究である。わが国では未開拓の分野であるが、アメリカでは再建企業ガバナンス論として活発な議論が行われている。第二章ではこの再建企業ガバナンス論を紹介し、分析する。この議論は未だ我が国では紹介されていないが、新再建型手続の内容に照らせば、将来的には我が国でも大きな問題領域を形成することになると見込まれる。それゆえ、この議論の理論枠組みの紹介自体がわが国の倒産法研究に貢献、少なくとも新たな問題提起をなしうるものと考えられる。

第三章は同じくアメリカ法研究として、近年の立法の動きと学者の主張の中から本書のテーマにとって示唆されるものを取り上げ、この紹介と若干の考察を通して、倒産処理における関係人自治の可能性又は限界を探求する。ここで取り上げるのは、第一には、一九九七年に公表された全国破産法調査委員会報告書における小企業に関する勧告である。同勧告は、事件管理のあり方に一定の方向性を示すものであると同時に、第二章のテーマである再建企業ガバナンス論に対する立法的回答という側面をも有している。第二に、Schwarz の倒産処理契約理論を紹介し、若干の考察を加える。同理論は、経済学的思考に依拠しつつモデル分析の手法を用いて、倒産処理手続を広範囲に渡って民営化することの有用性を論証するものである。比較的新しい議論であることもあり、倒産処理における関係人自治の有用性をこれまでとは違った形で考察する手がかりとなろう。

以上の三章は、論題が各々異なることもあり、章末に小括を付して研究のまとめと位置づけを行い、かつ立法論的考察につながる私見を明らかにする。そして最後に第四章で、以上の研究成果を踏まえて、検討事項における新再建型手続の規律・構想に則した立法論的考察を行う。この考察は、基本的考え方、制度枠組みのあり方、個別的提言の三つの部分から成る。

（1）　一九九七年一二月一九日に法務省民事局参事官室より「倒産法制に関する改正検討事項」が公表された。この内容は補足説明と共に、法務省民事局参事官室編『倒産法制に関する改正検討課題――倒産法制に関する改正検討事項とその補足説明（別冊NBL四六号）』（商事法務研究会一九九八年）として公刊されている。

（2）　例えば、中島弘雅「新再建型倒産手続の一つの方向（上）――イギリス倒産法からの示唆」ジュリ一一四一号（一九九八年）一三一頁以下参照。

（3）　この問題が最も直接的に議論されたのはドイツにおいてである。次章でみるとおり、ドイツの新倒産法はその基本理念を市場原理及びこれと表裏をなす利害関係人の自治及び自己責任の考え方に求め、立法過程ではこの観点から再建の意義とその制度目的が問い直された。またフランスでも、結局は管理主義的な法律に帰結したが、債権者の権利や手続参加をより尊重する倒産手続をよしとする考え方が法改正の推進力の一つであった。

他方、従来から利害関係人の交渉が手続の進行と再建計画の造形に大きな役割を果たすとされていたアメリカの連邦破産法一一章手続については、関係人自治のうまく機能していない小事件につき、裁判所等の監督や指導を強化するという方向で手続の無為な長期化への対応策が検討された（本書第三章第一節参照）。

（4）　通産省による新再建型倒産手続の構想の基礎を作ったと思われる、平成一一年三月一七日に発表された倒産法制研究会からの提言の考え方もこの方向にあり、経済効率性を重視しつつ、さらに産業政策的観点が取り入れている（同提言一―一〇頁、特に二―五頁）。以下では、同提言を「通産省研究会提言」として引用する。

（5）　例えば、ここ数年の間に、特定の金融機関の破綻に際して国家がしばしば公金を投入して倒産処理に介入した。ここでなされた処理は、それ自体は特殊な業種に関しての特殊な事情を背景とした根本的に異なる問題ではあるが、特に初めてこの公金投入がなされたいわゆる住専問題の処理のときには、どうして私利私欲を追求した企業の後始末に我々の血税が使われるのか納得がゆかない、というごく素朴な疑問、或いは怒りを筆者は身近な人間からしばしばぶつけられた。国民に対する説明も不十分に、国民の理解を得られないままに制度を設け、実行することの危険性を痛切に感じたものである。

（6）　このほか「任意整理」「内整理」という語もしばしば用いられ、細かな区別がなされている。例えば伊藤眞教授は「私的整理の法理」（『債務者更生手続の研究』（西神田編集室　一九八五年）二二七頁以下所収）二三九頁（注1）で、「…いずれも厳密に定義された法的概念ではないので、相互に重なり合う内容を持っている」とされ、右論文の主旨においては、「内整理という言葉は、再建型倒産処理を指すことが多い。また任意整理という言葉は、…必ずしも「任意」とはいいがたい…したがって、…私的整理は、特に断らない限り、清算を目的とするものを指す」とされる。本書では以下の高木新二郎裁判官の見解に倣い、私的整理との用語を用いる。高木新二郎裁判官は「商法による整理も多数決による強制力がなく、整理案に同意するかどうかは債権者の任意とされているから、任意の整理といえないこともなく、また資金繰に窮したときに、一部大口少数債権者との話し合いにより支払を猶予してもらうことを内整理と言うこともあるから法的手続によらないという意味で私的整理という用語が最も適当である」とされる（高木新二郎『会社整理』（商事法務研究会　一九九七年）八一頁）。ほか、森高計重「倒産私的整理準則試論（その一）」NBL三一九号（一九八四年）一七頁参照。

(7)　例えば、高木新二郎「事業者倒産における裁判所と債権者等の役割――続・新倒産法のあり方」法の支配一一一号（一九九八年）六三頁参照。

(8)　井上治典教授は、現行法制を批判して、「倒産手続は、もし関係者の主体的エネルギーをうまく組み込むことができれば活性化するはずであるが、現行制度は可能性のある債権者のエネルギーを押さえ込み、裁判所や管財人という専門機関への〈お任せスタイル〉を強要している点で問題がある」と指摘される（井上治典＝河野正憲＝佐上善和『現代民事救済法入門――民事執行・倒産編』（法律文化社　一九九二年）三四九頁［井上治典］）。

(9)　倒産法制研究会は、裁判所を手続における後見的地位に据えることを提言するが、その根拠の一つとして、裁判所にとって、倒産処理の内容等の経済合理性の判断が任せられるのは、加重な負担になりかねない、と指摘している（通産省研究会提言・五頁）。

(10)　次章で述べるように、類似の倒産法制を持ち、その機能不全からわが国に先駆けて大規模な倒産法改正作業に臨んだドイツでは、原則DIP形態の採用にまでは踏み込んでいない。

(11)　この分類に関しては、山本和彦教授（一橋大学）より御示唆を賜った。もとより、各項目の位置付けや理解に関する責任は筆者にのみある。

(12)　例えば、和議債権者は自ら否認権を行使することで開始決定前後の債務者の行為を制限しうるが、開始決定後は管財人の同意や異議を契機としてのみ可能なのであり（旧和議法三三条）、関係人自治の色彩はかなり薄れる。

(13)　この定義は、伊藤眞「倒産処理制度の理念と発達」（民事訴訟法学会編『民事訴訟法・倒産法の現代的潮流』（信山社　一九九八年）二三三頁をもとにする。

(14)　伊藤・前注二三一頁参照。これはまた、本書の第一章で紹介するドイツの新倒産法の理念でもある。

(15)　竹内康二「倒産処理法の改正問題」ジュリ八七五号（一九八七年）一三四頁において同様の視点が示され、以下のように論じられている。曰く、裁判所が責任を負う固有の分野は私法的法律関係の存否・内容の判断に限られる、さらに、中小企業であることなど非法律的な事項を理由に、実質的衡平と実質的正義を図るとしても、この種の問題は司法でなく行政が解決すべき事項であって、行政の手遅れを私法が善意でその責任として引き受けることには限度がある、とされる。

(16)　「和議手続の利用と運用――実態調査の総論的分析」（青山善充編『和議法の実証的研究』（商事法務研究会　一九九八年）五九頁）参照〔宮川知法＝日比野泰久〕。

(17)　伊藤眞『破産法〔新版〕』（有斐閣　一九九一年）一三－一四頁参照。

(18)　例えば、吉野正三郎『集中講義・破産法』（成文堂　一九九一年）一三頁参照。

(19)　谷口安平『倒産処理法〔第二版〕』（筑摩書房　一九八〇年）一八頁参照。

(20)　羽田忠義『私的整理』（商事法務研究会　一九七六年）二二頁。

(21)　例えば迅速性についていえば、倒産処理の阻害要因の一つである詐害的債権者の存在は、法的手続においては遅延の要因となるのに対して、私的整理においては手続短縮の要因として機能することが多いと指摘されている（棚瀬孝雄＝伊藤眞『企業倒産の法理と運用』（有斐閣　一九七九年）一八三頁）。

(22)　羽田・前掲注(20)三九頁以下、伊藤・前掲注(13)二三二頁、森高計重「倒産私的整理準則試論（その二）」NBL三二三号（一九八五年）二六頁等参照。また、特に旧和議手続に関して、田頭章一「和議手続きの機能について――私的整理との同質性・連続性の観点から（一）～（三・完）」民商一〇〇巻一号八四頁以下、二号七三頁以下、三号七六頁以下（一九八九年）では、私的整理がこのように理論的にも重要性を増すにつれて、和議手続と相互に長所を出し合う形で円滑な事件処理のあり方を考えていく必要があるとして、柔軟で当事者の意思に沿った事件処理を可能にするような和議手続のあり方が追求されている。

（23）　棚瀬＝伊藤・前掲注（21）三〇二‐三〇四頁参照。

第一章　再建計画立案の過程からみた倒産手続関係人自治の意義と展望
——関係人自治論総論——

本章では、再建計画立案の過程に焦点をあてて、利害関係人自治の意義及び可能性を考察する。序章でも触れたように、再建手続の最終目的は再建計画の可決及び認可である。そしてその内容の如何は利害関係人に直接的な影響を及ぼす。それゆえ、一般に関係人自治の必要性・重要性は第一にこの計画立案の過程に関して論じられる。特にわが国倒産法研究においてこれまでになされてきた関係人自治の議論は、正にこの局面の問題としてなされてきたものである。この意味で、本章の叙述は、再建制度における関係人自治論のいわば総論に該当する。

叙述の順序として、第一節では、わが国再建法制における関係人自治の意義や位置づけを考察する。そのために、まず従来からある各種の再建型手続が設けられた立法の趣旨や経緯を振り返りながら、この全体的な制度枠組みの中での関係人自治の位置づけを考察する（第一款）。次いで、このうちの後見型再建手続に焦点をしぼって、各手続における関係人の範囲を画定し（第二款）、これら利害関係人の手続参加の態様及び限度を手続の段階ごとに確認しつつ、再建法制における関係人自治と公的監督者との役割分担について考察する（第三款）。以上の作業を通して、従来の再建法制に対する筆者の問題認識を浮き彫りにし、そのうえで、このような再建法制に対してこれまでに展開されてきた関係人自治の問題に関する学説の状況をまとめる（第四款・小括）。

第二節では、第一節と同様の視点及び方法により、検討事項における新再建型手続の内容を見る。ここでの目的認識の第一は、新再建型手続は、関係人自治を中心とした手続運営という将来の一つの方向性を示しているものであり、この方向性の先にある可能性を探究するにあたっての出発点又は基本型として大きなよりどころとなる、ということである。第二に、本書第四章で行なう立法論的考察は、検討事項の構想に則して行うため、本節はその準備作業でもある。そして、この第二節末でここまでの内容について簡単に小括を行い、第二章以下での議論の方向を明らかにしておきたい。

第三節ではドイツ法研究を行う。ここで素材として取り上げたのは、近年のドイツでの倒産法改正作業とこの成果として一九九四年に公布され、一九九九年一月より施行されている新倒産法である。わが国とドイツの法制度には多くの共通する特徴が見出されるが、倒産法制に関しても、わが国破産法がドイツ破産法を母国法としていること、また、同じく倒産法制の機能不全の問題に直面していること等にみるように、近似するところが多い。更に、ドイツ新倒産法でも、わが国の新再建型手続と同じく、手続の方向決定や進行に関係人自治の要素を積極的に取り入れようとする傾向が強くみられ、その立法の過程では、倒産処理における関係人自治を正当化するための理論や再建制度の理念をめぐって活発な議論がなされた。従来の倒産法制の内容や課題に少なからぬ共通性のあるドイツでのこれらの議論や、これら議論を反映した立法の経緯及び最終的選択は、倒産法制の改革に取り組んでいるわが国にとって大いに参考となりえよう。

第一節　わが国の再建法制における利害関係人自治

第一款　再建制度の成り立ち及び輪郭

1　倒産手続基本型（破産手続）

一般清算法である破産手続は、全ての倒産処理制度の基本型でもある。現行破産法は、大正一一年に独立の法典として制定されたもので（大正一一年法六九号）、昭和二七年に免責制度が導入された（昭和二七年法七一号）以外は、基本構造に関わる大きな改正もなく、今日まで当初予定されたとおりの形で維持されている。

破産手続とは、裁判所の全面的な監督の下で、債権者の個別的権利行使を制限しつつ、破産債務者と利害関係を持たない破産管財人が手続を遂行する、私的自治的要素の極めて希釈された管理型清算手続である。財産の管理処分権を奪われる債務者を初めとして、利害関係人の財産的権利に著しい制限・不利益が課されることとなるが、その正当化根拠は、破産者の資力が十分でなく、破産手続によらなければ公平な弁済が不可能であるという点に求められる[1]。元来清算手続では、関係人自治の機能する範囲が非常に限定されている。これは、清算手続の目的が、現在ある債務者財産を換価し、これを実体法秩序に則して債権者に公平に分配することにこそあるからである。それゆえ、利害関係人の意見が反映されるのは、換価方法の選択・決定といった個別的な項目に限定される[2]。

なお、簡易清算手続として昭和一三年法律七二号商法中改正法律により会社整理と共に新設された特別清算は、当初は最も利用の少ない不評な制度であったが、手間暇かかる破産手続の制度的欠陥や弊害を緩和或いは除去した手続として、近年とみにその有用性が見直されている[3]。

2　再建型手続基本型

旧和議法は、大正一一年法七二号により、原型となった明治二三年の商法（法三二号）第三編第一一章の支払猶予に関する制度から破産法中の強制和議を分離して、独立の法として制定されたもので、適用対象につき制限のない再建一般法であった。

その立法の目的は、破産手続の制度的欠陥（すなわち時間、労力及び費用の面での高いコストと低配当ならびに債務者にとっての社会的信用の問題）を克服して破産的清算を回避すると同時に、私的整理の欠陥を補うことにあった。かかる目的で立法された旧和議法では、有意義な和議の成立が助成されるように、裁判所その他の補助機関（和議管財人及び整理委員）の関与の下でこれを行うこととし、さらに多数決原理を取り入れて、和議条件に反対する少数債権者をも拘束する制度枠組みが設けられていた。[4]

和議手続とは、通説によれば、債務者の提供（申込）に対して債権者団体の意思決定機関たる債権者集会が決議し、かくして成立した和議案に対して、和議案の提供から可決までの手続が適法に行われたか、計画案の内容が法律の要求する要件を充足しているか、という点を確実にするために裁判所が認可を行うとする手続である。[5]破産法の規定が多く準用されているが手続的な手間や複雑さは遥かに緩和されており、手続開始後も債務者は管理処分権を失わず、基本的に自由に従来通り経営を行いつつ、手続の主体となって自ら和議計画を立案する。

このように、和議手続の特徴は、私的自治的活動を重視・尊重して、裁判所及びこれに準ずる監督機関（和議管財人・整理委員）の関与を極力抑えた制度であるというところにあった。とりわけ債務者へのコントロールは間接的な、非常に緩やかなものに過ぎず、手続の進行過程で強力な規制を行う契機はなかった。すなわち、債務者は、開始決定前には整理委員による事実上の監督、開始決定後には管財人による常務外行為への同意、常務行為に対する異議ならびに、財産状況の調査及び債権者集会での報告を通しての事実上の監督に服するのみであった。これらの監督に反した場合の制裁も緩やかで、その結果特に履行の実効性が法律上何ら担保されていない点は、旧和議法の最大の欠点とされていた。[6]そこで、このような債務者へのコントロールの不充分さゆえに、旧和議法はその立法趣旨に照らして制定法として甚だ不徹底であるとの強い批判がされてきた。しかしこれに対しては、この不徹底さを反面から捉えると、関係人の自治的倒産処理の余地を広く柔軟に認めたものと評価することも可能であるとの反論がなされていたし[7]、また近年には、和議と私的整理との間の強い連続性に着目して、柔軟な倒産処理を可能にするという点に和議手続独自の意義を認め、積極的に評価する見解が有力であった[8]。

3　特別再建型手続

株式会社については、いわば会社についての特別和議法として和議（及び特別清算）と同様に破産手続の欠点や弊害に対処すること、又はそれ以上に和議手続の欠点をただすことを狙いとする商法中の会社整理と、大規模倒産事件を厳格な規律枠組において処理するための会社更生とがある。

(1)　会社整理（商法三八一条ないし四〇三条）は、株式会社の再建のための特別な制度として、昭和一三年の商法改正（法七二号）により定められた。この制度の立法の目的は、私的整理を支援する法的手続を設けること。すなわち、私的整理に法的枠をはめてその弱点を補い、裁判所の後見的監督の下で手続の公正を確保するとともに、裁判所に各種の法的措置をとる権限を認めて、整理の成立を容易ならしめることにある[9]。わずか二二ヶ条でもって簡潔に制度の輪郭が律されているのみであり、とりわけ裁判所や裁判所選任機関の関与の程度や態様が柔軟であるために、多彩多様な再建方法の可能性をはらんでいる。それゆえ運用の如何では小更生手続とも、和議類似の手続ともなりうる。

会社整理では基本的に関係人自治の色彩が極めて濃く、裁判所の役割は、側面から関係人の自治的活動に必要な援助を与え、また債務者の状況や手続の要請に応じて程度の異なる監督を及ぼす控えめなものにとどまる[10]。すなわち、整理会社は適時・随時の援護を受けつつ原則として自力で倒産処理を行うものとされており、自ら経営を継続しつつ債務整理のための整理計画を立案し、その成立に向けて債権者と個別和解の方式で交渉を行う。このほかには手続進行についても整理案の内容についても何ら定められていない[11]。もっとも、会社整理の趣旨に鑑みれば、経営の改善策や事業計画等をも含めた整理の方針をも記載することや、単なる負債償還計画だけでなく、今後の事業計画や資金計画も記載しておくことが望ましいとされている。整理計画はこの点で、既存の債務の処理を専らとする和議計画とはかなり異なる[12]。

会社整理の決定的欠陥として、多数決原理が導入されていない点が挙げられる。そのため従来は、理論家にとっても利用者にとっても比較的関心の薄い手続であった[13]。しかし最近では、私的自治の範囲の広い柔軟な手続構造に着目して私的整理との近似性を強調し、立法による欠点の改善に努めることにより、後見型の再建型法的倒産手続としての充実を図ろうとする見解も現れている[14]。今回の改正論議の中でも、このような、関係人の自治を大幅に認めた融通性のある現行の枠組み自体は大筋において維持すべきものとする考え方が圧倒的に強い[15]。

(2)　典型的な管理型手続を定める会社更生法は、第二次世界大戦後の連合総司令部の占領政策の一環として強く示唆を受けつつ、強力な企業再建制度への強い要請から、商法の一連の規律を整備した後の最後の総仕上げとして、昭和二七年六月七日法第一七二号として制定された。昭和四二年に大きな改正を経たこともあり、大規模企業を対象とした手続としてそれ自体完結した精巧な内容を有しており、まずは制度として成功を収めている。

会社更生法は、他の再建法に比べて最も積極的かつ明瞭に会社の維持再建を目的としている。すなわち、会社更生手続で目指されているのは「会社」の再建ではなく物的な「企業」の再建である。企業として同一性が保たれ、その実態が維持される限りは、資本構成についても当然に変更が予定されている。かくして、更生手続には厳格さが必要とされ、裁判所とその補助機関としての管財人の監督及び主導の下で進められる。手続の構造としては破産に最も近い。この背後には、利害関係人の利益調整と並んで、企業の解体による社会的損失の防止という公益的要請がある[16]。

4 展望

(1) わが国倒産法制は、基本型たる破産手続の欠点や弊害を除去することを目指して形成されてきたといえる。再建法に関しては、管理型と後見型とでは、制度目的、裁判所による管理・監督の意義及び趣旨、ならびに制度の方向性において、根本的相違が認められる。すなわち、一方で会社更生は、公益性の観点から、物的な会社の経営実体の維持を第一の目的とした特殊な再建方法である。そのため、複雑で厳格な手続を裁判所や管財人が中心となってとりしきり、事件管理を行う。これに対して和議及び会社整理は、再建という目的実現のためのこのように積極的な制度として予定されているわけではない。第一に、ここでは利害関係当事者の交渉を法が援助することに主眼がおかれており、債務者企業の再建や更生はそれほど明瞭に意識されてはいない。第二に、和議及び会社整理における公的監督は、本来的に私的交渉の援助を目的とするものである。そして第三に、破産手続の持つ手続構造的欠陥を緩和するべく、厳格さよりも簡易化、迅速化の方向に向かっている。

このような管理型再建法と後見型再建法との相違の基準は、公益性、つまり倒産会社の持つ社会的意義に求められる。それゆえ、本書におけるが如く、倒産をより積極的に一つの経済的な社会現象と位置づけるならば、公益性という事件管理の正当化根拠が妥当する範囲は、よりいっそう限定されることになる。

(2) 和議と会社整理における管理・監督の目的及び根拠は、利害関係人間の私的な交渉の助成に求められる。

ところが、とりわけ和議においては、この意味での管理・監督の規律は十分ではなかった。特に、関係人自治を有効に機能させるために、そして、この目的に資するよう関係人の意欲や危機感を刺激するためにも、交渉のための場を設け、ここに効果的なコントロールを及ぼす必要があるが、このコントロールの方法につき、和議も会社整理も次のような点で必ずしも目的に適った相当なものを用意してきたとはいいがたい。

まず和議については、その根本的欠陥は、既存の債権債務関係の調整のみを問題として、手続開始後もさらに手続終結後も、企業が経営を継続していくということへの配慮が著しく欠落していたところにある。債務者救済の目的に偏重しすぎていて、再建制度としてあるべき債務者へのコントロールが機能する制度的保障がないのである。しかも、手続の全体的な方向その他個別的事項の決定に関して、当事者であるはずの債権者の関与の契機は非常に限定的であり、節目節目では裁判所が債権者に替わって裁量的に判断を下す仕組みとなっていた。

これに対して会社整理での管理監督については、状況の変化や具体的事件での必要性に適時適切に応えることのできる規律となっており、この柔軟性と多様性は大いに評価できる。しかし、手続の柔軟性・多様性が会社整理の魅力だとはいっても、関係人の手続関与の契機は不十分なうえに不明瞭で、見通しが悪く、また債権者の集合体という観念がないこともあって、関係人の手続関与が制度枠組みにおいて確保されてはいない。その結果、広範囲に渡って、関係人自身の意思決定でなく、裁判所や申立代理人の裁量や独自の手腕に負うところが大きくなっており、これは負担と責任の両面において過大になりかねない。柔軟で多様な手続運営というメリットを生かすためにも事実上の監督や運用上の工夫でうまく対処していければよい、と割り切ってしまって、果たして本当によいのだろうか。手続の管理・運営の方法に関する不透明さや利用者にとっての見通しの悪さ及び不便は、債権者の主体性すなわち事件の当事者としての自覚や責任、ひいては意欲を損なうことになろう。

(3) 法的倒産処理手続において関係人自治を有効に機能させるためには、関係人自治が効率的に行われるための場を制度的に確保することが必要であると考える。そこで、事件への参画の契機を十分に設けると同時に、このための効果的な規律が必要である。そして、ここでの規律のあり方を考えるにあたって重要な視点が、現行の会社整理の規律から得られる。すなわち、動的、集団的規律の視点である。倒産処理手続の進行状況及び債務者会社の状況は手続開始後も変化していくのであって、この変転に随時かつ適度に対応していける柔軟で多彩な制度枠組みが必要である。

第二款 「利害関係人」の抽出と各々の位置づけ

第二、第三款では本書のテーマに則して、考察対象を後見型再建手続に絞り、各手続において利害関係人はどのような地位に置かれ、関係人自治のために法律上どのような契機が設けられているかをみていく。まず本款では、従来の再建法制下のそれぞれの手続において利害関係人と称される登場主体の範囲を明らかにすることから始める。

1 和 議

(1) 和議手続において一般に利害関係人とされたのは、まず倒産処理の主体である和議債務者、そして和議による権利変更を受ける直接の利害関係人たる和議債権者である。このほか、さらに担保権者も含めて考えることができよう。担保権者は、破産手続におけると同様別除権者として手続外で弁済を受けるので、本来的な手続参加者ではないが、債務者の事業の継続に必要な資産が担保不動産とされている場合には、しばしば権利実行を控えるように依頼されることから、和議の交渉の過程に取り込まれ、その進行及び成立に事実上深く関与していると捉えることができるからである[17]。

和議手続における利害関係人は以上の範囲とし、その余の登場主体については、以下のように考えて、これに含まれないものと考える。

一般の優先債権者のうち租税債権者は、私人と対等に譲歩の交渉にあたる主体とは考えがたい。ゆえに、さしあたりここでの利害関係人からは除外する。

次に、和議は法人対外部者の関係における倒産処理であるため、法人の内部者は、事実上は和議の成否及びその内容によって利害を被りうるが、手続への参加は認められていない。それゆえ、倒産企業の社員は利害関係人と扱われ得ない。特に株主については、和議の目的は破産回避という消極的なものであるということ（旧和議法〔以下「旧和」と略記する〕一条）が注目される。すなわち、和議で中心をなすのは債権者対債務者の債権債務関係の調整であって債務者企業の所有構造の変更にまで着手することは本来予定されていない。それゆえ和議における株主については、実質的には債権者に対するものとして債務者側につくこととなり、債権者と同じような立場で利害関係人として手続に登場する余地はないのである[18]。

なお、後述するように（本節第四款）、ここで債権者団体という観念を認めるか否かをめぐって学説上は見解が対立してきたが、本書では、債権者の実際の手続参加権行使の主体として債権者団の成立を認める立場をとる。

(2)　以上の範囲で、利害関係人のそれぞれの置かれていた立場を確認していく。

①　和議債務者は、和議開始の申立や開始があっても、原則として自己の財産管理処分権を保有し、従前通り経営を続行する（旧和三二条一項）。ただし、和議開始の申立以後は一定の行為制限に服する。なぜなら、固定主

義をとる破産と異なって、和議では開始決定後に取得したものをも含めた一切の財産が債権者に弁済原資として提供されることになるため、債務者の管理処分の自由を無制限に放置すると和議の成立、ひいてはその履行が困難又は不可能になるおそれがあるからである。[19]

そこでまず、申立から決定までは通常の範囲に属さない行為をすることはできず（同三一条）、これに違反する行為は、それ自体は無効ではないが、相手方が行為当時その事実を知っていたときには和議債権者による否認の対象となる（相対的無効）（同三三条）。また保全処分の一環として借財禁止の仮処分などの業務制限が付されることもあり得る（同二〇条）。和議開始決定後は、通常の範囲外の行為も可能となるが、そのためには和議管財人の同意を要する。また通常の行為であっても管財人が異議を述べたときはこれをすることはできない（同三二条）。同意を欠く通常範囲外の行為及び異議があるにも関わらずなされた通常行為は、有効な行為ではあるが、債権者による否認と和議廃止の効果（同六〇条二項）を生じうる。

②　一般の和議債権者は、債権を届け出て（同四一条）債権者集会において和議条件の可否を決議する方法で和議手続に参加し（同四八条）、他方で和議手続によって権利実行を制限され（同四〇、四一条）、届出の有無に関わらずまた反対債権者をも含めて適法に成立し確定した和議条件に拘束される（同五七条）。もっとも、債権者集会に認められた権利や制度上の機会は非常に限定的なものであり、手続の行方に強い影響を及ぼす地位にはない。

まず、債権者集会では管財人や整理委員から和議の現状について報告や意見陳述を受け、届出債権に対する異議などの形で意見を表明することまではできる。しかし和議における債権者集会は、和議案の可否を決することを本来の目的とするものであり、その活動や機能には自ずから限界がある。このほか、債権者集会は和議債務者に対しては否認権を行使することができる。すなわち、前述のように申立後手続開始に前後する和議債務者の一定行為につき否認権を行使し、自らの満足の引き当てとなる一般財産を減少させる債務者の行為を制限することができるとされている。しかし、否認原因はあくまでこうした行為制限に対する違反であるに過ぎず、破産や会社更生における如く強力な内容を持つものではない。

③　担保権者は元来は別除権者として何ら和議手続の開始による影響を受けない（同四三条）。しかし前述のように、場合によっては会社及びその経営の続行に大きな影響を及ぼし、その意味で和議の成否に影響を及ぼしうる立場にあると位置づけられる。

2　会社整理

(1)　法の定めからは、債務者が利害関係人であることしか読みとれない。そもそも会社整理においては、他の倒産手続におけるが如く、手続開始以前に原因のある債務の弁済を一律に禁じるという発想がないのである。会社整理は、手続の外枠だけを法定し、後は個別的・私的な折衝によって事態を処理する構造となっている。(20)整理の対象となる事項及び債権者の範囲については、整理案立案者が自由裁量を有する。そのため、整理債権者とも称されるべき権利者の範囲は、画一的に定まることがない。逆から言えば、各種の権利者は一様に、整理計画をめぐる債務者との交渉の一主体としての立場にあることになる。

権利の種類に応じてみていこう。

まず担保権は、中止命令によって一時的に権利実行手続が中断されうる（商法〔以下「商」と略記する〕三八三条一、二項、三八四条。このほかには、法は何ら制約を加えていない）。しかし、この中止命令によって交渉のテーブルにつくよう促されうる。いやむしろ、担保権者は通常は大口債権者であって、その権利変更がなされなければ整理が成功することは見込まれないから、任意の交渉の対象になることは当然に予定されていたことだといえる[21]。

次に、一定範囲の債権者については、担保権を有するか否かに関わり無く、整理開始の申立権が認められており、したがって手続開始のイニシアティブをとる立場にある。

以上の者を利害関係人とすることには異論がないであろうが、ここにさらに株主をも含めて考えることができよう。なぜなら、法が債権者同様一定範囲の株主に整理開始の申立権を認めているうえ（同三八一条一項）、整理案の内容として、和議の如く既存の債権債務関係の処理のみをでなく、今後の事業計画等会社の経営方針をも定められる余地があるし、またこれが望まれるからである[22]。そしてこの場合には、会社法の規律にしたがって株主総会が召集され、株主はここでの会社決議を通して、整理手続に参画し、可決された整理計画によって直接的に利益を得又は損害を被ることになる。さらに、債務者企業に替えて管理人が任命された場合であっても、株主総会の権限は奪われず、法又は定款による株主総会の決議事項については、必ず株主集会を召集しなければならない[23]。

なお、和議の場合と同様に、本書では債権者の実際の手続参加権行使の主体として債権者団の成立を想定する。特に会社整理においては、任意の債権者集会がしばしば開催され、実効を挙げているとのことであるので、このように考えることは実状にも適う。

(2)　債務者会社に対する権利者の側については以上のように位置づけたが、他方の債務者はどうであろうか。まず、会社整理における債務者は、原則的には整理開始によっても会社の経営権及び財産の管理処分権を失わず、取締役が従前通り業務を執行する。しかし一定の場合には業務制限に服する。まず、整理処分の一つとして業務制限や借財禁止の保全処分が命じられることがありうる（同三八六条一項）[24]。次に、監督命令が出された場合には、会社（実質的には取締役）は裁判所が指定した行為を行うにあたっては監督員の同意を要するものとされ、これに違反した行為は無効となる（同一〇号）[25]。さらに、管理命令が出されれば、裁判所が選任した管理人が会社の臨時機関として、会社の代表権、業務執行権及び財産管理権を専属的に掌握することになる（同一一号）。したがって取締役は右の権限を失い、代表取締役や取締役会ともども有名無実の存在と化す[26]。このほか、取締役に対しては会社の経営状態を悪化させたことについての責任を追求して解任することも（同五号）、さらには損害賠償が請求されることも（同八号、三九四条）ある。以上を結論づければ、整理債務者は和議債務者以上、更生債務者未満の密接さで、整理の過程に深く関与しているということである。

第三款　関係人自治と公的監督

次いで、第二款で利害関係人として抽出した主体について、手続参加のためにどのような規律がなされているのかを手続の段階に即して確認し、従来の再建法制下で関係人自治の可能性は制度的にどのように、またどの程度確保されてきたのかをみてゆく。

1　手続選択

手続選択の段階では、誰がそのイニシアティブをとるかが問題である。これには、手続開始申立権者による開始のイニシアティブと、他の倒産処理手続への移行のイニシアティブとがある。

(1)　まずは、手続開始段階でのイニシアティブの所在をみてみよう。申立権者がイニシアティブをとることは明らかだが、申立権者が複数定められている場合には、実際の申立人が開始後の手続進行におけるイニシアティブをとることになる。[27]

和議の申立権者は債務者に限られていた（旧和一二条一項）。ただし利害関係人には開始決定に対する即時抗告が認められていた（同二七条二項）。もっとも、棄却決定に対しては不服を申し立てることはできなかった（同七条）。これに対して、申立の棄却には必要的棄却事由がある場合（同一八条）のほか、裁判所の裁量的棄却（同一九条）が予定されており、[28]裁判所は棄却事由ありと認める場合であっても、諸般の事情を総合的に判断してこれを決することができるとされていた。

会社整理については、会社自身にかわって取締役及び監査役[29]がそれぞれ申立権を有するほか、これと並んで一定範囲の債権者及び株主が申立権を有する。この趣旨は、自己利益の保護である。[30]さらに会社整理には、他の倒産法にはみられない、監督官庁の通告に基づく職権による手続開始がある。[31]申立が適法要件をみたし、かつ裁判所により実質的要件たる整理開始原因の存在が認められれば、開始決定がなされる（商三八一条）。開始決定に対する即時抗告は、和議の場合とは異なり、会社にのみ許されている（非訟事件手続法一三五条の三三・一項）。他方、開始申立が却下される場合には、申立人のみが通常抗告をなしうる（同二項）。

(2)　他の手段への移行のイニシアティブに関しては、特段の制限のない会社整理又は和議から会社更生への移行申立及び和議係属中の会社と会社整理との移行関係はおくとして、このほかの移行関係が問題になりうる。

係属中の和議手続から破産手続への移行は、既に和議申立に競合したため中止されていた破産申立がある場合を除き、和議が不成功に終わると全て職権で行われた（旧和九条）。その趣旨は、和議手続の開始原因は破産原因事実の存在そのものだから、和議の申立があったため未だ破産申立がなされていない場合には、職権で破産宣告をする必要があるということである。ここで特に注目すべきは、牽連破産事由として旧和議法が定めていた三事項の一つである和議廃止決定である。この場合の移行については、手続開始後に倒産手続内で、再建の進行状況や会社の業績に照らして利害関係人の側がイニシアティブをとって、再建型倒産処理から破産的清算へと転換する契機が法律上は認められていなかった。すなわち、この移行は職権又は管財人もしくは整理委員の申立によるものであり、しかもこの決定に対しては即時抗告が許されていないため同決定は即時に確定し、引き続いて職権で破産宣告がなされる仕組みとなっていたのである。

会社整理では、手続内で和議手続及び破産手続に移行することが可能とされてきた。まず和議への移行については、この移行には、単に同じく再建を目的とする手続の種類を変えるという以上に、清算手続への移行という意義があったことに注目すべきである。というのも、株式会社については法定清算制がとられているため、整理計画で会社を清算することは、会社更生法一八五条のような清算を内容とする再建計画を認める特別規定がない以上は債権者の同意があっても許されないと解されるからである[32]。この移行は、具体的手続としては、取締役又は管理人の全員による和議手続への移行申立を受けて、裁判所が債権者の一般の利益の為に必要ありと認めるときに和議手続開始を認可することによって行われた（商旧四〇一条）。和議申立の却下又は棄却の決定に対しては申立人のみ通常抗告することができたが（非訟事件手続法二〇条二項）、認可決定に対する不服申立は許されていなかった。その趣旨は、整理から和議への移行には当然一般債権者の反対がありうるが、裁判所が和議への移行を必要と判断した場合であるから、これに対する不服は当然封殺されるものであると説明されている[33]。他方、破産への移行は、整理の見込みがないと裁判所が判断した場合に職権でなされる（商四〇二条）。

以上の結論として、まず手続選択すなわち手続の開始主体に関しては、基本的には関係人の自治・自律性を生かしつつ、手続運営主体たる裁判所が全体的な手続の方向性を示し指導していると、まずは肯定的に評価することができよう。しかし移行の主体に関しては、全体的に利害関係人による選択の幅が狭く、しかもやや硬直的であって、必ずしも十分に整備されているとはいえない。

2　準備段階での事実上の交渉

開始決定がなされるまでの準備段階では、その後の手続の成否に多大な影響を及ぼしうる利害関係人の間で、様々な交渉が行われており、むしろこの段階でどれだけ関係者の理解を得られるかこそが勝負どころとされている[34]。そこで以下、和議及び会社整理の各々につき、ここでの交渉の態様又はそのための基本枠組みを確認する。

まず和議では、債務者は申立に際して自ら定めた和議条件を提示しなければならなかった（旧和一三条）。ここで提示する和議条件はいわば暫定的なものであって通常は事後的に変更されるが、この提示のために、和議手続申立準備段階で債務者と債権者の間で和議条件練り上げの交渉が行われていたことがうかがわれる[35]。他方の会社整理においても、整理案の成立には全債権者の合意が必要とされているため、通常は申立前に根回しや打ち合わせの行われており、この段階である程度の方向性は出来上がってしまうといわれている[36]。そもそも会社整理においては、度々述べるように手続進行について法は特に何も定めておらず、関係人による自治的な随意の交渉を通して合意形成がなされるという手続構造になっている。

以上の結論として、この段階では手続の基調は手続外での関係人の自治的活動によって形成されるのであり、裁判所及び裁判所選任の調査機関は、利害関係人間の交渉を背後から促してその実効性を高めることを役割としてきたといえる。

3　債務者企業の経営及び財産の管理・監督

和議及び会社整理のいずれにおいても、債務者は手続開始後も財産の管理処分権を失わず、従前の経営を続行するのを原則とする。しかし、債務者の経営の如何によっては配当原資たる会社資産が増減するので、利害関係人としてはこの過程に無関心ではいられない。そこで、債務者の自由な経営に利害関係人がどのように規律を及ぼしうるかをみていく。

和議においては、債権者は開始決定前にも後にも否認権を行使することで債務者の行動を律することができた。しかし前述のように、和議における否認権は破産や会社更生とは観点を異にし、否認事由はあくまで債務者に課された制限への違反の事実にすぎない。場合によっては否認の対象はかなり広範ともなりうるが[37]、開始決定後は管財人の同意や異議を契機としてしか行使しえず（旧和三二条）、関係人自治実現のための有力な手段とは言えなかった。更に会社整理では、債務者の行動規制の手段は裁判所の判断に基づいて発せられる整理処分であり、公的監督の度合いが強まる。むろん処分の内容によって程度の差はあるが、最終的には完全な管理型の倒産処理手続に転じることもありうる。しかも、利害関係人には裁判所が決定する管理・監督の程度を左右する余地がない。

以上の結論として、債務者の行動の規律に関して従来の枠組みにおいては、これによって影響を受ける利害関係人が積極的に意見を述べ、ましてや自己の権益のために主体的に行動する契機が制度的に確保されてきたとはいえない。これは大きな問題である。

4　関係人の集団的意見表明の機会──債権者集会

倒産処理において法が予定する関係人自治は、個々の利害関係人が個別的に行うのではなく、集団的に行われる。なぜなら、関係人自治の中心をなすのは事件の進行及び結果に関係人の意見を反映させ又はそのために関係人自身が様々な行動をおこすことであるが、個々の利害関係人がこれを行えば手続を混乱させる結果になるし、またこれはそもそも実際問題として不可能なことだからである。そこで破産や会社更生では、集約的な情報の開示及び意見聴取の機会として、手続開始後一定の段階で裁判所の召集及び指揮にかかる債権者集会や関係人集会を開催することとしている（破産法一七六─八四条、会社更生法一一四─一一六条、一八九条）。ここでは進行中の倒産処理に関する事実の報告や関係人の意見聴取が行われるほか、関係人が一堂に会して相互に意見交換することができ、関係人自治の活性化に大いに資するものといえる。

これに対して、和議における債権者集会（旧和二七条）は、同じく「利害関係人の集会」と呼ばれてはいるものの、基本的に異なる性質のものであり、関係人自治を機能させる契機としての意義は極めて乏しかった。というのも、和議債権者集会は専ら和議債務者の提供する和議の可否について決議することを目的とするものにすぎないとされていたからである。それゆえ、決議事項は和議債務者の提供する和議の可否に限定されており、その他の事項の決議のために召集されることも予定されていなかった。さらに、破産等では債権者集会の最も重要な機能の一つとされている管財人や整理委員の監督及び解任につき権限が認められておらず、それどころか自ら主体となって何らかの権利行為を行うこともできなかった(38)。

会社整理については、法律上は債権者集会又はこれに類するものについての定めはないが、多くの場合に任意の集会として債権者集会が開催され、これが債権者の同意を集める有意義な機会となっているといわれる。この場では、予め配布された整理案についての説明とこれに対する質疑応答及び協議が行われ、他の倒産処理手続で法定の債権者集会が一般に事実上形骸化しているといわれているのとは対照的に、活発な意見交換や情報交換が行われているという。それゆえ論者の中には、むしろ任意の債権者集会の活性化に関心が向けられるべきではないかとする意見もある(39)。この任意集会は関係人自治の基盤として積極的評価に値しよう。

以上の結論として、従来の法体制のままでは、法が本来予定した利害関係人の手続参加はまず実際には行われないと考えられる。かといって、このことから直ちに、制度的な利害関係人の手続参加には期待できないとするのは誤りであろう。というのは、現状においてまず最初になすべきは、法の趣旨を尊重しつつ制度のあり方を問い直し、法制度としてより活性化させるための方策を模索することだからである。そして、抜本的な改革まで念頭におけば、まだまだ状況が改善される余地が認められる。もっとも、これは任意の債権者集会が有用であることを否定するものではない。制度的・任意的の両面において、更なる関係人自治の促進が目指され、試みられるべきである。

第四款　学説の状況――債権者集会及び監査委員の活動の活性化を中心に

1　論点と概論

倒産処理における関係人自治に関するこれまでの議論は、利害関係人を集団としてとらえ、その利益を代表して行動する法定の機関、すなわち債権者集会又は関係人集会及びその代表機関である監査委員をどのように性格づけるべきかという問題を中心になされてきた。まずは問題の所在を明らかにするべく概略的に、これまでの議論の流れと背景をみておこう。

ここでの議論の背景には、次のような事情がある。法がこのような機関を定めた目的は、手続の進行に直接的利害関係を有する者に対して、集団的に情報を開示し、また、手続に反映させるべくその意見を聴取することにより、意思決定の機会を与えることにある。それゆえ破産・和議・特別清算では債権者集会が、会社更生ではこれに株主をも含めた関係人集会が、開催されるものとされている（破産法一七六―一八四条、旧和四六―四九条、商四四二条、会社更生法一一四―一一六条）。更に、破産及び特別清算においては債権者集会から監査委員が選出され、管財人の監督業務を中心として債権者の利益保護のために活動することが予定されている（破産法一七〇条、一七一条二項、一七三、一九四、一九八条、商四四四、四四五条）[40]。

ところが現実には、とりわけ破産の場合に顕著に、配当率の低さや手続終結まで時間がかかりすぎること等を理由に債権者が無関心になりがちで、債権者集会は形骸化しているといわれる。監査委員についても、報酬コストがかさむうえに管財人業務の円滑を妨げうる等の弊害が懸念されることから、むしろ管財人や裁判所の側で選任しないように誘導するのが通例だとされている。そこで、財団財産の売却などの許可事項も、本来は例外的措置であるはずの破産裁判所の許可だけで管財業務を進めるのが原則となっている。

今日の議論の起源は、このような実務のあり方に対して、一部の論者から問題提起がなされたことにさかのぼる。すなわち、法の定めた債権者の手続関与の機会がなおざりにされており、いわば当事者不在のまま裁判所と管財人だけで手続が進められているとの指摘である。そこでこれら論者は、関係人の側からの視点が必要であることを強調しつつ、債権者集会や監査委員制度の活性化に努めるべきであると主張した。しかしこの考え方は、一時は学者を中心に有力となったが、現実問題としてやはり実現が難しく、その後は論調も控えめになりつつある。

かくして今日、何らかの発想の転換が余儀なくされるに至っている。

そもそも、理念としての倒産処理における関係人自治の意義を否定する論者は皆無である。ところが現実的にみた場合、関係人自治は特に集団としての凝集性と機能性の面で実効性が甚だ疑わしい[41]。そこで、倒産処理の理念と実際的限界の間のどこでバランスをとるかによって、論者の見解が異なってくるのである。

2　伝統的な議論

債権者集会及び監査委員の法的地位をめぐって展開する伝統的な議論は、団体としての統一性や一体性をどのように評価するか、すなわち債権者団体として認めるか否かで対立する二局に分かれる。いずれの考え方によっても、債権者集会が債権者による共同意思の形成及び表明の場であり契機であるという本質が見誤られることはないが、倒産手続が誰のための誰による手続かという、いわば倒産手続観に違いが生じる。

(1)　債権者集会

かつての多数説は、債権者集会を債権者団体の破産手続参加のための私の機関ととらえて、債権者団体の成立を認めていた。曰く、「法が債権者の自衛主義を参酌して」手続参加の方法として定めたもので、債権者集会の職務は債権者の共同の利益を維持することにあるとされる[42]。これに対して現在の通説は、法が期日に集合させ、これによって期日ごとに成立する「組織」であると解する。すなわち、限られた財団の配分をめぐって破産債権者の利害は相互に対立・衝突するうえ、破産債権者は法的な意味での団体を構成するものではないから、法主体性は認め難い、しかし破産財団からできるだけ多くの満足を受けようと欲する点では共同の利益を有することから、その多数の意思を破産手続に反映させ又は単一化するために法が認めた、いわば事実上の集合体であると解するのである。(43)

なお最近では、後述のように、再びかつての有力説と同様の理解が有力となっている。

(2)　監査委員

監査委員の法的地位の理解には、その選出母体である債権者集会の法的地位の理解、すなわち債権者団体の団体性を認めるか否かが当然反映されている。

債権者団体という観念を認める立場は、債権者団体の機関と解するが、認めない立場は、破産財団の機関であるとする。(44) もっとも、この両者の折衷的な考え方として、債権者団体の法主体性を認めるのは困難であるとしながらも、監査委員が直接的に債権者の利益を代表する性格を持つという点、及び監査委員が債権者集会に属している点に着目して、より端的に債権者集会の代表機関とする説もある。

最近では、後述のように、債権者団体の団体性を認めて、債権者集会の代表機関と解する立場が有力である。(45)

3　近時の議論状況

他方、実務においては前述のように債権者集会や監査委員の制度の形骸化が甚だしくなりつつあった。そこで問題提起をなし、今日の議論を導いたのが、棚瀬孝雄教授（現京都大学）と伊藤眞教授（現東京大学）であった。両教授はその共著において、実証分析に基づいて倒産処理における関係人自治の意義を改めて問い直し、債権者団体の制度の活性化を説かれた。以来、この見解は多くの論者によって支持されてきた。以下、近時わが国での関係人自治をめぐる学説として、棚瀬＝伊藤説を筆頭に主要な見解をまとめる。

なお、以下にとりあげる議論の多くは、特に破産手続における債権者集会に関してなされたものであるが、このような対象の限定は、管理型清算手続たる破産手続の性質上債権者集会の形骸化がとりわけ著しく、問題が最も顕著に現れていることに由来しており、議論の本質に関わるものではない。

(1) 伊藤＝棚瀬説・旧伊藤説

① 関係人自治推進論の嚆矢となったのは、前述のように、伊藤・棚瀬両教授の共著作であった

両教授の見解の出発点にあるのは、これまでの破産法学において利用者の側からの視点が欠如していたことに対する問題意識である。すなわち、破産法学の発展の歴史は私的な色彩から公的な色彩への移行であったととらえられるところ、この発展は一方では解釈学上の貢献をしたが、破産手続の私的な契機、すなわち手続における私人の期待や果たしている役割に対しての関心を希薄にさせることになった、というのである。そこで現実の倒産処理を振り返って論じて曰く、法制そのものは非常に精緻に設計されているにも関わらず、必ずしも機能的に運営されているとは言いがたい状況にあるとして、その不効率の原因の一つを、破産手続の直接の受益者たる債権者の役割を軽視する傾向、とりわけ手続を運営する側において、破産債権者と協力しつつ制度の欠陥を改善していこうとする姿勢が弱いことに求め、これを破産手続の内包する欠陥の最大のものと指摘された。もとより、これは個々の破産裁判所や管財人を批判する趣旨ではない。そうではなく、手続の改善に必要なのは、破産手続の直接の受益者たる債権者が手続中で果たしている役割を分析し、裁判所・管財人及び債権者が協力して手続を能率的に進める方向であるとの理解に基づき、これら関係者が一体となった組織的な努力が不十分な現状に対して問いかけることこそが狙いである[46]。

以上の問題意識から、両教授は、私的整理事件をも視野に入れた全体的な倒産処理制度のシステム化を構想さ

れた。その中で、制度全体の効率性を高める破産手続への入力制限（インプット・コントロール）の必要性と方法を論じるにあたって、利用者の法的手続離れに対処しつつ、手続に関係人の実際的意図や意思を反映させていくことを狙いとする次のような三つの立法論的提言がなされている。

第一の提言は、〝利害の構造化〟である。〝利害の構造化〟とは、破産手続中の利害関係人のインテレストを手段に組み込むことを意味し、その目的は、管財人の手続遂行の意欲を引き出すことにある。すなわち、法を改善して債権者の手続参加を拡充し、債権者からの手続進展・積極的な財団形成への期待と要請が、管財人にインパクトとなって伝わるようにすることが狙いである。そのための具体的な制度上の立法論的提言として、(a) 債権者集会の活性化(47)、(b) 監査委員は債権者で構成するものとし（債権者監査委員）、監督委員制度の利用を例外から原則に切り換えること(48)、(c) 管財人の報告義務の強化(49)、の三点が挙げられている。いずれも、破産手続の第一の利害関係者たる債権者の実質的な手続参加を保証していこうとする姿勢を示すものである。第二の提言は、私的整理から破産手続への移行段階でのインプット・コントロールの強化である。この提言自体は、この移行を担当する裁判所の側でとるべき措置や工夫を論じるものであるが、その中身には、関係人中立の審理の中に最大多数の最大幸福の考慮を取り込むことや、私的整理に一定程度のコントロールを及ぼすために、倒産処理の理念からの逸脱に対しては自主性の尊重とバランスを保ちつつ規制を行うべきとすることといった、関係人自治を尊重した後見的監督の考え方が現れている。第三に、「倒産処理委員会」の設置が提言されている。ここでの狙いは、倒産関連の各種の行政的施策や司法的処理の窓口を一本化することにより、破産債務者・債権者・その他の利害関係者の便宜を図り、あわせて倒産処理の実効性を高めることにある。そこで、倒産処理委員会の構成については、以上の目的に則して、さしあたりは独立行政委員会組織とし、理事会とその下の事務局によって運営されるものとして考えられている(50)。

②　伊藤教授は、その後も引き続いて、破産法の立法の経緯に照らしつつより詳細に、債権者集会及び監査委員の制度の意義とその活性化の必要を論じてこられた。

現行法における両機関の意義については、以下のように理解される。

現行法における債権者集会には、旧商法破産編におけるとは異なり、第一に、その召集につき債権者集会自ら（及びその代表たる監査委員）が権利を認められ、第二に、集会で可決された決議についてももはや裁判所の認可が不要とされている点（ただし、一定の事由がある場合を除く（破産法一八四条））が注目される、さらに、現行法では債権者集会による監督に必然的に伴う実効性の欠如を補うことを目的に、新たに監査委員制度が導入されたことをも考えあわせれば、立法者の意図は、破産手続に利害関係を持つ債権者自身による管財業務の監督と裁判所による過度の干渉の回避にあったと考えられる。このほか、第一回及び最終回の（いわば入り口と出口の）債権者集会が必置とされていることや、その権限が広範囲に渡っていることをも考慮すれば、現行法における債権者集会は裁判所や管財人の補助的役割にとどまるものではなく、債権者がその利益を実現するために自ら破産手続に参加し、管財業務を監督するための独自の役割を持っている。このことは、債権者の代表として債権者集会から選出される監査委員についても同様に妥当する。それゆえ、債権者集会については情報開示の促進を、そして実務での監査委員選任に対する消極的な態度については、その理由としていわれる実際上の懸念は、それぞれもっともらしい側面もないではないが、監査委員制度全体を消極的に運用する根拠とはなり得ないのであって、そのようにつまりは置きたくないことを前提とするのでなく、置くことを目指したより積極的な活用がなされるべきである、と各々の機関のあるべき運用について提言される。

解釈論としては、以下のように論じておられる。これは現在の学説の多数を占める理解であり、また前記の伝統的議論との対照の意義も認められるので、ここでその内容をまとめておく。

まず債権者集会は、債権者団体の機関と位置づけられる。従来の通説が債権者団体の成立を否定することへの批判として、第一に、その活動実体や法主体性を与える必要がないことなどを考えれば、債権者団体という観念自体はやはり認めた方がよい、第二に、少なくとも、適正な管財業務を期待するという点では、債権者の利害は共通しているはずだから、団体の成立を認めてもよい、そして第三に、この債権者団体の機関説自体は通説に比して解釈論として決定的に優れているというわけではないが、この理解によれば債権者集会の活性化につながる利点がある、と説かれる。監査委員については、監査委員に対する裁判所の監督は限定されているので、管財人と同列に財団の管理機構と位置づけるのは妥当でなく、前述の立法趣旨にも鑑みれば、むしろ直接的に債権者の利益を代表する性格を持つという点を重視すべきであるとして、債権者集会の代表機関と解される。

(2)　関係人自治の強化を主張するその他の論者

この伊藤教授による理解及び提言は、一部の論者からは破産債権者団体を観念することに対して疑問が投げかけられているもの(51)の、広く支持を集めている(52)。もっとも、論者によって、若干力点の置き所が異なる。そこで以下、代表的な見解を取り上げてみよう。

①　高木新二郎裁判官は、御自身の御経験に基づく実務的観点から、裁判所及び管財人と関係人との間の協力やコミュニケーションの有用性に着目されると同時に、せっかく五種類もある裁判上の手続が利用者から敬遠されて、不正の介入しやすい裁判外手続が利用されがちとなっている現状に対して非常な危機感を抱かれる。そこで、「破産管財事件の処理を裁判所と管財人の密室作業であるかのような印象を一般に与えるようなことがあっ

てはならない」として、現行制度を関係人にとって利用しやすくするための制度上及び運用上の工夫が必要である、と説かれる。その主要な主張をまとめると、(a)特に管財人の報告義務を徹底させることによって、債権者を意識した手続進行がなされるように目指されるべきである、(b)手続開始や保全処分の発令また再建計画の認可の基準につき、経営の動的判断に適任でない裁判所が再建の見込みの審査に高いハードルを課していることで運用が硬直化している、すなわち、開始申立段階で利用者の事実上の締め出しが行われたり、計画内容の柔軟さが損なわれたりしている、(c)現行監査委員制度を設置を本則として活性化させるとともに、ある程度以上の規模の破産管財事件については任意的な債権者委員会を設けるようにすべきである、との三点である[53]。

② 河野正憲教授は、特に手続保障の観点を強調して論じられている点で、特徴的である。河野教授は、債権者集会の機能と役割につき重要な三点を指摘したところで[54]、論じて曰く、これらの権限は個々の破産債権者が個別的に行使しうるものではないうえ、破産法自体が法定多数の議決という制度を設けていることをも考えあわせれば、これらの意思決定に際しては、債権者の「団体」として全体の意思を手続に反映することが予定されている、したがって、「債権者集会は破産手続処理について破産債権者が持っている手続上の権限を行使する貴重な機会であ」る、とされる。そこで、債権者集会は単なる期日ごとに成立する機関ととらえるよりも、むしろ率直に、法は一時的にせよ破産手続との関連で生じる機関としての団体を予定としているとみるべきであり、債権者集会の活性化の方向が目指されるべきである、とされる[55]。

③ 債権者の潜在的活力の有効利用という側面に特に着目する論者もある。

井上治典教授は、倒産手続は関係者の主体的エネルギーをうまく組み込むことができれば活性化するはずなのに、現行の破産手続は裁判所と管財人が倒産処理機関として一切を取りしきり、債権者は疎外されて、専門家への〈お任せスタイル〉を強要されていると批判される。すなわち、倒産処理に最も関心を寄せるはずの債権者は、私的整理ではそのエネルギーが手続の推進力になるのに、裁判所の手続に入ったとたんに単なる配当の受け手になってしまって、手続の担い手ではなくなっている、と指摘される[56]。

また佐藤鉄男教授も、同様の観点から、機能する倒産法への変身を図るには、直接の関係者である債務者本人と債権者、そして手続の主催者である倒産裁判所と倒産処理の諸機関との関係を練り直すことが必要である、とされる。そこで、立法の方向性としては、むしろ倒産手続は債権者の回収欲求によってある程度動くものであると割り切り、手続機関の構成は単純なものにとどめるべきだとされる[57]。

(3)　新伊藤説

このように、近年はむしろ関係人自治の活性化を強く奨励する論調が優勢であったと思われる。ところが最近になって、この関係人自治活性化の主張の提唱者であり、かつ長らく最有力の論客であった伊藤教授が見解を改められつつある。

伊藤教授は最近の御論文において、債権者自身が手続参加に積極的意欲を示さないという現実を見据えて、むしろ立法の方向としては、現行法における関係人自治を基礎とする制度枠組みを維持すべきか否かを検討し直す必要があるとしておられる。関係人自治の意義自体を否定されるものではない。ただし、管財業務に対する監督というものの考え方に転換を要すると考えられるのである。そこで、まず債権者集会や監査委員の制度については、実際的観点から、例えば実際的意義に乏しい集会での決議事項を必要的でなくして、簡略化・合理化することが提言されている。これはすなわち、集会の形を整えるよりも、実質的な情報提供を充実させることこそが重要であるとの考え方による[58]。他方で、管財業務の監督については、これまで期待されていた債権者の主体的推進力によってではなく、高度な法律判断を要する事項を除いて、原則として書記官の権限に委譲することが適当である、とされる。これは専ら破産裁判所の負担が過大にならないようにとの配慮から出たものであるが、これによって同時に、監督権限が破産裁判所に集中することによって裁判所の中立性が損なわれるとの批判に対して応える意味もあるという(59)。

小　括

一時は隆盛にあった関係人自治を正面から支持する議論も、倒産手続に対する債権者の一般的な関心の薄さ及びそれを反映した債権者委員会の形骸化という現象が、深刻な現実問題として広く認識されるようになり、かつての有力学説も軌道修正されるに至った今日では、倒産処理における関係人自治の可能性を論じるのに状況は甚だ不利になったように見受けられる(60)。そして確かに、従来なされてきた議論の方向には、実効性あるいは現状の課題という名の壁を乗り越えたその先の議論の発展は望めないであろう。しかし、関係人自治という〝理念〟に、問題把握の枠組やメカニズムの説明、そしてそこから導き出されるその有力な実現方法といった、〝実際的な〟骨格を与えてやることができれば、将来的な展望が期待できるのではなかろうか。そしてむしろ、それこそがいままさに求められていることといえるのではないだろうか。となれば、議論はまだ決着がついたものでは決してなく、かつて掲げた理念の実現のために探求できる道は、まだ十分に開拓されぬまま残っている。

このような問題認識から、続く第二節では、現在立法課題として実際に視界に入っている範囲で、具体的かつ現実的に関係人自治を貴重とする倒産処理の可能性を探ってみよう。そのうえで改めて、現在のわが国の議論状況についての簡潔な評価と問題提起を行うこととしたい。

（1）青山善充「会社更生法の性格と構造（一）」法協八三巻二号（一九六六年）一八五頁、伊藤眞『破産法〔新版〕』（有斐閣　一九九一年）三六－三七頁。
（2）後見型と管理型という二分法は、関係人が広い範囲で裁量を有し、より柔軟に手続の方向や多様な処理方法を決定することのできる再建型倒産処理を考察する際に用いてこそ、最もよくその有用性を発揮する（伊藤眞「倒産処理制度の理念と発達」民事訴訟法学会編『民事訴訟法・倒産法の現代的潮流』（信山社　一九九八年）二三三－三四頁参照）
（3）近時では、不況の長期化に伴って、本来の利用形態のみならず、不良債権を抱えた子会社清算の対税型の又はノンバンクの清算の方法として、利用件数が増大しているという（オロ千晴＝多比羅誠「特別清算手続の実務（一）」ＮＢＬ三八〇号（一九八七年）六－九頁、金融法務一四七五号（債権管理№七八（特集・倒産処理実務の現状と問題点））（一九九六年）一七－一九、三五－三六、五三頁参照）。
（4）加藤正治「和議法案概説」破産法研究第五巻（有斐閣　一九一四年）四八七頁以下、麻上信平＝谷口安平編『注解・和議法〔改訂版〕』（一九九三年）四頁参照。
（5）麻上＝谷口編・前注二六頁。
（6）例えば、青山善充編『和議法の実証的研究』（商事法務研究会　一九九八年）二五一頁〔伊藤眞＝三谷忠之＝山本和彦〕参照。
（7）羽田忠義『私的整理法』（商事法務研究会　一九七六年）一一－一二頁。
（8）田頭章一「和議手続きの機能について――私的整理との同質性・連続性の観点から――（一）～（三・完）」民商一〇〇巻一号九四頁、二号七三頁、三号七六頁（一九八九年）参照。
（9）上柳克郎＝鴻常夫＝竹内昭夫編代『新版・注釈会社法⑿』（有斐閣　一九九〇年）一一三－一一四頁、高木新二郎

『会社整理』（商事法務研究会　一九九七年）二二頁参照。

(10)　上柳ほか編代・前注一一八頁、田原睦夫「再建型倒産手続における債務者の財産管理について」（倒産制度研究会〔大阪〕・倒産実務上の問題点(六)）判タ八九三号（一九九六年）一七頁参照。

(11)　上柳ほか編代・前掲注(9)一一八頁［青山善充］、また同二六一頁［竹下守夫］、四宮章夫「会社整理における立法論的課題」ジュリ一一一一号（一九九七号）八四頁、高木・前掲注(9)二六一頁、田原・前注一七頁等参照。

債権者が合意する限りは、整理条件の平等及び公正・衡平な差等の条件を満たす必要もないと解されている（上柳ほか編代・前掲注(9)二六二－二六三頁〔竹下教授は、不合理な差別的取り扱いは、倒産手続に共通の債権者間の公平・平等の理念からして避けることが望ましいが、これはあくまで運用上の問題であって、ただ同一範疇に属する債権は同一に扱わねばば関係人の同意を期待し得ないという事実上の制約があるに過ぎない、とされる〕、伊藤・前掲注(1)二七頁）。これに対する強力な反対説として、特に高木・前掲注(9)五七頁以下、一〇七頁以下及び二七〇頁。

(12)　更に、特別条項として、従業員の労働債権や滞納租税また少額債権を優先債権とする、逆に役員等の債権の劣後的に取り扱う、といった柔軟で実際的な内容が定められることが多いと報告されている。以上につき、高木・前掲注(9)二八七－三〇〇頁等参照。

(13)　もっとも、実務の運用では総債権額の九割以上の債権者の同意があり、整理の遂行に支障がなければ、ごく一部の不同意債権者があっても裁判所が整理手続を続行させているといわれている。そこで、高木裁判官はかねてより、会社整理には、運用次第では手続構造が比較的簡易でありかつ柔軟な運用を可能にする利点があると評価してこられた（高木・前掲注(9)三頁）。

(14)　四宮・前掲注(11)八四－八五頁参照。

(15)　例えば、田原睦夫「新再建型倒産手続〔倒産法改正の方向と検討課題①〕」ＮＢＬ六四二号（一九九八年）六頁以下参照。

(16)　青山・前掲注(1)六四、六七－六九頁参照。

(17)　田頭章一「和議手続きの機能について（二）」民商一〇〇巻二号二六〇頁（特に二六二頁の（注76））参照。
(18)　谷口安平『倒産処理法〔第二版〕』（一九八〇年 筑摩書房）二七六頁、兼子一監・三ヶ月章＝竹下守夫＝霜島甲一＝前田庸＝田村諄之輔＝青山善充『条解・会社更生法（上）』（一九七三年 弘文堂）四四-四五頁参照。
(19)　麻上＝谷口編・前掲注(4)二三八頁［宋田親彦］。
(20)　兼子一監・三ヶ月章ほか・前掲注(18)四九頁、高木・前掲注(9)二頁も参照。
(21)　高木・前掲注(9)二八七頁。
(22)　上柳ほか編代・前掲注(9)三一三頁［青山善充］、高木・前掲注(9)二五二頁参照。
(23)　もっとも、株主総会を通じての株主権の行使は商法の一般原則の適用に過ぎず、正確には倒産手続への参加ではない。倒産手続への参加の厳密な意味においては、会社整理も和議同様に法人対外部者の関係においてのみの倒産処理の制度であって、法人の内部者は倒産手続への参加を認められていない（谷口・前掲注(18)二七六-二七七頁参照）。
(24)　もっとも実務上業務制限の保全命令が発令されることはほとんどないという（田原・前掲注(15)一七頁参照）。
(25)　なおこれ以前にも、開始申立と同時に本来的には調査の目的で選任される検査役が、事実上の監督機関として機能することがありえ、実際に大阪地方裁判所を初めとする全国の裁判所でこのような運用が広く行われているという（四宮章夫「再建型の監督について」（倒産制度研究会〔大阪〕・倒産実務上の問題点三）判タ九〇二号（一九九六年）二一頁参照）。
(26)　高木・前掲注(9)二五一頁参照。
(27)　なお、会社整理の申立が競合した場合について、高木裁判官は、その後の手続進行についての主導権争いが絡んでいることがあるから、単純に併合するよりも、いずれの申立を採用すべきか慎重に判断し、一方を棄却するのが妥当ではないか（高木・前掲注(9)一二八頁）、とされている。
(28)　開始申立の棄却決定は牽連破産をもたらさず、この点が立法論的課題とされている（麻上＝谷口編・前掲注(4)八八頁［徳田和幸］参照）。

(29)　ただし、資本総額一億円以下の子会社の監査役については、会計監査権を持たないことを理由に整理申立権もないと解される（上柳ほか編代・前掲注(9)一三三頁参照）。
(30)　株主はともかく、債権者の申立権は企業に対する参加の権利が認められたものだと解する説もあるが、利益保護のために定められているものと解するのが有力説である（上柳ほか編代・前掲注(9)一三五頁、高木・前掲注(9)一三一頁参照）。
(31)　もっとも、通告を受けた裁判所は必ずしもこれに拘束されるものではなく、官庁の通告も私人の申立と同様の意味しか持たないと解されている（上柳ほか編代・前掲注(9)一三六–一三七頁、高木・前掲注(9)一三四頁参照）。また、職権開始は今日その妥当性が疑わしく、実際にもこれまでこの規定によって整理が開始された例はない（高木・前掲注(9)一九七頁参照）。
(32)　上柳ほか編代・前掲注(9)二六九頁〔竹下守夫〕参照。もっとも会社整理から和議への移行が申し立てられる典型的な場合とは、一般には一部債権者の強硬な反対ゆえに整理計画の成立がうまくいかない場合に、和議手続での多数決決議を利用することを目的としたものであった（同書三四三頁〔霜島甲一〕参照）。
(33)　高木・前掲注(9)三一八頁及び右引用文献参照。
(34)　東西倒産実務研究会編『会社更生・会社整理』（商事法務研究会 一九八九年）二八四頁〔家近発言〕。また、次注及び次々注参照。
(35)　そのため、和議手続の実質的な中心は手続開始決定前、特に、和議条件の検討のほか財務状況の調査が行われる整理委員意見書作成過程にあるといわれていた（青山編・前掲注(6)八三頁〔林伸太郎〕、一八七–一八八頁〔佐藤鉄男＝町村泰貴〕参照）。
(36)　高木・前掲注(9)一九七頁によれば、東京地方裁判所では整理開始決定前に、予想される整理案の骨子について、又は、未だ整理案の骨子を立案しがたい事情があるときは整理手続の開始について、総債権額の八〇％の債権を有する債権者の同意書を提出させているとされている。
(37)　麻上＝谷口編・前掲注(9)二三八頁〔宗田親彦〕参照。

(38)　麻上＝谷口編・前掲注(9)三六五－三六七頁〔竹田稔〕参照。
(39)　福田正「倒産処理手続と債権者集会」（倒産制度研究会〔大阪〕・倒産実務上の問題点五）判タ八九〇号（一九九五年）一一頁、高木・前掲注(9)二七六頁。
(40)　伊藤・前掲注(1)九二－九三頁、霜島甲一『倒産法体系』（勁草書房　一九九〇年）六一頁参照。また会社整理でも、法律上規定はないがしばしば任意の債権者集会が開かれ、ここでかなりの成果があげられていることは、前述の通りである（福田・前掲注(39)二頁、高木・前掲注(9)二七六頁参照）。
(41)　この二点は、倒産処理の熟練弁護士である田原睦夫弁護士に本研究のテーマに関してインタビューした際に（一九九八年八月一七日）、倒産処理における関係人自治の最大の問題点として指摘され、これに対してどのような可能な対処策が考えられるのかと筆者が厳しい追求を受けたところである。
(42)　加藤正治『破産法要論〔第一六版〕』（有斐閣　一九四八年）三〇七頁以下、菊井維大『破産法概要』（弘文堂　一九五五年）一三六頁以下。
(43)　兼子一『新版・強制執行法・破産法』（弘文堂　一九六四年）二四三頁以下、中田淳一『破産法・和議法』（有斐閣　一九五九年）二〇三頁以下、山木戸克己『破産法』（青林書院　一九七四年）八六頁以下参照。
(44)　債権者団体の機関説をとるものとして、加藤・前掲注(42)三〇二－三〇三頁、菊井・前掲注(42)一三九頁、破産財団の機関説をとるものとして、兼子・前注一八五頁以下、中田・前注一八三頁。
(45)　山木戸・前掲注(43)八四頁、伊藤・前掲注(1)八九－九〇頁等参照。
(46)　棚瀬孝雄＝伊藤眞『企業倒産の法理と運用』（有斐閣　一九七九年）二一－一〇頁。
(47)　具体的方法として、債権者からの発言が出やすいような形の債権者集会にすること、発言内容を法定事項に限定するのをやめ、管財人から具体的な方針についての報告を受けて、債権者の側からも活発に意見を述べるようなものにすること、が挙げられている（前注二二九頁）
(48)　ここでの狙いは、債権者集会を頻繁に開催するという困難に対処しつつ、債権者の利害を恒常的に手続内部に取り込めるようにして手続参加の実効性を高めること、そして管財人に、法の素人である債権者監査委員に納得のゆく説明を行わせることで、債権者の無関心・無気力のゆえに現行法では弱くしか及ばない管財人へのコントロールを最良のものとすることの二点にある〔棚瀬＝伊藤・前掲注(46)二九九－三〇〇頁〕。

(49)　ここでの狙いは、債権者監査委員の制度におけると同様に管財人への間接的コントロールを及ぼすことにあるとともに、「知らされること」によって得た情報と関心によって、管財人の専断による処理を原因として拍車のかかる債権者の無関心化の傾向を克服し、債権者に破産手続へのフォーマル或いはインフォーマルな形での参加がもたらされるようになることにある〔棚瀬＝伊藤・前掲注(46)三〇一頁〕。

(50)　棚瀬＝伊藤・前掲書注(46)二九五－三一四頁。

(51)　加藤哲夫教授は、敢えて破産債権者団体を観念することも、債権者集会をそのような団体として位置づけることも必ずしも意味のあることではないとして、伝統的な通説に準じて解される。その根拠として次のように論じられている。すなわち、破産債権者団体を観念することの原点には、破産債権者の損失分担共同体という発想があるが、しかし破産債権者は各自ができる限り多額の配当を期待する関係にある。破産債権者団体を敢えて観念することは明確な法律的な意味を持つわけではない、と指摘されるのである〔加藤哲夫『破産法〔新版〕』（弘文堂　一九九八年）四二頁参照。

(52)　霜島・前掲注(40)六一頁以下〔特に後注(六四頁)で、〔とりわけ破産における〕債権者集会と監査委員のそれぞれにつき限界を認めつつ、債権者が手続の受益者であって手続上その発言権を確保することの必要性を説く〕。ほか、川嶋四郎「債権者集会の現状と基礎的課題」ジュリ一一一一号（一九九七年）一七三頁以下〔同旨の問題認識及び理解を示しつつ、「救済法」の考え方を取り入れて、当事者による救済内容の創造的形成を可能にする救済過程の存在が、手続評価の試金石となるとする〕参照。

翻って考えてみれば、学者の議論としては、近年の当事者の手続参加を見直す気運の中では関係人自治の意義を否定するような見解が現れる余地は無いに等しく、また仮にあったとしても、敢えて強行に主張されることもなく、表面には現れてくることはなかったであろうと思われる。

(53)　高木新二郎「東京で和議が少ない理由」ＮＢＬ四四五号（一九九〇年）六頁以下、同「破産管財人に望むこと

（付、和議整理委員・和議管財人に望むこと）」判時一三三一号（一九九一年）一四頁以下、同「新倒産法のあり方（上）（下）」NBL六三六号六頁以下（特に六一一一頁）、六三七号三二頁以下（以上、一九九八年）、同「事業者倒産における裁判所と債権者等の役割―続・新倒産法のあり方」法の支配一一一号（一九九八年）六二頁以下参照（本文での引用は、七二頁のもの）。

(54)　具体的には以下の三点である。第一に、債務者集会は破産債権者に対する情報提供の機能を果たし、債権者の手続的な関与の基礎をなす。すなわち、破産手続は破産債権者には個別的権利行使の禁止や全額弁済にほど遠い割合的な弁済といった制限や犠牲を強いるものであり、不利益を被ることにつき破産債権者の納得を得うるためには、手続が公平公正でなければならない。第二に、破産債権者は債権者集会を通じて、決議の手法によって、管財人が行う破産手続の重要事項につき処分権を認められている。第三に、債権者集会は管財人や監査委員といった管理機構の任免という重要な権利を与えられている（河野・次注一五三－一五四頁）。

(55)　河野正憲「債権者集会とその役割」判タ八三〇号（一九九四年）一五四頁以下。以上のような理解から、債権者集会を活性化すべきであるとして、同教授は次のようにその展望を述べる。「実際問題としては、手続の決定を行うには、債権者集会での決議の方法や監査委員の設置に限界があり、それゆえに法は、最終的には破産裁判所をこれに替わる監視機関としているが、このことにはまた、債権者自身の権限行使を不要であるとの意識を生む危険性がある。そこで、債権者集会を機関としての団体と見た上で、これを活性化させ、破産手続が本来持っている破産債権者の自律的な手続であることを再確認する必要があり、そのための方策を検討する必要がある」と。

(56)　井上治典＝河野正憲＝佐上善和『現代民事救済法入門――民事執行・倒産編』（法律文化社　一九九二年）三四九－三五〇頁［井上治典］。

(57)　佐藤鉄男「倒産手続における機関の再編成」ジュリ一一一一号（一九九七年）一八七頁以下。機関の構成について具体的には、まずは債権者集会の活性化を工夫し、他方、倒産処理の機関は、調査・助言・監督という具合に役割を明確化して、その範囲内において適材適所での活躍を確保できるようにすることを提言されている。

(58)　情報提供充実のための具体的な立法論的提言として挙げられていることとしては、管財人に手続の節目節目で書面による報告を行うよう義務づけること、また監査委員については、債権者の関心が高い事件において債権者の利益を代表するに足る者が、債権者に替わって権利行使したり代表として意見を陳述する機会を与えるようにすること、などがある。

(59)　伊藤・前掲注(2)一三五―一三八頁。

(60)　もっとも、筆者と論調を同じくして関係人自治を積極的に推進しようとする論者もいなくはない(後注(82)参照)

第二節　倒産法制に関する改正検討事項

法務省民事局参事官室は一九九七年一二月一九日、現代の経済社会の要請に応えうる現代的な倒産処理手続を実現することを目指して「倒産法制に関する改正検討事項」[61](以下、「検討事項」という)を公表した。ここで示された新しい倒産処理手続の構想は、その後数々の議論にさらされることを経て、広く支持を集めており、現在のわが国における具体的な倒産法改正の基本ラインを描出するものともいえる。そこで第二節では、検討事項における構想を紹介し、若干の考察を加える。これはまた、第四章で行う立法論的考察のための準備作業でもある。

第一款　検討事項の構想

1　検討事項の意義及び目的

検討事項は、法制審議会が倒産法制の見直し審議のための特別部会として設置した倒産法部会において、約二年間審議された結果に基づいて作成されたものである。その問題認識は、次のように述べられている。すなわち、五法が並立するわが国現行倒産法制は、各法のそれぞれが制定時期を異にしており、必ずしも一貫した立法思想を有していないうえ、会社更生法を除いて、これまで全般的な見直しがなされてこなかった。そこで、現状をふまえて制度全体の視野から各倒産手続を見直し、現代の経済社会において合理的に機能し、利害関係人にとって衡平かつ迅速な倒産処理手続を実現することが当面の重要かつ緊急の課題である、かくして今回の改正に至ったわけだが、ここで特に必要とされているのは、第一に、今日増大しつつある新しい倒産事件類型である消費者倒産及び国際倒産について、緊急の法的対応策をとること、第二に、大規模事件を想定した会社更生法の適用範囲外にある、特に法人倒産事件の大部分を占める中小企業の倒産処理につき、多くの問題点が指摘される現行法の規律を改めて、これら案件の処理に適合した再建手続を整備すること、この二点である。(62)

検討事項は、以上の問題認識に基づき、更に改正審理を進めるのに先立って、関係各界の意見を求めるべく意見照会を目的に作成、公表されたものである。その後、この照会に対して寄せられた各界意見の回答もまとめられ、主要項目についてはその概要が翌年一二月に種々の法律論文誌上で公表された。(63)

2　構想された倒産処理制度の全体的枠組み

検討事項は全五部から構成されており、内国手続の基本的輪郭を描く第一部及び第二部は、それぞれ法人倒産と自然人倒産につき別個の制度として構想されている。(64) 法人倒産についてはさらに清算型と再建型に二分類されており、統一的倒産手続が実現される見込みは当面はない。ただし、開始の申立から開始決定までの処理は平準化する方向が打ち出されており、その意味では一本化に向けて進んだものであると受けとめられている。(65)

検討事項第一部第一章におかれた法人の清算型倒産処理手続では、現行破産法の問題点を中心にきめ細やかな改正提言がなされている。[66] 本書の主眼である再建型の倒産処理手続については、第二章において、会社更生手続の見直しとともに、民事再生法の原型である新再建型手続の新設が提案されている。新再建型手続は、主に中小企業の再建を念頭において、旧和議法及び会社整理は実際の需要に十分に対応できていないとの認識の下に、従来の規律と並列、又はこれに替わるものとして構想されたものである。[67] しばしば用いられる表現を借りれば、この新しい手続では、和議と会社整理の両制度の〃よいとこどり〃をした、中小企業全般についての再建型手続の実現が狙いとされている。[68] もっとも株式会社についてみれば、会社更生との境界線が定かでなく、新手続としての存在意義は必ずしも明確であるとはいいがたいところである。[69]

以下、本書における研究の目的と対象に則して新再建型手続を取りあげ、従来の法制度と異なるその主要な特徴をまとめ、どのような手続として考えられていたのかをみていこう。

第二款　新再建型手続の概要

新再建型手続は、右の意図の下に新設された「主として、経済的に破綻した中小企業、株式会社でない法人等の再建を図る」倒産処理手続の構想である（検討事項第二章第1―2〔「第二章第1」は新再建型手続の章目であり、同手続に関しては以下これを省略して章目以下の条項番号を引用する〕）。申立後も債務者は原則として管理処分権を失わず、従前の経営を継続するとされていることに顕著なように、ここで念頭に置かれているのは、簡易、柔軟かつ可能な限り利害関係人の交渉を中心とした手続である。それゆえ、裁判所や監督機関による監督はむしろ例外的であり、また手続を重くすることへの懸念から、担保権及び租税債権の手続への取り込みや債権確定のための厳格な手続は予定されていない。

1　開始申立から開始決定まで

手続の対象については、個人債務者更生手続（仮称（第二部第一参照））が別途設けられていることとの関連で、法人に限定するとするか、それとも、個人事業者を念頭に置いて個人（自然人）をも含めるかの二つの考え方が示されている（3(2)イ）[70]。

申立権者については、旧和議法とは異なり、債権者をも申立権者と認めること、そして、債務者が法人である場合には、申立につき理事等の会社機関の全員一致の要件を課さないことが考えられている（3(2)ア）。特に注目すべきは開始原因である。第一に、旧和議法への厳しい批判の声に応えて、破産原因事実が生じる以前に手続を開始できるようにするべく、会社更生法の定めに近づけて考えられており（3(2)ウ）、しかもこれをさらに進めて、第二に、「再建の見込みがないことが明らかである」ことを申立棄却事由とすることが検討されている（3(2)オb）。

担保権は、新再建型手続でも基本的に破産における別除権と同様に扱われるのではあるが、次のような形で交渉に取り込むことが考えられている。すなわち、第一に、利害関係人の申立又は職権による担保権実行の中止の可能性、第二に、再建計画の作成にあたって、必要が生じれば債務者又は管財人が参加を求めうるとすること、である（3(2)カd(イ)(ウ)）。租税債権者についても同様に取り扱うか否かについては競合する考え方が示されている（3(2)カe）。

申立前の財産保全のためには、会社更生法に近づけて、裁判所が手続開始決定前にも利害関係人の申立又は職権で、監督や検査を命じる処分をなしうるものとし、この場合には、それら監督機関の関与の下で事業の継続に必要であるために負担された債務を、手続開始決定後共益債権として扱うとする考え方が示されている（3(2)キ

a(イ))。

2　手続開始後

裁判所が開始決定を行うと、以後手続は、再建計画の立案・作成を目的に進行する。

このプロセスは利害関係当事者の自治的活動に委ねられるのが原則である。すなわち、債務者は原則として開始決定があっても財産の管理処分権を失わず、従前の代表者が経営を続行する。債務者は、自ら再建計画を立案し(3(8)ア)、これを債権者の決議に付す。可決された再建計画は裁判所等の認可を受けることによって成立し(3(8)エ)、債務者はこの計画に則して満足を受けることになる(3(8)キ)[71]。原則となるこのような手続形態の範は、アメリカ連邦破産法の一一章再建手続における原則的手続形態であるいわゆるＤＩＰ(debtor in posession)制度に求められている。

ただし、裁判所は、会社整理におけると同様に、必要に応じて債務者の補助者的監督機関(監督委員(仮称))、検査機関(検査委員(仮称))、又は究極的には、財産の管理処分権と経営権の専属せられた管理機関(管理人(仮称))を選任できるものとされている。これら手続機関の選任は択一的に考えられているのではなく、和議や会社整理でみられるように、監督機関と検査機関が並立すること、又は前者が検査機関としても活動することが考えられている(3(3))[72]。なお、検査機関としての検査委員又は監督委員(3(3)イb参照)は手続開始前であっても財産保全のための機関として選任されることができる(3(2)キa(イ)(a))。また、これら監督機関の任命については、債権者の代表機関たる債権者委員会(仮称)にも申立権を認めるべきかどうかが照会されており、この点が本書の視点からはとりわけ意義深い。

かくして成立した再建計画の履行を確保するための裁判所の監督については、旧和議法と同様に認可までで手続への関与を終了するのか、それとも引き続き監督を続けるのかまたそうであればそれはいつまでか、複数の選択肢が照会されている（3(9)）。

第三款　新再建型手続における関係人自治

1　関係人の範囲

新再建型手続の第一次的な利害関係人は、倒産債務者及び計画による権利変更を受ける一般債権者である。このほか広い意味では、まず担保権者を利害関係人に含めて考えることができる。なぜなら、第二款で述べたように、抵当権実行中止の命令や協力の依願等を通して、担保権者も計画の交渉のテーブルにつくように働きかけられるからである。さらに、債務者企業の株主も利害関係人に含まれることになると考える。これは、新再建型手続が係属することで会社法上の関係が影響されるとは考えられておらず、したがって会社決議の方法等の基本的規律は手続開始後も変わりがないことが前提とされているところからうかがえる。

そこで以下では、再建計画の立案めぐる交渉の中心となる利害関係人の範囲として、倒産債務者、一般債権者、担保権者及び株主を念頭に置いて論述を進める(73)。

2　関係人自治の方法

新再建型手続は基本的に利害関係人の自治的な活動で進行する後見型の手続として構想されている。それゆえ利害関係人、特に債権者の手続参加及びそのために必要不可欠な情報開示について、検討事項では特別な配慮がなされている。

まず、利害関係人は個人として認められた申立権、債権の届出ならびに債権調査手続における異議申出といった手続上の権利行使をすることができ（3(2)、(5)）、また、そのための前提となる情報提供を受ける権利が認められている（3(7)イ）。特に債権者については、集団的な権利行使方法として、その利益代表機関たる債権者委員会の設置が構想されている。債権者委員会は、債権者の意見の窓口となるが、これにとどまらず、より積極的に活動することが期待されている。すなわち、債権者委員会の権限として、債務者の業務や財産状況等について必要な調査を行うこと、さらに、必要に応じて監督機関の選任を申し立てうるとすることの是非が照会されている（3(3)b）。

情報開示のあり方については、会社更正法における規律に倣う形で、倒産に至った経緯、債務者の業務及び財産に関する書類ならびに検査機関の報告に関する書類の閲覧について提案されているほか、債権者集会の開催がこれら事項を報告する場として考えられている（3(7)）。債権者集会は一般に、法的倒産処理手続における債権者への情報の開示及び伝達の中心的機能を果たすものであり、また、利害関係人の意思を手続に反映させるために法定事項の決議をする場であるが、これを手続上の機関としている破産や和議においては必ずしも本来期待されたようには機能していない点はかねてより指摘されてきている。そこで検討事項では、債権者集会制度のあり方を問い直し、その開催を任意的なものとするという基本方針を示しつつ、この場合についての選択的な二つの考え方が照会されている。まず第一は、一定の集会については開催を必要的なものとするという考え方であり、ここでいう「一定の集会」の具体例として、上述の最低限の情報開示を行うべき集会の開催が挙げられている。他方は、きわめて合理的に手続負担の観点から、債権者集会の開催はあくまで任意的なものと位置づけ、開催されない場合には書面により債権者の意見の聴取や決議を行うとするものである（3(7)ア）。これら二つの考え方は、債権者集会の位置づけにおいてそれぞれ現状の評価・認識の相違を反映する形で方向を異にするものであるが、情報の開示及び伝達の機会の確保については、それぞれの方法で実際的な配慮をしている。

検討事項におけるこのような関係人自治の方法に関する構想は、新再建型手続に求められている実効性や合理性を図りつつ、債権者の手続保障を確保・拡充するべく企図されたものと捉えられる。ことに債権者委員会制度と債権者への情報提供のための債権者集会の開催を必要的とする提案をあわせて考えると、一方で債権者集会を情報提供のための機会として把えつつ、債権者がその代表によって債務者を監督し、その債務者が立案する再建計画を債権者が主に債権者集会決議を経て実現する過程に移していくという、アメリカの再建手続にきわめて近似する一つのシステムが想定できるとする評価もある[74]。かくして、債権者の自治的活動が有効に行われ得るときには、その機能が十分に発揮されるように体制が整えられており、関係人自治の可能性に対して一定の場は提供・確保されている。

3　事件の進行・管理における関係人自治と司法のコントロール

(1)　手続開始の段階については、まず、前述のように、債務者のみならず債権者にも手続申立権を認めることが検討されている。さらに、申立棄却事由につき、更生の見込みが〝ある〟ことではなく〝なくはない〟こととして従来の基準が緩和され、より容易に手続が開始されるように配慮がなされたということも、前述の通りである。したがって、検討事項の構想が現実のものとなれば、手続開始の是非を判断する段階から、利害関係人が倒産処理のイニシアティブをとることになる[75]。

開始決定が出されて手続が開始した後も、典型的には債権確定手続の規律にみるように、特定の手続の様式や型が予め定められているわけでなく、事件の管理・進行に関しては関係人が自由に自律的に作り上げていくのが基本となる。再建計画の内容についても、平等及び公正・衡平という一般原則が示されているだけで（3(8)ウ）、さらに、必要があれば担保権者にも手続参加を求めうるとする（3(2)d(ウ)）など、検討事項の構想では関係人が柔軟かつ自由に計画の内容や方法を選択することのできる枠組みが設けられている。この公正・衡平の意義についても、新再建型手続が和議及び会社整理の利点を生かした手続となるように考えられていることを思えば、必ずしも会社更生法上のそれと同じ内容や基準である必要はないものと一般に解されている[76]。このほか、いったん認可され成立した再建計画についても、債権者は変更を申し立てることができ（3(8)ク）、また、認可によって手続が終了するとする考え方がとられた場合であれば、債務者による計画の履行解怠に対しては計画の取消を申し出ることもできると考えられている（3(9)イ）。

(2)　しかし、手続のより根本的な方向修正に関しては、関係人自治の領分は非常に狭い。

第一の問題点は、後見型手続から管理型手続への移行のイニシアティブの所在である。検討事項では、債権者集会又は個別の債権者に監督機関の選任申立権を認めることが考えられてはいるが、申立があろうとなかろうと、裁判所は専ら裁量によって監督機関の選任の是非を決するものとされている。つまりそのための具体的基準は示されていない。したがって、再建手続自体の開始については関係人のイニシアティブが勝るが、その後の管理型の手続の開始すなわち手続の方向転換の転轍機を切り替えるイニシアティブは、裁判所がとることとなる。

第二に、裁判所は、いったん開始され、形成されつつある再建のプロセスを、裁量的に中断又は途中で放棄することのできる立場にある。まず、検討事項では計画認可の要件を（改正前）会社更生法二三三条一項一ないし三号（現一九九条二項一ないし四号）に準じて定めることが考えられている（3(8)カ）。そこで、例えば最も極端な形としては、せっかく自由で多様な再建計画が立案され、関係人の支持をも得られたという段階になって、ただ裁判所が認可要件が充足されていないと考えたというだけの理由で、せっかく合意に至った関係人の共通の意向が実現を阻まれるという事態も起こりうる。(77) さらに、再建計画案の届出期間は裁判所が定め、この期間内に計画案の届出がないこと又はこの期間内に提出された全ての再建計画案が審理もしくは決議に付するに足りないと裁判所が判断したことを原因として、職権で手続廃止決定がなされるものとされている（3(8)イ）。

(3) 以上の結論として、検討事項の枠組みにおいては、確かに広範囲に渡って関係人自治が可能となっているが、基本的かつ決定的な手続のコントロールは専ら裁判所が行うことになっているということが明らかである。しかし、裁判上の手続としての公正さや安定性を確保しつつ、よりいっそうの関係人自治が認められる余地はまだ残っているといえよう。

第四款　新再建型手続における関係人自治の展望

前述のように、検討事項についての照会の結果はまとめられ、公表されている。それによれば、まず新再建型手続の基本構想、すなわち、中小企業や非株式会社たる法人を対象とした原則ＤＩＰ型の再建型手続を新設し、関係人主導でこれを運営するという一般的な制度のあり方については、広く支持を集めていた。(78)

本書での考察にとって特に重要なことは、一定の債権者集会は必要的にすべきであるとの意見がかなり有力であったということである。その理由としては、特に第一回債権者集会には意見交換や情報開示のための場として大いに意義が認められること、債権者の感情を考慮すれば省略すべきでない、といったことが挙げられている。

また、筆者が出席したある研究会では、学者が中心となっている研究会だからということもあろうが、一部の論者からはことのほか強力に、関係人自治の理念が合理性を理由に安易に、またなし崩し的に損なわれるべきではない、との主張が聞かれた[79]。

小括

関係人自治を基調とする倒産処理制度の考え方は、検討事項でも基本方針とされていたところであり[80]、今後目指されていくべき方向性として、倒産法改正を論じる論者の間でも広く意見の一致をみている[81]。しかし、その根拠及び射程については、必ずしも理論的に詰めて研究されてきたとは言い難い。というのも、その主張の根拠としてしばしば挙げられるのは、倒産処理における関係人自治の一般論としての有用性や合理性、あるいは歴史的又は理念的に守られるべき原則であるという点であり、しかも関係人自治の名の下に一律かつ包括的に論じられているため、未だ抽象論の域をでていない感がある[82]のである。

だが、倒産処理における関係人自治の活性化を主張し、しかも具体的な立法の中で実現していこうと考えるのであれば、この根拠及び射程にこそ明瞭さと説得力が求められるはずである。何か意見主張する場合の常として、関係人自治にどれだけ期待するか又は期待することが可能なのかを具体的に示すことによってこそ、この問題に広く関心を集めることができるのであり、そしてその結果として、倒産処理における関係人自治が単なる努力目標にとどまらず、実際に具体的な立法の形で確保されるように道が開かれてゆくことになろう。

その意味では、今はまさに分岐点にある。検討事項で自由で柔軟な新再建型手続が構想されたことにより、従来の法制度から脱皮する具体的な展望が得られたかと思われる一方で、実務家を中心に倒産手続に対する一般的な債権者の関心の薄さ及びそれを反映した債権者委員会の形骸化が指摘されている。また、理念としての関係人自治の意義が広く認められる一方で、かつて関係人自治の活性化の主張の最も心強い寄るべであった有力学説にさえ軌道修正の兆しが現れ、関係人自治の可能性を改めて論じるには状況は必ずしも見通しのよいものではない。しかし今、このような一見不利な状況への転換期だからこそ、その有用性や可能性を示唆する有力な証拠、すなわち具体的な方策や理論的枠組みを見出し提示することができるならば、今後の議論の方向決定に資することになろう。続く第三節では、比較法研究にこのための手がかりを求めようと思う。

(61)　法務省民事局参事官室編『倒産法制に関する改正検討課題——倒産法制に関する改正検討事項とその補足説明』別冊NBL四六号（商事法務研究会　一九九八年）として公刊されている。この作業での問題認識及び目的については同誌一―三頁参照。以下の引用に際しては「検討事項」としてその項目番号を、補足説明については「検討事項（補足説明）」として同誌での該当ページ数を表記する。

(62)　検討事項（補足説明）一―四頁。

(63)　例えば法務省民事局参事官室「『倒産法制に関する改正検討事項』に対する各界意見の概要について」判タ九八五号（一九九八年）七四―七五頁参照。

(64)　このほか、第三部に国際倒産、第四部に倒産実体法、第五部にその他として倒産における仲裁等についての試案がある。なおこの構成それ自体は将来の制度のあり方の方向性を示すものではない（前注五頁参照）。

(65)　伊藤眞ほか「倒産法改正の方向と検討課題（一）」NBL六三四号（一九九八年）〔山本克己発言〕。これに対して、加藤哲夫「法人再建型手続——新再建型手続を中心に（検討事項第一部第二章）」ジュリ一一三四号（一一九八年）一一頁では、債権者の意向等によって申立人が選択した手続から他の手続へ移行する任意的な移行のシステムの当否は具体的に問われていない、との例を挙げて、むしろ手続一本化の方向性との相違が強調されている。
(66)　検討事項における清算型の法人倒産処理手続について詳しくは、山本弘「法人清算型手続——破産を中心に（検討事項第一部第一章）」ジュリ一一三四号（一九九八年）四頁以下参照。
(67)　検討事項（補足説明）四一-四二頁参照。
(68)　伊藤眞ほか「倒産法改正の方向と検討課題(二)」NBL六三五頁（一九九八年）二六頁〔山本克己発言〕、田原・前掲注(15)六頁等参照。
(69)　そもそもなぜ会社更生は現状のまま残されることになったのかの理由が示されていない。また、新再建型手続は以下本文中で説明するように非常に柔軟な手続として構想されており、現行の会社整理がそうであるように、運用のありかたによっては裁判所主導の小更生手続化してしまう危険があることが指摘されている。そこで例えば、再建の内容として資本構成の変更にまで踏み込むのかという点と、裁判所の干渉の程度の相違とに新再建型手続の存在理由が求められている（伊藤眞ほか・前注二七-二九頁参照〔さらに山本克己教授は新再建型手続にかかるコストの問題を差別化の重要なポイントとして指摘される〕。ほか、高木新二郎「新倒産法のあり方——倒産法制に関する改正検討事項に対する意見」NBL六三六号（一九九八年）九-一〇頁参照）。
(70)　検討事項（補足説明）四三頁。
(71)　届出債権者に対しては権利内容の変更された満足を得させることとし、他方債権を届け出なかった者については、計画期間内は満足を受けることを禁ずるか、又は再建計画での権利変更に即した満足を受けることとするかという、競合する考え方が照会されている。
(72)　検討事項（補足説明）四八頁参照。
(73)　この範囲外でも、租税債権者や消費者、さらには不法行為債権など非取引債権の保持者も考えられるが、計画をめぐる交渉に着目するがゆえに、また、特殊法の分野に関わることにもなるため問題の一般化・単純化を図る意図もあって、ここではこのように限定した。
(74)　加藤・前掲注(65)一五頁参照。アメリカの再建手続は当事者の自主性・主体性を前提とした構造となっている

（本書第二章第一節及び第二節参照）。

(75)　高木・前掲注(69)一一頁は、現行法の下では裁判所が動的な経営判断を的確に行わんとするかのごとく手続開始に慎重になりすぎて、結果として窓口を必要以上に狭くしていることに疑問を投げかけ、このような棄却事由が構想されたことを非常に高く評価しておられる。高木裁判官は、むしろ手続開始原因があるときはまず手続開始決定をし、しかる後に利害関係人等による異議申立を受けて、会社更生法三八条二号ないし七号所定の事由があると判明したときに、開始決定を取り消して申立を棄却するとするのが相当であるとされる。中島弘雅「新再建型倒産手続の一つの方向―イギリス倒産法からの示唆（下）」ジュリ一一四二号（一九九八年）九五頁でも、入り口規制よりも事後的な取り下げ規制の方がより効果的だとしている。

(76)　伊藤眞ほか・前掲注(68)三三頁〔才口千春発言〕参照。

(77)　伊藤眞ほか・前掲注(68)三二頁〔才口千春発言〕参照。

(78)　特に議論のあった論点は、担保債権者の取り扱いと、履行確保のためにどこまでどのように裁判所が関与するかということである。また、手続の基調に関しては、前述のように、手続の性格に鑑みれば会社更生法の規律をそのまま取り入れるべきではないとされる事項がいくつかある。すなわち、改正前会社更生法三八条三号（破産回避の目的等による開始申立の棄却）や同二三三条一項（計画認可要件）である。

(79)　前掲注(63)（七五頁）、「『倒産法制に関する改正検討事項』に対する各界意見の概要(二)」ＮＢＬ六四八号（一九九八年）三〇頁以下参照。なお、本文でいう研究会とは、一九九八年春の東京大学民事訴訟法研究会を指す。

(80)　検討事項（補足説明）三、四二頁参照。

(81)　例えば、実務家の側では、高木新二郎「新倒産法のあり方――倒産法制に関する改正検討事項に対する意見(上)」ＮＢＬ六三六号六―七頁、田原睦夫「新再建型倒産手続――倒産法改正の方向と検討課題①」ＮＢＬ六四二号六頁以下（以上、一九九八年）等参照。学者の側では特に佐藤哲夫「倒産手続における機関の再編成」ジュリ一一一一号一八七頁以下（一九九七年）が積極的である。

(82)　もっとも、その独自の立法提言で通産省による別途の新再建型手続の構想の基礎を形作った、倒産法制研究会

「『新再建型手続』に関する提言」（一九九九年）は、しかも以下本文で述べる筆者の見解と偶然にも同じ方向で、経済学的見地から理論的分析を試みている。特に同提言一－五頁参照。

第三節　ドイツ新倒産法からの示唆

序　ドイツ倒産法改正の課題と経緯

1　本節の意義及び目的

ドイツでは一九九九年一月一日より、一九九四年一〇月五日に公布された新しい倒産法(83)が施行されている。ドイツ新倒産法は、足掛け一〇余年の大規模な改正作業の所産であり、詳細な比較法研究に基づいて立案された現代的な倒産処理制度の一モデルとして、その内容自体非常に意義深い。とりわけわが国にとっては、改正前の現行ドイツ破産法(84)はわが国破産法の母国法であり、また実際問題としても、ドイツのこの度の改正を余儀なくさせた現行法制下での問題状況や問題認識に少なからぬ共通性が認められるため、その立法過程での議論や立法の成果は軽視できないところである。さらに、ドイツ新倒産法はわが国に類似の従来の法制度を根本から改め、倒産処理を広く利害関係人の自治に委ねるとすることを立法的に選択したものであり、同様の方向転換が目指されているわが国の倒産法改正の可能性を示唆するものとしても示唆深く、注目される。

ドイツ新倒産法の最大の特徴は、機能不全に陥っていた従来の破産法及び和議法を発展的に統合した統一的倒産処理制度を導入したことにある。この制度枠組み自体は、既に改正の初期段階で明らかにされ、その後司法省が順次発表した立法草案（準備草案、参事官草案及び政府草案）でも一貫して維持され続け、最終的に新法へと引き継がれた。ただしその過程で、改正の方向性すなわちその根底に横たわる倒産処理制度観ともいうべき部分で、注目すべき転換現象が見られたのであった。そして、このような根本理念の転換を反映して、当初予定されていた、清算よりも再建を明らかに偏重して、裁判所による管理及び監督を行き渡らせていた制度枠組みは否定され、最終的に成立した法の枠組みは、まるで逆方向に、経済効率性に裏付けを得た規制緩和と広範な利害関係人自治とを特徴とする柔軟なものとなっている。

いまここでドイツ法研究を行うことの意義をこのような点に認めて、以下では、この立法過程での転換点を境にそれ以前を第一段階、それ以後を第二段階と二分し、各々の段階での改正論議及びその最終結果たる新法の内容と理念を紹介する。そして節末の小活において、以上のドイツ法研究から抽出した、わが国の立法論として有意義と思われる関係人自治的倒産処理制度の意義及び根拠を裏付ける理論について、若干の考察を試みる。(85)

2　ドイツ倒産法改正の歴史的経緯と改正作業の課題

まずは、ドイツが今改正に至った経緯を概略しておこう。

(1)　従来ドイツの倒産処理法には、破産法と和議法の二法があった。すなわち、破産法は破産債務者の財産の清算を目的とする破産手続を、和議法は破産の回避を目的とする和議手続を規律する。

今日までのドイツ倒産法の歴史は、破産を回避して倒産債務者の再建・更生を図るための手続の導入を模索する歴史であったといえる。まず、一八七七年に破産法が制定される。破産法は、施行当時からしばしば改正論議にさらされるも、幾度か小規模な改正が行われただけで、その基本的内容は今改正に至るまで維持されてきた。ところで、破産法の立法者が裁判上の包括執行手続として念頭に置いていたのは、債務者が全債権者を完全に満足させる立場にないことが判明した場面で初めて開始される破産手続だけであった。そのため、債務者がその財産の解体を免れて責任の免除を得る手段としては、破産手続上の強制和議（ドイツ破産法一七三条以下）しか予定されておらず、債務者財産の清算の回避は不完全にしか顧慮されていなかった。

そこで、既に第一次世界大戦中及び戦後には認識され始めていた、破産による深刻な損害と弊害を初めから回避することのできる特別な倒産法上の制度の必要性が、一九二九年の特別法としての和議法の制定をもたらした。同法は一九三五年に改訂され、現代の和議法となった(86)。

(2)　さて、一九七〇年代入って倒産件数が激増するに伴い、「破産の破産」(87)という標語に端的に表される破産法の著しい機能不全が明らかになった。すなわち、財団不足を理由とする破産申立の棄却件数が著しく増大し、また、多くの事件で極端に低い率での配当しか行われていないということが、深刻な問題として認識されるに至ったのである。他方、和議法上の和議も、確認された利用件数が全倒産件数の一割にも満たないというのが当時の実態で、当初期待された役割が果たされているとはおよそいいがたい状態であった(88)。そこで、この事態を重く見た連邦司法省は、一九七八年、倒産処理法の専門家である学者及び実務家からなる独立の委員会（以下「倒産法委員会」という）を設置し、正式に倒産法改正作業に乗り出したのであった。

第一款　改正作業第一段階――倒産法委員会による構想（八五／八六年委員会報告書）

倒産法委員会は一九八五年、八六年に順次、包括的な倒産法改正試案を二つの報告書の形にまとめて連邦司法省に提出した(89)。ここで同委員会は、現代的で経済実態に適合し、かつ社会的な倒産法の構想が必要不可欠であるとの認識の下に、破産法と和議法とが併存する従来の二分岐体制に替わる、統一的な倒産処理制度を提案した。

このような制度が選択された理由は次のように述べられている。まず、現行法によれば、債権者及び債務者は、債務者の財産状態について見通しの立たない時点で手続方法を巡る判断を下さなければならないことがしばしばあり、また、一方の手続における強制的規範が他方の手続を選択することによって回避されるという不都合も生じる。そのうえ、経済生活における一つの事実関係が二つの別個の手続法で規律されていることによって、倒産債務者と債権者団体の間での秩序だち、しかも経済的により有意義な方法での、包括的かつ最終的な交渉は不可能となる。それゆえ、開始時点では手続目的が未決のままでもよく、調査段階を経た後に初めて、企業の維持・再建を目的とする再建手続が行われるのか、それとも即時の換価を目的とする清算手続が行われるべきなのかが決定されるという制度を構想する、とされている(90)。

この委員会による構想〔以下「委員会モデル」という〕は本節で着目するドイツでのその後の議論の基礎となるものであり、また、最終的な新倒産法とも基本構造を同じくしているので、以下、その構想された手続の概略を確認しておこう。

1　統一的倒産処理制度

統一的手続であるがゆえに、手続開始原因も手続目的によって区別されることなく、統一的に定められている。すなわち、一般的な開始原因である支払不能又は債務超過(91)のいずれかが認められる場合には、裁判所は原則として手続を開始しなければならない。同様に、倒産能力や倒産財団の範囲も一律に規律される。手続機関の種類、任免及び職務内容に関しても、手続機関の可能な限り一貫した活動を実現することによって手続の一貫性を保ちかつ簡易化を図ることを企図して、手続目的の如何に関わらず共通のものとして定められている。具体的には、手続機関として予定されているのは倒産管財人、債権者集会及び顧問会の三つで、いずれも必置されなければならず、手続開始の時点で裁判所が任命する。手続目的の決定にあたっては、これら機関の所見が基礎とされる(92)。

統一的倒産処理手続の最も大きな特徴は、手続の構造にある。すなわち、倒産債務者の再建とその財産の清算という二つの手続目的が同等の地位で調和的に併存せられており、手続開始の時点で清算か再建のいずれかの手続目標に固定されて手続が決定的に方向付けられてしまうのではなく、手続が進展する過程で得られる新たな認識や状況の変化に適合させて相互に柔軟に交換することができる。したがって、手続目的は個々の事件で、専ら経済状態に照らして決定されることになる。

新しい倒産法はこのように経済的な需要に照準を合わせて構想されており、委員会は、現行法の欠陥はこれによって除去されることになる、としている(93)。

2　共通手続

手続目的がいずれにも方向付けられていない段階の手続は共通手続と称され、これはさらに開始手続と事前手続とに分類される(94)。

手続は現行法と同じく中立に基づいてのみ開始され、債務者及び全ての倒産債権者が申立権者とされている(95)。一般的な手続開始原因のいずれかが認められる場合には、前述のように、原則として事前手続が開始される(96)。事前手続の開始の許否又は中止の決定に対しては、即時抗告が許される(97)。事前手続開始の効果は原則として現行法による破産宣告の効果に対応するが、共通手続の進行中には企業再建が妨げられることはないので、手続開始によって企業が解散せられることはない(98)。

事前手続開始の決定と同時に倒産管財人が任命され、債務者財産の管理処分権は管財人に移転する。事前手続での管財人の主な職務は、債権者表の作成、債務者企業の経営の続行、債務者企業の経営状態及び更生の見込みについての報告書の作成であり、その遂行にあたっては裁判所の監督に服する。また、事前手続に特殊なこととして、管財人は管理処分権を行使するにあたっては、倒産企業の再建を危うくする可能性のある処分は全て慎まなければならない[99]。このほか、裁判所は顧問会（ただし、再建の見込みがないことが明らかな場合を除く）、及び債権者委員会（ただし、債務者企業の種類や規模から不要と判断する場合を除く）を任命する。手続目標の決定においては、各々次のような形でこれら機関の所見が顧慮されるための契機が設けられている。すなわち、一方で顧問会は管財人の再建の見込みについての調査に助言と協力を与えることによって、他方の債権者委員会は、管財人に対して、特定事項につき承認を与えることを通して監督を行うことによってである。もっとも、この方法で意見が反映されるとはいえ、あくまで助言や限定的なコントロールなのであって、管財人に対して一般的に影響を及ぼすことは予定されていない[100]。

倒産手続の目的、すなわち企業を再建するか清算するかは、調査段階である事前手続を経た後、裁判所が前述の手続機関から得られた情報に基づいて職権で決定する[101]。裁判所は、十分な再建の見込みがあると判断する場合には再建手続の開始を、再建の見込みがない場合には破産手続の開始を決定する。裁判所による手続目的の決定は、決定されたのが再建だったか清算だったかで区別されることなく、争うことができないものとされている。この趣旨につき委員会は、手続の迅速化と簡易化に配慮してなされた規律であるとして、その正当化理由として次の二点を挙げている。まず、手続開始の決定は事後的に取り消されるうるということ、そして、統一的手続では、手続が進行するにつれて状況が変われば、直ちに手続目的を変更することが可能であること、である[102]。

このように、共通手続には、再建又は清算という代替的手続のいずれかが連結し、こうした統一的な制度枠組みの内部で、各々の目的に則した倒産処理が行われることになる(103)。

3　新再建手続

従前ドイツには、企業再建手続としては和議（和議法上の和議及び破産法上の強制和議）しかなかった。和議の基本的発想は、倒産に至るまでの経営において和議に値する行動をとっていた誠実な債務者に、恩典的に、債権者集団との和解による債務の一部免除及びこれをもって破産手続の開始を免れる可能性を与える、ということである。そのため、ここでは既に発生している債務を整理することしか予定されておらず、和議管財人の地位も非常に弱い。したがって、倒産をもたらした原因そのものを除去して、企業を真の意味で立て直す制度としては甚だ不備であり、しかも今日では、前述のように利用者にほとんど省みられていない、実際上制度の存在意義が失われたのに等しい状態にあった。他方、経済の領域や労働の領域が相互に密接に関連しあっている現代では、企業の清算的解体はマクロ経済的かつ社会的な損失をもたらすという、今日全世界的に普及した問題認識が、ドイツにおいても例外なくみられた(104)。

(1)　倒産法委員会は、目指される再建手続とは「適切な事例において、経済的にたえかつ債権者に期待しうる方法で、経営者たる債務者の倒産処理が行われることができ、債務者企業が清算されるのではなく、そこで提供されている生産の場、職場及び取引関係を維持する」ものであるとしている。すなわちここでは方向の異なる二つのゴールが目指されている。

①　まず基本認識として、一方では、一部で強調されているいわゆる破産の淘汰又は浄化の機能、すなわち採

算のとれない企業を経済過程から除去する機能を有するとして破産を肯定的に捉える立場を次のように批判している。すなわち、市場の限界領域では必ずしも淘汰原則によって除去される必要のない企業でさえも破産に陥っている、収益性を回復することができたはずの企業が、一定の阻害要因及び欠陥のゆえに破産している例は多数にのぼっている、そもそも現代社会においては、企業倒産はマクロ経済的かつ社会的に損害を及ぼす方向で一般的な影響を及ぼすのであり、さらに国際的に密接な経済関係や通貨政策、金融政策に及ぶ影響をも顧慮すれば、倒産事件はもはや単なる債権者＝債務者間の問題にはとどまり得ない、とする。このように委員会は、マクロ経済的にみれば破産はもはや単なる〃採算のとれない事業を除去する装置〃又は〃不適切に存続する企業に対する私法上の死刑〃と捉えることはできない。と考える。[105]

しかし他方では、除去されるべき企業が他の健全な企業の経営に損失を与えたり、これを阻害したりする危険があり、これら企業が他者又は公衆の負担において人為的に維持されることは許されない、との認識をも有する。すなわち、倒産法であれ再建法であれ、経済上、社会上及び租税上の政策の職務を引き受けることはできない、例えば職場を維持するための手段としてであっても、非生産的な企業ではそのような目的も実現されえない[106]、としている。

②　委員会は以上の理解に基づいて、存続すべき企業が存続する可能性を開くと同時に、存続するべきでない企業が存続させられる危険を排除するため、原則として関係人、特に債権者の自由な意思決定にかからしめられた再建手続の導入を選択した。更に、無意味な再建を試みる無駄をなくすための方策として、手続目的決定の準備段階たる事前手続は、債務者に更生能力がないか又は再建の見込みがないことが明らかである場合には行われず、この場合にはむしろ手続開始と同時に破産手続が開始されなければならないとし、また、事前手続が開始さ

れた場合であっても、再建に不適切な事案は、手続目的決定の基準となる「再建の見込み」において、初めから選別・除去されることを予定している[107]。再建手続の開始後についても、再建が成功する見込みがないことが明らかになったときは、裁判所が直ちに職権で破産手続を開始するものとした[108]。

このような意図の下に構想された再建手続は、平等原則に基づいて、全ての倒産者に再建のチャンスを開放するために、倒産債務者の規模や種類によって区別せず[109]、自然人倒産事件を除く全ての法人及び自然人に適用されるものとされた。

(2)　再建手続の具体的内容を構想するにあたっては、委員会は基本的に現行和議法にその基礎を求めて、機能しうる部分はそのまま引き継いでいる。それが最も端的に現れているのは、再建は国家によって強制されるものではなく、原則として関係人の多数決による決定に基づいて行われるという基本的考え方である。

他方、和議法の機能しなかった欠陥部分については大胆な改革を試み、本格的な企業再建法の実現が目指されている。すなわち、手続一般についていえば、従前は特別の優先権を認められていた別除権者や優先権者をも手続的拘束に服せしめるものとするなど、財団の維持及び増殖を狙った様々な新しい規律が試みられている。また、前述のように手続開始原因が実質的に拡張されているのも、現行法におけるが如く再建に適した時期を逸さないための工夫である。さらに、新再建手続では、再建の方法として、和議法では予定されていなかった企業の資本構成等の組織構造の変更にまで踏み込むことが想定されている。

もっとも、アメリカ連邦倒産法におけるが如く、あらゆる再建の手法が無制限に許されているわけではない。具体例として、会社法上の措置については、若干簡略化されるとしても、なお会社法の定める手続によって、会社法の定める要件の下で行われることが必要とされている。また、委員会の考える再建とは、債務者の財産関係に新しい秩序を実現させること、及び債務者企業が〝債務者に所有権をとどめたままの状態で〟維持されることであるため、ドイツで頻繁に利用されていた企業の一括譲渡、すなわちいわゆる譲渡による企業更生（Übertragende Sanierung）は清算事件として扱われる[110]。

(3)　以上が委員会モデルの主な特徴であるが、最後に、以下の叙述の便宜のために、開始決定以後の手続の流れをまとめておこう。

再建手続開始後、倒産管財人は債務者、債務者企業の社員及び顧問会の助言を得て再建計画を立案し、これが議決期日における関係人の決議に付される。関係人は各々の有する当該企業に対する請求権の種類に応じて組分けされ、提示された再建計画案につきその是非を決議する。その結果、各組で必要多数が得られた場合には再建計画は可決され、続いて裁判所の計画認可が必要となる。裁判所は認可を拒絶する場合には、職権で破産手続開始決定を発する。他方、裁判所が認可し、これが確定した場合には再建計画は正式に成立し、形成部分で定められた法律効果が生じる。そして、直ちに倒産手続終結の決定が出される[111]。

第二款　改正作業第二段階――委員会モデルに対する批判

第一報告書が公表されるや否や、各方面から厳しい批判の声が寄せられた。

批判は、一方では、倒産処理における関係人自治を維持・貫徹しようとする伝統的な観点から、他方では新たな、市場原理を尊重する経済学的考え方、いわゆる市場適合的倒産処理の観点からなされた。そして、いずれの観点にも共通する最大の論点は、正しく本研究のテーマに関わるものであった。すなわち、委員会モデルは再建手続の目標設定を見誤ったものであり、しかもこの誤認された目的を実現するためにとられた手続構造は、秩序警察的な基本理念に基づいており、ドイツ倒産法の根本原則である私的自治の原則が国家規制に便宜なように空洞化されている、ということである。本款では、これら批判の具体的な内容を検証する。両観点につき、次のように本研究で紹介する意義が十分に認められるからである。まず前者の伝統的な観点からの批判内容は、特にドイツとわが国は問題状況を同じくしているため、わが国の立法論としても直接的に参考となる。そして後者の経済学的観点からの批判には、本書において第二節までの成果をふまえて問題意識も新たに本節に臨んだ目的に適う、示唆深い理論枠組みが提示されている。

ところで、委員会モデルにおける関係人自治の空洞化の証拠として指摘されている問題項目は、両観点に共通している。そこで叙述の順序としては、わが国には未だ馴染みの薄い経済学的思考に基づく新しい観点からの議論を見るのに先立って、伝統的考え方に則してこれら問題項目をみていくことによって、委員会モデルにおけるこの点での問題の所在を明らかにするのが効率的であると思われる。そこでまずは前者の、伝統的理解に基づいて委員会モデルにつき指摘された四つの個別具体的な問題を、いささか細目にも及ぶが、みていくこととする。

1　委員会モデルにおける関係人自治の空洞化——伝統的考え方に基づく具体的問題点

ドイツにおいて倒産処理における債権者自治とは、国家機関（裁判所及び官庁）による手続進行に対置せられる、私法秩序における、すなわち私的自治の原則に則った手続進行を意味する。現行の一八七七年破産法において、それまでの絶対君主主義の管理国家では完全に排除されていたところを採用されたもので、以来、債権者自治はドイツ倒産法の不動の原則と理解されている。これはまた、市場経済秩序に依拠する自由主義的な法治国家体制とも調和する原則である[112]。

委員会報告書でも、委員会モデルにおいては債権者自治の原則が維持、尊重されるということがしばしば強調されていた[113]。しかし多くの論者は、これは単なるリップサービスに過ぎず、委員会モデルでは債権者自治が広範囲にわたって空洞化されており、倒産処理の〝国営化〟傾向が認められると批判した[114]。具体的には、(1)裁判所の裁量による手続目的の決定、(2)企業の（即時）一括譲渡及び清算事件での企業継続のための要件としての裁判所の同意、(3)裁判所の専権事項としての手続機関の任免、(4)再建計画の認可ならびにその調整に関する裁判所の拒絶、の四点にその傾向が現れているとされる[115]。

(1)　裁判所の裁量による手続目的の決定

委員会モデルによると、再建か清算かという手続の方向性は、専ら倒産裁判所が決定するものとされている。これに対して、利害関係人には、審尋期日における意見表明しか予定されていない。しかも、ここでの裁判所の判断は、「再建の見込み」という極めて抽象度の高い一般的な基準に依拠するものである。したがって、手続方法の選択は広範囲にわたって裁判所の裁量事項となっており、裁判官には、たとえ審尋期日で示された関係人の所見の理解を誤っていたとしても、独自の裁量が認められることになる。そして、この裁判所の決定を争うことは許されていない。

このような規律を設けるにあたって、委員会は次のように認識していた。まず広範な裁量性については、極めて楽観的に、裁判所は審尋される関係人より専門知識を有していると考えられるので、自らの判定を誤ったことにつき責任を負わなければならない場合はごく稀であろう、という[116]。次に、異議申立が認められていない点についてその論拠として挙げられているのは、第一に手続の迅速化及び簡易化の要請、第二に、統一的倒産手続では事後的に手続目的を変更することが柔軟に認められているということ、第三に、再建の見込みの判断は広い範囲で裁量判断の問題であり、しかもこの判断のための事実認定を後から行うのもまた非常に困難である、との三点である。[117] 以上のような理由づけに対しては、このように手続目的の決定を裁判所の裁量に委ねるとする委員会モデルのあり方は、仮にこのような委員会の楽観的認識が是認されるとしても、許されない、として次のように批判された。すなわち、清算か再建かの判断は、手続の方向転換に関わる極めて大きな意味を持つ判断であり、本来全利害関係人の利益のために、債権者の代表機関たる債権者委員会によって代表され、中立的代理機関としての倒産管財人と共同して、行われなければならない、したがって、債権者委員と管財人がともに再建手続の開始に賛同しているなら、裁判所はその結論に拘束されなければならないはずである、この結果、裁判所の判断権が認められるのは、これら関係人の意見が食い違う場合に限られることになる、との主張である。また、裁判所の決定に対する異議についても以下の二点を挙げて、委員会が示した理由は正当性を有していない、とされている。すなわち、第一に、裁判所の決定を取り消しうる可能性は、事柄の性質に鑑みてもそもそも法治国家として必要不可欠なものであるし、第二に、この抗告手続は迅速手続として行われうるのだから、委員会が理由として挙げた共通手続の迅速性の原則も損なわれない、と解されるのである。[118]

(2)　企業の（即時）一括譲渡及び清算事件での企業継続の要件としての裁判所の同意

委員会モデルでは、事前手続での一括譲渡（譲渡による企業更生）及び清算事件での営業継続の要件として、裁判所の同意の取得が求められている。この点については各々以下のような批判がなされ、その結論として、いずれの判断も、経営問題であることもあって、直接の関係者である債権者の判断により、かつ債権者の責任において行われるべきであるとされた。

①　委員会モデルにおいて債務者企業の一括譲渡は、前述のように、可能なはずの再建を不可能にする破産的

清算と受けとめられている。そして、企業を再建するか清算するかの判断は専ら裁判所に委ねられている。それゆえ必然的に、事前手続における一括譲渡には裁判所の同意が必要とされ、この同意の決定によって破産手続が開始することになる(119)。これに対しては、譲渡による企業更生を清算でなく再建のための一手段として認めるべきであるとの理解を前提として(120)、債権者自治を原則とする手続では、手続の目的は裁判所によってではなく、債権者によって決定されなければならない、との批判がなされた。

そのためには、企業譲渡についての同意機関は債権者集会又は同集会で選出された債権者委員でなければならない。そこでさらに以下の二点が指摘された。第一に、これら債権者の機関による判断が適切であることは、保障されたものである。なぜなら、これら機関が判断基準とするのは、債権者の利益代表として、債権者にとって企業の一括譲渡が再建よりも有利な結果をもたらすかどうかということだからである。第二に、企業の一括譲渡は極めて経済的な判断であり、これは直接の利害関係人である債権者団がその責任を引き受けるべきものである。そもそも委員会自体、基本的な経済的判断は債権者の総体によって行われるべきであると考えているのであり(121)、そのもっともな理解はここでも貫徹されるべきである(122)。

② 委員会モデルでは清算手続が行われる場合の倒産企業の営業の継続も、裁判所の同意の取得が要件とされている。これに対する批判は以下の三点にある。

第一に、これは現行破産法の規律を改めたものであるが、以下のような理由から、むしろ現行法の規律が維持されるべきであるとされている。すなわち、この規律に対応する破産法一二九条二項第二文において狙いとされたのは、債務者が営業を継続する場合には、自らの利益を適切に守ると考えられる債権者団体に自己責任的な判断を委ねるということである。これは理念的に相当であるのみならず、現実にも適合する理解である。なぜなら、債務者企業を暫定的に継続することによって、即時に営業を停止した場合よりも有利な換価結果がもたらされるか否かという判断は、裁判所には不可能であり、唯一この役目に適するのは、債務者企業の実際の経営に直接に関与している倒産管財人と、当該企業の置かれている状況をよく知っている利害関係人だけだからである。

第二に、より根本的な問題として、委員会はこの同意要件によって裁判所を間接的に競争の監督者たらしめようとしていると受けとめられるが、それは見当違いであるとの批判がなされた。すなわち、この場合に裁判所に期待されるのは、清算事件での企業の経営継続をむしろ制限することであり、ひいては、これによって、その企業が不当に長期に渡って存続するがために市場の質がおとしめられることになるのを阻止することこそが求められている、と考えられている。

さらに、裁判所の同意の基準にも、競争の観点から問題があるとされる。すなわち、委員会モデルは、換価期間に時間的制限を設けないこととしているにも関わらず、同意の判断基準として〝企業が即時譲渡される見込みの大きい場合に限〟られていることにより、結局は時間的制限が導入されることになるというのである。そしてこれも合理的な方法ではない[123]。したがって、比較的長期にわたって企業が維持されることになるがより有利な包括的換価の機会を狙うのか、早い時点で営業を停止することによって自らの利益を守ってもらいたいかどうかの判断は、債権者、つまりはその代表機関に委ねるべきであるとされている[124]。

(3)　裁判所の専権事項としての手続機関の任免

委員会モデルでは、倒産管財人及び債権者委員会は裁判所が任命するものとされている。これに対しては、倒産裁判所が最初の任命を行うこと自体は、いずれの機関も手続開始後に置かれるものであるため、やむを得ないこととして是認されるが、しかしこの局面での債権者団の関与のあり方の問題として、各機関につきそれぞれ次のような批判がされている。

①　管財人の任命は、委員会モデルにおいては裁判所の専権事項であり、適切な人材の選出につき裁判所が義務を負うとされている。委員会はそれによって管財人の中立性が強化されることを狙っている。

これに対しては、第一に、このような管財人の中立性は倒産裁判所への管財人の従属性と引き替えにもたらされるものであり、また、そもそも裁判所は選出にあたって完全にフリーではないという点が指摘されている。しかも、明らかに誤った人選がなされても、これが取り消される可能性がないとされている点がよりいっそう懸念される。それゆえ、裁判所による管財人の任命に伴う前述のような危険に対処するためだけにでも、何らかの審査が認められなければならないと考えられる。

そこでこの方法を考察すると、倒産処理における債権者自治の原則を貫徹するためには、この役割もまた債権者団体が行うべきであるとの結論に至る。すなわち、基本的な経済的判断を行うのは債権者の総体とされているのであって、正しく手続の命運に関わる管財人の選出という重要事項につき債権者側に何ら審査権限が与えられないのは、法政策的に支持しがたい。また、この審査権限を空洞化させないためには、更に進んで、債権者団体による早期の債権者集会の召集権、ならびに別の管財人の選出権をも認めるべきである、とされる。

②　債権者委員の構成については、委員会モデルでは、基本的な経済的判断は債権者の総体によって行われるべきであるとの認識の下に、債権者団体が判断権を有するものとし、そしてこの判断のための債権者集会の召集が適切な時期を逸することがないように配慮がなされている。

この規律に対しては、全体的には評価できるとしつつも、以上の趣旨が確実に実現されるようにとの考慮から、債権者集会による債権者委員の任命の裁判所による拒絶につき、以下の点に注意が促されている。第一に、裁判所が拒絶することができるのは、管財人の再選出を拒絶する場合と同様に、拒絶に十分な理由のある場合に限る旨が明文で定められるべきである[125]、第二に、裁判所が拒絶権を行使した場合には、債権者集会の判断権が空洞化されることがないように、上訴が認められなければならない、ということである[126]。

(4)　再建計画の認可ならびにその調整に関する裁判所の拒絶

この規律そのものは支持されているが、(3)と同様に、裁判所が債権者自治に干渉するとの疑念の一切を免れるために、拒絶事由が明示されるべきであると注意が促されている。すなわち、裁判所には再建計画に対して内容的コントロールを及ぼす実質的審査権は認められていないのであり、認可の拒絶事由を限定的に列挙すべきである、とする[127]。

2　市場適合的=関係人自治的な倒産処理制度

以上の問題点の指摘は、現在までのわが国での理解にも適合し、立法論として傾聴に値する。さらに、以下に述べる市場適合的倒産処理の考え方からは、本書の問題意識に適った多くの有意義な手がかりが得られると思われる。

市場適合的倒産処理の考え方は、ドイツでのその後の立法論議で主流を占め、最終的に新倒産法の基本理念とされたものであるが、倒産処理における関係人自治の意義を、従来の考え方の枠を超えて根本から問い直し、将来的な倒産処理制度のあるべき方向を示している。その主張するところを一口に言えば、再建を「投資」と把握して、これを清算の代替的な倒産処理方法として同列に据え、このいずれを選択するかは倒産企業に資本を投下した関係人の収益性の計算に委ねるべきであるとする。すなわち、この考え方は倒産処理における関係人自治を、経済学的観点から自由な投資家の行動ととらえることによって、強化すべきとする議論へと通じる。そこで、市場適合的倒産処理制度という考え方自体は既にわが国でも詳細に紹介され分析のなされているところではあるが[128]、本書のテーマである関係人自治の視点からこれを再び取り上げたい。なお、ここでは市場適合的倒産処理の考え方の紹介を直接の目的としているのではないので、引用も最低限にとどめることを、予めお断りしておく。

(1)　基本認識――破産の意義及び改正の基本姿勢

市場適合的倒産処理の具体的思考内容を論じる前に、まずはその前提となる基本認識を確認しておこう。

①　第一に、破産という現象の捉え方に特徴がある。

経済学的視点では、破産とは、採算のとれない企業を経済過程から排除して、市場原理を実行するための法的手段ととらえられる。この考え方を突きつめれば、破産とは、全経済体から無益で有害な構成部分を取り除き、市場を浄化する、苦悩に満ち満ちたしかし必要不可欠なプロセスと解される[129]。

倒産処理が市場に適合的であることを重視する論者は、このように単純に破産的清算を運命的なものと結論づける考え方に対してはむろん批判的であると意見表明しながらも、その一方で、企業の強制清算が市場経済の相応な反応である場合があることは疑うべくもない、とする。そしてその際には、物的企業実体の解体、つまり倫理的観点から与えられてしかるべき災厄という制裁とはまるで無関係に主体が解体されることさえ起こりうるということが指摘される。すなわち、関係人がそれを選択するならば、そこに正しく市場経済上の利益が存在する、ということである[131]。それゆえ、基本姿勢として、今改正によって倒産法が経済構造、とりわけ債務者と債権者との間に既にある自然な経済関係に、過度に介入するようになることは許されない、と考えられる[132]。

委員会もこの破産の淘汰機能という考え方を全面的に否定していたわけではなかった。両者の結論の相違は、問題認識又は視点の置きどころが違うがために生じたものである。すなわち、委員会は、市場の限界領域にある企業、つまり淘汰原則に則って必ずしも淘汰されるべきでない企業までが破産に至っているという現実、現行の法制度では価値ある企業までもが清算され解体されるという問題に主に照準をあてたのである[133]。

市場適合性の観点から捉えた企業倒産の意義ならびに破産制度の本来の射程及びそこから導かれる改正の基本姿勢については、Lamsdorf が以下のように説明している。

まず企業倒産の意義については、企業倒産は、Schumpeter が考えたところの企業の創造的実現と非採算企業の市場からの脱退[134]という、自由市場経済における劇的な構造変革の過程の必須要素が生まれる場である、と捉えられる。したがって、破産は、個別経済的に見れば確かに不利益なことだが、経済全体から見れば、より効率的な資源の配分と経済全体の採算性の増進、そしてこれに伴う国際的な競争力の向上をもたらすものであって、憂慮すべき現象ではない、という。そして、このように考えられるがゆえに、破産とは、競争の自由と表裏の関係をなす私的な責任が、最も厳密な形で実現される制度であると解される。また、この我々の経済秩序においては、そのプロセスは国家がマクロ経済的な基準で決するものではなく、実際に当該企業に資本の利益（Kapitalinteressen）を保持する者の、個別経済的な計算に則して進行するものである。これはまた市場経済学の諸原則に合致する。

このように、企業に投入された資本は、結果的には破産によって経済全体から見て最も生産的に利用されることが保証されると考えられるのではあるが、現在の経済秩序は市場原則のみに従って行われるものではもとよりなく、失業問題などの社会的要素がこれにつけ加わる。こうした問題への対応は常に経済的な政策のみによらしめられるべきものではない。政治的にも、経済政策的に是認されるような形で回答されなければならない。したがって、倒産法で問題とされるべきは、具体的な事件での相矛盾する諸利益の相当な調整点の所在、とりわけ、関係する労働者の社会的利益を有効に保護し、かつ市場の修正から帰結する損害によって経済全体が圧されることにならずにすむ調整点はどこか、ということである[135]。

② 市場適合的倒産処理の思考において第二に特徴的なのは、目指されるべき倒産処理制度を論じるにあたって、倒産法が私法の一つであるということが強調されている点である。この着眼から、次のような論理で、関係人自治を基礎とし中心とする後見的な手続を正当とする再建手続観が導かれる。

倒産法が私法であるということの趣旨は、そのようなものとしての倒産法は、現在の法秩序及び経済的秩序にこれら秩序を損なうことなく挿入せられなければならないというところにある[136]。すなわち、倒産における関係人間の利益の調整は、私法秩序の問題すなわち私法上の正義の実現の問題であり、倒産法は責任実現の私の法として、私法上の財産や責任の関係を尊重しなければならない。したがって、倒産手続の目的は、企業主体の可能な限り経済的な換価を保障し、私法上の責任関係をできる限り忠実にかつ有効に働かせ、企業価値の損失を阻止することになければならないのであって、これとは逆方向に、私法秩序や自律的な私人の経済的行動を歪める制度的な投資コントロールの方法を用いて経済政策的な目標を追求することは、私人に公的な職責を負わせることにほかならず、私法の領域から外れた正当化されえない措置であると考えられる[137]。

このように倒産処理を私法秩序に則って行うことを目指すことから、裁判上の再建手続の法政策的に正当な使命とは、企業の清算か再建かが市場適合的に決されることのできる、柔軟な手続を準備することであるとの結論が導かれる[138]。

(2) 市場適合的倒産処理の思考

以上の基本認識の下、市場適合的倒産処理を主張する論者は、市場原理への信頼に基礎を置く経済学的思考に基づいて、「再建」「手続目的の決定」「倒産処理における関係人自治」の意義をそれぞれ次のようにとらえる。

①　「再建」は投資である。

倒産企業の再建には多大な投資が必要である。すなわち、一方で債権者は自己の債権を大幅に縮減されることを甘受するか、支払猶予を認めるかしなければならない。他方企業の所有者も、場合によっては所有権を放棄するか又は新資本を追加投入するかしなければならない。それゆえ、清算でなく再建が選ばれるのは、本来的には再建が清算によって得られる価値を上回る場合に限られる。換言すれば、再建が経済的に選択されたと言い得るためには、企業に収益性があるという以上に、再建に投資された資本が、代替的な生産要素の投入によった場合と比べて少なくとも同程度以上の収益をもたらすということが必要である。この場合にのみ、再建は個々人にとって経済的なのである。

②　清算か再建かの「手続目的の決定」、すなわち手続選択は、債権者の投資判断である。

関係人が自主的に再建か清算かを決定する場合、再建を選択するとの判断は常に、自分が法的地位を有するところの清算価値の利用に関する判断でもある。すなわち、この場合には関係人は即時に得られる破産配当を断念することになるが、それにも関わらず再建が選択されるのは、最も有利に資金を投入することによって破産における配当額で得られる以上に多くのものが再建に期待されているからである。

③　破産において重要な決定がなされる局面で、関係人自治が国家の倒産官僚主義によって損なわれれば、健全な企業に負担を強いての深刻な競争の歪みの危険が生じる。というのも、再建手続を開始及び続行するという判断は全て、健全な企業の負担における競争のひずみの危険と企業の再建との間の利益衝突の中で下されるもの

だからである。それゆえ、再建手続の中で決定的な全ての判断をなす権利は、それに最もふさわしいところに認められることが重要である。これはすなわち債権者の多数母体である。

関係人による再建への投資の目的は、破産配当金を放棄して倒産企業に賭ける場合にもたらされる、再建における効用である。再建か清算かをめぐる投資計算は投下資本から期待されるリターンを基準としており、再建への投資が行われるのは、資本の代替的投機において得られるリターンと比べて再建のリターンが同等以上である場合である。この投資計算は再建の場合にも唯一拘束力ある指針とされなければならない。裁判所や管財人がこの計算を債権者に替わって引き受けることはできないし、また許されない。だからといって債権者を操作することもまた許されない。なぜなら、市場の機能は、表面上は尊重し介入しないようにしようとも、多くの条件をあてがってその影響力を骨抜きにすることによっても、不全に陥らせられることがありうるからである。それゆえ、債権者自治の質を損なうような精巧な再配分メカニズムが設けられることがあれば、市場経済的な基準に照らして再建のための前提条件が満たされていない企業が再建されるという危険な事態が生じるおそれがある。(139)

(3)　委員会モデルに対する批判

市場適合的倒産処理の考え方をとる論者は、委員会モデルは再建の目的を見誤っているとして、特に以下の二点を指摘する。第一に、委員会モデルの規律は再建を偏重した経済的合理性を欠くものであり、そのことから法政策的に正当化されえない結果が招来されることになる、第二に、譲渡による企業更生を清算の一種として再建に比べて劣後的に取り扱っている点は、経済的にも競争政策的にも不当である、との指摘であり、各々につき以下のように論証した。

①　委員会モデルの再建偏重思考への批判

委員会モデルは再建の目的を「債務者企業の存続を奨励して、その収益力を回復させること」としている。しかし、市場適合的倒産処理の思考によれば、倒産企業を維持して破産を回避することは、常に目指されるべき目的ではない。さらに、このような目的は経済的観点からは統制的な干渉又は国家による強制措置によらずしては達成され得ないものであり、委員会モデルの規律は事実上の投資操作にほかならない。

ここで委員会モデルが企業に収益力ある場合として想定しているのは、「減損を生じることなく経営が続行され、その結果得られた収益により負債と費用が償還されうる」場合である[140]。しかし企業の収益力の回復は、個々の債権者の経済性に対しての十分な正当化根拠とはいえない。つまり、倒産企業に再び損失を生じることなく活動する見込みがあるということは、その投資判断の経済的な合理性を裏付ける十分条件ではない[141]。

市場適合的倒産処理の思考においては、再建とは投資である。したがって、再建の目的は企業の維持ではなく、市場に適合した債権者の利益の実現でなければならない。ところが、市場における投資家は、代替可能な同程度の投資の危険において相応な投資のリターンを得ようと行動するから、委員会が「再建能力ある企業」として想定している企業にはまず投資しないと考えられる。したがって、委員会が考える再建の目的は、統制的な干渉又は国家による強制措置によらずしては達成され得ないものである。

このように、債権者を一般の利益のためにいわば雇い入れる形で、彼らの投資の自由を制限することは、裁判上の再建手続がなすべきことではない。それにも関わらず、再建手続が、企業の維持を分岐線としてそこに目的を据えるなら、それは私法上の手段を用いた投資操作であり、いわば経済的に破綻した企業に個別的に助成金を付与することに等しい。これは構造維持以外の何ものでもなく、法政策的には正当化されえない。また、今日の経済が求めているのはこのように患部を皮膜でおおうことでなく、活力こそである、とする[142]。

② 譲渡による企業更生の劣後化

委員会は、企業を組織的統一体として救済することを基本理念として、債務者に所有権をとどめたままで企業を存続させることに再建手続の目的を定めている。それゆえ、企業の所有者の交替を伴う第三者への企業の一括譲渡、いわゆる譲渡による企業更生は、債務者事業の即時清算を狙いとする清算の一種として扱われ、ごく限定的に裁判所の許可又は同意をもってのみ許されるものとされている(143)。これは、国家のコントロールの下に特定の優先される価値（企業再建）の実現を図るものである。

そもそも、委員会が（物的な）企業の再建でなく、企業経営者の更生に目標を設定していることが誤りである。関係人が自らの資金運用について自由に投資判断を行って再建を選択した場合であっても、この選択は必ずしも従前の会社経営者がそのままの地位を占め続けることを前提とするものではない。他方、企業の一括譲渡によっても企業継続の価値は実現され、望ましい対外的効果又は相乗効果がもたらされうる。この点に関して委員会理由書には何ら納得のゆく理由が示されおらず、経済的裏付けをまるで欠いている。

さらに、譲渡による企業更生の劣後化は以下の点で正当化され得ない。

第一に、市場経済は企業市場及び企業のコントロール市場を必要としている。企業市場は資本市場の重要な一側面である。専らこの市場の力のみが、企業が最も有能で最も効率的に行動するものによって運営されているということを保証しうる。法がそこで現在の企業経営者と企業組織とを固定化し、企業に及んでいる市場の経済的支配（Herrschaft）を奪うなら、経済学的に見ると、市場に資するところはまるでない。

第二に、いわゆる破産による価格破壊とそのことのゆえの破産回避の考え方は(144)、委員会の理解に少なからぬ影響を及ぼしたと思われるが、これは経済的には疑わしい。例えば、企業経営者の再建にも企業の一括譲渡にも至らない場合には、市場は企業の個々の構成要素の総額に、統一体としての企業よりも高い値を付けていると考えられる。この場合、個々の生産要素につきそのときどきの最適な利用の可能性がもたらされるなら、これは経済的常識にかなっている。逆に、市場が継続企業の解体を意欲しない場合、そのことのゆえに市場が企業経営者の継続を選択しているということが直ちに意味されているわけではなく、一括譲渡による企業更生が経済的に検討されうる。そしてここで、その他の条件や準備が整っているとして、債権者が譲渡という〝犠牲〟を喜んで差し出すなら、新たな代表者による企業継続がより合理的だということが裏付けられる。

第三に、譲渡による企業更生は企業代表者の更生と等価値の手続的代替物であるべきである。倒産手続におけるそれぞれの再建の手法が有する競争上の効果を判定することはできない。少なくとも、一般の組織法理を超えるような企業経営者の経営継続に、市場に対抗しうる漁夫の利を得させることは許されない[145]。そして、再建手続が市場に適合したものであるためには、再建及び換価のあらゆる可能性が広く開放されていなければならない。債務者財産の一定形式での評価が他より一般的に優遇されることは許されないし、逆に、例えば従前の経営者の更生のような、特定の様式のいかなるものでも債権者に強制されることがあってはならない[146]。

そして四点目として、競争政策的な観点からの劣後化も妥当でない。そもそも、競争政策的な配慮が倒産法に取り込まれるべきではない[147]のである。

(4)　考察——市場適合的倒産処理の考え方と関係人自治

最後にわが国での立法をにらんで、以上にみてきた市場適合的倒産処理の思考から得られた倒産処理における関係人自治の意義をまとめておこう。

①　再建か清算かという手続の選択、すなわち手続の方向性の決定における関係人自治は、経済的思考に基づ

いて次のように意義づけられ、これをもって、関係人自治に基づく倒産処理制度の合理性及び正当性が裏付けられる。

市場適合的倒産処理の思考によれば、再建とは投資である。すなわち、手続選択は個々的になされる投資判断であり、個々の債権者は自律的にかつ自己責任において投資計算を行い、その結果として再建が選択されるのである。[148]投資計算の結果であるという点では、債権者以外の範囲でも、手続に直接の利害関係を持つ全ての利害関係人による経済的判断は質において同じである。同様に質に着目すれば、手続選択の判断も個別事項についての判断も各々同じく投資判断である。以上の考え方は、個々の利害関係人が一投資家として個々の投資計算において合理的に行動することを前提に、これによって倒産処理に市場原理が反映されることを予定するものである。

倒産処理制度が市場適合的であるためには、直接の利害関係人が個別に自律的に行う投資計算が、手続の唯一拘束力ある指針でなければならない。誰も関係人自身に替わって採算性の計算を行うことはできないし、債権者の自律的な判断の意義を損なうような意思決定の過程の操作も許されない。手続中の関係人自治の質を落とすことは、すなわち社会主義的な統制的コントロールによって市場の機能を損なうことであり、その結果、公正な競争秩序にひずみが生じる危険が生じることになるからである。[149]

② 以上の理解からの論理必然的な結論として、市場適合的に企図された倒産処理制度の使命は、政策的に特定の価値なり方向なりを設定し実現することではなく、ただ、市場適合的な選択を行う市場投資家たる債権者の自律的な判断を反映させ実現するための法的枠組みを提供することにある、と導くことができる。

関係人の自治的活動の範囲がこのように広範に認められることの裏返しとして、市場適合的な倒産処理制度では、特定の政策的考慮や公的干渉は努めて謙抑的でなければならない。なぜなら、倒産処理における関係人自治と市場の機能は、投資家の自律的な判断及び行動が市場の常態の機能を発揮させるとの関係において、連動しているからである。この考え方によれば、再建型処理を選択するとの判断の正当性は、裁判上の手続か裁判外の手続かで区別されることなく、関係人の私的自治的な任意処分という点に認められる[150]。

ここで注目されるべきは、関係人の自律的行動は各々が自らの法的地位（清算価値）をめぐってなす投資計算に基づくものであり、これは市場原理を実践し、またここに反映されるものであるとは言えても、それ以上に、その選択が実際に客観的な意味での経済効率性を担保するものだとまでは言えないということである。つまりこの際には、投資家の「合理的」行動という前提が崩れた場合のことは、特段考慮されていない。

この点をどのように捉えるかは様々な考え方があり得ようが、筆者は、関係人自治的倒産処理では客観的経済効率性は必然的に要求されるものではなく、関係人の主観においてのみ効率的であるということも是認されうる、或いは、生来的に主観的にのみ効率的である可能性をはらんだものであると考える。換言すれば、適正なプロセスがふまれたという事実が、そこから帰結したおよそあらゆる結果を正当化すると考える余地がある。少なくとも、当事者以外の外部の立場での判断による、手続選択の範囲の制約は認められるべきでない。典型的な具体例を挙げれば、裁判所の広範な裁量に基づく「再建の見込み」の判断によって手続利用の間口がせばめられることは、この観点から経済的にみても不当である。

③　市場適合的な倒産制度における再建手続の目的は、企業の再建そのものでは必ずしもなく、端的に、債権者の利益を実現することにある。これに対して、現代社会においては倒産の損害は広く波及し、単なる債権者＝債務者間の問題では終わらないという点を重視して、政策的に再建を奨励（偏重）しようとする考え方がある。委員会モデルは正しくこの考えによっていた[151]。

このように政策的配慮を倒産手続に持ち込むことに関しては、市場適合的倒産処理を唱える論者は、専ら譲渡による企業更生を制度的に劣後化することに関して述べられたことであるが、次の三点を批判点として指摘している。第一に、個別事例における雇用政策的・成長政策的な有意義さは、倒産手続という規範的な秩序の中では決定されえない、第二に、いずれにせよ、目指された再建の雇用効果や成長効果は、私法上の倒産手続において企業経営者が破綻する場合とは別の、きめ細やかな観点から決定されなければならないものである、そして第三に、基本的根拠として、倒産法は私法である、ということが挙げられている。以上の結論として、雇用や経済成長が目標の精密さを欠いたままに目指されるならば、そのために必要となる私的財産の犠牲は、所有者が負う社会的義務といった考え方をもってしては正当化されえない、とされている[152]。倒産法の領分を見据えた的確な指摘であると思われる。

第三款　新倒産法の概要

本節の最後は、これまでに見てきたドイツ倒産法改正作業の顚末とその所産たる新倒産法の内容を確認することでしめくくる[153]。

ただし、本節の冒頭で述べたとおり、新倒産法の制度枠組みは改正作業の早い段階でほぼ定まっていたものであり、その主要な特徴や現行法の改正点については、既に委員会報告書の内容紹介を通して明らかにできたと思われるので、重ねて述べることはしない。ここでは、焦点を倒産処理における関係人自治の問題に絞って、まずは総論として、新法成立までの経緯と委員会モデルから大きな軌道修正のあった、かつ新倒産法の性格を決定している基本理念について述べ、次いで各論として、この新たな基本理念に基づいて強化された関係人自治の内容を、関係人の側からと裁判所及び管財人の側との両側面から論じる。

1　総　論

(1)　新倒産法成立までの経緯

連邦司法省は委員会報告書に続いて一九八九年、議論のたたき台とすべく独自の草案を作成し、公表した。このいわゆる準備草案[154]は、委員会モデルで打ち出された基本構想や多くの主要な内容を引き継ぎつつ、これに対してなされた様々な批判をふまえて作成されたものである。準備草案では、これまでにみてきた関係人自治の観点からの批判がほぼ全て容れられた形で、委員会モデルの問題点として指摘された部分は改められている。とりわけ市場適合的倒産処理の思考は、倒産手続の基本理念として全面的に採用された。同草案以後の立法作業は一貫してこの方向で進み、準備草案の内容をほぼそのまま引き継いだ参事官草案[155]、政府草案[156]を経て、最終的に新倒産法が成立するに至った。

(2)　新倒産法の基本理念

新倒産法の根本方針は、規制緩和の潮流を背景とした市場適合的倒産処理の実現、そしてこの考え方を反映した、倒産手続を債権者の権利実現の契機たらしめるための制度枠組みの設定というところにある。その結果、新倒産法の下での手続は、非常に広範囲に渡って関係人自治が認められる後見的手続として構想されている。

新倒産法においては、倒産手続とは、倒産処理計画の立案と可決のための一連のプロセスである。すなわち、この倒産処理計画とは、債務者を含む全利害関係人が法的枠組みの中で自由に意見調整を行った結果が具体化されたものである。その内容において、利害関係人は基本的に何ら法的制約を受けない。関係人はただ自らの経済的判断のみに基づいて、いかなる倒産処理方法を選択することもできるとされている。このような制度を支えているのは、利害関係人の交渉とその過程での利害調整によって手続が形成され、そのようにして、個別具体的な事件において適切な結果がもたらされることになるとの理解である[157]。

2　新法における関係人自治

このように市場適合性を指針とする新倒産法は、この思考に裏付けを得て、関係人自治の原則を徹底させた。

(1)　新倒産法における関係人自治は、財団換価の形式や方法といった個別的事項についてだけでなく、より全般的に、手続をどのように形成するかについてまで認められている。手続の方向は、関係人の相互の交渉の過程で決定されていくと考えられているのである。関係人は手続の早い段階で、法定の清算手続によるのか、倒産処理計画によって独自の責任実現の方法をとるのかを自ら決定し、これを実行していく。この過程にも計画の内容についても、法による規制は行われない。このように、手続への参画と、私的自治的な交渉と利益調整のプロセスを経て形成された倒産処理計画への議決の両面において、関係人自治は強化されている。とりわけ、債務者企業の営業の継続と手続機関の任免に関して、関係人が判断・決定する立場に置かれたことが、委員会モデルとは大きく異なる点である。

新倒産法の理由書では、新法で採用されたこのような柔軟な倒産処理のあり方を評して、「このように倒産計画を正当化する私的自治的な交渉と利害調整のプロセスにおいて見いだされ、導かれた、他のあらゆる解決策との比較において少なくとも一人の関係人をよりよい状態にし、かつこのほかの全ての関係人をより悪い状態にはしないという解決策によって、経済的に最適な状態が実現される」とされている[158]。

①　関係人の交渉の基礎となる倒産処理計画案は、原則として債務者が立案・作成する。ただし、債権者集会により倒産管財人に作成の委託がなされている場合には、管財人が債権者集会を初めとする関係人の代表機関の助言を受けつつ作成する（二一八条）。倒産処理計画は、企業が置かれている状況及び財政状態についての説明の部分と、権利変更の部分とから構成されている（二二〇—二二一条）。ここでどのように責任実現の方法を定めるかについても、一切規制はされていない（二一七条）。清算も譲渡による企業更生も、再建に比べて劣後化されることなく、等しく一つの投資判断の対象として、利害関係当事者の自由な判断に委ねられている。計画案は、ごく例外的な場合に裁判所によって却下される場合を除き、意見表明のために一定範囲の者に送付され、この後以下に述べる関係人決議の手続が開始することになる。

②　計画の議決方式は、アメリカ連邦破産法一一章再建手続におけるそれが大いに参照されている。具体的には、計画案の可否の判断は、債権の種類や優先順位に応じて形成されたグループごとになされる議決を通して行われる。特に、清算価値保障原則の採用と、これと結びついたみなし合意や少数者保護の制度が取り入れられている点が注目される（二二二、二三五—二四四条）。また、現行和議法にはない妨害禁止条項が新たに規定されたことによって、一方で計画に反対する少数者の利益を清算価値の保障によって保護する（二五一条）とともに、反対者のある計画にも可決の道を開いて、計画の成立が促進されている（二四五条）。

可決された計画が正式に成立するためには、続いて裁判所の認可がさらに必要である。裁判所は、形式的要件に基づいて、認否の判断を行う（二四八—二五二条）。裁判所の認可によって計画は成立し、計画の権利変更部分に記載された内容につき、既判力を生じる（二五四条）。なお、委員会モデルに関して前述したように、倒産処理計画においてその旨の定めがあった場合には、ひきつづいて履行の監督が行われ、債務者が履行しない場合には第二の倒産手続が開始されることになる[159]。

③　このように計画の成立に関する決定については、全関係人のグループによる決議が認められ、少数利益の保護が配慮されているが、これとは対照的に、手続の進展に関わる決定への参画権に関しては、有する権利の種類に応じた優先順位が反映される。この点については以下のように説明されている。

新しい統一的倒産手続には、従来のように無担保債権者だけでなく、別除権者や劣後的債権者、また債務者自身も自己資本提供者としての地位において、取り込まれることになる。それゆえ現行法以上に大きな利益対立の克服が必要となりうる。ところで、新倒産法が旨とする市場適合性は、特定の倒産処理方法に利益を期待するものは、それによって不利益を被る他のものに対して、その不利益の賠償を要求する。そこで時間の要素、すなわち事件係属期間の長短に結びついた各種の関係人のリスクとチャンスが考慮されなければならない。これにより、市場からみて正当な手続が行われ、競争の歪みが回避されることが保証されることになる。

かくして、また手続の複雑化、コストの問題及び手続の長期化への考慮も手伝って、手続進行の決定権を有するものは、倒産において常態でプラスの財産的価値を保持し、手続進行によって影響される権利を有するもの、すなわち担保権者及び劣後的でない債権者に限定されている。また、財団不足が生じた後には財団債権者も不足額部分につき同様に決定権者の立場に立つ。これに対して劣後的債権者、倒産債務者及び株主は、会社が清算されれば価値を失うのを本則とする権利の保持者であり、それゆえ手続進行につき審問権は有するが、手続の進行に決定的影響を及ぼす権利は有さない[160]。

(2)　関係人自治は専ら債権者集会により、あるいは倒産裁判所が必要を認めて設置した場合（六七条）には債権者の代表たる債権者委員会を通して、実現される。また、個別事件で任意に設置される顧問会等の専門委員会も、フォーラムとして貢献することが見込まれる。

① 債権者集会は、手続機関の任免に関しても一定の権限が認められている。債権者集会は、裁判所が第一回債権者集会に先立って任命を決定した倒産管財人（五六条）に替えて、別の者を選任することができる（五七条第一文）。裁判所がこの選任を拒絶できるのは、かくして新たに選任された者を管財人の職務に就かせるのが不適切と考える場合に限られ（同条第二文）、しかも新法ではこの裁判所による拒絶に対して各債権者に即時抗告が認められている（同第三文）。同じく債権者委員会についても、債権者集会が設置の是非を決定し、裁判所が設置を決定していた場合にはその存続の是非につき決定する（六七―七〇条）。

② 債権者集会は、報告期日に、管財人の報告に基づいて事業の継続か廃止かを自己責任において決定する（一五七条）。そこで法定の清算方法とは異なる方法や内容の倒産処理を倒産計画によって定めることとされた場合には、倒産処理計画の立案・可決の手続が始まることになる。この新たに定められた倒産処理計画の制度が、新倒産法の目玉であることは前述した。

③ さらに、債権者集会は、管財人を選任しないで、債務者が監督員の下で財団の管理処分権を保持し続けるものとして、債務者の再建を許すことによってその将来の収益から満足を得るという方法を選択することもできる。すなわち、自己管理の制度である。自己管理は、少額事件のために経済効率性を配慮して設けられた簡易な倒産処理手続である（二七〇―八五条）。ここで注目されるべきは、自己管理の是非又は続行は、目指された手続の結果にでも、債務者の主観の点での相当性にでもなく、債権者の意思のみにかからしめられているということである。債権者集会はこの取消を申し立てることもできるし、また、債務者が手続にとって特に重要な法律行為を行おうとする場合には、債権者集会で同意を得なければならない[161]。

3　裁判所及び管財人の役割

関係人自治の強化の裏返しとして、裁判所と管財人の管理的影響力は大幅に縮減された。

(1)　委員会モデルにおいては、倒産裁判所は、広範に、かつ手続にとって決定的となる多くの事項につき、裁量権を認められていた。しかし、市場適合的な新倒産手続においては、裁判所は手続の適法性の監督者の立場にあるのにすぎない。そして、裁判所に替わり、債権者集会が手続の実質を形成し、方向を決定していくものとされている。

倒産管財人は、新法でも裁判所の監督に服するものとされているが（五八条）、以下の規定から明らかなように、利害関係人とりわけ債権者の利益を擁護することを職務とする、利害関係人の受託者の地位にある。すなわち、第一に、最初の選任は手続進行上の必要から裁判所が行うが、現行法と同様に（破八〇条）、後の債権者集会において任命を拒絶され（新倒産法五七条）、また解任されることがあり得る（同五九条）、第二に、重要な問題に関しては管財人は債権者集会に報告し、同意を得なければならない。そして、管財人は債権者集会が下した決定に拘束される（同一五六―一六三条）[162]。

(2)　もっとも、新倒産法においても、再建計画成立の過程で裁判所の意見が介在する契機が皆無なわけではない。ただしそれは、以下の点で、債権者が自らの経済的な判断に基づいて有する意思を損なうようなものではない。

第一に、裁判所は、一定の場合には、計画案を、関係人に意見表明のため送付する前に却下することができるとされている（二三一、二三二条）。しかしここでの却下事由は基本的に形式的事項であり、計画案却下の判断には、手続の最終結果の経済効率性についての裁判所独自の判断が入る余地はない。そもそもこの却下事由は「明らかに」それと認められる場合に限ることと規定されている。この趣旨について理由書では、これは裁判所の職権による計画案の却下はその却下事由が明白で疑いの余地のない場合に限るということを意味するものである、そうでなければ、裁判所が債権者の判断に正当化され得ないやり方で干渉することになる、と説明されている[163]。

第二に、計画認可の要件とされているもののうち計画の内容に関わる二事項は、いずれも手続の適法性の監督者の地位においてなされるものであるに過ぎない。その一つとして、条件つき計画案における条件が相当期間経過した後も履行されない場合があるが、これが却下事由とされているのは、その前提条件が計画の基礎をなしているということにある。また、その目的は、不確実な状況が長く続くことを回避することである。これらは、手続の適法で円滑な進行に責任を持つ裁判所にとって正しく本来の職務である。もう一つは、反対少数者保護の要請であるが、ここで基準となるのは清算価値という客観的な基準である。したがって裁判所の独自の見解が反映される余地はない[164]。

小　括

本章ではわが国倒産処理法制における関係人自治の意義及び可能性を、従来の法制度と現在進行中の倒産法改正作業の双方において問い直し、これを将来的に目指されるべき方向として積極的に進めるべきであると論じてきた。そしてその理論的説明につき、ドイツ法研究に手がかりを求めた。以下、そのドイツ法研究の成果をふまえて私見を述べることをもって、本章のまとめとしたい。

1　立脚点——市場原理に則した倒産処理法制

ドイツ新倒産法では、手続の開始から進行過程、また倒産処理の具体的方法の決定まで全過程に渡って徹底した関係人自治が確立されている。これを裏づけるものは、市場原理であり、目指される倒産処理制度としては、民事法の一類型として市場原理に対応することが求められた。この考え方を妥当と考える。そこで、ここに筆者の基本的立場を定め、以下では若干の疑念の生じる問題について論じ、なおもその正当性及び理論的一貫性は損なわれないということを明らかにしたい。

2　倒産処理法制における関係人自治の意義

ドイツ新倒産法においては利害関係人は市場原理を実現するものとして、経済的に合理的な判断をなし、行動するものであるということが前提とされており、またこれが全面的に信頼されている。確かに、この前提が妥当する範囲では〟経済的に最適な〟倒産処理が行われることになろう。しかし、この前提が妥当しない場合にはどのように対処されることになるのだろうか。すなわち、利害関係人が知識や判断力なり信条なりにおいて〟非合理的な〟人間である場合や、個々の利害関係人にとって、倒産事件に関与しないことが、その個人の全体的な財政状況や倒産企業との関係に照らして経済的に合理的である場合が考えられる。

まず、関係人自治の主体に合理的に行動する資質が欠ける場合については、既に指摘されているように(165)、利害関係人の清算か再建かの判断につき客観的な基準はなく、各利害関係人の主観的要素を顧慮するまでもなく、市場に照らして経済的な判断がなされるとの保障はない。また、利害関係人の自治的活動の背後に回った倒産裁判所や管財人は倒産計画を経済的に適切なものに修正する権限を有さないため、倒産計画の形成部分に現れた債権者意思が規制される余地はない。そして、経済的見地から関係人自治の機能不全が合理的に説明される場合については、それでも法が硬直的に、関係人自治の担い手たることを望まないものに望まないことを強制するばかりでは、無気力な利害関係人は徒に法的手続の場を占めて事件処理の遅延を招き、制度運営に伴う様々な経費を浪費することにもなろう。法制度としては、利用者の利便に役立てられていないという点がまず問題であるし、制度全体的に見ても事件解決の停滞がもたらされるためにおよそ歓迎されない事態を招来することになる(166)。ひいては、法的倒産手続が利用者から敬遠されることから始まった、倒産処理制度の機能不全という悪夢が再現されることさえも考えられなくはない。

こうした問題に関しては、市場適合的倒産処理の思考の出発点に立ち返ることで答えが見いだせる。新法を支える市場適合的倒産処理の思考では、倒産処理の方法、すなわち企業という投資対象をどのように処分するかについての選択は、自由な経済人の投資判断の一つと捉える。倒産の局面に限らず、投資判断は投資家が一人の経済人として自己の責任とリスクにおいて自らの財産的価値を賭して行うものである。したがって、下された投資判断からは利益というプラスの結果を得ることもあれば、判断を誤って損失というマイナスの結果が招来されることもありうるが、いずれであっても、自己の判断の結果として自らこれを引き受けることになる。その誤りが、知識や経験の不足によるものであるか、必要な意欲や注意力を欠いた結果であるかには関わりなく、投資判断の権利と引き替えに責任を引き受けるのである。

逆から言えば、投資判断は不適切な判断でさえも、原則として一経済人の一選択として「尊重」されるということである。新法の構造は、市場の競争秩序及び市場の機能を基本として、これらをもって倒産処理の法的規制に置き換えるものである。その当然の結果として、法的倒産処理における最大の関心事は、客観的な経済効率性ではなく、利害関係人の意思及びその集団的な形成過程である交渉が適正に行われることに求められなければならない。したがって、適正手続が確保され保障されている限りは、経済政策的・法政策的な是非はともかく、究極的には、利害関係人の具体的な判断内容の適切さや効率性は問題ではない。

「関係人自治」というと、民主主義的な何か美しいものが想像されやすいが、またそれゆえに理念は現実に適用しきれないとの冷ややかな受けとめられ方をされることもしばしばあるが、個人の権利や意思の尊重は、これを享受するものに要求される厳しい義務と責任と必然的に表裏をなすということが特に注意されるべきである。

3　倒産処理法制において期待される関係人自治の射程

このように筆者は倒産処理における関係人自治に大いに期待し、これを本則とすべきことの論拠をドイツ法研究から導くが、だからといってこの方向が常に堅持されなければならないとは考えない。一定の限界はもちろんありえる。そしてそれは、関係人自治的倒産処理の論拠が失われた場合として、次のように説明することができる。

投資家の投資判断の尊重が関係人自治的倒産処理の論拠たりうるためには、その前提として、それが市場原理を具現するものでなければならない。したがって、自己責任を期待できないものや、前提とされた市場原理との密接な関係が失われる場合には、関係人自治を尊重する意義、その正当性及び妥当性がそもそも失われていると捉えることができる。それゆえ、このようにその前提を欠いている場合を挙げて、関係人自治の意義を全体的に否定するのは妥当でない。すなわち、関係人自治の機能する射程を画することこそ重要な問題であると認識されるべきである。

いずれにせよ、新倒産法の理想や構想が実際にどの程度実現されるかは、既に施行された同法につき一定期間経過後なされるであろう運用実績の報告を待つしかない。それゆえ現段階では、ドイツでの立法的選択の意義や実効性を安易に予測することも、これ以上立ち入って論評することも避ける。ここでは、ドイツ新倒産法の問題点の指摘ならびに、倒産処理における関係人自治の理論的な根拠及び説明の枠組みを確認し、抽出することまでにとどめ、以上に得られたドイツ法研究の成果をもって、倒産処理における利害関係人自治論の総論的な結論を導き得たものとしたい。そして、次章以下引き続いてさらに考察を進めるにあたっては、本章における一般的問題設定からより照準を絞って、利害関係人間での交渉により手続が作り上げられていく過程に視点を置くこととする。

(83) Insolvenzordnung v. 5. 10. 1994 (BGBl I 2866)（以下、本稿では「新倒産法」と引用する）。同法の日本語訳として、吉野正三郎=木川裕一郎「ドイツ倒産法試訳（一）～（四・完）」東海法学一六号三二九頁以下、一八号一三七頁以下（以上一九九七年）、一九号二一六頁以下、二〇号一九一頁以下（以上一九九八年）がある。このほかドイツ倒産法改正に関する論稿は枚挙にいとまがないが、ここではさしあたり、立法の経緯と主な改正内容を簡略に紹介したものとして、プリュッティング「ドイツ倒産法の改正」ジュリ一〇七二号（一九九五年）一三一頁以下、上原敏夫「西ドイツ倒産法改正草案について（上）（下）」判タ六九三号（一九八九年）二三頁以下、また、ほぼ改正作業全体を通して作業の経緯を紹介するものとして、三上威彦『ドイツ倒産法改正の軌跡』（弘文堂　一九九五年）を挙げるにとどめる。

(84) Konkursordnung v. 10. 2. 1877 (RGBl. S.351)

(85) ドイツ倒産法改正作業における再建型倒産処理制度の目的を巡る議論の変遷とその背景については、既に、山本弘「ドイツ連邦共和国における倒産法改正の試み――Übertragende Sanierung の位置付けを中心として―」三ケ月古稀『民事手続法学の革新（下）』（弘文堂 一九九一年）五二九頁以下。ほか、同「《研究報告》ドイツ連邦共和国における企業再建手続導入論の動向」民訴三九号（一九九三年）一五七頁以下〔一九九二年五月の第六二回民事訴訟学界大会での山本教授の個別報告の内容をまとめたもの〕も参照。

(86) EB（後注(89)参照）S. 85.

(87) Kilger, Der Konkurs des Konkurses, KTS 1975, 142 ff..

(88) 財団不足を理由とする破産申立の棄却が全倒産件数との比較において占める割合は、一九六〇年に三五%、一九六〇年に三五%、一九七〇年には四七%だったが、一九八三年には七六%を超え、また開始された破産手続における一般債権者の配当率は一九八四年には三～五%であった（EB（後注(89)）参照）S. 3)。

(89) Bundesministerium der Justiz, Erster Bericht der Kommission für Insolvenzrecht, 1985（第一報告書。以下"EB"と引用する。）; ders., Zweiter Bericht der Kommission für Insolvenzrecht, 1986（第二報告書）後者は前者で言及されなかった論点につき補完するものであり、以下の叙述は、専ら前者によっている。第一報告書の翻訳は、上原敏夫「西ドイツ倒産法改正要綱案（第一報告書）試訳」一橋法研二〇号（一九八九年）九五頁、三上・前掲注(83)一頁以下参照。

(90) EB S. 14, 15.

(91) L.S., 1.2.5,1.2.6. 開始原因は、基本的には現行法と同じだが、支払不能には差し迫った支払不能も含むものとされており、これによって実質的には拡張されている。これにより、財団が絶望的に困窮してしまう前に早期に手続が開始されることが見込まれている（EB S. 15)。

(92) EB S. 14, 15.

(93) EB S. 88, 89.

(94) EB S. 90.

(95) 要綱一、二、一（委員会報告書では個々の提言は要綱(Leitsatz)番号を付した条項の形で、列挙されている。以下では、要綱を"L.S."と略記し、要綱番号を付して引用する), EB S. 98, 99.

(96) L.S., 1.2.15, EB S.91.
(97) L.S., 1.2.14, EB S.124.
(98) L.S., 1.2.10, EB S. 90,120,121.
(99) L.S., 1.3.1.1~1.3.1.2, EB S. 125ff..
(100) L.S., 1.3.1.5~1.3.1.8, EB S. 131ff..
(101) 具体的には、債務者のほか顧問会及び職業代表に対して再建の見込みに関する審尋が行われる。また、その前提として管財人は報告期日に倒産企業の経営状態及び再建の見込みについて報告をしなければならないものとされている。
(102) EB S. 150.
(103) EB S. 90.
(104) EB S. 15, 16.　S. ders., S. 10ff..
(105) EB S. 7.
(106) EB S. 152ff..
(107) EB S. 145, 146, 150.「再建の見込み」は、逆から言えば、債権者の満足が先延ばしにされるという犠牲を払わせてでも再建を試みることが、そのように裁判所が認定したという事実によって正当化される、と解されている(EB S. 150)。
(108) EB S. 15ff..
(109) EB S. 163.
(110) EB S. 157.
(111) L.S., 2.1~2.3.10.　ここで手続はいったん区切を迎える。その後は、原則として監視下での計画遂行の段階に入り、また計画認可後に計画の実施が挫折したときは、権利者又は管財人の申立に基づいて、別の新たな倒産手続が開始されることになる（上原・前掲注(83)二六頁参照)。

(112) Kübler, Die Stellung der Verfahrensorgane in Lichte der Gläubigerautonomie, S. 61ff., in: Kübler (Hersg.), Neuordnung des Insolvenzrechts, 1989.

(113) 例えば、〝関係人の自治は、新しい倒産法の再建の領域でも引き継がれなければならない原則であって、ドイツ連邦共和国の自由な経済秩序に合致するのみならず、究極的には、存続する資質を有し、かつ存続に値する企業に再建が試みられるにあたって貢献するものである〟とされている（EB S. 163）。また、企業の再建は〝関係人自治の原則によってコントロールされる〟、〝法治国家における法に則った裁判上の手続〟において実施されるべきである（EB S. 162）ととらえて、再建は〝原則として関係人、とりわけ債権者の自由な意思決定〟に、依拠せしめられる（EB S. 153）と結論されている。

(114) 例えばLamsdorff, Wirtschaftspolitsiche Aspecte einer Insolvenzrechtsreform, ZIP 1987, S. 809, 811-812. ; Gravenbrucher Kreis, Stellungnahme zu den Reformvorschlägen der Kommission für Insolvenzrecht, BB, Beilage 15/1986 zu 29/1986, S. 1 ff., S. 3〔GravenbrucherKreisとは、ドイツ全域を活動範囲とする倒産管財人の連合体であり、改正論議への積極的な参加者の一つである〔以下〝GK〟と表記・引用する〕。

(115) GK, a. a. O., S.3-7.

(116) EB S. 150.

(117) A. a. O.

(118) 更に、更生手続の清算手続への移行の基準が、事前手続におけると更生手続開始後とで異なっていることも納得しかねる、とされた。そこでGKは、手続目的は債権者団体が倒産管財人と共同で決定する。明らかに再建の見込みがないというわけではない〔と委員会モデルでは定めているところ〕は、〝十分な見込み〟に替えられる、との反対提言を行った。GK, FN.114, S. 3 f.

(119) L.S., 1.3.4.2, EB S. 146.

(120) 譲渡による企業更生の劣後的位置づけは企業の再建でなく会社経営者の再建を目的とするものである、との批判は、後述の市場適合的倒産処理の観点からも同様に痛烈に批判されたところであるが、GKは伝統的考え方に則してこれを次のように批判している。：委員会は再建手続の目的として〝債務者に所有権をとどめての再建〟（S. FN.110）に狙いを定めているが、これは債権者に対して敵対的に手続目的を誤ったものである。再建手続は債権者及び全国民経済的な利益のために、企業自体の維持・存続を目的とすべきである。そして、再建手続がそのようなものとして考えられたなら、再建のプロセスで譲渡による企業更生が再建の一手法として認められることは必要不可欠となろう。

GKはこのように考えられる理由として以下の二点を指摘する。すなわち、①再建手続へのアクセスが容易になった（債務者が和議に値するか否かという主観的要件及び現行法における最低配当率の規律の廃止）こととあいまって、商法上の義務に著しく違反した債務者、場合によっては刑事罰に相当する義務違反を犯したような債務者までもが、将来企業とともに更生するという結果が招来される、②委員会モデルには、以下の点で論理矛盾がある、(i)そもそも委員会自体、事前手続における譲渡による企業更生については肯定的に、これによって再建事件におけるよりも債権者が有利に遇されることになり、また雇用や生産の場が維持されることになるという点で正当と認めている（EB S. 147）。実際問題としても、再建手続開始後の譲渡による企業更生は認めないとするのは非現実的である。(ii)譲受にはしばしば条件として、従前の企業代表者の放逐及び企業の現在資産を取得してこれを新たな企業代表者に委譲することが挙げられるものであるところ、委員会モデルがこのような基本方針をとっているというだけの理由で、更生手続開始後は債権者に遙かに有利な満足をもたらしうる企業の一括譲渡が不可能になることになる。(iii)そもそも現行和議法でも、債権者の全体的利益と調和しない場合には和議は許されていない。したがって、新しい倒産法で企業の維持・更生が目指されることになれば、従前の所有者及び経営者を維持・存続することは予定されないはずである、とする。

なお、GKは、この目標設定の不適切さを反映して、委員会モデルでは債務者の側の意思を不相当・不必要に過度に配慮した規律が予定されていることをも批判している。そのような規律として具体的には、第一に、人的会社の社員又は個人商人たる債務者が再建に反対する場合には再建は認められないとされていること、第二に、債務者又は債務者企業社員が再建計画の立案に顧問としての立場から関与するものとされていること、との二点が指摘されている。そして、ここで考慮すべき要素として、倒産原因の圧倒的多数は経営の失敗や会社の構造上の不適切さにあること、債務者がしばしば債権者の負担において手続妨害をしているといった実証ずみの事実があること、及び、委員会モデルでは倒産予防のための手続は予定されていないうえに、前述のように手続へのアクセスが容易になっていることを挙げ、倒産債務者にこれ以上の法的参画権を認めるべきではない、と考えられている。GK, FN. 114, S. 8-12.

(121) EB S. 139. GK, FN.114, S. 4f.

(122) この関連ではさらに、再建手続での譲渡による企業更生が債権者委員の同意に結びつけられていることをも批判されている、倒産しているときには一括譲渡のチャンスが訪れるのは極めて短期間の間のことであり、しばしば迅速な判断が必要とされるところ、債権者集会が迅速に召集されるとは期待できない、したがって債権者集会に判断を委ねるのは妥当でない、との指摘がなされている。

(123) すなわち、実際問題としては、倒産企業が不相当に長期間市場にとどまり続けた挙げ句に、一括譲渡に持ち込まれることはしばしば行われているし、またこれによってより有利な換価がもたらされるとも見込まれるからである。

(124) GK, FN.114, S. 4,5.

(125) 裁判所の拒絶は、濫用的選任の場合に限るとされている。EB S.139.

(126) GK, FN.114, S. 6.

(127) A. a. O.

(128) 特に山本弘教授による（山本・前掲注(85)の各論文参照）。

(129) この破産の必要的排除効（Ausshceidungsfunktion）の理論はドイツの経済学者や経済ジャーナリストの間に広く受け入れられている考え方である。これを論じて破産に肯定的属性を与えたことで著名なドイツの経済学者に Röpke と Schumpeter がいる。

Röpkeは、収益性による市場コントロールの理論を論じるにあたって、破産の効用を次のように論じた。：収益性によるコントロールの結果、市場に順応している企業には報酬が、順応していない企業には処罰が市場から与えられる。この効果はいずれも非常に大きく、正にそれゆえに、生産過程での淘汰が行われる。このように、今日の経済秩序においては最終的には破産によって調整がなされるといえる。Röpke, Die Lehre von der Wirtschft, 9. Aufl., 1961, S. 301.

また Schumpeter は、採算のとれない企業の没落を、経済全体の発展のプロセスの中間段階ととらえて、次のように論じた。：経済発展は、企業が生産要素の新たな結合を実行しようとし、このために経済界に現在ある手段をめぐって古い企業と競いあわなければならない場合に生じる。新たな躍進しつつある企業によってもたらされる古い企業の〝競争力の低下〟と〝零落〟は、経済発展の必要不可欠な発現形態である。経済発展のためには、相対的に恒常一定した財産状況があることよりも、躍進と零落が重要である。不況による損失は、経済発展の重要要素であるが、不況を除去するためにはこれを麻痺させる必要がある。だからこそ、民間企業による経済は、度し難く順応しない存在を根絶するという最終的理性を放棄しないのである。Schumpeter, Theorie der wirtschaftlichen Entwicklung, 5 Aufl., 1952, S. 101ff.〔以上の紹介については、Alex Flessner, Sanierung und Reorganisation, 1982 S. 176ff. の叙述を参照した〕

もっとも、このような一般原則から直ちに、倒産処理の法政策的考察における重要な問題、すなわち再建と清算のいずれがよりよい倒産処理方法かという問題が解決されると考えられているわけではない。Flessner も、これらの理論は一定の理論モデルに限定して論じられたものであり、また破産の意義についての叙述も、これによって市場又は経済発展の理論に企業をあてはめることが可能かどうかという観点から書かれたものに過ぎない等指摘して、排除理論は現実的考察にはたえない、としている。A. a. O., S. 177,178.

(130)　これは、かつて Karsten Schmidt が、上述の破産の排除効又は破産を存続する資質を欠く会社に対する制裁の制度として捉える考え方に対して批判として述べられたことへの、更なる批判である。すなわち、Karsten Schmidtは、そのような意味での破産が正当化されうるのは、せいぜいのところ債務者が個人商人であるか又は人的責任を負っている場合に限られると論じた。S. M. Balz, Sanierung von Unternehmen oder von Unternehmenstragern, 1986, S. 25.

(131)　Balz, a. a. O., S. 25.

(132)　Lamsdorff, FN.114, S. 809-811.；Engelhard, FN. 135, 1288.　ここで Engelhard（最初に市場適合的倒産処理の理念を打ち出した、当時の法務大臣）が明らかにしているように、市場適合的倒産処理の視点を打ち出されたのはこうした純理念的理由によるばかりでなく、その背後に経済界を改正作業に納得させたいという政治的狙いもあった。そこで、この目的のためには改正作業は明らかに市場経済的であって、市場経済を基準とするものである必要がある、と述べられている。

(133)　この理解に照らして再建手続の目指すべき目的を論じるにあたって、委員会は、破産は著しい価値の破壊であり、目指されるべき本来の目的は破産の回避にあるとの言葉（Jaeger, Lehrbuch des deutschen Konkursrechts, 8. Aufl., 1932, S. 216）を引用しつつ、倒産企業の直接の関係人のみならず国家的規模で経済生活に生じる混乱と損失を強調する。EB S. 7.

(134)　S. oben FN.129.

(135)　Lamsdorff, FN.114, S.809-811.（また Lamsdorff はここで、ドイツにおける現代倒産事情についても、相対的な評価を要するとして、次のように指摘している。第一に、多くの論者が非常に問題視している倒産件数の激増については、数値を相対的に、新たに設立された企業の数と破産により市場を脱退した企業の数を照らして考えれば、結局差し引きしてむしろ企業の増大分のプラスが生じていることが見て取られ、したがって倒産が劇的に増大したと大げさに言い立てる根拠はない。第二に、実際の倒産件数に照らして現行倒産処理法は有意義に活用されていないとの批判も、同様に相対的に捉えれば、法的倒産処理手続は企業が支払不能に直面した際にとる一つの選択肢に過ぎず、他の選択肢である裁判外での任意の倒産処理手続がしばしば実効を挙げていることを考慮して論じられるべきである、とする。〔これはもちろん、だから倒産法改正は不要だという趣旨ではなく、改正の必要性については、倒産法が直面している現実の混乱や制度的不備への懸念を挙げて論じられている〕）。

(136)　Engelhard, FN.135, S. 1290.；Lamsdorff, FN.114, S. 811.

(137) Engelhard, FN.135, S. 1289〔ただしこの叙述がなされた文脈は、無占有動産担保権者についての手続分担金の制度による信用市場への干渉の問題である〕：Balz, FN.130, S. 25.；Lamsdorff, FN.114, S. 810.

(138) Balz, FN.130, S. 25.

(139) Engelhard, FN.135, S. 1290.；Lamsdorff, FN.114, S. 811.

(140) Balz, FN.13, S. 18-19.

(141) なお、以下は市場適合性の観点からの批判であるが、経済学的思考を用いずに委員会モデルの再建手続を分析したBastyは、債権者の責任の実現及び最大の満足に関する権利にとっては委員会モデルの再建手続はまるで有効でない、として、まだしも配当を向上させて配当金を最大化することに狙いを定めた清算手続の方が望ましい、としている。Basty, Die Interessen der Gläubiger in einem künftigen Sanierungs-/Reorganisationsverfahren, 1988, S. 74.

(142) Balz, FN.130, S. 18-20.；Engelhard, FN.135, S. 1287,1290.；Lamsdorff, FN.114, S. 809,811.

(143) EB S. 16,157.

(144) すなわち、委員会報告書の内容を概観した際に言及したように、企業の破産による清算的解体は国民経済全体からみて高い価値を有する企業の破壊という、歓迎されない結果を招来する、それゆえに破産は回避すべきであるとする考え方である。

(145) Balz, FN.130, S. 22.；Engelhard, FN.135, S. 1287,1290.

(146) Lamsdorff, FN.114, S. 812.

(147) 他方、一般の競争法上のルールは倒産事件でも有効である。例えば、更生は合併制限を潜脱するための手法・手段とされてはならず、必要とあれば個別の事件でカルテル庁の介入が見込まれる。Engelhard, FN.135, S. 1290.；Lamsdorff, FN.114, S. 812.

(148) この関係人による投資の意義につき、Balzはアメリカ法を参照しつつ次のようにあるべきだとしている。：関係人は、プラスの清算価値を備えた法的地位を有する場合には、またその限りで、この清算価値を、現金化して別のところに投資するか、又は消費に替えて再建に投資するように強制されることはない。しかしこの清算価値に関する権利をもって認められるのは、脱退の権利だけであり、拒否権としてのものではない。また、所有者も投資の自由を有する。所有者も同様に意欲しない再建に、その権利の清算価値を投資するように強制することはできない。A. a. O, S. 29.

(149) Lamsdorff, FN.114, S. 811.

(150) これに対して、倒産法委員会の考え方に少なからぬ影響を及ぼした Karsten Schmidt は、再建判断の適法性根拠について、裁判所外での任意の再建の場合にのみこれを関係人の私的自治的な処分にあるとし、裁判上の再建手続においては全関係人に法定審問が確保されていることにあるとした。Karsten Schmidt, unten FN.151, S. 27. これに対しては、法定審問は関係人自治的な処分とは異なり、いかなる内容的正しさをも保障していない、とりわけ再建判断のなされるべき再建判断の権利の割り振りの正当性を保障していない、したがって法定審問は自治的処分と同価値とはみなせない、と批判される。Balz, FN.130, 28.

(151) 倒産法委員会に大きな影響を及ぼしたといわれる、一九八二年の第四五回ドイツ法曹大会での Karsten Schmidt の所見では正しくそのように、市場適合性というゴールは、これに対する再建への政策的方向性との関係において、基本法一〇九条二項における目的及びその確固たる法理を部分目標として、とりわけ雇用率を高く維持することと相当な経済発展を目標として、相対化される、と論じられていた。Karsten Schmidt, Möglichkeiten der Sanierung von Unternehmen durch Maßnahmen im Unternehmens-, Arbeits-, Sozial- und Insolvenzrecht :Unternehamens- und insolvenzrechtlicher Teil, Verhandlungen des 54. Deutschen Juristentages, Bd.II (Gutachten), S. 25. 世界的に見れば、フランス倒産法が最も顕著にこの考え方をとることで知られている。

(152) Balz, FN.130, 25.

(153) 新倒産法に関して包括的に紹介し、考察を加えた論文として、吉野正三郎「ドイツ新倒産処理手続の概要」東海二一号（一九九九年）七三頁以下がある。

(154) Diskussions-entwurf eines Gesetz zur Reform des Insolvenzrechts, 1988/89. この準備草案については、

上原・前掲注(83)で紹介・分析されている。

(155) Referententwurf eines Gesetz zur Reform des Insolvenzrechts, 1989.

(156) Regierungsentwurf einer InsO (BT-Druck. 12/2443 v. 15. 4. 92).

(157) Uhlenbruck(m. Praxishinweisen), Das neue Insolvenzrecht, 1994, S. 36.

(158) 新倒産法理由書（総論）3 cc）〔S. a. a. O., 233〕。なお、プリュッティング教授は、このように再建手続を倒産処理計画手続に代替させている点を捉えて、新法の「規制全体を支配する基本思想は…あたかも法の経済分析に信仰告白しているようなもの」であると評する（プリュッティング・前掲注(83)一三三頁〔引用は吉野＝安達訳による〕）。

(159) プリュッティング・前掲注(83)一三七−一三八頁、同「ドイツにおける倒産法のシステム」民訴学会編『民事訴訟法・倒産法の現代的潮流〔一九九七年民事訴訟法学会国際シンポジウム〕』（一九九八年）一九三−一九六頁等参照。

(160) 新倒産法理由書（総論）4 h）〔S. Uhlenbruck, FN.157, 267〕

(161) 新倒産法理由書（総論）h）bb）自己管理の制度は、簡易手続の一つとして委員会報告書で提言されて以来新倒産法に引き継がれ、実現したものである。アメリカ合衆国におけるいわゆるDIP制度に類似するが、ドイツ新倒産法における自己管理債務者の権限は遥かに弱く、行動を厳しく規律されている。具体的には、自己管理債務者は常に監督員の調査及び監督の下にあり、わが国の現行和議法におけると同様に、営業を行うにあたっては監督員の同意を得るか又は異議を受けないことが必要である。さらに、債務者による否認権の行使は認められていない。

(162) 新倒産法理由書（総論3 a）kk））〔S. Uhlenbruch, FN.157, 236〕、プリュッティング・前掲注(83)一三八頁等参照。

(163) 新倒産法理由書（各論・二三一条について）〔S. Uhlenbruck, FN.157, 614〕。例えば、却下される場合の例として、「明らかに債権者による可決又は裁判所による認可の見込みのないとき」につき理由書が挙げているのは、債権者委員会が既に大多数をもって債務者による企業継続に反対の意見を表明していた場合に、債務者が自ら企業経営を継続できるとする計画案を提出したといった趣旨で〝見込みのない〟場合である（右該当頁）。
(164) 新倒産法理由書（各論・二五一条について）〔S. Uhlenbruck, FN.157, 638-639〕参照。
(165) プリュッティング・前掲注(83)一九五―一九六頁参照。
(166) このような利害関係人の無気力・無関心と手続の遅延に由来する倒産法制の機能不全は、本書第二章で取りあげる再建事件係属中の倒産企業の運営との関連で、アメリカ合衆国の一一章再建手続が現在直面している切実な立法課題である。またこの問題に対して近年とられた立法的回答につき、本書第三章第一節参照。

第二章　再建企業の運営のプロセスにおける関係人自治の意義及び展望

序　節

本章では、倒産手続の中でも局面を絞って、再建手続開始後の倒産企業（以下、「再建企業」という）の経営の過程に焦点を当て、そこでの利害関係人間の力学及びそのメカニズムの理論的把握の方法につき、アメリカ法研究を行ない、この成果に基づいて、本書の一貫した目的であるわが国の立法論的考察を行う。

1　問題設定

再建企業の経営の問題に関しては、わが国では未だ十分な研究がなされたとは言いがたい状況である。第一章でみてきたように、後見型再建手続たる和議及び会社整理は、再建企業の経営の監督につき必ずしも十分な枠組みを定めてきたわけでなく、実務の運用における工夫、すなわち裁判所が任命した調査又は監督の機関による事実上の監督によっているのが実状であった。このような状況に対しては、実効的だと評価されることはあっても、明確な問題認識の下に本格的に研究がなされたことはこれまでなかった。たとえ、経営の問題には柔軟さや迅速さが必要とされるため法による規律には馴染まないとしても、また、実際的考慮が必要とされる問題であるとしても、とりわけ国際化の著しい今日、世界に通用する倒産処理手続たるためには、慣行や運用上の工夫だけで十分に対処できるとするのにとどまらず、より進んで理論的分析を行っておくことが求められる。また、従来の再建法の制度枠組みには、関係人自治の効用をより積極的かつ効率的に引き出し、生かしていく方向で抜本的な見直しを行う余地が、さらにはその必要性が、少なからず認められる。そして、新たに新再建型手続が導入されたいまこそは、再建企業による経営過程の規律というこの未開拓の問題を、理論的枠組みにおいて分析し、そのうえで具体的な立法論的考察を行う逸しがたい好機である。

そこで目を外国に転じると、アメリカにこの関連で目を引く議論がある。再建企業のガバナンスに関する議論である（以下、「再建企業ガバナンス論」という(1)）。

2　再建企業ガバナンス論とは

再建企業ガバナンス論の主題は、再建企業の適正な経営を制度的に確保し実現するために、再建企業に対するコントロール権の真の所在を究明し、このコントロールが実際に機能しうるような制度枠組みを見出すことにある。

(1)　アメリカの再建事件においては、一八九八年法以来、倒産処理の管理・監督機関としての管財人（trustee）の設置は必ずしも必要的なものではない。むしろ現行法では、管財人が選任されるのはごくごく例外的な場合に限られ、倒産手続開始後も倒産債務者は財産の管理処分権を失わないのが原則である。すなわち、倒産債務者は、連邦破産法（合衆国法典第一一号）一一章事件で管財人が有する基本的に全ての権利及び義務を帯びて、従前の事業経営を継続する。しかも、この際には特に一般的な制限が課されることもない。これがいわゆるＤＩＰ（debtor in possesion）制度である。

かくして、財団財産に関して所有と経営の分離が生じ、支払能力ある会社におけるガバナンス(以後、叙述の便宜のために「(いわゆる)コーポレート・ガバナンス」と称することがある)の問題と類似の問題状況が現れる。[2] すなわち、支払能力ある企業で取締役の行動のコントロールが必要であるのと同様に、再建企業においても企業の意思決定を行う者に対して、その行動の適切さ・適正さを担保することのできるような監視やコントロールが必要となるのである。とりわけ倒産の局面では、限られた企業資産に対して多種多様な利害関係を有する多くの主体が登場するため、さらに新たな問題が生じてくる。

再建企業のガバナンスに伴うこうした問題点は、一九三九年に証券取引委員会(SEC)がまとめた報告書(いわゆるDouglas Report)において、再建企業の経営担当者はしばしば、債権者の負担において自らと株主を利する手続の引き延ばしその他の戦略のために再建手続を利用している、と結論づけられたことから、特に注目を集めるようになった。[3] 以後一九八〇年代後半から議論が本格化して、今日に至っている。

(2) 再建企業ガバナンス論の主題は、再建企業のコントロール権の真の所在とその権利行使のシステムを考えることにある。

そこで出発点となるのは、管財人と同等の資格で従前の経営活動を営み、倒産独自の混乱し切迫した状況で再建企業の様々な意思決定を行うＤＩＰ(又は企業たるＤＩＰに替わって現実にこれを行うＤＩＰ企業の役員及び取締役)の意義及び義務ならびにその行動をコントロールする基準及び原理の考察である。そのために幾つかの分析の理論枠組みが考案されてきた。なかでも、最近広く用いられている手法が興味深い。その手法とは、アメリカの会社法の領域で直接間接の形で今日ますます議論の盛んな、経済学的思考に基づくコーポレート・ガバナンスの議論を、倒産法の領域にも転用して問題状況の理解に役立てようとするものである。倒産処理制度の性質上、

「生きた」会社に関する議論の転用には自ずから限界があるが、問題状況を把握し分析するために有意義な理論枠組みを提供する示唆深い議論であると思われる。また、支払能力の有無で区別せず、企業における適正な意思決定の確保という命題の下に、企業のガバナンスの問題を統一的に理論化する試みとしても、評価できよう。

3　研究の意義及び目的

再建企業ガバナンス論は、一九三〇年代に端を発し、今日では一つの研究領域をなすに至っていると見受けられるが、未だわが国ではこれについて本格的な紹介がなされていない。しかし以下に述べるように、このアメリカでの議論は近未来のわが国倒産法にとって有意義な、少なからぬ示唆を与えてくれるものと考えられる。

(1)　まず、再建企業の経営の管理・規律の問題は未だわが国では十分な研究が行われておらず、今日ますます議論の活発なアメリカでの再建企業ガバナンス論、とりわけそこで用いられている理論枠組みを紹介することは、わが国の今後の倒産法研究にとってそれ自体有意義と思われる。更に、新しい再建型手続である民事再生法が定着・普及するに伴って、再建企業のガバナンスは今後わが国でも大きな問題領域をなすようになると見込まれる。この展望には、新再建型手続での以下の二点の改正点が関係する。

第一に、新再建型手続では、ＤＩＰ型の手続が原則的な手続形態とされている（民事再生法三八条一項）。かくなれば、この新しい制度の下で利害関係人が置かれる権利や利益の状況及び相互の力学的関係を適切かつ正確に把握するために、理論的な枠組みにおいて分析を施し、そこで生じてくると見込まれる種々の問題に対して確たる理論的分析に基づいて対応策を講じておくことは、わが国の倒産法研究において現実的、かつ急務の課題である。再建企業ガバナンス論の研究は、正しく目下のこのような要請に応えるものである。

第二に、新再建型手続の手続開始原因は、債務者が事業の継続に著しい支障をきたすことなく、弁済期にある債務を弁済することができないこと、又は破産の原因である事実の生ずるおそれがあること（同二一条一項）、とされている。これは、かねてよりの批判に応えて、破産原因事実が生じる以前に手続を申し立て、開始することができるようになることを企図して、旧和議法の開始原因を会社更生や会社整理にならって拡張したものである。この提言に対しても、ＤＩＰ制度の採用と同じく各界意見のほとんど全てが賛成の意を表明していた。[4] ところで、これがＤＩＰ制度の採用とあわせて実現すると、将来的には、単なる既存の債務整理以上に、アメリカやイギリスに見られるような戦略的倒産申立[5]が行われる可能性が生じてくる。アメリカで再建企業ガバナンス論が発展する端緒となったのも、正にこの問題であった。したがって再建企業ガバナンス論の研究にはこの問題を先取りして対策を講じるという意味も認められる。

(2)　ただし、ここで再建企業ガバナンス論をとりあげることに対しては、本書で予定した研究の射程を超えないのか、という疑念が生じ得る。すなわち、コーポレート・ガバナンスの問題がそうであるのと同様に、再建企業ガバナンス論も主に大規模公開会社を対象とするものであって、本研究の対象とずれるのではないかという疑念である。

確かに、企業のガバナンスの議論は、本来、多数の人間の、しかも比較的高額な利害の絡んだ大規模公開会社にこそ馴染むものである。特に経済学的思考が取り入れられる場合には、市場の機能が前提とされるため、規模はともかく、公開会社であることが求められる。実際に、再建企業ガバナンス論の論者の中にも、大規模公開会社に対象を絞って、かつその旨を明記して研究を行う者もある。

しかし、企業における適正な意思決定の確保という一般命題の下では、生じてくる問題や論点、これらに対する問題意識及びその解明のための理論枠組みは基本的に共通である。

実際にも、論者の多くは最初から対象を大規模公開会社に限定して議論してはいない。むしろ論じられ方としては、ＤＩＰ制度から生じる一般的問題と捉えて、特に大規模な企業或いは街角のドラッグストアのような小企業については、特段の配慮を要する例外として別途に論じるのが一般的である。しかも前者については、例えば申立書で申告されている負債額が一億ドル以上の企業をとらえて《'mega-'又は'giant-'corporation》と、特に大規模であることを明示した表現がしばしば用いられている。また、後者の議論は、企業所有者と経営担当者が同一人であるような小企業を主に念頭に置いて、一般的議論の後にその例外として別途の考察命題を立てられることが多い。

以上のような対象の区分及び論題の立て方は、正しく本書のとるものである。そして、前者の《'mega-'又は'giant-'corporation》とは、わが国会社更生法の適用対象となるような大規模企業を指しているものと捉えることができ、また後者の小企業が前述のような趣旨であるとすれば、再建企業ガバナンス論で一般に取り扱われているのは、本書の射程にあるタイプの企業にほかならない。すなわち、本書は再建法の一般的研究を行うことを目的とし、その趣旨から、会社更生法の適用対象として想定されているような大規模企業は研究の対象から外し、またそれゆえに同法の改正問題には立ち入らないものとしている。したがって、会社更生法の適用を受けないものであれば、それなりに規模の大きな企業も本書での研究の射程内にある。同様に、いわゆる中小企業問題も、別途の考慮を要するため本書での研究の対象とするのは妥当でないとの考えから、射程外に置いたのであった（本書序章第一款１参照）。仮に対象につき若干の齟齬が生じるとしても、考察の方法としては一般論から例外を導くのが自然かつ合理的である。更に、支払能力の有無で分かつことなく、会社の適正な経営の管理の問題を統一的に理解する理論枠組みを明らかにすることには、大きな学問的意義があると思われる。

このように、研究対象にまつわる疑念については、少なくとも本章の意義を損なうほどに決定的な問題があるとは認められない。もっとも、企業の規模を全く考慮しないのも妥当でないので、特に大規模公開会社を念頭に置いた論文を取り上げる場合、又はその意味で特徴的な叙述を行う場合には、その旨を随時明示することとする。

４　構　成

本章の主要な目的は、以上のような意義の認められる再建企業ガバナンス論を、その理論枠組みと個別具体的な立法論的提言との両面に着目して紹介し、もってわが国の立法論として有意義なエッセンスを抽出することにある。

そこで、叙述は次のような順序で進める。

まず第一節ないし第三節では、再建企業ガバナンス論の議論の背景、意義及び問題の所在を明らかにする。すなわち、第一節では、第一に、わが国における再建企業ガバナンスの問題に関するこれまでの規律のあり方や議論の状況をみ、わが国に再建企業ガバナンス論を紹介する意義と今後の議論の展望を明らかにする。第二に、まずはアメリカにおける再建企業ガバナンス論の舞台となる連邦破産法一一章制度の素描を行い、そのうえで再建企業ガバナンス論の問題の所在を明らかにする。第二節では、第一節で明らかにした再建企業ガバナンスの問題の根源たるＤＩＰ制度の意義及び構造をみる。続く第三節では、ガバナンス問題に関して制定法及び判例法が設けている制度枠組みを検証し、さらにこの規律の下で現実にはどのような問題が見られるのかを、公表されている論文の中で紹介されている実証研究の結果に照らしながらみていく。以上の作業をもって議論の前提たる状況を整えたところで、いよいよ第四節ないし第六節で再建企業ガバナンス論を紹介する。このうち第四節では伝統的考え方を、第五節では近時普及した有力な考え方、すなわち、会社法の領域で発展せられてきた経済学的思考に基づくガバナンスの理論を、再建事件の考察にも生かす形で考察する考え方を取り上げる。この両節では、問題状況を把握し分析するために用いられている理論枠組みと、各論者の基本的考え方をまずみることとし、各論者の具体的な立法論的提言は第六節で、両観点からのものをとりまぜて紹介する。

以上の成果は本章の最後で行う小括でまとめる。ここで、第一章での結論と結びつけて発展的に筆者の見解を明らかにし、これをもって第四章で行う立法論的考察の足場固めを図りたい。

第一節　問題の所在及び議論の背景

第一款　わが国における再建企業ガバナンス論の意義及び展望

再建企業ガバナンス論をわが国に紹介するにあたって、果たしてわが国にこの議論を受け入れ、生かし、かつ発展させていく受け皿があるのかを確かめておこう。

1　わが国の再建法制下での規律

まず、わが国の再建法制下で再建企業ガバナンスの問題、すなわち倒産債務者の行為の規律は、どのようであったのか、そして実際にはどのように対処されてきたのかを、概観してみる。なお、第一章第一節及び第二節の叙述と重複する部分も少なくないので、重複する叙述に関する引用はここでは省略する。

(1)　原則形態

一般的なこととしては、後見型倒産手続では、手続開始後も債務者会社は財産の管理処分権及び経営権を失わず、従来通りに経営を続行するのを原則とする（旧和議法三二条一項、商法三九八条一項参照）。裁判所は、債務者の監督のための機関を任命して債務者の行為を制限することができるが、これらは必ずしも全てが常設の機関ではない。このほか、申立後は財産の散逸を防ぐために、通常は各種の保全処分が出される（旧和議法二〇条一項、商法三八六条）。

(2)　申立後開始決定まで

このように債務者は従然通り経営を継続するのが原則であるが、和議では、申立後は手続開始前であっても、債務者は通常の範囲に属せざる行為は禁じられ（旧和議法三一条）、これに対する違反は否認事由（同三三条）及び裁量による和議廃止の事由（同六〇条二号）に該当するものとされていたことにより、債務者の行動に一定のコントロールが及ぼされていた。これに対して会社整理では、債務者が自ら財産管理するのが原則とされており、業務制限（商法三八六条一項一号及び二項）は稀にしか行われない。ただし、裁判所は裁量によって監督機関たる監督員を任命し、一定の行為につき監督員の同意を必要とさせることができる（同一項一〇号及び二項）。このほか、本来的には債務者会社の財政状態や再建の見込みの判断のための情報収集を目的に、裁判所が調査機関を任命する。和議における整理委員は必置であったし（同二一条一項）、会社整理では裁判所の判断に応じて検査役が（商法三八六条一項三号及び二項）任命されることがある。

以上の法の定めに対して、実際には、申立と同時に検査役が任命されるのが通常であり、さらに、実務の運用においてこの種の調査機関が事実上監督機関の役割を果たしてきたとされている。大阪地裁ではこの整理委員及び検査役に事実上の監督をさせており、しかもその監督は和議及び整理の条件の内容にまで干渉するかなり立ち入ったものであったとされている。これに対して東京地裁では、整理委員を通じての監督という考え方はそれほど強くなく、全体的に裁判所の監督がそれほど積極的に行われている様子はない。会社整理ではむしろ直ちに監督員を任命して監督員に検査役の職務を代行させているという（同三九七条三項参照）。しかも、経営に深く関与することはあまりなく、保全命令や共益債権の支払状況の監督といった手続的監督に専念することが多いという。

(3)　開始決定後

まず和議の場合、開始決定と同時に和議管財人が任命され（旧和議法二八条二項二号）、開始決定後（手続終結まで）は、主にこのものの同意又は異議にかからしめることによって、債務者の行動は規制されていた（同三二条）。これに対して会社整理では、しばしば手続開始前の検査役が、又は監督員が横滑りする形で整理委員が任命されて、債務者による和議案又は整理案の立案に協力する。

東京地裁では監督員が積極的に関与するいわばミニ更生的な監督が行われているとされているが、大阪地裁では、この過程で債務者に対する事実上のコントロールが及ぼされているものの、具体的に細かい規制、監督はほとんどやっていないということである。ただし、場合によっては裁判所の職権により管理命令が出されて管理人を中心とした管理型手続が行われることはある。(6)

2　議論の状況及び展望

(1)　このような法制度及び実務運用の下で、債務者による経営のコントロールの問題が議論の題材として取り上げられたことはほとんどない。

まず和議では、そもそもその目的が既存の債務の整理にあることから、これまで債務者による経営のコントロールは和議条件履行の確保の問題として捉えられてきた。また会社整理では、むしろ会社に対して柔軟な監督が行えるというメリットが大いに評価されており、現行法の柔軟な制度枠組みは今後も維持することを前提に、運用の問題として扱われている。いずれにしても、債務者の経営へのコントロールそのものに対する問題認識はこれまで極めて小さく、希薄であったと言わざるを得ない。しかも、議論がされることがあったとしても、その場合の重点は、裁判所や管財人等の管理・監督機関による手続的監督の強化に置かれてきたのであった(7)。

もっとも近年では、倒産処理制度に経済的合理性を求めて、経営事項に関しては関係人の自主的・積極的な判断を可能にするような制度枠組みを設けるべきだと主張する立場も現れている。しかしこれとても、経済政策的効果をにらんで実際的意義や必要性が唱えられているのにとどまり、この問題につき十分な理論的分析が尽くされているとまではいいがたい(8)。

(2)　ここで更に視野を広げて、企業における適正な意思決定の確保という一般的な命題を立てて振り返れば、支払能力ある会社についてはわが国でも近年活発に議論がなされている。いわゆるコーポレート・ガバナンスの議論である。もっとも、わが国におけるコーポレート・ガバナンスの議論にはまだまだ発展の余地がある。

①　これまでの議論は、会社は誰のためにあるかという問題に傾きがちであった。わけても、バブル経済破綻後に巻き起こった、従来の企業のあり方を見直そうとする動きの中で、また、わが国では伝統的に会社株主が諸外国に比べても非常に低い地位に甘んじてきたことに対する強い問題意識から、株主の地位の向上、そしてその

ための株主代表訴訟の活性化という枠組みで論じられることが多かったように見受けられる。[9] それゆえ、今日のわが国では「コーポレート・ガバナンス」というと特定の価値、ことに株主の権利の問題に偏った議論のような印象が一般に抱かれがちである。しかし実際には、コーポレート・ガバナンスの問題の射程は広範囲にわたっている。[10] しかも、新たな、より包括的な視点からの議論がますます活発になってきており、これまでの限定的な問題関心の置かれ方を顧みつつ、将来的にはよりいっそうの議論の発展・深化が期待されるところである。[11]

② コーポレート・ガバナンスの議論の本家たるアメリカでは、近年には経済学的思考を生かした精緻な議論がますます活発である。これに対してわが国では、一般に法と経済学のアプローチはまだまだ馴染みが薄い。もっとも最近では、一部の論者から、このアプローチを真正面から否定して回避するのではなく、まずは有用な部分とそうでない部分を見極めて、限界を明らかにしたうえで、有用な部分を積極に研究に取り入れていこうとする姿勢が重要であり、また有意義な思考方法ではないかとの問題提起がなされており、[12] わが国でも今後の議論の展開が期待される。

③ ここで再び、健全な会社のガバナンスの問題を倒産の場面に持ち込み、論じることに問題はないのか、との批判が十分に考えられる。

企業が支払不能に陥った場合、支払能力ある健全な企業の運営におけるとは、関係人の立場や権利関係には少なからぬ変化が生じる。その典型例が株主の地位である。[13] また、企業再建手続の運営のプロセスには、限りある会社資産をめぐって多種多様な利害関係人が関係してくる。そのため、株主の利益の最大化を究極の目的とする支払能力ある企業とは異なった、倒産独自の問題状況が生じうる。このように、支払能力ある企業のガバナンスの理論及び構造を再建企業に当てはめて考える方法には、自ずから限界がある。

しかし、基本的な理論的枠組み、すなわち利益の追求を中心として繰り広げられる利害関係人間の力学の構造は、健全な会社にも倒産状況にある会社にも共通してみられるものであると見込まれる。或いは、その変化に着目して、倒産によりどのような変化がもたらされるのかという視点から対照させてみるのも、一つの研究方法であろう。さらに、より広い一般命題の下に企業のガバナンスに関する統一的な、倒産の前後で分断されることなく一貫した理論枠組みを構築するのは、いずれの領域にとっても有意義な試みであると考えられる。

(3)　以上の結論として、わが国において再建企業ガバナンスの研究は、正にこれからの実際的かつ必要な課題を扱うものであり、また、そのための開拓の余地及び研究を進める素地の既に整った今後の進展が大いに期待されるものであるということができる。したがって、本研究において再建企業ガバナンスの問題をわが国に紹介することで、今後の研究になにがしか貢献できると見込まれる。

第二款　連邦破産法一一章再建制度の輪郭

では、いよいよアメリカ法の議論に移ろう。

まずは、以下の叙述の円滑を期して、議論の舞台となる一一章再建制度の内容を概観しておく。なお、以下アメリカ連邦破産法は原則として「現行法」又は「法」と表記し、特に断らない限り、条文の引用は同法のものを指す。また、条文及び専門用語の邦語訳は、基本的に高木新二郎著『アメリカ連邦倒産法』の翻訳(14)に依拠した。

1　一一章再建事件の手続的流れ

まずは一一章再建手続の流れを確認しておこう。

(1)　連邦破産法（合衆国法典第一一号）一一章は、倒産債務者の再建のための一般法として、一九七八年に制定された。したがって申立資格につき法主体性による区別・限定はない。また、事件は基本的に申立により開始し、開始要件の類もない。すなわち、債務者本人が申し立てる場合（voluntary cases）には直ちに、債務者以外の者が申し立てる場合には裁判所の救済命令（order for relief）の発令を待って、担保権者を含む全ての債権者に個別的権利行使を禁じる効果が発生する。いわゆる自動停止（automatic stay）の制度である。この立法の意図については、これをもって債務者に〝息継ぎ〟の機会を与え、そうすることによって第一一章再建の制度が債務者事業を財政的に建て直し、再建するための交渉の場と機動力を提供する、と説明されている[15]。

一一章事件の開始後も、倒産債務者は原則として財産の管理処分権を失わず、DIP（Debtor in Possesion）として従前の事業経営を継続する。そして、手続が開始されると同時に、DIPは再建計画の立案及び成立に向けて、利害関係人との再建方法を巡る交渉に入る。

再建計画の立案は基本的に債務者の権利かつ義務であり、事件開始から一二〇日間は債務者に独占的に計画提出権が認められている（exclusive period）。この期間の限定がなくなれば、債務者以外の利害関係人にも計画案の提出が可能となる。計画案の内容については一一二三条で詳細に規定されている。中心となるのは、債務者会社に対して権利を有する者が何をどのような方法で受領するかについてのルールをどのように定めるかということである。その際、利害関係人は、債権又は持分権の種類及び額に応じて、実質的公正・衡平の観点からグループに組分けされる（一一二二条）。また、清算を目的とする再建計画も認められている（同条(b)(3)）[16]。さらに、現行法ではいわゆる絶対優先原則（詳しくは後述本章第二節第一款1参照）が緩和されているため、計画の内容は利害関係人の交渉と調整によりかなり自由に定めることができる。

(2)　計画案が提出された後は、その受諾又は拒絶の投票の勧誘が行われる。なお、一一章では利害関係人への情報開示のための措置が徹底されており、この勧誘に際しては、裁判所が適切な情報を含んでいると承認した開示説明書が公布されていなければならない。次いで、計画案に対して、受諾の是非を決する書面による投票が各組ごとに行われる（破産規則三〇一八条）[17]。

計画案の可決に関して特筆すべきはクラム・ダウンの制度であり、計画案を受諾しない組があったとしても、裁判所は利害関係人からの申立により、以下の要件の下にその計画を認可することができるとされている（一一二九条(b)(1)）。すなわち、クラム・ダウンが行われるためには、まずその計画案を受諾しなかった組の権利者の権利が不公正に差別されておらず、次いで公正・衡平の原則に照らして相当であると判断され、かつその他の要件も満たされていることが必要である。ただしその場合には、この計画によって損害を受ける組のうちの一組以上が計画案を受諾していることを要する（同条(b)(10)）。以上の要件が満たされていれば、たとえ反対の組がある場合であっても、相当と認められる場合には計画の認可が断行されることとなる。ここに、一一章事件は利害関係人間の交渉によって形成されていくとする現行法の基本的考えが現れている。すなわち、法は、絶対優先原則にとらわれることなく、利害関係人の同意に基づくより柔軟な再建が奨励されている。

(3)　全ての組の法定多数が計画案を受諾したか（一一二九条(a)(8)）又は損害を被る組のうちの一組以上が計画案を受諾した場合（同(10)）、裁判所による計画案認可の手続が開始する。裁判所は、このために必ず審問期日を開かなければならず、ここで一一二九条(a)に列挙された認可事由が満たされていると判断すれば、計画を認可する。認可によって計画で定められた内容が効力を生じ、全ての利害関係人は計画案を受諾したか否かを問わずこれに拘束される（一一四一条(a)）。債務者は認可と同時に管理処分権を回復し（同条(b)）、債務者の帰属に復した財団財産は、計画で特に定められていない限り一切の債務負担から解放される（同条(c)[18]）。

なお近年では、手続外で再建計画を策定し、必要な債権者の同意をとりつけてから、計画の強制力を求めて一一章申立を行う運用が広く行われている。これは「プレパッケージド・チャプター・イレブン」と称され、手続外での私的倒産処理の持つ迅速性、費用、柔軟性及び債務者の社会的名声維持の点での利点を生かした、裁判外手続と裁判上の手続の中間形態として、その有用性が高く評価されている[19]。

(4)　計画により移転すると定められた財産の全部又は大部分の移転が行われ、計画に基づいて債務者又はその承継人が事業経営と財産管理を引き受け、計画に基づく配当支払が開始されたとき、計画の実質的遂行がなされたものとされる（一一〇一条(2)）。かくして財団の管理が完全に終わったとき、破産裁判所は管財人又はＤＩＰをその任務から解放する。これをもって一一章手続は終結する（三五〇条(a)[20]）。

2　事件管理のあり方

現行法の下では、一方では公的な事件管理の体制が整えられ、他方、再建計画を軸とした手続を具体的にどのように形成するかについては、広範囲に渡って利害関係人[21]による企業の経営及び計画立案の過程での自治的活動に委ねられている。もっとも近年では、このようなあり方に一定の限界が認められるようになり、事件管理の合理化が目指されつつある。

(1)　現行法が行った公的な体制の整備とは、破産裁判所制度の改革、この一環としての連邦管財官制度の導入及び事件の柔軟かつ迅速な処理を可能にするためのその他諸策の採用である。

①　従来破産裁判所は略式裁判権といわれる限定された裁判権しか有していなかったため、ある事件がその範

囲内にあるのか否かが不明確で、混乱をきたすことがしばしばあった。そこで現行法では、破産裁判所を各連邦地方裁判所管区に連邦裁判所の一単位として設けることとし、また破産事件及び破産事件に関連する全ての事項につき裁判管轄権を有するものとして、その拡充を図った（合衆国法典第二八号一五一、一五七条）。

破産裁判所の制度的改善に伴って、破産裁判官の地位も向上した。すなわち、これまで破産裁判所の管轄権を行使していた破産審理官（referees in bankruptcy）は、連邦地方裁判所裁判官の倒産事件管理における行政的役割に関しての補助官に過ぎなかったところ、これが破産裁判官の地位に引き上げられた。現行法におけるこのような破産裁判官の取扱いをめぐっては、法制定後間もなく憲法問題を問われて議論が紛糾し、一九八四年に再改正される事態となったが、結果的には、これによってかえって破産裁判所や破産裁判官の地位や役割が明確化されることになったとされる。

② 現行法では新たに連邦管財官（United States Trustee）の制度が設けられた。この制度を設けた目的は、従来破産裁判所が一括して負担していた行政的職務と司法的職務のうち、前者の職務を専らこの連邦管財官に担当させることとし、これによって裁判所をその本来の司法的判断の役割に専念させると同時に、これまでにしばしば指摘されてきた、管財業務遂行の過程で管財人と裁判官の間でなれ合いが生じやすいという懸念に対処することにあった。更に、破産裁判官の職務を司法判断担当者として最も適した機能に限定することによって、裁判所の負担を軽減し、かつ裁判所の機能効率を高めることも狙いとされていたと考えられる。(22)

連邦管財官は司法長官の一般的監督の下に置かれた準自治的な司法職員であり、管財人の選任を初めとする倒産事件の全般的な管理監督を担当する。それゆえ倒産事件の「見張り番（watch dog）」とも呼ばれる。(23)その地位及び職務内容については合衆国法典第二八号三九章（五八六条以下）に定めがある。

(2)　現行法では、債務者は倒産手続開始後も財産の管理処分権を失わず、DIPとしての立場で継続して事業の経営を行うのが原則である。[24] そしてこのDIPの監視については、裁判所等の公的機関によるのではなく、債権者を初めとする利害関係人が直接的に又は公式の利益代表機関を通じてこれを行うことが期待されている。したがって一一章における裁判所は、利害関係人からの申立を受けて裁判を行う受動的な役割に置かれている。

①　一般に、管財人の選任はごくごく例外的な、選任が望ましいことを裏づける明白かつ説得的な立証がなされる場合にのみ認められる〃非常のレメディ〃と理解されている。[25] このようにDIP体制を強く維持する考え方は、アメリカ倒産法の歴史の中で繰り返されてきた試行錯誤の結果到達したものである（後述本章第二節第一款参照）。[26]

②　そこで現行法では、管財人の選任に替わるDIPの行動へのコントロール、すなわちガバナンスの制度の拡充が図られた。具体的には、特に一一章での交渉において影響力を及ぼす手段を持たない無担保債権者に厚く、利害関係人のグループの利益を代表する委員会の制度が整備・強化されている。現行法では裁判所はむしろ後見的地位に退き、DIPの監督機関としては、裁判所に替わって利害関係人の代表から成る債権者委員会が、連邦管財官とともに、重要な役割を担っている。債権者委員会にDIPの監視の役割が見込まれているのである。ここで期待されたのは、債権者がこれら委員会を通じて直接的かつ正式に手続に参加することである。その一方で、裁判所には広い裁量の余地を与えて、柔軟な事件のコントロールを可能にするように制度枠組みは設定されている。[27]

無担保債権者の委員会の設置は原則として必要的であり、手続開始後できる限り早期に委員が任命されなければならない（一一〇二条(a)(1)）。無担保債権者委員会以外の利害関係人の委員会は、例えば担保債権者委員会や株主委員会があるが、その設置は任意であり、裁判所が必要と認めれば設置することができる（同条(a)(2)）。委員会は手続の運営等に関してＤＩＰと協議・相談し、必要な調査を行い、その結果必要があれば、裁判所に事業継続の停止又は管財人や調査員の選任を求める。また、再建計画の立案にあたってはＤＩＰと交渉し、更に、提出された計画案に対する受諾又は拒絶の投票を勧誘をする役割をも果たしている[(28)]。

③　管財人が選任されない場合にも、ＤＩＰに関する一定の調査が必要になったときに備えて、調査機関の利用が予定されている。すなわち、計画認可前には、利害関係人の申立があればいつでも又は連邦管財官の申立により、破産裁判所はノーティスと審問を経た後、調査及び報告を職務とする調査員を任命することができる（一一〇四条）。調査員制度は旧法でも設けられていたが、旧法下では債務総額二五万ドル以上の事件については強制的に管財人が任命されていたため、調査員利用の機会は極めて乏しかった。これに対してＤＩＰ制度を導入した現行法の下では、調査員の役割は監督機関としてもその重要性を増した。なお、調査員選任の申立は通常は債権者委員会が行うものと解されるが、選任の是非は裁判所が判断して決定するのであり、またそのための調査は裁判所の独自の立場で行われるもので、必ずしも債権者委員会が望むような結果が出される保障はない。

調査員は事件の規模の大小に関わらず、あらゆるタイプの更生事件で選任されることができる。もちろん、不要な場合にまで敢えて選任する必要はない[(29)]。調査員選任の基準は管財人選任の基準と同じである。その要点は、保護の必要ならびに、報酬及び経費が不相当に高額でないこと、の二点である[(30)]。

(3)　現行法が元来予定していたのは以上のような制度である。しかし実際には、債権者の手続参加は期待されたように活発に行われず、本来は後見的な立場にある裁判所が積極的にケース・マネージメントを行って事件の効率的処理を図るようになっていた。このような運用のあり方をふまえて、一九八四年、次いで一九九四年の二度に渡って裁判所の手続関与を強化する改正が行われた。ここに、単純に関係人自治の理想的な機能を期待するだけでは現実には対処できないという倒産処理の現実が浮き彫りにされている。

まず、一〇五条(a)が新設されて、裁判所に、当事者の申立を待たずにあらゆる適切な措置をとる権限が認められた。続いて、裁判所が実務運営において自ら編み出し、それなりの成果を上げていたケース・マネージメントにつき、正式に裁判所に法的権限が与えられた。すなわち、一〇五条(a)は、事件の迅速な進展を図るために状況会議（status conference）を開催し、そこで事件管理により積極的に取り組めるとする裁判所の権限を規定する。更に、小規模事件について簡易・迅速な処理を可能にするように特則が設けられ、近年この更なる合理化が進められた（本書第二章第一節参照）。

以上みてきたように、事件管理のあり方には、当初法が予定していた楽観的な利害関係人参加型から、これが期待できない場合の合理的対処の方法の考案へと、方向転換の兆しがうかがわれる。またこのほかにも裁判所の運用の中で、調査員の積極的利用、ＤＩＰの申立代理人の行動の善し悪しを報酬に反映させること等の優れた方策が考案されている（本書第五節第二款3ならびに第六節7及び8参照）。

第三款　再建企業における意思決定の性質

1　問題の所在

企業のガバナンスとは、その最も広い意味においては、企業における意思決定の規制を意味する。(31) この問題の起源は、現代の企業において広く認められる経営と所有の分離にある。すなわち、企業の所有者と実際の経営担当者が分離するため、所有者が自らの財産を守るためには、経営担当者が第一次的に自らの利益のみを追求しようとする経営を行うことがないように経営担当者の行動を監視する必要がでてくる。

一一章再建手続が開始された再建企業においても同様の監視の問題が生じる。なぜなら、一一章手続においては再建企業は財産の管理処分権を失わず、いわゆるＤＩＰとなって、再建企業の経営が一一章手続開始後も従前通り行われるのが原則とされているからである。したがって、事件係属中にもこのＤＩＰによる経営の過程で、必然的に様々な意思決定が行われることになる。しかも、一一章再建企業における意思決定は、限られた会社資産に対して多種多様な利害関係を有する権利者たちの間での交渉のプロセスである。会社に対して有している権利内容に応じて、各グループが様々な交渉のレヴェラッジ[32]（交渉を自らに有利に運ぶために用いうる手段）を有する。かくして、再建企業の意思決定には限られたパイをめぐる利害関係人間のゼロ・サム・ゲームが反映され、激烈な利益対立が生じる。実際に決定を下す立場にあるＤＩＰは、このような複雑な状況において適正な意思決定を行わなければならない。ここに問題の核心がある。

このような状況において、再建企業でなされる意思決定が適正なものであるためには、ＤＩＰは誰のために意思決定をなすべきか、これを確実にするためにＤＩＰに対してどのような方法でコントロールを及ぼすのか、そのためにはどのような制度枠組みを設ければよいのか。再建企業ガバナンス論はこうした問題をめぐって展開される。

２　再建企業の意思決定の性質

一一章再建手続では、再建計画を立案し、この計画にしたがって経済的に破綻した債務者企業の再建又は清算が試みられる。この過程で、再建企業は大きく分けて二種類の意思決定を行わなければならない。第一に、再建企業の経営の過程での事業資産の利用及び機会に関する判断がある。ここでは事業資産の最も経済的な利用法が問われ、その結果として事業の基本的な経営体制が合理化を余儀なくされることになる。そして、全ての利害関係者が被る純損害額を可能な限り最小化するような成果の達成が求められる。第二の意思決定事項は、再建企業における損失配分の問題である。この判断は、債務者財産に対して債権又は持分権を有する利害関係人の保護に関わるものであり、再建計画に具体化されて裁判所によって認可されることを要する[33]。

これらの事項の決定は、一一章再建手続の枠内で行われるものであるがゆえに特殊な側面を持つ。

(1)　元来、再建企業の意思決定には再建事件に特異な困難が伴う。

①　清算事件の場合とは異なり、一一章再建事件における意思決定は先行きが不透明かつ不確実である。将来の出来事である経営継続の結果（経営の成功又は失敗）は現時点では明らかでなく、また事件はしばしば長期に及ぶため、その間の経営方針は必ずしも一貫したものではない[34]。更に、個々の事件の性質や規模によって経済状況は大いに異なる。

②　第一一章再建制度では相反する複雑なゴールの調整が必要とされる[35]。一一章の基本的な構造は、企業の継続的運営が全ての関係人にとっての純損失を縮減する最適な機会（best chance）を提供するということ、つまり債務者企業の資産をそのままの状態にしておくことによって〃継続企業価値〃が維持されることになるということを前提としている。すなわち、清算ではなく事業運営の継続と財政の再編成である[36]。しかし同時に、この前提が崩れた場合には清算を目的とする再建計画を立案することも許容されており、一一章事件では清算もありうる再建の一形態である（一一二三条(b)(4)、一一二三条(a)(5)[37]）。

(2)　一一章再建手続は交渉のプロセスである。

清算事件においては、経営活動は終了し、法が定めるルールにしたがって現存資産を売却し、その売得金を公正・衡平に配当することだけが目的である。これに対して一一章手続には、利益及び損害の配分の方法について、裁判所や管財人又はＤＩＰが利用できる予め定まったルールはない。ルールは、各々が異なったレヴェラッジを有する利害関係者間での交渉を通じて形成される。制定法上のルールはこの交渉の場を提供し、破産裁判所は公開討論の場（forum）として機能している。(38) この交渉のプロセスには次のような特徴がある。

①　この交渉の大部分は再建計画の立案をめぐって行われる。

再建計画で定められるのは、第一に、債務者企業の資産に対する債権又は持分権の再構築の内容、すなわち損失がどのように配分されるのか、である。場合によっては、更に会社の財政構造変更の取り決めがなされる（一一二九条）。現行法はこの計画が利害関係人間の合意によって成立することを予定し、そのための舞台を設定している。(39)

合意成立にこぎ着けるまでの過程につき、法は以下のような規律を設けている。

（ⅰ）　一一章事件での交渉は、優先権の破壊とも性格づけられる。

現行法では旧法下での厳格な絶対優先原則が緩和されている。これによって上位のクラスには権利放棄の権利が認められ、他方、劣後的地位にある旧経営者にはこのゆえに企業経営の継続が許されたのである。そして、ここで法は、再建企業の資産の運用及び債権債務関係の再構築に関する基本判断を、若干の例外を除いて、当該事業に経済的利害関係を有する者たちに委ね、それが優先権の本来の内容と異なるものであろうとも、自分たちの望むあらゆる内容を取り決めることを許している。ここに、事件を広く当事者の自治的解決に委ねるとする現行法の姿勢が現れていると理解される。(40)

(ii)　計画に反対する債権者がある場合の対処策として、現行法はクラム・ダウン条項（一一二九条(b)）を用意している。しかしここで立法者が期待したのは、実際には同条項を発動することではなく、絶対優先原則によるのとは異ったふうに劣位の請求権者を有利に扱い、これと引き替えに反対する債権者から計画受諾の譲歩をとりつけることによって、合意によって事態が解決されることであった。というのは、クラム・ダウン条項が発動された場合には企業価値の厳格な評定が必要となるが、そのための手続には多大なコストと時間がかかるため、この手続により事件の円滑な進行が妨げられることが大いに懸念されたからである。[41] 利害関係人の側でも同じ理由から企業価値の評定の手続は敬遠され、実際の運用においても、絶対優先原則によるのとは異なった合意を得ようとする傾向があることが指摘されている。それゆえ現実にクラム・ダウンが行われることは稀である。[42]

以上のような規律の下では、交渉の基礎となる最初の計画案を提起するもの（又はグループ）に何らかのコントロールを及ぼす必要が出てくる。

②　その他の多くの交渉は再建計画外で、経営判断が下されるにあたって行われる。この交渉の過程に適切なコントロールを及ぼす必要性はことのほか大きい。なぜなら、現行法は次のように意思決定者に非常に広範な裁量を許しているからである。

一般に一一章事件は長期に渡る。ところが、再建企業は事件が係属している間も取引を続けているので、再建計画をめぐる交渉が完了するまでの間には事業継続のために必要な様々な判断がなされなければならない。この中には、再建計画の主要課題である財政再編の問題に直接的な影響を及ぼすような重要な経営判断がしばしば含まれる。さて、効率的経営が行われるためには迅速性が求められる。それゆえ、事件係属中の経営判断は、必ずしも再建計画をめぐる交渉のような、利害関係人の決議でもって締めくくられる完全な交渉のプロセスを経ずに下されることが多い。現行法は、こうした取引の現実を認めて、原則として経営担当者に経営に関する裁量を認め、ただし特に重要で影響力の大きい三事項についてのみ一定の制約を課すこととしている（各々三六四条(a)、三六五条(a)及び三六三条(b)参照。経営裁量については3で詳述する）。

以上の考察から導かれる結論は、経営担当者には、広範な裁量権を適正に行使して経営判断を行うように、何らかのコントロールを及ぼす必要が生じるということである。

③　このような一一章再建事件における利害関係当事者間の交渉において、中心に位置しているのはDIP（実際には現実に行動するDIP企業の経営担当者）である。

まず、DIPは、再建計画の立案をめぐる交渉の支柱となる。すなわち、DIPは手続開始の初期段階での唯一の再建計画提出権保持者であり、最初の計画案を立案することによって、利害関係人間の交渉の基調と特徴を形成する。その一方で、この交渉の過程では利害が対立する関係人間の審判又は仲裁人の役割を果たしており、しかもその行動は結果に著しい影響を及ぼすことになる。計画外でなされる経営判断についても、DIPが最終的な意思決定者であることが一般的である。そして、その経営判断の結果は、企業の総資産価値及び再建の見込みに影響を及ぼす。[43]

以上の結論として、DIPに対してコントロールを及ぼす必要のあることは、明らかである。

(3)　現行法におけるDIPの地位の特殊性をめぐるこのような事情もさることながら、再建企業の意思決定に伴う特別困難な問題は、多種多様な利害関係人が関係しているということにある。つまりDIPには、利害関係人相互の利益が劇的に対立した状況において、適正な判断を行うことを求められる。ここでの利益対立の状態は、以下のように分析される。

① 倒産企業を清算するかそれとも再建するかの選択には、生来的にコストが伴う。例えば、企業資産の清算がなされるべき場合に再建が選択された場合、この経済的に最適でない判断は、限られたパイをいたずらに縮小させることになる。また、一一章手続を申し立てた企業は、そもそも財政的に破綻しているわけだが、この限られた会社の価値の総額は、事件開始後の経営の過程でＤＩＰが行う経営判断の如何で増減する。この際のコストは、配当財源の縮小という形で、全利害関係人で負担することになる。このように限られたパイを囲んで行われる債務再構築の過程においては、あるものの利得額があるものの損失額になるゼロ・サム・ゲーム（zero sum game）が展開される。それゆえ各々がより多くの取り分を獲得しようと懸命になり、その結果、利害を同じくする利害関係人のグループの間での利益の対立はよりいっそう激しさを増す。企業のガバナンスのプロセスは、正しく紛争解決のプロセスでもある(44)。

② 倒産の場面でのこのような利害対立の生じる典型的なグループとして、経営担当者、債権者及び株主の三つのグループが登場する。この利害対立が最も顕著に現れるのは、(i) 会社が、再建するか否か又はどのようにして再建するかを決定する間に追求すべき投資リスクの程度、(ii) 会社資産はどの限度で再建でなく清算されるべきか、及び (iii) 現金・債務・持分権はどのような割合で構成され、誰に対して配当されるかといった事項をめぐってである。具体的には次のような形で現れる。

(i) 再建企業がその投資戦略においてとるリスクの程度に関しては、上位債権者の利益と、下位の権利者、特に株主の利益とがしばしば激しく対立する。支払能力を有してはいるが、支払不能に極めて近い会社がリスクの高い投資を行う場合には、投資のリスクは主に債権者が負担し、他方儲けは主に株主が受領することになる。例えば、債務者の資産価値が負債総額と等しく、この負債の全ては無担保債務であると仮定する。もし資産が清算されてしまわず、再建事件係属中に慎重な投資が行われ、その後絶対優先原則を遵守した配当が行われるなら、債権者はほぼ全額の弁済を受けられることになる。逆に、冒険的な投資がされたなら、会社の資産価値は下落もしくは増大する。下落した場合には、株主は何も受領しえず、債権者も慎重な投資がなされたときに期待されるよりも僅かな額しか受領することができない。逆に、資産価値が増大した場合には、この増大分の儲けは株主にゆくが、債権者はいずれにせよ自己の請求権の全額までしか受領することはなく、資産価値の増大は債権者を何ら利さない。したがって会社の投資戦略に関しては、債権者はリスクの低い投資を、他方株主はリスクの高い投資を好む経済的インセンティブを有し、両者は対立する。この債権者=株主間の対立は、あらゆる倒産状況に存在する普遍的・生来的な対立である。これに対して経営担当者は、まずは自らの職を維持することを望むので、対立する債権者と株主のいずれの側につく理由をも有しうる。経営状態が悪いため弱い立場にある経営者は、自分たちに都合の良い十分に高いリターンを生み出すリスクの高い投資を好むだろうし、他方自分の職や会社自体が差し迫った危機にさらされていないならば、よりリスクの低い投資を好むと考えられる(45)。

(ii)　債権者と株主との間のこのような対立は、再建か清算かの判断をめぐっても同様に生じる。この場合には更に債権者の種類によってもインセンティブの対立があり得る。典型的には担保権者のような、優先権を有する上位の債権者は、全額又はそれに近い弁済を受けることを保障されているので、敢えて再建を試みてこれを危険にさらすよりも、即時の清算を好む経済的インセンティブを有する。他方、企業資産が清算価値で清算される場合には何も受領しないことになる「水面下の権利者（underwater claims and interests）」は、再建計画の下で自分たちへの配当が確定するまでは、清算に反対する。株主は優先順位の下位にあり、清算において何かを受領することはまず見込まれないので、会社の財政状態とは無関係に企業の経営の継続を推奨する強力なインセンティブを有する。無担保債権者も同様に優先順位が低いので、同じく清算よりも再建を選択するインセンティブを有する。経営担当者にとっては、清算と再建のいずれがより利益になるかは、状況による。それゆえどのグループの側につくかは一概に言えない。

(iii)　配当の方法をめぐっては、債権者、特に取引債権者は現金配当又は債務負担がなされることを望む。会社に対する持分権で配当がなされたとしても、多くの場合は即時に売却され、しばしば割り引きを受けることになるからである。他方、株主は持分権による配当を受けることを歓迎する。同じく経営担当者も、たいていは持分権による配当がなされることを好む。なぜなら、在職することを前提とすれば、現金による配当は会社から流動資産を奪うが、持分権による配当は将来の租税債務を減らすことになるため魅力的だからである。また、倒産手続から開放されて常態での経営が行われるようになったときに、負債が自分の管理できる範囲内のものであって欲しいため、再建事件終結の時点でこれ以上の額の負債を負っていないことを望むものである。(46)

③　以上の結論として、この生来的な利益対立にこそ、企業のガバナンスに伴う様々な問題の根源があるということができる。利害関係人間の利益対立はこのように経済的インセンティブに裏づけられた生来的なものであり、一一章手続における交渉では様々な場面でこの対立を反映した力学が働くのである。

(4)　再建企業の意思決定は、先行きの不透明かつ不確実な状況において、たとえ企業に対する利害関係人グループの間で経済的利益が対立する場合であっても、何らかの形でなされなければならない。この意思決定に決定的な影響を及ぼすのは、異なったレヴェラッジを有する多種多様な利害関係人の間の交渉である。そして、ＤＩＰは広範な経営裁量をもって経営にあたりながら、この交渉の支柱となる。とりわけ経営判断におけるＤＩＰの裁量権の行使にあたっては、利害関係人間の交渉は必ずしも尽くされないので、この判断が会社の真の意思決定権者の利益となるように行われるように規制する何らかのシステムがいっそう強く求められる。(47) かくして、経営者の経営判断及びそれを行う行動をどのように規律するのか、という、再建企業のガバナンスの議論がおこってくるのである。

3　経営判断

では、この経営判断をめぐって、再建企業においてはどのような問題状況がみられるのかをみていこう。経営判断は既存の資産の運用方法と日常の事業経営の両面で行われる。したがって、前述のように、この判断は単に経営方法の問題であるにとどまらず、再建事件係属中に事業資産から生み出される価値に影響する。これが再建企業における経営判断の特色であり、その重要性のゆえにこれまでに多くの論者が論題として取り上げてきた。

(1)　現行法は次のような規律の方法をとって、ＤＩＰ企業の経営者を経営判断に責任を負う唯一の主体として位置づけ、広範な裁量権を与えている。

①　裁判所が別途命じない限りは、ＤＩＰは一一章事件の管財人が有する全ての権利を認められ、かつ義務を負った状態で（一一〇七条(a)）、占有を保持しつづける（一一〇一条(1)）。かくして継続される経営に対して制限が課されるのは例外的な場合に限られ（一一〇八条）、したがってＤＩＰは原則として制限されることなく営業を継続する。

ただし、財団にとって特に重要な意味を持つ措置については、個別的に詳細な定めが設けられている。具体的には、第一に、申立後の融資及び未履行契約の履行（又は拒絶）の判断には一定の条件が課されている。この条件を満たしさえすればＤＩＰはこれらの措置をとることができる。第二に、財団財産の使用、売却及び賃貸については、営業の通常過程外で行われる場合についてのみ、ノーティスと審問の手続を経たうえでの利害関係人からの異議の申出にその是非をかからしめている。ただし、ノーティスを受けた利害関係人から申出がなければ、原則として審問が行われる必要はない（三六三条(b)）。その場合には、またそもそもこの規律の及ばない営業の通常過程での措置である場合には、特段制限されることなく、DIPは裁量に基づいて自由にこれら処分を行うことができることになる。したがって、これら規律は見方を変えれば、一定のハードルを設けつつもやはりDIPがそれらの措置をとることを許しているものともいえる。

② 以上の規律のあり方から、DIPによる経営判断に関する法の趣旨として、第一に、法は経営が連続性を保つことを奨励している、第二に、法は、DIPの経営権には、合理的判断をなすための裁量が含まれるということを前提としている、ということが明らかになる[48]。

(2) 判例法においても、以上の立法趣旨を尊重し、現実に反映させることを企図して、DIPが経営判断に責任のある唯一の主体であり、かつ広範な裁量権を有するということが広く認められている。これは、判例法上確立されたDIPの経営判断を審査する基準に具体化されている。すなわち、通常の過程にない処分行為については、ノーティスを受けた利害関係人から申立があれば、裁判所は審問を行ったうえで当該行為の実行を経営者に許可又は拒絶するものと定められているが、ここでの審理基準には、経営の結果ではなく過程に着目した非常に緩やかな判断基準が採用されているのである。

この趣旨は次のように説明することができる。すなわち、経営判断には当然に純然たる経営事項が含まれる。経営事項の如何については、経営に不慣れな裁判官が裁判所での対審制度において判断するのは、適切でない。むしろ経営の現場で、経営に関する知識と技能を備えたものによって判断が下される方が望ましい。かくして必然的に、ここでの司法判断は、明確に線引きのされたテストを用いてなされる類型化の方法によるのではなく、関連事実に照らしつつ行われる衡量的裁定（balancing judgement）とならざるをえないのである[49]。

① 一般に、会社の取締締役の経営判断については、判例法上いわゆる経営判断原則（business judgement rule）が確立していることが広く知られている。会社の利害関係人との間に紛争が生じたために取締役が下した経営判断が訴訟において問題とされた場合には、裁判所はこの原則にしたがって、経営担当者による判断を尊重し、判断の質に立ち入ってその是非又は優劣を問うことはしない。すなわち、裁判所はここでは経営判断の結果ではなく、それがいかになされたかという点に焦点をあてた過程アプローチをとるのである。かくして、自己取引が行われなかった限りは、適切な経営判断が行われたものとみなされ、問題とされた経営判断には、取締役がこの判断に見込んだ成果に見合った調査や分析を行ったその結果が現れていると解して、合理的に経営が行われたこととの何らかの関連性があると認めるのである[50]。

② 経営判断原則の基本的発想は、たとえ取締役の経営判断が会社に損害をもたらす結果を招いたとしても、経営判断には常にある程度のリスクがつきものであり、そもそも経営に不慣れな裁判所が事後的に当該判断の当否に実質的に立ち入って判断をなすのは適当でない、というところにある。この理は一一章事件においても変わらない。再建事件係属中にＤＩＰがなす経営戦略又は法的行動の戦略的な選択は、司法判断に馴染まない経営裁量事項である。この点に関しては、一一章事件においても経営判断のルールが判例法上確立している。一一章事件におけるＤＩＰの事業経営の審査に経営判断原則を基準として用いる趣旨を論じたものとして、次の事件がある。

◆**Richmond Leasing Co. v. Capital Bank,N.A., 762 F. 2d 1303,1311 (5th Cir. 1985)**

【事実】

ＤＩＰたるRichmond Leasing社は、破産法三六五条に基づいて、既存のリース契約の内容を修正して新たに債務を負担するという経営判断につき破産裁判所に許可を申し立て、許可された。この破算裁判所の許可を不服としたＤＩＰの債権者は、連邦地方裁判所に上訴したが、容れられなかったために更に上訴して、地方裁判所は、破産裁判所の事実認定及び法の解釈を審査するにあたって、不適切にも〝明らかに誤った〟基準を用いたと主張した。

【判旨】

「一一〇七条は、一一〇八条の事業経営の権利を含む管財人の権利の債務者による行使を、裁判所が制限することを認めているが、特別な状況又は特定の破算法上の規定がないときは、たとえ債権者が異議を唱えようとも、債務者に〝経営判断〟原則に基づいて自らの行動の正当性を理由づける以上のことをするように要求すべき、いかなる理由も存在しないと考えられる。より厳格な精査を行えば、債務者の財団の管理が遅らせられてコストが増大し、財団管理についての私的コントロールを奨励している破産法の規定に抵触し、事件を中立的にコントロールする裁判所の能力が脅かされることになろう。… このように、この経営判断原則は、三六五条にしたがって既になされ、リース契約の修正を認める形で決着がされたところの経営判断の審査と異なるものではない。」

この判旨の考え方が原則であり、反対の旨を明示する制定法上の基準がない限りは、一一章再建企業においても純然たる経営判断ルールが用いられている。したがって、ＤＩＰには再建企業の経営に関して極めて広範な権限が委ねられていることになる（なお、ごく稀な、限定的場合につきこの原則の例外が認められているが、これについては項を改めて詳述する（本書第三節第二款２））。[51]

(3)　経営判断は配当財源たるパイの大きさを画し、そのことのゆえに資産価値の総額と再建の見込みに影響を及ぼす。また、経営判断は利害関係人のうちのある者には利益をもたらし、ある者には損害をもたらす。しかも、経営判断を下すにあたっては、DIPに替わって実際に行動するDIP企業の経営者は、情報において、また事件の関係人以外の第三当事者と最初の交渉を行う者として、絶対的に有利な立場にあることにも注意されなければならない[52]。したがって、DIP（すなわちDIP企業の経営者）は、経営裁量を行う唯一の主体であると同時に、一一章事件の損失配分についての選択を行う代理人としての独立の役割をも果たすことになる[53]。

4　再建事件（での交渉）におけるDIPの位置づけ

以上にみてきたように、DIPは一一章手続において実質的なコントロールを行使する一一章手続の中心的存在である[54]。DIPは再建計画及び経営判断の両領域において、企業再建における主要な判断を行う。特に経営判断は、一一章における損失の配分にも影響を及ぼす大きな影響力を有するものだが、現行法は極めて広範な経営裁量権を与えたうえでこれを唯一DIP（実際にはDIP企業の経営担当者）に行なわせている。

合衆国破産法はその立法史を通して再建企業のガバナンスのあり方につき試行錯誤を繰り返し、その結果として現行法におけるこのような制度枠組みに到達した。ところが、次節で詳しく取り上げる一九三〇年代のSECの報告以来、倒産企業の経営者は自動停止の制度を利用して、債権者の負担において自ら又は株主にとって利益をもたらすような手続の引き延ばしその他の戦略を用いている、との批判が相次いだ。そこで、そもそも現行法の採用した制度枠組みは誤りであったのか、それとも運用の改善によって問題は解決されるとするのか、論者の理解は様々である[55]。

（1）“Corporate governance”という語は、日本語に直訳すれば「企業統治」や「会社の管理」となろうが、本書では以下のように考えるがゆえに敢えて日本語訳せず、端的に「ガバナンス」と原語をカタカナ表記して用いることとした。まず、上記の日本語訳のいずれによっても、原語の趣旨を適切に表現できていないように思われること、そして、ガバナンスが「経営（management）」の上位概念とされていることが配慮された（加護野忠男「経営学の視点から見た企業のガバナンス」ジュリ一〇五〇号〔一九九四年〕八九頁）。また、近年では会社法や経営学の分野で、「コーポレート・ガバナンス」の名称の下に一つの学問分野が形成されるに至っていると見受けられ、このことから「ガバナンス」という用語は既にわが国に定着したものとして扱って差し支えないと判断した（証券取引法研究会国際部会訳編『コーポレート・ガバナンス―アメリカ法律協会「コーポレート・ガバナンスの原理：分析と勧告」の研究―〈第二版〉』〔日本証券経済研究所　一九九六年〕六九頁、寺本義也編著『日本企業のコーポレートガバナンス――開かれた経営を目指して』〔生産性出版　一九九七年〕一五頁参照）。

ただし、わが国における会社法や経営学の領域でのコーポレート・ガバナンスの議論には、後述のような独特の傾向が看取されるところであり（本章本節第一款2(2)）、再建企業についてもその同じ問題意識の下に安易に対照させて論じようとしているとの〝誤解〟を招くことが非常に懸念される。それゆえ、本書では、会社法や経営学の領域でのコーポレート・ガバナンスの議論と若干の区別をつける趣旨で「再建〝企業〟（の）ガバナンス」と称している。

(2)　ただし、わが国においてはしばしば特定の価値判断に直結させて論じられることが多いこと、そして倒産の局面ではそのような考慮は妥当せず、本研究がこの点で誤解を招くことに非常に慎重になっていることに、注意されたい。前注及び後注(9)参照。

(3)　後述本章第二節第一款1及び該当部分の後注を参照のこと。

(4)　法務省民事局参事官室「『倒産法改正に関する改正検討事項』に対する各界意見の概要について」判タ九八五頁（一九九八年）七四頁参照。

(5)　アメリカにおけるＤＩＰ制度の現実として、LoPuckiは、現行法が施行された一九七九年一〇月一日から一年間にミズーリ州西部管区で申し立てられた全一一章事件（実際には、わが国同様中小企業が大部分を占める）の調査結果を分析して、一一章手続の中立は、しばしば州法にしたがった個別執行による清算の威嚇からの回避の目的でなされており（at 258）、債務者は事業の継続的運営と資産のコントロールという一一章事件が与える「特権」の下で（at 263）、当面の操業資金を調達しうる限り事業を営み続けているという実状が看取された、と指摘している。L. M. LoPucki,The Debtor in Full Control—Systems Failure Under Chapter 11 of the Bankruptcy Code?(Second Installment), 57 Am. Bankr. L. J. 247(1983)〔以下〝LoPucki, Full Control (Second Installment)〟と引用する〕

これに対してイギリスでは、関係人自治を尊重した再建手続である会社整理の利用において、会社自体を再建するというよりも、継続企業としての会社事業の売却、及び（又は）会社の個々の財産の処分によって、会社事業の維持を図るという形での利用の方が、多いとされている（中島弘雅「イギリスの再建型企業倒産手続（三・完）」民商一一九巻一／二号〔一九九八年〕三頁参照）。

(6)　以上の叙述については、東西倒産実務研究会編『和議』（商事法務研究会　一九八八年）三〇〇-三二〇頁、同『会社更生・会社整理』（商事法務研究会　一九八九年）二七六-二七九、二八四-二九六、三一四、三二一-二四頁、四宮章夫「再建型の監督について」（倒産制度研究会〔大阪〕・倒産実務上の問題点二）判タ九〇二号（一九九六年）二一頁以下、同「会社整理における立法論的課題」ジュリ一一一一号（一九九七年）八四頁以下、同「債務者の機関と再建型倒産手続の管理機関との関係」（倒産制度研究会〔大阪〕・倒産実務上の問題点一二）判タ九一〇号（一九九六年）三四頁以下、田原睦夫「再建型倒産手続における債務者の財産管理について」（倒産制度研究会〔大阪〕・倒産実務上の問題点六）判タ八九三号（一九九六年）一六頁以下等を特に参照した。

(7)　例えば、和議につき青山善充編『和議法の実証的研究』（商事法務研究会　一九九八年）二五二頁、会社整理につき高木新二郎「事業者倒産における裁判所と債権者等の役割——続・新倒産法のあり方」法の支配一一一号（一九九八年）六二-六三頁参照。

(8)　倒産法制研究会「『新再建型手続』に関する提言」（一九九九年）〔以下〝通産省研究会提言〟と引用する〕は、このような問題提起をし、新再建型手続について具体的な提言を行っている。同提言の背景については、本書序章

注(4)及び第一章注(82)参照。

(9)　特に株主の利益を中心として、この他従業員の利益との調整の問題や、企業の社会的責任の文脈で論じられることが多い。例えば、「〈座談会〉日本の会社のコーポレート・ガバナンス――現状と課題」ジュリ一〇五〇号（一九九四年）六頁以下、江頭憲治郎「コーポレート・ガバナンスを論じる意義――シンポジウムの狙い」（一九九四年日本私法学界商法部会シンポジウム資料一頁）（商事法務一六三四号（一九九四年））、伊藤眞「コーポレート・ガバナンスと民事訴訟――株主代表訴訟をめぐる諸問題」同一八頁）、証券取引法研究会国際部会訳編・前掲注(1)六九頁、寺本・前掲注(1)一頁以下及び五〇頁以下参照。

また、一九九七年九月に自民党法務部会の小委員会から公表された「コーポレート・ガバナンスに関する商法等改正試案骨子」の原則一では、コーポレート・ガバナンスの基本原則として「株式会社は、株主の利益を最大にするように統治されなければならない」とされている（森本滋「コーポレート・ガバナンスに関する商法改正――自民党商法に関する小委員会『試案骨子』等改正試案骨子について」ジュリ一一二一号（一九九七年）六四頁参照）。

(10)　前注(1)及び(2)参照。

(11)　例えば、出見世信之『企業統治問題の経営学的研究――説明責任関係からの考察――』（文眞堂一九九七年）は、コーポレートガバナンス（広義）を「企業と利害関係者との関係」と位置づけ、ここでいう利害関係者とは、企業と取引関係のある者のみならず、自己の利害の最適化を求めて企業に対して主体的に行動を起こすものを示すとして、会社はこれらの広い範囲にあるものとの間に説明責任を負う関係にある、と説く。そして自説を意義づけて曰く、この説明責任は会社の正当性の根拠となるものであり、このようにコーポレートガバナンスを企業の正当性をめぐる議論であるとしている点で、伝統的な「会社支配論」が株主と経営者との関係をしばしば問題とするものであるのとは異なる、とする。このほか、わが国のコーポレート・ガバナンスの議論につき、同書一六一頁以下が詳しい。

(12)　例えば、藤田友敬「〈研究報告〉情報、インセンティブ、法制度」成蹊四三号三一六-三五四頁（一九九六年）参照。

(13)　一〇〇%減資更生計画を認めた東京高裁昭和五四年八月二四日決定（判時九四七号一一三頁）は、その理由の一つとして、「…記録によれば、本件更生会社は…、破産法所定の破産原因がある場合に該当することは明らかであって、前記株式の価値はほとんど無価値に等しいものと解される…」ことを挙げて、旧株主の権利を全面的に剥奪するような権利変更は、公正、衡平な差の設定という要件を満たすものである、としている。

(14)　高木新二郎『アメリカ連邦倒産法』（商事法務研究会　一九九六年）四八〇頁以下に掲載〔以下〝高木・倒産法〟と引用する〕。

(15)　H. R. Rep. No.595, 95th Cong., 1st Sess. 220,224 (1977).

(16)　高木・倒産法三四九–三五一頁参照。

(17)　高木・倒産法三六六、三七四頁参照。

(18)　高木・倒産法三九四、三九五頁参照。

(19)　渡邊光誠『最新・アメリカ倒産法の実務』（商事法務研究会　一九九七年）一一九–一二六頁参照。

(20)　高木・倒産法三九七頁参照。

(21)　法は、「利害関係人（party in interest）」について、債務者、管財人、債権者委員会、持分権者（株主等）、歯形証書受託者を含む利害関係人（一一〇九条）を意味すると規定しており、株主や倒産債務者自身もこの範囲に含まれていることが注目される。換言すれば、一一章事件における利害関係人とは、事件の結果に現実の利害関係を有するあらゆる主体を指すと理解することができる。See C. W. Frost, Running the Asylum : Governance Problems in Bankruptcy Reorganizations, 34 Ariz. L. Rev., 89,116(1992).〔以下〝Frost, Asylum〟と引用する〕

(22)　以上の制度改革の内容については、高木・倒産法八–九頁、高木新二郎「破産裁判所・破産裁判官・連邦管財官・管財人・調査員（上）〔米国連邦改正破産法の研究④〕」NBL二八八号（一九八三年）二六–三一頁、同・前掲注(7)六四頁、ロパキ「アメリカ合衆国の倒産処理制度」民事訴訟法学会編『民事訴訟法・倒産法の現代的潮流〔一九九七年民事訴訟法学界国際シンポジウム〕』（信山社　一九九八年）二一三頁等参照。

(23)　H. R. Rep. No.595, 95th Cong., 1st Sess.4, 88(1977).

（24）　実際にはほぼ全ての事件において、ＤＩＰたる債務者企業の従前の経営担当者によって経営が続行される。See e.g., L. M. LoPucki & W. C. Whitford, Corporate Governance in the Bankruptcy Reorganization of Large, Publicly Held Companies, 141 U. Pa. L. Rev., 669, at 679(1993)〔以下〝LoPucki & Whitford, Governance〟と引用する〕同論文は、現行法が施行された一九七九年一〇月一日から一九八八年三月一五日の間に再建事件を申し立てた四三件の超大規模公開会社（債務者が申立にあたって一万ドル以上の資産を申告し、ＳＥＣに登録された債務又は持分権につき一以上の係争があった巨大破産事件（megabankruptcies））について詳細な実証研究を行い、この結果に基づいて再建企業ガバナンスの問題を論じた労作である。なお、超大規模企業が対象とされていることから本書での研究の射程を逸脱しているように受けとめられるであろうが、ガバナンスの問題に伴う力学を把握する目的においては、根本的な点での相違は生じない。むしろ、ガバナンスの問題が最も顕著に分かり易い形で現れているので、この論文から教えられることが少なくない。

（25）　See e.g., In re Ionosphere Clubs, Inc., 113 B. R. 164,167 (Bankr. S. D. N. Y. 1990)；In re Cardinal Indus., Inc., 109 B. R. 755,765 (Bankr. S. D. Ohio 1900)；In re Microwave Prods. of Am., 102 B. R. 666,670 (Bankr. W. D. Tenn. 1989). See also Collier on Bankruptcy Code (Pamphlet Ed., 1997), 989,991 (§ 1104).

（26）　これはすなわち再建企業につきどのようなガバナンスの制度を設けるかという問題であり、結局のところ現行法のように規律することで、一九三〇年代以前のガバナンスの体制に逆戻りしたことになる。より詳しい再建企業ガバナンスの制度の歴史的経緯については、本章第二節第一款一参照。むろん、最終的にこのような選択が下されるまでには、なかなか見解が一致せず、その採用の是非をめぐって法案が上院と下院の間を何度も行き交って、新法制定の大きな焦点となった。

（27）　LoPucki & Whitford, Governance, 669,647；C. W. Frost, Theory, Reality and Pragmatism of Corporate Governance in Bankruptcy Reorganizations, 72 Am. Bankr. L. J. 104, at 113(1998)〔以下〝Frost, Pragmatism〟と引用する〕。

（28）　渡辺・前掲注(19)四四頁参照。

(29) 例えば、高木・倒産法三二四頁参照。

(30) See 5 Collier on Bankruptcy,1104.04(1)(15th edi., 1993).

(31) Frost, Pragmatism,105.

(32) ″leverage″は、「影響力」となり和訳すべきところであるが、次のような意図から敢えて日本語訳せず「レヴェラッジ」と原語をカタカナ表記することとした。すなわち、ここで意味されている影響力は、単なる″influence″ではなく、交渉における力関係を反映し、又はこれを背景とするものであるが、強引に和訳することによってこの語に託されたニュアンス（語源である″lever″の持つ力関係の均衡やてこの作用のニュアンス）が失われてしまうと考えられる。また、レヴェラッジという言葉は経済学等の領域において（もちろん経済学では独自の専門的な意味を持つのであるが）通常に用いられており、言葉自体は一般に既にわが国に定着していると思われる。

(33) R. T. Nimmer & R. B. Feinberg, Chapter 11 Business Governance : Fiduciary Duties, Business Judgment, Trustees and Exclusivity, 6 Bankr. Dev. J. 1,4 (1989).〔以下″Nimmer & Feinberg″と引用する〕本文の二種類の意思決定は、前者が経営計画（business plan）、後者が再建計画（reorganization plan）とよばれ、区別されている。LoPucki & Whitofrode, Governance, 678-679. ; D. G. Baird & T. H. Jackson, Corporate Reorganizations and the Treatment of Diverse Ownership Interests : A Comment on Adequate Protection of Secured Creditors in Bankruptcy, 51 U. Chi. L. Rev. 97,104 (1984). ; Frost, Asylum,93. 更に第三の決定事項を分類して、このいずれのタイプにも分類されえない、相互を考慮してなされる中間タイプである無極判断（Non-Polar Decisions）があるとする論者もある。E. S. Adams, Governance in Chapter 11 Reorganizations : Reducing Costs, Improving Results, 73 B. U. L. Rev. 581,at 599 (1993).〔以下″Adams, Reducing Cost″と引用する〕

(34) Nimmer & Feinberg,5.

(35) Id., 7 ; Frost, Asylum 122.

(36) 議会は一一章の制定にあたって、次のように述べている…″事業再建事件の目的は、事業が雇用者に職場を提供し、債権者に対して支払をなし続けることができるように、事業財政を再構築することにある。…再建は、職場と資産を維持することができるがゆえに、清算よりも経済的に効率的である。H. R. Rep. No.595, 95th Cong., 1st Sess., 220 (1977).

(37) See Nimmer & Feinberg,7-8. ; Frost, Asylum,122.

(38) Nimmer & Feinberg,8. ; Frost,Asylum,89,90,94.

(39) 〝再建…事件の目的は、再建計画を定めてこれを認可させることである。〟See H. R. Rep., see supra noe 36, 221.

(40) Frost, Asylum,94,95,96. Millerはより交渉の側面を強調して論じている。すなわち、合意による再建計画には、債権者と株主に割り振られる対応法と考慮が定められるものであり、法はDIPに、この作成にあたっての利害関係人との交渉において、交渉上対等である（bargaining parity）ための一定レベルのレヴェラッジを与えている、とする。H. R. Miller, Corporate Governance in Chapter 11 : The Fiduciary Relationship Between Directors and Stockholders of Solvent and Insolvent Corporations, 28 Seaton Hall L. Rev. 1467,1491,1492(1993).〔なお、この叙述は、再建企業における株主の地位を高く評価し守ろうとする論者の自説を展開するにあたってなされたものであり、ここに論拠を求めつつDIPには株主の利益を代表して計画の交渉を行う義務をも認められるとしている。詳しくは後述本章第三節第三款**2**参照）〕〔以下〝Miller, Directors and Stockholders〟と引用する〕

(41) H. R. Rep. No.595, 95th Cong., 1st Sess. 224 (1978).

(42) LoPuckiとWhitfordが共同して行った実証研究によれば、特に大規模事件に関してであるが、多くの事件で、債権者から譲歩を引き出して、絶対優先原則に忠実にしたがった場合とは異なった内容の再建計画が実行されている事実が看取され、その結果現実には、事件の結果は利害関係人間の交渉とそこでの合意によって決定されている、ということである。L. M. LoPucki & W. C. Whitford, Bargaining over Equity's Share in the Bankruptcy Reorganization of Large, Publicly Held Companies, 139 U. Pa. L. Rev. 125,194.〔同論文における実証研究は、現行法が施行された一九七九年一〇月一日以降に申し立てられた一一章事件のうち、一九八八年三月三一日までに認可された大規模公開会社で、債務者が一億ドル以上の資産を有していた四三件について行われた〕〔以下

〝LoPucki & Whitford, Equity Bargain〟と引用する〕　また、高木・倒産法三八九-三九〇頁参照。

(43) Nimmer & Feinberg, 8. See also Frost, Asylum,89.

(44) See Nimmer & Feinberg, 9-11. ; Adams, Reducing Costs,598.

(45) LoPucki & Whitford, Governance,683-684. See also J. C. Coffee,Jr., Shareholders Versus Managers : The Strain in the Corporate Web, 85 Mich. L. Rev. 1, 16-24 (1986).

(46) 以上の分析について、LoPucki & Whitford, Governance,685,686.

(47) See Nimmer & Feinberg, 6. ; Frost,Asylum,90.

(48) H. R. Rep. No.595, see supra note 36, 404 ; see supra note 41,116.

(49) Nimmer & Feinberg, 9.

(50) See In re Curlew Valley Ass'n, 14 B. R. 506, 511 (Bankr. D. Utah 1981)〔See Nimer & Feinberg, at 13〕具体的にどのような内容がこのルールに含まれるかについては、必ずしも論者の間に見解の一致をみていないが、通常このルールが用いられるのは、会社取締役の注意義務を中心とした信認義務違背を問う状況においてである。アメリカ判例法における経営判断原則の発展については、神崎克郎「米国における経営判断の原則の展開」林（良平）還暦『現代私法学の課題と展望（中）』（一九八二年）二五五頁以下、また比較的最近の研究として、川浜昇「米国における経営判断原則の検討（一）（二・完）」論叢一一四巻二号（一一八三年）七九頁以下、一一四巻五号（一一八四年）三六頁以下参照。その他経営判断原則一般につき、落合誠一＝近藤光男＝神田秀樹『商法Ⅱ-会社』（有斐閣Sシリーズ45）（一九九二年）一二三頁、『会社法判例百選（第五版）』（有斐閣　一九九二年）五七事件［吉原和志］、森本滋『会社法〔第二版〕』（有信堂　一九九五年）一三九頁注（一）参照。

(51) Frost, Asylum,90.

(52) Id., 90-91, 129-130. ; Nimmer & Feinberg, 8-14.

(53) Nimmer & Feinberg,12.

(54) Id., 20.

（55）　E.g., LoPucki & Whitford, Governance,674 ; Frost, Pragmatism,104.　このほか、端的に〞一一章事件の申立の提起によって実際にもたらされているのは、倒産企業の経営者が債権者による企業のコントロールへの干渉及び監視を回避し、しかもその状態を維持し続けることによって、担保権者から利得を引き出すのを許している〔という結果である〕〞と批判する論者もある。M. Bradley & M. Rosenzweig, The Untenable Case for Chapter 11, 101 Yale L. J. 1043,1076 (1992).

第二節　ＤＩＰの意義及び構造──判例分析を中心に──

会社のガバナンスとは、企業の意思決定が適正に行われるための規制を意味する。したがって、再建企業のガバナンスの問題とは、すなわちＤＩＰ企業経営者の適正な意思決定のための規制の問題である。それゆえ、再建企業ガバナンスの議論は、ＤＩＰの意義及び機能を分析することから始まる。本書も同様の手順で叙述を進めたい。

第二節では、再建企業ガバナンス論の出発点にある現行法の規律及び判例法の展開をたどりつつ、ＤＩＰの法的意義を、明らかにしていく。

第一款　ＤＩＰ制度の採用

ＤＩＰの意義を考えるにあたっては、まずＤＩＰ制度が採用された趣旨を確認しておかなければなるまい。

ＤＩＰは一一章が独自に人為的に生み出した法律上の主体であり、一一章事件における様々な重要な職務はＤ

IPを介して実行される[56]。議会は、後述のように旧法X章事件の下で債務者による再建企業の経営が上々の成功をおさめていたことを高く評価し、また効率性の観点から、定型的に管財人を任命するとしていた従前の制度での要件を破棄して、新法制定にあたってＤＩＰ制度を採用したのであった[57]。

1　ＤＩＰ制度採用の歴史的経緯

ＤＩＰ制度はアメリカ再建法の歴史的所産である。そして、ＤＩＰ制度の歴史とは、すなわち再建企業ガバナンスについての立法及び議論の歴史でもある。再建企業のガバナンスの問題関心は、立法の動きの中で生まれ、また立法に反映されてきたものなのである。したがって、現行の法体制に至るまでの経緯をたどることで、ガバナンスの制度枠組みであるＤＩＰ制度に求められたものが何かが浮き彫りになってくる。

(1)　今日の再建企業ガバナンスの根本課題、すなわち利害関係人間の利害対立及びこれに由来して生じてくる手続濫用の可能性にどのように対処するかという問題は、アメリカ企業再建法の非常に早期から既に認識されていた。つまり、企業再建の正式な法制度の導入以前、一九三〇年代まで、企業再建のために典型的に利用されていたのは衡平法上の収益管理人制度であるが、この制度の利用において既にガバナンスの問題状況が実際に現れていた[58]。

衡平法上の収益管理人制度の下では、企業の再建を行う典型的な方法は、会社資産を売却することによって債権者への配当にあてられる共同資産を作り出すことを通して行われたのであるが、この過程では株主が中心となって暗躍し、弊害を生んだ。すなわち、株主は、典型的には担保権者と私的に協定することにより、債権者が全額弁済を受けないときであってもしばしば債務者企業に対する持分権の利益を獲得していたのである。他方の担保権者は、この和解に同意することで債務者企業の事業経営を続行できるものとされたが、実際には経営に必要な専門技能を欠いていたためメリットは乏しく、また、経営能力にも資金にも恵まれていた株主側の専横に対して、代理人を通じて阻止の手だてを講じることもできなかった。さらに、この協定は無担保債権者を再建のプロセスからはじき出す機能を果たしていた。そのため、無担保債権者は企業の継続的運営から得られる利得を配当原資に生かせば可能であったはずの全額弁済を、極めて稀な場合にしか受領できないというのが実状であった。

(2)　企業再建事件におけるこのような株主の暗躍に終止符が打たれたのは、一九三四年旧破産法にようやく企業再建のための規定が設けられて以後の判例法の発展による。

一九三四年法には、衡平法上の収益管理人制度による企業再建手続への不満に応えて、収益管理人制度を制定法化した七七条Bが規定された。同条の下で、判例法上、再建計画についていわゆる絶対優先原則の厳格適用ルールが確立された[59]。絶対優先原則とは、衡平法上の収益管理人制度の下での判例法理[60]に起源を有し、現行法で適用緩和されるまで、その後も長く企業再建事件での原則として引き継がれていたものである。この原則によれば、再建計画の立案は、優先順位の異なる複数の権利者がある場合には、優先順位にしたがって、優先する権利者が劣後する権利者に先だって完全な満足を得ることになるように行われなければならない。したがってこのルールによれば、株主の会社に対する権利は、倒産企業が債務超過に陥っている場合には否定されることになり、もはや以前のような暗躍の機会は失われてしまったのであった[61]。

しかし同条も、ガバナンスの問題に対してなお十分に対処しきれてはおらず、幾つかの問題点が指摘された。まず、同条の下でも、内部者がやはり引き続いてコントロールを握っていたうえ、これを規制する手段はなく、司法審査もほとんど実効を挙げなかった。そのため、個人投資家と反対意見の関係人に対しての保護を欠き、このことが大きな問題となった。この批判を受けて一九三八年のいわゆるチャンドラ法により、抜本的改革が図られることになるのである。

(3)　ところで、チャンドラ法の制定に先立って、証券取引委員会（SEC）は、後の最高裁判所判事であるW. O. Douglas氏の指揮の下、企業再建の過程での事業経営に関して、特に再建手続において債務者企業経営者が果たした役割に焦点をあてた、膨大な実証研究を行った。その結論として、報告書は、経営者は手続に多大なコントロールを及ぼし、しかもしばしばこの権能を自らの地位を維持するために用いている、と認定した。具体的には、第一に、経営者は現在の自分の地位を守ろうと励み、そのためにしばしば、経営者の過去の行動が企業の財政破綻に寄与していたかどうかの調査の阻害要因となっていた、第二に、業務執行委員会が、おそらくは市中銀行のような若干名の強力な債権者と連帯することにより、再建事件における様々な利害関係人の利益代表委員会をしばしばコントロールすることができた、との二点が挙げられていた。そしてこの影響力は、特に一般の担保権者に対して不利益になるように行使され、それゆえに一般担保権者は、経営者ならびに債権者と株主のそれぞれの代表委員会が支持した再建計画案の公正さを争うことが難しくなっていた、と指摘されたのである。[62]

(4)　チャンドラ法にはこの報告書の報告及び意見が反映され、投資家の利益を広範かつ著しく損なうおそれのある大規模倒産事件については、次のような強力な公的介入及び公的監督の下に置くこととされた。

すなわち、チャンドラ法は、特に大規模公開会社の再建手続として、七八条Bを基礎としつつこれをより拡充した内容のX章（会社の更生〔Corporaet reorganizations〕）を、そして同業の適用外の企業のためにはXI章（和議〔Arrangement〕）を、各々独立の章として規定することとし、[63] X章手続により処理される大規模事件のうち、負債総額が二五万ドル以上の企業については管財人の選任を必要的とし（一五六条）、更に三〇〇万ドルを超える場合には、ＳＥＣが再建計画に対して助言し、詳細な審査を行い、コメントを与えるものとする（例えば一七七条参照）等、ＳＥＣによる積極的な事件への干渉を認めたのであった。また、旧法下で大きな弊害となっていた株主の専横を阻止する対策として、一方では、手続的コントロールとして機能する株主の取締役選出に関する権利を残存させ、これを尊重しつつ、他方では、取締役の選出には裁判所による認可を必要とすることによって、この方法での株主のコントロール権の行使を裁判所の監督の下に取り込んだ。これに対してⅪ章手続は、一八九八年法の和議の規定（一二条及び七四条）に由来するもので、比較的規模の小さな非公開会社を対象とし、管財人の選任も必要的とはされず、債務者企業が従前の経営を継続することが認められていた。ここに後のＤＩＰ制度の原型がみとめられる。

かかる措置を施したチャンドラ法の下でも、ガバナンス問題にからむ新たな問題が生じた。管理処分権及び経営権を奪われることを嫌った会社及びその経営者は、相当大規模な企業であってもⅪ章手続によって再建を図ることを好み、かくして大規模企業のⅪ章手続による再建という法の予定しない倒産処理がしばしば行われるようになったのである。これに対しては、ＳＥＣが大衆株主保護の観点からしばしば介入し、Ⅺ章手続係属中の企業をⅩ章事件に移行させることを求める申立が繰り返された。この結果、この移送の過程で生じた事件処理の遅滞及び混乱が、ひいてはこの原因となったⅩ章とⅪ章との間での手続選択の問題が、チャンドラ法の大きな欠点として認識されるようになった(64)。

(5)　この問題は、一九七八年に新たに現行破産法が制定され、再建手続が一般法として単一の制度に統合されることとなったことにより大胆な解決を見る。すなわち一一章再建制度の制定である。再建企業ガバナンスの問題として大きな意味を持つ旧法との相違は、一つは紛れもなくＤＩＰ制度の採用である。そしてもう一点特記すべきは、旧法下で絶対的権威を誇った絶対優先原則の緩和である。現行法の下では、絶対優先原則が適用されるのは、損害を受ける債権又は持分権を保持するあるクラスが計画に反対する議決をなしたか、このクラスによって計画が拒絶されたとみなされる場合に限られている（一一二九条(b)(1)及び(2)参照）。その理由として挙げられているのは、絶対優先原則の厳格な適用には常に継続企業価値の決定という困難な問題が必然的に伴い、またしばしば、旧経営者が事業の継続に必要とされる場合であっても、企業から放逐される結果を招いた、ということであった。(65) また、この点に込められた立法者の意図は前述したとおりである。

以上にみてきたように、現行法は結局のところチャンドラ法以前の一九三〇年代に逆戻りすることを選択したのであり、その結果当然に、当時問題とされた同じガバナンスの問題及びそれに対する議論が、新たに設けられたDIP制度の下で再燃することになったのであった。

2　DIP制度採用の趣旨

一一章では、申立前の企業の経営者に、事件開始前の投資に基づく財政的利害関係を有する当事者の財政的命運を決するにあたっての中心的役割が与えられている。(66) 立法者はこの選択を実効性の観点と政策的観点の双方から正当化していた。(67)

DIP制度の有用性は以下のように説明できるとされている。

(1)　実効性の観点からは、管財人選任のコストを不要としつつ、債務者企業の経営に最も熟知した人間に一一章事件を主導する役割を委ねるとすることが、最も適切である、と考えられている。

管財人の選任は、コストや能力の問題において必ずしも効率的ではない。まず、わざわざ管財人を選任して経営判断を委ねたとしても、その結果が現在の経営者によるよりもよいという保証はない。更に、強制的・定型的な管財人選任の制度においては、手続の申立は、経営者や債務者企業にとっては直ちに自らの職又は経営権の喪失を意味するので、なされるべき申立が躊躇されることになりうる。また、経営者が従前の経営を継続するのが合理的でもある。なぜなら、現職の経営者は債務者企業の経営を熟知しており、経営手法に必要な、しかも事業記録には現れてこない情報をも有している。そして、一一章手続を申し立てた企業にとっては、このような利点を備えた現職の経営者に替えて、新たな経営者を調達するのに要するコストは、決して小さくない[68]。

企業資産をめぐる利害関係人を、DIPに替わる再建企業の現実の意思決定者たる立場に据えるという方法も、一つの選択肢として考えてみる余地はある。しかしこれにはいわゆる共同行為（その意義については後述本章第三節第一款参照）のコストがかさむうえ、利害関係人の個々人はこのコストを引き受けるだけの十分な利益を有してはいない。更に、情報へのアクセスや知識の面での難しさのほか、この方法を実現するためには新たな権能の付与を要するといった問題が伴う。それゆえに法は、利害関係人による直接的な会社の意思決定への関与は、グループとして再建計画を受諾又は拒絶する段階に限ったのである。かくして、計画決議の段階までは、経営者又は裁判所が意思決定者の立場にある[69]。

(2)　他方、DIP制度の採択には次のような政策的意図が反映されている。

①　経営のコントロールを経営者に委ねるとするのは、結局のところは、倒産法以外の制定法で認められている企業又はパートナーシップの形態と同じである。DIP制度においても、企業の所有者によるコントロールは、会社決議の権利と経営者への信認義務遵守の要請を通して行われており、倒産事件の開始に前後して企業のコントロールは連続性を保つことができる。

②　経営者にコントロールを委ねるとするのは、利害関係人のうちのある者にコントロールを委ねた場合に生じうる、自己利益追求のために他の利害関係人の利益を損なうような行動をとるおそれのない者に、コントロールに関する判断を委ねることを意味する。

倒産事件では種々の利益が競合する。とりわけ債権者の利益と株主の利益はしばしば直接的に対立するので、このいずれかのグループに完全なコントロール権を与えるとすると、定型的に他方のグループが害されることになる。これに対して、多くの場合、経営者が財団に対して有する直接の利害関係は、企業を継続的に経営して現在の給料及びその他の利得を維持することに尽きる。経営者がこのように動機づけられている限りは、経営者は、現在の事業を継続企業として維持する方向で利益を得る。これは正しく一一章が基礎を置いている再建の達成という考えと合致する。（もっとも現実には、経営者を中立的にコントロールを行うグループとして想定することは、実状にそぐわないことが多い。しかしその点に関しては、前述の、ＤＩＰ制度の下では効率的経営に必要不可欠の経営能力が従前通り維持されるということの意義の方がより重く受けとめられるようである）。

また、ＤＩＰによる経営の継続には、立法者の次のような理解も反映されていると解される。すなわち、第一に、不適切な経営から倒産が申し立てられるに至ることも確かに少なくないが、倒産の根本にある原因はしばしば極めて偶然的ものであり、経営者が不適切にも生み出したものではない。第二に、旧法Ⅺ章手続の下で行われた大規模企業再建の試みの多くが成功したという実績から、債務者に再建手続の主導を認めても債権者をも大衆をも害されないと判断することができる。そして第三に、管財人の定型的選任の制度を明瞭に否定することで、一一章の利用を経営担当者に奨励することになる。その結果、経営担当者は、会社のコントロールを奪われることなく、常に制度的に企業から放逐されていたなら生じたであろうコストと不名誉を免れると同時に、企業を守るために一一章の保護を利用するようになる、と考えられる[70]。

③　さらに、立法者の意図は、破産規則九〇〇一条(5)にも現れている。規則九〇〇一条は、破産法中の用語及び語法を追加的に定義する規定であるが、その(5)では、「債務者」の意義に関し、〝ある行為につき債務者によって行なわれることか要求されている場合又は審問のために債務者に出頭を強制する必要があり、かつ債務者が自然人でない場合には、裁判所による指示があるならば、債務者企業の役員、取締役会のメンバーもしくは管財人のうちの一部又は全員、又は同種のコントロール主体、コントロールを有する株主もしくは社員、又はコントロールを保持するその他のものを「債務者」に含める〟としている。この規律には、従前の経営担当者は、経営の専門知識を基礎として活動し、また財団の代表者として職務を遂行することにより、審判人かつ仲裁人の役割を果たすのだ、という考えが反映されていると捉えることができる[71]。

3　判例分析の目的

以上に述べてきたことから、DIP制度の採用が明白な政策意図に基づく選択であることが分かる。また、判例法理においても、このような立法趣旨を尊重して、原則として管財人を選任せずにDIP体制の下に企業の再建が行われるように、DIP体制の維持に厚く偏重した理解が示されていることは、前述したとおりである。DIPをめぐる議論においては常にこのような理解が前提としてあることに注意がなされなければならない。

立法者がDIP体制をどのようなものとして評価していたのかが明らかになったところで、続く第二款以下では、判例分析を中心に、このように広範な裁量を認められて一一章手続の中心的地位に据えられているDIPという人為的法主体の意義がどのように理解されるのかをみていこう。

判例法理は、DIPに関する法の規定の解釈をめぐって発展してきた。

法は、まずDIPを定義して、DIPとは、管財人の資格をもって職務に就いている者がいる場合以外の債務者を意味する（一一〇一条）、としている。ところで、管財人選任事由を定める一一〇四条は極めて限定的な内容となっているので、一一章事件では原則として、債務者が財産の管理処分権を保持したまま再建企業の経営を続行することになる（一一〇八条参照）[72]。しかもこの占有を継続する債務者は、一一章管財人と基本的に同じ権限と権能を有し、また同様に義務を負担する（一一〇七条）。破産法において管財人は〝財団の代表者〟である（三二三条(a)参照）[73]。したがってDIPは債務者個人としての権利及び義務に加えて、財団の代表者としての権利及び義務をも負うことになる。

ここに問題の所在が明らかとなる。

第一に、DIPと申立前の債務者との関係をどのように理解するかという問題がある（法主体性の問題（第二款））。DIPが企業である場合には、実際にはDIP企業に替わって誰か実際の意思決定者が、DIPとしての立場で行動する。そしてDIPとは、正しくこの現実の意思決定者が他者に対して義務を負うことが予定された人為的な法主体である[74]。

第二に、管財人と同じ財団の代表者としての立場にあるDIPが職務を遂行したといいうるためには、特に経営裁量の行使にあたって、どのような行動指針によるべきなのかが問題とされることになる（信認義務の問題（第三款））。ガバナンスの問題としては、とりわけ第二の問題が重要である。なぜなら、この意味での行動指針は、DIPへの重要なコントロールの機能を果たすと考えられるからである。

それでは、以上に明らかになった論点につき、以下順次判例法理を検証していく。

第二款　法主体性

まず、この問題に関する学者の議論に触れておけば、相対立する二つの理解[75]があるもののそれらは単に説明が相違しているに過ぎず[76]、DIPに認められる特別な性質とそこから導かれる帰結に焦点を当てて考察するべきとする点では、意見が一致している。つまり、DIPと申立前債務者を同視又は別視することによってガバナンスの問題に有益な指針は何ら得られず、また、抽象的議論は有意義でないと解されているのである[77]。このように、DIPの法主体の問題は学者にとっては余り興味をひかれるものではなかったが、判例においては、申立前債務者とDIPとが併存することの概念的理解をめぐって、かつて立場が分かれていた。すなわち、いわゆる〝新主体〟理論をめぐる議論である。

1　新主体理論

新主体理論の是非をめぐって、判例は変遷した[78]。

(1)　新主体理論では、DIPは申立前債務者とは区別された、再建事件の申立と同時に創出された〝新たな主体（new entity）〟である、と説明される。この考え方は、倒産処理におけるいくつかの問題を検討するにあたって有用だったので、当初は複数の裁判所で採用されていた[79]。

例えば、未履行双務契約の履行又は解除に関して、以下のように論じた例がある。

❶ Shopman's Local Union No. 455, etc. v. Kevin Steel Prod., Inc., 519 F.2d 698 (2d Cir. 1975)

【事実】

旧破産法XI章事件係属中にＤＩＰたるKevin Steel Products社は、破産裁判所に対し、煩わしい未履行双務契約である労働組合との労働協約の履行拒絶につき許可を求め、認められた。これに対して労働組合が上訴したところ破産裁判所の判断が破棄されたため、今度はＤＩＰ会社から更に本件上訴が提起された。

【判旨】

「…〔旧〕破産法三一三条(1)は、直接的抵触を回避するために労働法八条(a)(5)及び(d)に譲歩しなければならない、という被上訴人の主張は結局消失する。破産手続の性質についての考慮を欠いた議論である。XI章もしくはX章におけるＤＩＰ、X章における管財人、又は狭義の破産手続における管財人は、手続開始前の会社と同一主体ではない。新主体は、固有の権利及び義務を負ったものとして創出され、破算裁判所の監督に服する。この義務には、労働法を遵守する義務も含まれる。…このような管財人又は債務者には、例えば、被用者の過半数の代表者と集団的に交渉することが求められてもよい。…このような管財人又は債務者の義務は、承継使用者（successor employer）の義務に類似しているかもしれないが、しかしこのことと、ここでの債務者は未履行の労働契約を引き受けなければならないという被上訴人の主張とは、甚だしく隔たっている。仮に主張されているようなことであったならば、新主体は、通常既存の労働協約に拘束されない承継使用者よりも劣悪な地位に置かれることになる。…ここでの債務者が古い合意を引き受けるか又は新たな合意を形成するかするまでは、この債務者は、労働組合とのいかなる労使間合意についても八条(d)における〝当事者〟ではなく、率直にいえば同条の解雇制限に服さない。」

2　新主体理論の破棄とその後の理解

しかし、必ずしもこの理論が普遍的に受け入れられ、定着していたわけではなく、裁判所の間で立場は一貫していなかった。

(1)　このような状況において、まず第六巡回上訴裁判所が、債務者とＤＩＰのそれぞれに別個の弁護士を任命するという、当時オハイオ州北部管区で定着していた一一章事件における実務慣行を否定して、以下のように述べた。

❷ In Cle-ware Industries, Inc. v. Sokolsky, 493 F. 2d 863 (6th Cir. 1974)

【事実】

Cle-Ware 社が自ら申し立てた旧破算法Ⅺ章事件（同社の子会社の再建事件群と併合）において、破算裁判官は、DIPたる同社に事業の継続を認め、また、破算事件における一般命令四四に従って、DIPの顧問として弁護士を選任した。なお、この選任以前に債務者会社は別の顧問を雇用していた（破算裁判官による顧問選任に対する申出はなされかった）。債務者の事業経営能力に対する債権者の信頼はないに等しいと考えた破算裁判官は、〝資産を守り損失を予防する目的で、全体的な事業の運営を監督する〟ことに尽力するようDIPの顧問に命じ、また、債務者会社の支出は〝裁判所への申し立てとその命令に基づいてのみ行われる〟のでなければならないとした。債務調整計画が認可された後に、本件上訴の主題である弁護士報酬の申請が、裁判所の選任した顧問弁護士と、その選任以前からの顧問弁護士のそれぞれから同時になされた。この申請に対して債務者会社は、これら弁護士のサービスが重複していたこと等を主張する書面による異議を述べたが、破産裁判官は、主張された論点に関する証拠に基づいた審問を行うことなく、DIPの顧問と債務者の顧問の双方にほぼ申請された通りの額での弁護士報酬の支払を認めた。そこで債務者会社は地方裁判所に破算裁判所の命令の見直しを求めて申し立てたが、容れられなかったため、さらに上訴した。

【判旨】

上訴裁判所は、破産裁判官は債務者とDIPのそれぞれに別個の顧問を選任するという誤りを犯したとするとともに、次のように述べた(80)。

「DIPに対して別個の弁護士顧問を選任し、また、これと別の弁護士が、債務者の顧問として、債務調整計画を求める申出がなされた後に債務者に対して提供したサービスに対して、破産財団の負担において同時に報酬を支払うという実務に、当裁判所は強く反対する。今後第六巡回上訴裁判所においては、この手続を一般的な運用として認めることをしない。…債務者とDIPは、〃二つの帽子をかぶっている〃とはいえ、同一の人格である。その両資格における法的代理人は、一般的ルールとして一の弁護士（団）に限定されるべきではない、とする正当な理由は見出されない。通常の状況では、別々の弁護士のサービスへの支払を必要とする又は正当化する現実的又は潜在的な利益抵触は、本件におけるが如く、存在しない。」

(2)　続いて最高裁が、新主体理論の利用を直接に否定した。

❸NLRB v. Bildisco & Bildisco, 465 U. S. 513 (1983)

【事実】

ＤＩＰたるBildisco & Bildisco社は破産法三六五条(a)に従って労働組合との労働協約の履行拒絶を申請し、これは破産裁判所及び地方裁判所により認められた。他方、労働組合からの申立を受けたNLRB（全国労働関係委員会）は、同社による労働協約の一方的な変更及び組合との交渉の拒絶は全国労働関係法に違反すると認定して、ＤＩＰに組合への支払等を命じ、その命令の執行を求めて第三巡回上訴裁判所に申立をなした。上訴裁判所は、団体交渉の合意は、それが財団にとって負担過重であることを債務者が示すことができ、かつ履行拒絶を認めることでエクイティが釣り合うときは、拒絶される、との判断を示して、NLRBの命令の執行を拒否した。裁量上訴を認めた連邦最高裁判所も、NLRBの命令の執行の拒否を認め、その結論に至る過程で、次のように述べて新主体理論を批判した。

【判旨】

「〔本件の〕第二の争点は、破産裁判所による正式な拒絶以前に、NLRBが労働協約の一方的な拒絶又は修正を理由としてＤＩＰの不当労働行為を認定することができるか否かということである。当事者の多大な努力が払われてきたのは、ＤＩＰを事件開始前の債務者の、これまでわれわれの労働裁定において用いられてきた用語であるところの〃分身〃と性格づけるか、〃承継使用者〃と性格づけるかのいずれかがより適切かどうかという点である。…これら用語のいずれが、あるいはいずれもがかもしれないが、ＤＩＰに最も近い類比であるかを明らかにするという消耗的な努力には、何ら益するところを見出しえない。もしも明らかに後者〔承継使用者〕が完全に〝新たな主体〟であったならば、この主体はそもそもそのような契約に拘束されないのだから、破産法がこの主体に未履行契約の拒絶を認める必要はないことになる。我々の目的のためには、ＤＩＰを、破算申立以前に存在していたのと同じ〝主体〟だが、ただし破産法によって、破産申立がなされなければ利用することのできなかった方法でその契約及び財産を扱う権能が与えられているもの、と考えるのが実際的である。」

(3)　以来、若干の例外を除いて、近年では〝新主体〟理論は完全に否定されたと解されている。[81]そして、より現実的なモデルがこれに置き換えられた。この新しいモデルによると、ＤＩＰと申立前債務者との区別はされるも、この区別から別個の〝主体〟が作り出されることはなく、単に、特別な義務及び権限を課されたＤＩＰの職務とこれを課されていない債務者の職務という、二つの職務の相違が認識されるにとどまる。すなわち、ＤＩＰと申立前債務者との相違は、個人とコモンロー上の受託者の資格との相違のような破産以外の局面でもみられる、職務の相違にほかならないと解されている。[82]

第三款　ＤＩＰの信認義務[83]

一一〇七条は、ＤＩＰは破産における管財人の権利・権能と職務・義務を有する、と規定する。[84]管財人の職務の本質は信認義務である。[85]そこでここから論理的に、ＤＩＰも管財人と同様に信認義務を有するとの結論が導かれる。もっとも、信認義務があるということは出発点に過ぎない。このことから更に、ＤＩＰは誰にとっての受認者なのか、受認者としてどのような義務を負うのか、この義務は何をもって免責されることになるのか、義務違反からどのような効果が生じるのか、といった疑問が生じる。[86]この理解が、ガバナンスの問題として大きな意味をもつ。

1　DIPの信認義務の意義

(1)　最高裁はDIPの信認義務につき次のように述べている。

❹Commodity Futures Trading Commission v. Weintraub, 471 U. S. 343(1985)

【事実】

割引商品仲介業を営むある会社の商品取引法違反を調査していた商品先物取引委員会が、同社に対して異議申立をした同日、同社の唯一の取締役である役員の同意により、収益管理人の選任及び収益管理人による清算事件の申立を定めた同意審決がなされた。この収益管理人は後に破算事件の仮管財人に任命され、最終的には常置管財人となった。委員会は、続行調査の一環として、既に職を辞していた同社の前顧問弁護士に文書持参証人召喚礼状を送達したが、一定の質問に関しては、会社が有する弁護士=依頼人関係における特権を理由に、回答を拒まれた。そこで委員会は、管財人に要求して、収益管理人としての任命日時以前に発生した全ての文書又は情報に関し、会社が有していた弁護士=依頼人関係の特権における全ての利益の放棄を獲得した。管財人によるこの特権放棄を有効とする合衆国行政長官及び地方裁判所の判断は、上訴裁判所で覆されたが、最終的に本連邦最高裁判所判決において、管財人には債務者会社の有する弁護士=依頼人特権を放棄する権能があるとされ、上訴裁判所の判断は更に覆された。

【判旨】DIPの信認義務について、次のように述べられている。

「…被告は、管財人の第一の忠誠は、支払能力ある会社の経営者におけるとは異なり、株主に対してではなく債権者に向けられる、また〔債権者〕は〔管財人〕を選出し、しばしばその職務遂行の結果の唯一の受益者となるものである、それゆえ管財人は本件特権へのコントロールを取得すべきでない、と主張している。…この主張には説得されない。…管財人の信認義務は株主に対しても債権者に対しても機能する。」

「…債務者が占有にとどまる─すなわち管財人が選任されない─ときは、債務者の取締役は本質的に、除かれた債務者に替わる管財人が負うことになったと同じ、債権者及び株主に対しての信認義務を負う…。」

(2)　DIPの信認義務の受益者がこのように広範囲に及ぶようになることについては、多くの判決が様々なヴァリエーションで認めてきた。[87]また、この信認義務が特定のグループに対してのみ果たされ、そのことによって他のグループが損害を被るようなことは許されない、とも解されている。[88]以上は確立された判例法上のルールである。

したがって、債務者企業の支払能力の喪失は、企業の経営者に、従来は株主に対してのみ負っていたものが広く拡張された形での責任を発生させることになる。[89]

(3)　会社に支払能力があるときは、倒産の場合とは対照的に、一般に会社の経営者は会社の代理人としての立場において、専ら会社及び会社の株主に対して信認義務を負うにすぎない。この信認義務は経営者が株主によって選出され、両者の間に契約上の関係があることに由来するものであり、そのような関係のない債権者に対しては信認義務は認められない。[90]更には、債権者を株主以上に利することは、これにより損害を被った株主に対する信認義務違反にあたると解した判決もある。[91]

(4)　このようにDIPの受益者が申立前と比べて変化することを、ほとんどの判例及び学説は受益者の範囲の債権者への拡張と解している。その論拠は必ずしも一貫していないが、最もしばしば語られる有力な考え方は、会社が債務超過に陥ると、債権者の持分権は会社資産に対するの衡平法上の持分権に転換するというものである。[92]もっとも判決例の中には、このような理解とは異なり、以下の判決のように、株主から債権者へと受益者が

「移る」と解した例もある。ただしこのように解されるのは稀である。

❺FDIC v. Sea Pines Company, 692 F. 2d 973 (4th Cir. 1982)

【事実】

Sea Pines社がその子会社の特定の債務負担につき保証を与えていたところ、その子会社の一つの後身にあたるFDIC社は、この保証はFDICについても有効であると主張するとともに、代替的に、親会社の子会社を介しての活動は不正かつ根本的に不公正であるから、法人格は否認されるべきであると主張した。地方裁判所は、親会社は債務負担につき保証をなしていなかったと判断し、また、親会社の子会社を介しての活動は不正でも根本的に不公正でもないとして法人格の否認を否定した。これに対する上訴を受けた本件上訴裁判所は、本件での親会社及びその子会社の一部の活動は、本件原告の前身である別の子会社の債権者に対して根本的に不公正であると解して原審の判決を覆し、その過程で、不正又は根本的不公正の論拠を理解するために必要であるとして、取締役の義務の描出が図られた。

【判旨】 取締役の義務について次のように述べられている。

「〔Koehler V. Black River Falls Iron Co. 事件で〕裁判所は、取締役は〝信託の関係にあり、信認を受諾することによって、自らの利益でなく会社の株主の共通の利益のために、忠誠心をもってこれを執行する義務を負う〟と述べた。更に最高裁判所は〝共通の構成員を擁する役員会相互の取引が…法的には取締役とその会社との間の私的な取引とみなされている…ように、会社に対する取締役の関係は、信託の性質を有する…〟と述べ…〔た。〕しかし、会社が支払不能に陥ると、取締役の信認義務は債権者から株主に移行する。」

2　信認義務の内容

そもそも信認義務一般について、その義務とされるものの具体的内容については未だ統一的な理解が確立されたとはいえない状況にある。当然、ＤＩＰの信認義務についても同様である。そのうえ、ＤＩＰの信認義務は、各々利益が対立しうる広範な範囲の受益者のグループに対して認められているため、このような状況において信認義務を果たすためにはどのように行動すべきかは、ことのほか難しく、かつ重要な問題となる。これは正しく再建企業のガバナンスの問題に直結する。

(1)　法律の規定からはこの点について何も明らかにはならず、判例法上も手がかりとなるような考え方は確立していない。ただし、裁判例の中には、DIPの受益者間の利益のバランシングを求めるものもある。以下の判決において、このバランシングの問題を含むDIPの信認義務につき、比較的包括的に論じられている。

❻In re Microwave Products of America, Inc., 102 B. R. 666 (Bankr. W. D. Tenn, 1989)

［事実関係の詳細は省略するが、債権者から一一章管財人選任の申立を受けた事案であり、以下引用する判旨は、管財人人選任事由としての信認義務違背及び自己取引の存否について述べたものである。］

【判旨】

「…財団の代表者としてのDIPは、債権者の総体、持分権株主ならびに債務者の経営者、役員及び取締役に対しての受認者である。これによってある程度の対立がもたらされうるが、債務者は合理的かつ誠実に、財団の最善の利益のためにその対立を解決するよう努めなければならず、また、常に誠実に行動しなければならない。」

「信認義務の概念は、自己取引と有過失行為を禁じている。これらの義務は、忠実及び注意の義務という一つの義務にまとめられる。…忠実及び誠実の義務により、取締役その他の事業経営者が、不当な機会奪取、明らかにされていない対立、又は別の方法での地位の活用のいずれかによって、自己の私的利益を促進するために、自らの信託上の地位及び他の事業経営者の権利に対するコントロールを利用することは、禁じられる。…」

(2)　ある論者は、DIPの信認義務に関する判例法理を整理して以下のように分析している。

①　一般論としては、現在までの倒産関係判例において考え方は一貫せずかつ不明瞭であり、判例法からは、ある判定の状況でＤＩＰの信認義務がどのように適用され、どのような機能を果たすことになるかを判断する有意義な手がかりは得られない。というのも、信認義務の概念を用いて論じられる場合には、たいてい抽象的な決まり文句が繰り返されるばかりで、現実的な分析は行われていない。その結果、個別の事件ごとに広範な裁量の余地を認めつつ解決がなされている。また、ＤＩＰの信認義務として考えられる個別の項目は膨大な数にのぼると思われるが、大部分は未だ可能性が開拓されないままになっている。(93)

②　判例上ＤＩＰの信認義務の内容に関して認められているルールとしては、次の二点が指摘できる。

(i)　ＤＩＰが、受認者として、債権者及び株主に対して、注意義務及び忠実義務の二つの信認義務を負っているということは広く認められ、定着している。(94)(95)この義務違反の存否を判断する基準には、支払能力ある企業の取締役について用いられているのと同じ経営判断原則が用いられている。(96)

(ii)　ＤＩＰの信認義務の受益者間で争いが生じ、その解決が迫られる場合には、ＤＩＰの信認義務は忠実義務の一部として捉えられている。この関連で、企業が債務超過に陥っているとき、ＤＩＰは、特に債権者との関係で、株主に対してどのように行動すべきかが大きな問題となるが、判例法上確固とした回答は未だ出されていない。(97)

第四款　ＤＩＰ制度の構造的帰結——小括をかねて

判例法は、ＤＩＰ企業の経営者は広い範囲の利害関係人のグループに対して信認義務を負っているとしている。これに対して、支払不能に至る前又は倒産事件開始前には、健全な企業の経営担当者は企業の債権者に対しては信認義務を負わない。したがって、債務者の義務は倒産又は倒産申立の提起と同時に変質し、拡張されるということになる。すなわち、倒産事件の申立は債務者の性質と義務を変えるのである。このことが、破産法の規律が企業のガバナンスの問題に及ぼす第一義的な効果である。

1　性質の変質──経営と所有の分離

倒産申立に前後して生じた変質をまとめてみよう。

倒産申立により、従前の権利関係は破産財団に転換する。そして破産財団の範囲はほぼ申立前債務者の義務及び権利の範囲と重なる。また、ＤＩＰが事件の経過を管理・主導する行動をとるにあたっては、申立前の企業の経営上のコントロール権保持者（ほとんどの場合経営者）と結びつく。そして、ＤＩＰは財団の代表者として行動する。

ここで概念上重要な変質が生じている。すなわち、ＤＩＰは部分的に従前の所有者から分離され、独立の存在となるのである。したがって手続開始前の所有者は、もはや、債務者企業の従前の経営者又は申立後の法主体に対する唯一又は第一次的なコントロールを必ずしも掌握していない。かくして、ＤＩＰ制度の構造からは所有権と経営又はコントロールの分離がもたらされることになる(98)。

2　信認義務の変質──信認義務の生来的抵触

このような構造においてＤＩＰ企業の経営者は、全面的にとはいわないまでも少なくとも部分的に、自らを律する立場に置かれることになる。そこでＤＩＰ企業の経営者は、誰を代表して経営を行い、誰に対して信認義務を負うのかが改めて問われなければならない。

(1)　DIPは財団の代表者として職務に服する。そこで法はDIPに特別な権利及び義務を与えている。これには経営裁量が含まれる。前述のように、制定法も判例法も、DIPに広範な経営裁量を認める。そして、判例法はDIPの信認義務の受益者として広く多様な範囲をとらえている。

①　この受益者には、単純に類型化すれば、少なくとも三つのグループがある。すなわち、担保権者、無担保権者及び所有者たる株主のグループである。前述のように、経営判断においてこれらグループは相異なる、相互に対立する経済的インセンティブを有している。そのうえ、これらのグループの内部でも利益が対立することはあり得る。したがって、ある経営判断は財団に対するある権利者を利し、それ以外の権利者に損害を与える結果をもたらすことになりうる。

DIPは財団を代表するのであって、個々の請求権者を代表するのではない。それゆえ、DIPはある特定の権利者を犠牲にすることがあっても、財団全体又は財団の全受益者の利益に目を向けなければならない。したがって、財団の代表者として行動するDIPの職務には、受益者間での信認義務の抵触が生来的に付随することになる。(99)

②　七章清算事件は制定法上の公式（七二六条）に即して配当を行うものであり、財団の受益者は専ら債権者である。そして管財人は通常は債権者を代表している。これに対して、一一章事件の受益者には、債権者のほかに企業所有者が加わる。また、一一章事件には予め定まった配当ルールはなく、DIPを含めた利害関係人が交渉を通してルール（再建計画）を作り出さなければならない（一一二二条(c)）。計画が立案される間は、支払能力の有無に関わらず財団資産は管理され、損失が分配されなければならないが、この場面では必然的にDIPによ

る裁量権が行使されることになる。

DIPの権利を行使する経営者は、倒産前にも義務を負っていた企業債権者の如き予め選ばれた又は限定的なグループに対してだけでなく、企業に対して請求権を有するその他の全ての者に対しても、同様にまた同時に、信認義務に基づいて誠実にこの裁量権を行使しなければならない(100)。

(2)　再建企業ガバナンス論の論者は、この信認義務の抵触の存在を認め、これを、偶然のものでも回避しうるものでもない、DIPの職務の性質に由来する生来的なものであるととらえている（生来的抵触〔inherent conflict〕）。倒産の局面以外の受認関係には、このようなジレンマに対応するものはない。

すなわち、この義務の抵触は倒産事件での財団代表たるDIPに特有のものである。再建企業ガバナンスの課題は、この抵触を合理的に解決する方法又はそのような方法を確保するための制度を探求し、構想することにある。その意味で、再建企業ガバナンス論の根元にはこの生来的抵触がある(101)。

3　問題解決のアプローチ──第四節及び五節の予備的考察

このように再建企業においては、関係人間で生来的に利益（或いはDIPの経営判断をめぐるインセンティブ）が対立し、かつ信認義務が生来的に抵触した状況において、倒産処理の基本理念である財団の価値最大化及び公正・衡平の要請が実現されるように、DIPの行動が恣意に流れたり特定のグループの利益に偏重したりしないように、企業の意思決定がなされるべく、その規律に対する要請は極めて大きい。今日まで多くの研究者がこの問題に取り組み、状況を説明する理論枠組みを設定して分析を施し、それを用いてよりよい問題解決のための様々な具体的な立法論的提言を行ってきた。その場合に論者がとるアプローチは、DIP制度がもたらした右の構造的帰結のいずれに重点を置くかで、大きく二つに分かれる。

一つは、DIP及びDIP企業の経営者の拡張された信認義務に着目し、これがDIPの行動指針とされることによって有意義なコントロールの機能を果たすとの理解から、抵触する各利害関係人のグループへの義務が具体的にどのように果たされるべきかを論じるアプローチである。ここでは、コモンロー上の一般的な信認義務や倒産前の会社法における信認義務の法理といった、他領域で既に定着している類似の制度や思考に手がかりを求めつつ考察が行われる（信認義務アプローチ（第四節））。このアプローチによるのが、再建企業ガバナンス論における伝統的な議論のなされ方であり、従来の判例の主流もこの考え方に依拠していた。

もう一つは、経営と所有の分離に着目し、これを経済学的思考を生かして説明しようとするアプローチである。近年ではむしろこちらが主流といえる。(102) このアプローチでは、常に明示的に言及されないまでも、同じ問題に直面しつつこれを解決するために既に一定の研究成果の得られている、倒産前の健全な企業のガバナンスのシステムと対比した分析が行われる（経済学的アプローチ（第五節））。

各々のアプローチの具体的内容は、学説の紹介として、基本的な理論枠組みと個別の論者の見解とを項目を分けて、第四節及び第五節で順次紹介する。もっともその前に、本節までに行ってきたそのための準備作業の最後の仕上げを、続く第三節でしておこう。

（56）　Nimmer & Feinberg,21.
（57）　〝〔債務者に占有を継続させれば〕管財人のコストは必要でなく、自らの事業を熟知した債務者はこれをよりよく運営することができることになろう〟　H. R. Rep. No.595, 95th Cong., 1st Sess.111, 233 (1977).

(58) 倒産企業の再建の手続が制定法で定められるようになってからまだ日は比較的浅い。すなわち、連邦破産法制定以前には、最初の制定法である一八〇〇年法ではまだ企業には手続申立権が認められていなかったし、一八六七年法までの法律では、富裕な会社や事業・商事会社は破産法の適用範囲外に置かれていた。また、そもそも一八〇〇年代の始め頃の倒産法で念頭に置かれていたのは、今日一般に理解されているように債務者の保護や更生ではなく、不誠実な債務者に対しての懲罰・弾圧であった（初期のアメリカ倒産法にみられた不誠実な債務者に対する懲罰的傾向については、宮川知法「破産原因論（二）」法学四五号（一九八四年）八四二頁以下参照（『債務者更生法構想・総論―倒産法新世紀への憧憬と道標―』〔信山社　一九九四年〕所収））。企業再建のための制度は、一八九八年の旧破産法においてその萌芽をみる。同法では、債権者による破産申立（五九条B）、債務者企業の免責（一四条a）が認められ、事業継続に必要な企業の骨組みを維持することが可能になった。しかしなお、一八九八年法には元来企業再建のための条項は含まれていなかった。この時代までは、企業の再建は衡平法上の収益管理人制度の下で行われた。

(59) リーディングケースとして、Cas v. Los Angeles Lumber Products Co., 308 U. S. 106 (1939),60 S. Ct. 1,84 L. Ed.110. ; Consolidated Rock Products Co. v. Du Bois, 312 U. S. 510,61. Ct. 67 (1941), 85 L. Ed. 982.　田村・後注(61)七五五頁以下参照。

(60) Northern Pacific Railway Co. v. Boyd, 228 U. S. 482 (1913), 33 S. Ct. 554, 57 L. Ed. 931.

(61) 絶対優先原則成立の経緯とその意義については、田村諄之助「会社更生における『公正、衡平と遂行可能性』についての一考察」菊井献呈『裁判と法（下）』（有斐閣　一九六七年）七五〇頁以下参照。

(62) U. S. Sec. & Exch. Comm'n, Report on the Study Investigation of the Work, Activities, Personnel and Functions of Protective and Reorganization Commmittees (1937-1940).　以上の同報告書に関する叙述及び出典については、主に LoPucki & Whitford, Governance, 674, 690-691 を参照した。同報告書の基本的な現状認識及び評価の認定の概略を述べるものとして、E. Dodd,Jr.,The Securities and Exchange Comission's Reform Program for Bankruptcy Reorganizations, 38 Colum. L. Rev. 223(1938) ; See also J. W. Hoprik, William O. Douglas――

His Work in Policing Bankruptcy Proceedings,18 Vand. L. Rev. 663,666-684 (1965).

(63) 旧法の下での債務者企業再建制度は実際には三本建てで、本文で言及したもののほかにⅫ章不動産和議（Real Property Arrangements by Persons Other Than Corporation）があった。しかしⅫ章は特殊な時代の要請に応えた非企業対象の手続であり、企業再建法の企業の選択肢はⅩ章又はⅪ章に限られていた。高木・倒産法六頁以下、同「新法下の再建手続の概要（上）」ＮＢＬ二九三号（一九八三年）四二頁参照。

(64) 高木・倒産法一〇頁参照。

(65) T. G. Kelch, Shareholder Control Rights in Bankruptcy : Disassembling the Withering Mirage of Corporate Democracy,52 MD. L. Rev. 264,272,273 (1993).〔以下〝Kelch, Democracy〟と引用する〕 See also W. W. Miller, Jr., Bankruptcy Code Cramdown Under Chapter 11 : New Threat to Shareholder Interests,62 B. U. L. Rev. 1059,1087-1088 (1982). 株主の地位に関しては、このほかに、旧法下では株主による取締役選任については裁判所の認可を要するとされていたことも、現行法下では行わないこととされた。

(66) Nimmer & Feinberg,23.

(67) 〝管財人のコストが不要であり、債務者は自分の事業について熟知しているから事業を〔管財人によるよりも〕よりよく運営することができよう〟 H. R. Rep., see supra note 36,233.

(68) Nimmer & Feinberg, 10,11. ; Frost, Asylum,135,136.

(69) Nimmer & Feinberg, id. このほかにも、利害関係人のグループは各々委員会を組織し、財団費用で雇用した専門家を通じて経営者と交渉し、再建計画の立案に参画し、しかも経営者の行為を裁判所で訴追する権利を認められている（一一〇三条(c)）。しかしこれらはあくまで経営者に対する諮問の手段であって、強制する効力はないのである。 See LoPucki & Whitford, Governance,680.

(70) Nimmer & Feinberg,24.

(71) Id., 24-25.

(72) Collier on Bankruptcy, see supra note 30, 1101.01 2-4.

（73） Id., 1106.01 7-8. See Rowland v. The Mutual Life Insurance Co. of New York, 689 F. Supp. 798, 796 (S. D. Ohio 1988).

（74） Nimmer & Feinberg, 21.

（75） まず一方では、債務者にはＤＩＰのそれとは区別された特別な権利義務がなお残されているとする考え方がある。このように解釈するKelchは、債務者に残された特別な権利義務として、スケジュールの提出、自動停止の利益の享受、再建計画提出（とりわけ事件開始後一二〇間の独占的計画提出）の権利を挙げる。更に、債務者は免責を受けることができ、この時点でＤＩＰという存在はなくなって、債務者が再び資産のコントロールを主張することになるという点をも指摘し、それゆえにＤＩＰと債務者の同視は不適切であるとする。See T. G. Kelch, The Phantom Fiduciary : The Debtor in Posession in Chapter 11, 38 Wayne L. Rev. 1323, at 1329-1330 (1992)〔以下〝Kelch, Phantom〟と引用する〕

これに対して、ＤＩＰはそのような債務者独自の権利義務を単に追加的な義務として引き受けているに過ぎないと解する立場がある。基本的にはこの立場に立つNimmer & Feinbergは、まず一つの望ましい考え方は、管財人が登場しない限り又はその局面までは、ＤＩＰに別個の法主体性を認めるか、逆に、債務者とＤＩＰを人工的に分離する理由がないとするかすることであるとしつつ、しかし、債務者がレシーバーシップや会社のような法主体である場合にはこれは極めて困難であると認めて、そこで幾らかましな考え方といえるのが、このような抽象的議論を一般的に論じる必要は全くないとすることである、としている。Nimmer & Feinberg,22,23. See also Collier on Bankruptcy, supra note 30,3-4.

（76） 高木・倒産法三一七頁参照。

（77） Nimmer & Feinberg,20-21.

（78） Collier on Bankruptcy, supra note 30, 3-4.

（79） See Kelch, Phantom,1330-1331.

（80） なお本件での二組の弁護士の賠償を受ける権利に関しては、同管区でそれまでに確立されてきた先例に則してなされたものであることを理由に権利自体は認められたが、申し出られた賠償の額が依拠していた有利な利率の合理性に関する意見証拠が採用されていなかった点で誤りが犯されているとして、債務者とＤＩＰの両方を代表する一人の弁護士に認めることのできる合理的な報酬額を超えないように修正された報酬額が設定された。

(81) Kelch, Phantom,1334 ; Nimmer & Feinberg, 23.

(82) Kelch, id.

(83) 〝fiduciary〟の邦語訳は、必ずしも定着しているとは言い難い状況であると思われるが、本書では植田淳教授の用いられる理解及び語法にならって、「信認（上の）」又は「受認者」（人物を指す場合）と、また〝fiduciary duty〟は「信認義務」と邦訳する（植田淳『英米法における信認関係の法理―イギリス判例法を中心として―』（日光書房　一九九七年）一七頁注（一）参照）。植田教授は右引用部分で、種々ある邦訳の中でこれを選択した理由を説明して、“fiduciary relationship”は信認（confidence）を基礎とする関係であるから、本来は「信任関係」と訳すのが最も適切であると思われるが、①信頼を置かれた者（fiduciary）を「受任者」と訳すと、委任の受任者と混同される可能性がある、②“confidential relationship”を「信任関係」と訳す例があるので、これとの混同を避ける必要がある、③近時「信認関係」という訳語が定着しつつある、といった点を挙げられる。

(84) ＤＩＰが負うとされるこの管財人の職務については、判例法上又は立法当時の議会の見解において、〝ＤＩＰは管財人の靴を履く〟と比喩的に表現されている。See Rep. No.989, 95th Cong., 2d Sess.116(1978). ; Wolf v. Weinstein,372 U. S. 633 (1963). ; United States v. Technical Knockout Graphics,Inc. (In re Indus., 30 B. R. 609 (Bankr. W. D. Tenn. 1989) ; 高木・倒産法一六頁参照。

(85) See Collier on Bankruptcy, supra note 30 (1106-01(b)). See also Sherr v.Winkler,552 F. 2d 1367, 1374 (10th Cir. 1977), citing Wolf v. Weinstein, 372 U. S. 633,83 S. Ct. 969,10 L. Ed. 2d 33, reh.den., 373 U. S. 928,83 S. Ct. 1522,10 L. Ed. 2d 427 (1963).

(86) See SEC v. Chenery Corp., 318 U. S. 81,85-86 (1943).

(87) ＤＩＰの信認義務の受益者として判例で挙げられたものとしては、債権者・株主及び債務者の経営陣（In re

Microwave Prods. of Am., Inc., 102 B. R. 666,672 (Bankr. W. D. Tenn. 1989)）、未履行契約の債務者でない当事者（Hall v. Perry (In re Cochise College Park), 703 F. 2d 1339,1357 (9th Cir. 1983)）、担保権者と無担保権者の双方（United States v. Aldrich (In re Rigden), 795 F. 2d 727,730 (9th Cir. 1986))等がある。

(88) See e.g., Equity Security Holders v. Lionel Corp.(In re Lionel Corp., 722 F. 2d 1063 (2d Cir. 1983).

(89) See Miller, Directors and Shareholders,1479.

(90) See e.g., Revlon Inc. v. Mac Andrews & Forbes Holdings, 506 A. 2d 173,179 (Del. 1986). See Miller, id., 1472-1474. なお、支払能力ある会社でも債権者に対して一般的な信認義務が存在すると解したものにWyman v. Bowman,127 F. 258 (8th Cir. 1904)等があるが、Kelchはこれを評して、常軌を逸した判例であり、その趣旨は不明であるとしている。Kelch,Phantom,1338.

(91) See e.g., Simons v. Cogan,549 A. 2d 300 (Del. 1988). See Miller, id., 1476-1477.

(92) このほかに裁判所で用いられてきた債権者への信認義務の拡張の理由づけられ方としては、支払不能に陥った企業の資産を企業の債権者を第一位に、株主を次順位として裁判所が両グループの間に割り振ることになると解した〝信託財団〟の理論や、特に最近の判例には、会社は支払不能に近づくと、収益を挙げようとして高いリスクを伴う経営戦略を試みるようになり、そのために債権者は取締役の機会主義的行動のリスクを負担しなければならなくなるということを挙げたものがある（Credit Lyonnais Bank Nader-land, N. V. v. Pathe Communications Corp., 1991 WL 277613 (Del. Ch. Dec.30, 1991)）。See Miller, id., 1482- 1485.

(93) Kelch, Phantom,1345.

(94) 各々の義務の範疇で語られてきた具体的な内容には様々なものがある。注意義務については、例えば財団資産の回収を含めた財団資産の保持及び維持の義務と、それが望ましい場合には届け出られた請求権を審査し、異議を唱える義務が、忠実義務については、一般的にも最も頻繁に挙げられる自己取引の禁止のほか、債権者に事件の現場について情報を与え続ける義務が含まれると解される。Id., 1339-1344. ; Miller, Directors and Stockholders, 1487-1488.

(95) なお、Fulton State Bank v. Shipper (In re Shipper), 933 F. 2d 513 (7th Cir. 1991) では、DIPの注意義務は経営判断原則の設けた基準を遵守する義務までに限定された。この判決に対してKelchは、次のような問題点を挙げて厳しい批判を浴びせている。すなわち、① 現在までに蓄積された判例法では遙かに広範な注意義務が認められており、整合しない、② 最高裁は判例❹において、DIPの信認義務はコモン・ロー上の受認者のそれと同じであると論じており、これは州法における受託者の受認義務と同じに解されるところ、この判決の限定的理解は最高裁の示した解釈を無視することになる、③ 経営判断原則は信認義務を問題にしなくても論じられ得るので、DIPの信認義務に言及するポイントが失われる、④ 全体的なDIPの概念と、州法下で経営判断原則の基準の遵守を義務づけられている債務者とを、不必要に接ぎ木することになる、⑤ このように制限することにより、確立されたDIPの信認義務の価値が減じられることになる、と摘示する。See Kelch, phantom,1341-1343.

(96) Kelch, id., 1339-1344. ; Miller, id., 1487-1488.

(97) 唯一、マンビル事件（Manville Corp. v. Equity Sec. Holders Comm (In re Johns-Manville Corp.)）においてこの点に触れられ、今後の可能性が示唆されている。もっともこれは、判旨本文でではなく判旨に付された脚注(6)で述べられたものであり、しかも問題点の指摘にとどまる。同判決については、本書本章第三節第二款3で改めて取り上げる。なお、右判決を契機にこの問題について活発な議論がなされるようになったが、論者の間でも未だ見解の一致はみない。伝統的議論では、受益者間で利益対立が生じた場合のDIPの義務として、受益者間の利益のバランシングの義務が挙げられることが多かった。この考え方はまた、本文でこれまで見てきたように、判例が伝統的に採用し、依拠してきたものでもある（詳しくは、本書本章第四節参照）。See Kelch, Phantom,1343-1344（KelchはDIPの第四の信認義務の要素として、中立義務を考える）; Miller, id., 1488. See Nimmer & Feinberg,34-36. See also Frost, Asylum,119.

(98) Nimmer & Feinberg,25. See also Adams, Reducing Costs,603.

(99) See Nimmer & Feinberg,28,29.

(100) Id.

(101) Id., 27. Kelch, Phantom,1350. See also LoPucki &Whitford, Governance,706,706. A. R. Palmiter,Reshaping the Corporate Fiduciary Model : A Director's Duty of Indenpendence,67 Tex. L. Rev. 1351, 1417-1424 (1989).

(102) もっともこれはあくまで筆者個人の受けとめ方である。例えば、松下淳一教授（学習院大学）は筆者とは全く逆に、経済学的アプローチは既に衰退して今ではほとんど論じるものはない、と捉えられているとのことである（一九九九年二月の東京大学民事訴訟法研究会終了後ご意見を賜った）。後注(172)参照。

第三節　連邦破産法の下でのガバナンスの制度枠組みと現実

本節の目的は、第四節以降で再建企業ガバナンス学説を取りあげるのに先立って、議論の舞台を整えるためにアメリカにおける企業ガバナンスの規律の枠組みを明確に把握することにある。そのために、まず現在の制定法及び判例法が設けている実際のガバナンスの制度枠組みを（序ないし第三款）、次いで、そのような規律の下で現実にはどのような問題状況が認められているのかをみていく（第四款）。

序　アメリカのコーポレート・ガバナンスの基本枠組み

本節での叙述の前提として、アメリカにおける健全な会社についてのガバナンスの仕組みを簡単に確認しておこう。アメリカの（株式）会社法は、州法が定めているので州ごとに様々だが、基本的内容は共通している。典型的な規律のあり方がみられるデラウェア州会社法を手がかりに、一般的なガバナンスのあり方を描出してみると、以下のようにまとめられる。

(1)　株式会社の機関には、株主総会と取締役会の二つがある。

株主総会は会社の最高機関であり、経営の基本事項につき決議の権限を有する。また、株主は、多数決決議による取締役の選出及び解任の権利を有し、その意味でコーポレート・ガバナンスの主権者として位置づけられている。ガバナンスの中心には株主があり、積極的な情報開示が行われている。取締役会は株主により選任された取締役の合議体であり、法律上は、取締役会が企業の経営に携わり、またこの指示の下に経営が行われるものとされている。また、アメリカでは伝統的に、会社の業務執行は取締役会が行うものと考えられてきた。

この監督体制の下で、取締役が実際の経営に携わる（監査委員会が設置されない場合には一元的な業務執行の監督が行われることになる）。取締役は経営判断について広範な裁量権を認められており、経営事項に関しては、自らの責任において独自に判断することができる。前述のように判例法上も、自由で柔軟な経営を尊重する経営判断原則が確立している。ただし、会社との利益相反行為に関しては、特別に厳格な審査基準が設けられている。

(2)　以上がアメリカにおける、法の定める本来の会社のガバナンスの構造である。しかし現実には、特に会社の規模が大きい場合には、取締役会が自ら業務執行を行うのは困難又は不可能である。そこで、取締役会は内部に下部機関を設置して、利益配当の決定等の専決事項を除いて権限をここに委譲し、業務執行やその監督、役員報酬の妥当性の審査などを行わせているといわれる。更に、最近では社外取締役の採用が広く普及し、公開会社のおよそ八割を占めるという。かくして、現在の取締役会の役割の中心は、経営に携わることよりも、最高経営責任者（CEO（Chief Executive Officer））を初めとする役員（Officer）を選出すること、及び経営陣を監督することにあるといわれている。

このように、実際に業務執行にあたるのは役員であり、とりわけ最高経営責任者が強大な権限を有する。ここから、役員報酬が異常に高額である等様々な問題も生じてくる。そこで近年では、取締役会の本来の役割が見直され、取締役会が積極的に経営者に対する監督を行うという状況が現れてきている（いわゆる「ボード・アクティビズム」）。

以上のようにコーポレート・ガバナンスの一般的な仕組みと最近の状況をふまえたうえで、では再び、再建企業のガバナンスの問題に話を戻そう(103)。

第一款　制定法による制度枠組み

現行法一一章で定められている再建企業ガバナンスの構造は、四つの主要な要素からなる。すなわち、各種の債権者又は株主の委員会による代表制度、債権者及び株主の参加を可能にするための精巧な再建計画認可の手続、債権者及び株主の直接的コントロール及び裁判所の審査を通してのコントロールの四点である。

1　代表制度

多数多様の権利者が倒産処理に関与する場合には、いわゆる共同行為問題、すなわち、個別に異なる利害関係を有する多くの関係人たちが本来指向する自己利益追及目的の個別的行動をどのように律して、全体的に望ましい結果を導くかということが、大きな課題となる。この問題に対して現行法は、債権者及び株主について、そのそれぞれの立場を代表させるための委員会の設置を規定して対応している。

(1)　法は、再建事件の利害関係当事者の誰でもが事件においてあらゆる問題を提起し、これについて裁判所に出頭して意見を述べることができるとしている（一一〇九条(b)）。それゆえ、一一章におけるＤＩＰ企業経営者の行動へのコントロールは、利害関係人自らがコントロールの問題を破産裁判所に持ち込むことで機能しているといえる。しかしこのような個別的参画方法だけでは、十分に対処できない。以下の理由から、更に代表制度が必要となる。第一に、事業には通常多くの利害関係人が関与しているので、全利害関係人が直接に交渉し、監視をすることは明らかに非効率的である。第二に、特に大規模企業であれば、必ずしも全ての利害関係人が積極的に事件に関与することを望むというわけではない。なぜなら、手続参加には時間、手間、金銭等のコストがかさむが、個々の債権者や株主の中にはこれら参加のコストを負担するのに見合う十分な利益を有さない者もあるからである。それゆえこれらの者にとっては、事件に実際に参加するよりも、交渉プロセスにおいて沈黙しておく方がより効率的なことがあり得る。第三に、一一章における主要な利害関係人のグループには担保権者、無担保権者、株主の三つが考えられるが、ＤＩＰの経営の通常過程での資産運用に対してこれらのグループが有する権利に着眼すると、次のような力関係が認められる。まず担保権者は、その抵当権又は抵当不動産に対する財産的利益に基づいて優先順位を有しており、さらに再建計画において、担保目的物の清算価値の受領を補償されているがゆえに再建というオプションを制限する立場にある。これに対して、無担保債権者及び持分権者たる株主は、特定財産に対しての権利を有していない。また、無担保債権者や株主が個人として行使することのできるコントロールの手段は、決議に付された事項に応え、債権を届け出、訴訟を自ら提起しまた自らを被告とする訴訟に応訴するほか、非公式に交渉を行うことができるだけである。しかもここでもグループの一員としての制限に服する。(104)

そこで現行法はこのような状況に配慮して、無担保債権者及び株主の委員会の制度を設け、委員会に経営者と協議し、再建計画の立案に参加し、経営者の行動を裁判所において訴追する権利を与えることによって、経営者の情報その他の優位性に対抗させることとした。

(2)　特に債権者委員会は全ての事件で必置機関とされており、連邦管財官には事件開始後できる限り速やかに同委員会委員を任命することが義務づけられている（一一〇二条(a)(1)。ただし小事件については同条同項(3)が例外を定める。また、株主委員会は、裁判所が設置の必要を認めた場合に裁判所が任命するものとされている）。債権者委員会はしばしば、上位の無担保債権者から労働債権保持者までのあらゆる者を含む、利害関係当事者の最大のグループを代表する。そのため、手続の進行に広範な影響力を及ぼしうる。このように債権者委員会はグループのための第一次的な交渉母体である。(105)

2　再建計画の認可手続

現行法が定める再建計画の認可への債権者及び株主の参加のための手続は、極めて精巧にできている。計画案が決議に付される前に、開示説明書の提出と裁判所によるその内容の審査及び承認を必要とする（一一二五条）。開示説明書は、計画案について説明し、債権者及び株主がこの計画に決議するにあたって有用な情報を提供する文書であり、経営者による情報の独占を阻止して権利者の有意義な参加を助けるものである。

特に大規模公開会社の再建事件の場合には、再建計画がクラム・ダウンされるのは稀であることから（本章第一節第三款2(2)参照）、委員会はしばしば再建計画認可のプロセスにおける自分たちの役割からレヴェラッジを引き出すとされている。すなわち、計画案提出者としては損害を受けるクラスの議決を勝ち取ることに非常な重点を置くことになるが、その際クラスの全構成員が賛成の議決をするとは見込まれないので、計画案提出者はほぼ必然的に委員会と交渉し、その裏づけをとろうと努めることになるのである。(106)

3　債権者及び株主の直接的コントロール

この直接的コントロールの源泉となるのは、ＤＩＰの解任すなわち管財人選任を申し立てる権利と、独自の再建計画案を提出する権利の二つである。

(1)　一一〇四条は全ての利害関係人に、ＤＩＰに替わる管財人の選任を求めて申立をなす権利を与えている。したがって、本来は（再建事件の係属がなければ）企業経営者の役職からの去就につき直接意見を述べる権利を有さない債権者にも、担保の有無に関わり無く、ＤＩＰの行動から直接の損害を被るものとしての立場でＤＩＰの解任申立権が認められている。ただし、前述のように一一章においては現経営者による経営の継続が前提とされており、しかも、判例法上管財人の選任を非常のレメディとする法理が確立されていることから、管財人の選任申立があっても、この主張が容れられるのはごく稀な場合に限られる。したがって、この権利は実際には極めて限定的なものである。

もっとも、特に大規模公開会社の事件では、管財人の選任は現経営者にとっては現在の職務からの解任或いは少なくとも現在有している権能が制限されることを意味するので、管財人選任の可能性があること自体に意味があるといわれる。すなわち、実証研究の結果が伝えるところでは、管財人選任を申し立てるとの威嚇が債権者の強力なレヴェラッジとなっており、経営者としては、管財人（又は調査員）の選任が行われうるいかなる僅かなきっかけをも回避しようと相当な譲歩に積極的に応じる姿勢を示すことが多いのだという。(107)

(2)　このように利害関係人は誰でも管財人の選任を申し立てることが出来るが、株主には更に別のオプションとして、州法上認められている取締役会の選出及び解任の権利があり、これがＤＩＰに対する独自のコントロール権となっている。この株主コントロール権は、一一章事件申立があっても直ちに損なわれるものではないと解されており（本章本節第二款3参照）、株主はこの権利を行使することによって現経営者を解任し、自分にとって有利な別の経営者を選出することが出来る。ただし、債務者企業が支払能力を有する間については異論はないが、債務超過に陥ってからの株主コントロール権については論者の間で争いがある。というのも、株主のこの権利は判例上伝統的に債務超過の有無に関わらず絶対的なものとみなされてきたが、後述のマンビル事件判決でより立ち入った分析が行われ、その結果一定の場合には制限される可能性があることが示唆されたため、これを契機としてその後議論が活発になった（後述本章第五節第一款4(2)参照）。一般に受け入れられている理解としては、この株主権の行使には交渉におけるレヴェラッジの取得という目的をも含まれており、このこと自体は濫用でないので否定されるものではないが、そのために必要かつ可能な事業再建が危うくされる場合には、濫用にあたるとして、この株主の権利の価値は再建の価値に劣後することになり、その行使は許されない、と考えられている。[108]

(3)　一一二一条(b)は、事件開始後一二〇日間のいわゆる独占期間にはＤＩＰのみが再建計画を提出する権利を有するが、この期間内に計画案が提出されなかったとき（同条(c)(2)）又は債務者の提出した計画案が提出後一八〇日以内に受諾されないとき（同条(c)(3)）には、利害関係人からの代替的再建計画案の提出が許されるとしている。もっとも、この方法で行われるのは、ＤＩＰのコントロール権の縮減までであって、全面的排除ではない。それゆえ、一一章事件の係属により損害を受けるものに認められるＤＩＰの解任申立権と類比させてこの権利を捉えようとする論者もある。[109]

4　裁判所による柔軟なコントロール

裁判所によるコントロールには、一般的なコントロールと、法がその重要性ゆえに特に定めた特定事項に関する特別なコントロールの二種類がある(110)。

(1)　倒産事件の内外を問わず、企業のガバナンスの最も基本的な原理の一つとして経営者の信認義務がある。この義務のゆえに経営者には企業の最善の利益のために行動することが求められる。そこで判例法上、忠実義務と注意義務の二つの基準からなる信認義務については、抽象命題にとどまらない実際的なルールが形成されてきた。特に倒産事件では、このルールは破産裁判所の管財人任命権と結びつき、裁判所によるＤＩＰ及びその経営者に対する一般的なコントロールの方法として広くその効用を発揮する。

もっとも、経営者の経営判断に関しては、支払能力の有無に関わらず経営判断原則が確立しており、信認義務が守られていたか否かの審理にあたる裁判所は一般に経営判断自体の是非には立ち入らない。その結果、企業の経営者に裁判所の厳格な審査がなされるのは、自己取引のような明らかな利益相反が認められる事件又は制定法上の義務の直接的違反のある事件に限定される。したがってこのコントロール権の行使は実際にはかなり限定されている。ＤＩＰの信認義務違反の審査と結びついて一般的コントロールの手法となっている管財人の選任も、このこと自体はＤＩＰ及びその経営者による経営に対して効果的なチェック機能を果たすのではあるが、管財人の選任が〝非常のレメディ〟と解されているがゆえに、経営判断原則におけると同様に直接的な利益相反又はその他の深刻な問題が認められる場合にしか認められない(111)。

(2)　以上のように一般的なコントロールは極めて限定されているが、裁判所はまた特別なコントロールの契機をも有している。すなわち、現行法は、ＤＩＰの経営一般ならびに財団資産の運用及び与信につき〝経営の通常過程〟という基準を用いて一定の制限を課し、経営の通常過程を外れた経営判断がなされる場合、また特に双務契約の締結については常に、裁判所の許可を得なければ意図された経営上の行為を実際に行うことができないと定めている（三六三、三六四条)[112]。ある論者が論じるところでは、これは次のような意味で強力なコントロールの機能を果たすものだという。まず、この規律によって債務者企業の自由な経営の継続に限界が画されており、法はこれをもって経営者と裁判所との間に意思決定権限を配分したと捉えられる。この権限の配分は倒産事件のプロセスでも尊重されなければならないと考えられるので、その意味で、通常の経営過程というこの制限は、経営の戦略や戦術に則した意思決定権の配分を可能にする基準であるといえる。更に、判例分析の結果から、裁判所は基本的には経営裁量を尊重するが、企業ガバナンスのコントロールが失われる度合いが大きくなるにつれて、次第に審査の厳格さを強める傾向が看取されており、柔軟かつ相応なコントロールの機能を果たしていると認められる[113]、ということである。

第二款　再建企業ガバナンス判例法

以上に制定法による再建企業ガバナンスの制度枠組みをみてきたが、続いてこの制度枠組みを形成するもう一方の法である判例法理をみていこう。代表的な判例を幾つか取り上げる。

1　管財人任命の判断基準

法は管財人が選任される場合の基準として二通りの方法を規定している。その各々につき、根拠となる現行法の規定を確認しつつ、判例を紹介する。

(1)　第一の選任事由として、一一〇四条(a)(1)は「選任に法的根拠のあるとき（for cause)」と規定し、この〝cause〟には、「DIPの現経営者による経営が、手続開始の前後を通して、詐欺的であるか、不正直であるか、無能であるか、明らかに不適切であるか、又は類似の理由があるとき」が含まれる、としている。論者の判例分析によれば、裁判所は、これらの事由は規律の外輪を与えているものであり[114]、したがって裁判所にはかなりの裁量の余地が認められているとの理解に基づき、DIPの解任による損失と解任しないことによる便益との比較衡量の手法を用いている。

①　法的根拠のある場合として最も一般的に認められているのは、「著しい過誤があること」である。逆から言えば、単純な経営の過誤があるというだけでは、管財人の選任は認められない。経営過誤は全ての倒産事件である程度は通常起こりうるものであると認識されているからである[115]。

❶ In re Evans, 48 B. R. 46 (Bankr. W. D. Tex. 1985)

【事実】

自発的に一一章事件を申し立てた債務者Evansは信託財団等から追加収入を得ていた。担保権者から、過去三年間の所得税の償還に関する文書の提出がないこと等を理由に管財人の選任が求められ、認められた。

【判決要旨】

「一一章事件における管財人の選任は、債務者の債権者が利用することのできる非常のレメディである。…債務者が財団のコントロールを維持すべきである、という強力な推定が存在する。この推定を覆すために、申立人は管財人の選任の必要性を、明白かつ確実な証拠によって証明する責任を負う。…

審理中の本件事案において、申立人は、管財人選任の根拠として、破産財団の経営能力の欠如及び著しい経営の過誤を主張している。一定程度の経営能力の欠如又は経営過誤は、全ての倒産事案において存在する。その結果として、裁判所には、〔管財人選任の是非を判断するにあたっては〕単なる経営過誤又は経営能力の欠如以上のものを認定することが求められてきた。」

② 同じく典型的に認められる、もう一つの管財人選任の根拠となる事実は、経営者の経営能力の欠如又は経営者の経営能力に対する利害関係人の不信である。ただしこれも、当事者によって救済が申し出られたという事実だけでは足らず、また、他によりよい経営担当者がいるということは問題とされない。

❷ In re Microwave Products of America, Inc., 102 B. R. 66 (Bankr. W. D. Tenn, 1989)

【事実】
Microwave 社は一一章事件を申し立て、その親会社の取締役の下で営業を継続していた。債務者とこの取締役は大胆な経営を行うことで同意していた。なお、この取締役は、DIP会社に対して議決株式の半数を保有しており、また、経営継続の過程で、別の子会社と巨額の金銭の絡む交渉や取引を行い、それによって利益を得ていた等の事情があった。債権者から管財人選任申立てがなされ、認められた。

【判旨】
※裁判所は、①信認義務違背及び自己取引、②内部請求権の不訴求、③著しい経営の過誤及び経営能力の欠如、という論点のそれぞれにつき詳細に検討して、以下のように述べた。（②は省略する。）

① 「しかしながら、債務者会社が子会社又は関連会社と経営上の関係を結んでいるという事実だけで、自動的に利益抵触が創出されるということはない。」…「管財人によれば、一一章再建計画のゴールは、現経営者によるよりも効率的かつ効果的に達成されることになる、という判断がなされなければならない。このことから、債務者会社の全体的な経営管理についての批判的な査定が要求される。〔この査定の事項として〕過去及び現在の経験、技能及びDIPの能力、そして、これまでDIPと事業取引を行い、また必然的に同じことを継続しなければならない実業社会の構成員のDIPに対する信頼と信頼〔が挙げられる〕。」

③ 「管財人の選任は非常のレメディである。申立人が倒産事件を申し立てたという事実だけでは、経営者には再建を実現させる資質がない又はこれに適していないということは証明されていない。無分別又は稚拙な経営判断ある

いは稚拙な資産活用の形での経営過誤の軽微な証拠は予測の範囲内なので、それだけでは、ＤＩＰの〔経営継続の〕推定を打ち破るものではない。」

「裁判所は、現経営者を解任するか又は在職させることに伴う損害と利得を衡量すべきである。」

(2)　第二の制定法上の基準は、同条(a)(2)が定める「その選任が債権者、持分権者又はその他財団の利益に合致するとき」である。このように一般的な規定ぶりであることから、裁判所はこの定めは前述(1)に比べてより広範かつ柔軟な基準であると捉えて、裁判所には〝硬直的に〔この基準を〕絶対的なものと解することを謹み、実効的に現実とこの必要性をみる〟[116]柔軟性が認められている、と解している。

論者の分析によれば、この管財人選任事由の審理においても、(1)と同じくバランシングの手法が用いられている[117]。その際裁判所は、同条の基準は〝全ての〟利害関係人にとっての利益とコストを衡量しなければならないものと考えており、そのためこの基準を適用する場合をかなり限定しているとされている。すなわち、以下の判旨で述べられているように、実際には経営者の経営判断にかなりの敬意を払って、慎重に結論を導く必要があるとの理由から利害関係人のグループに戦略的判断以上の実質的かつ具体的な利益の立証が求められている[118]。結局のところ、管財人選任事由の存否の判断は、多くの場合程度の問題なのである[119]。

❸ In re Sharon Steel Corp., 871 F. 2d. 1227.

【事実】

一一章債務者たる Sharon Steel 社は事件開始後も事業経営を継続していたがうまくいかず、事件申立当初から不信感を抱いていた債権者委員会は、管財人選任を申し立てた。その後、交渉を通じてうまく合意が成立しかけたこともあったが結局決裂し、破産裁判所は管財人を選任した。債務者はこれに対して上訴したが、地方裁判所も破産裁判所の判断を支持した。そこで更に上訴がなされ、これを受けた第三巡回上訴裁判所は次のように述べて、本件での管財人の選任は裁量権の濫用ではないとの判断を下し、上訴を棄却した。

【判旨】

「本上訴事件の当事者は、本件で用いられた審査基準の適切性を争っている。…」「管財人の選任が原則ではなく例外たるべきことについては、決着がついている。…」

「前述の理由から、一一〇四条(a)の判断はケースバイケースの根拠に基づいてなされなければならない。〔同条同項の各号はいずれも柔軟性を有している〕　同条(a)(1)は破産裁判所に、申立により、申立人が〝法的根拠性（cause）〟を立証した場合に、管財人を選任するように要求しており、〔法的根拠性については〕法規定によって、経営能力の欠如及び著しい経営の過誤を含むように定義されている。同条(a)(2)では、管財人の選任が当事者及び財団の利益に資する場合に裁判所が管財人を選任することを認めており、裁判所の裁量権が強調されている。

申立人は、本件では債権者委員会の委員であるが、明白かつ確実な証拠によって管財人の必要性を証明しなければならない。…破産裁判所は、申立をなした委員は〔同条(a)の〕各号について〔果たすべき〕この責任を果たしたと判断しており、そのように結論するにあたって同裁判所が裁量権を濫用したと断言することはできない。」

2　経営判断原則の例外

判例法上経営判断原則が確立されていることについては、これまでにしばしば言及した。ここでは、その例外とされている場合につき、若干の判例を挙げて、その趣旨を明らかにする。この例外にあたるのは、第一に、経営の通常過程にないＤＩＰの行為が、その経営判断の質又は量の面で特定の個人に甚だしい損害をもたらす場合、第二に、再建計画の提出及び認可のプロセスを回避して、その外部で、再建事件の重要な争点につき包括的な処分に相当する取引が行われる場合である。これら例外的場合に限っては、経営判断原則とは異なったルールが確立されており、裁判所はＤＩＰの経営判断の質の面にも立ち入って審査を行っている。

(1)　第一の例外に関しては、以下の判決がしばしば引用される。

❹ The Lionel Corporation v.The Committee of Equity Security Holders of the Lionel Corporation et. al, 722 F. 2d 1063 (2d Cir. 1983)

【事実】

Lionel社はその子会社とともに一一事件を申し立て、その後も事業経営を継続した。Lionel社の最も重要な資産であり一一章手続に服しているのは、目下収益をあげているDale社の普通株式の八二%をしめるその所有権である（なお、Dale社はLionel社の倒産事件の当事者ではない）。Lionel社はDale社に対するこの八二%の持分権を債権者のうちの一社に現金で売却しようと考え、三六三条に従って経営の通常過程にない資産売却の承認を求めて破産裁判所に申し立て、またその数日後一定の争点が未決のままに再建計画を提出した。そこでSECからこの売却に対して異議が出され、破産裁判官はLionel社の申立につき審問を行った。ここで破産裁判官は正式な事実認定を行うことなく、売却の理由は債権者委員会がこれを強く望んでいることによって十分に示されていると述べて、この売却を承認した。これに対して持分証券保持者の委員会は、再建計画の認可に先立つこの売却は、持分権保持者に破産法上与えられている情報開示、投票の勧誘及び受諾という安全装置を奪うものであると主張して上訴した。

【判旨】

子会社に対して有する所有権の再建手続外での売却について、ＤＩＰの経営判断に関する判例法理を否定して、「我々が採用しているルールによれば、三六三条(b)の申立を裁定する裁判官には、…審問において目の前に出された証拠から、そのような申立を許可するのに十分な経営上の理由（good business reason）をはっきりと認定することが求められる。…破算裁判官は、認定にあたっては、…手続に関係するすべての目立った諸事情を考慮し、次いで、債務者、債権者及び持分権者の多様な利益を等しく促進させるように行動しなければならない」と述べ、本件の売却は、裁量的基準のみに基づいて許可するには規模が大きすぎるとした。

ある論者は右判決を分析して、ここでは問題の売却のために〝明白な経営判断〟と〝相当な経営上の理由〟の立証が求められており、この基準において、ＤＩＰから裁判所への権限の委譲が行われているとしている。(120)

(2)　第二の例外である、再建のプロセスを潜脱するような取引については、これを禁じる趣旨が以下の判決で詳しく述べられている。

❺ Pension Benefit Guaranty Corp. v. Braniff Airways, Inc.(In re Braniff Airways,Inc.), 700 F. 2d 935 (5th Cir. 1983)

【事実】

ＤＩＰたるBraniff航空会社の一一章事件申立の後程なく、連邦政府機関（運輸省及び連邦航空局）は、Braniff社の航空サービス停止の影響を最小限にとどめるために、緊急措置として同社の離着陸スロットの大部分を他の輸送機関に分配し、この適法性を争う無担保債権者委員会と債務者会社との間には、三者間協定が結ばれた。その後、経営状態の回復を望んだBraniff社は、他の航空会社と合意をなし、これについての許可を求めて破産裁判所に申し立てた。この合意には再建事件の主要な債権者が関与しており、内容としてBraniff社の財政問題についての比較的包括的な和解が含まれていた。破産裁判所は、これを承認すると同時に、ローカル・ルールに従って自らが発した本件合意の許可命令とその事実認定を連邦地方裁判所の即時審査に付し、地方裁判所でも本件合意は承認された。これに対して即時上告がなされ、債務者の全資産の売却その他の処分については、三六三条(b)を適用することはできず、倒産法の決議、情報開示及び認可に関する要件に従って効果を生じるのでなければならない、と主張された。

【判旨】

※上訴裁判所は、まず、本件取引の一定部分は明らかに三六三条の射程外にあり、地方裁判所は同条に従って本件取引を承認する権限を有していなかったとして、地方裁判所が発した命令を破棄した。そして、以下の三点を指摘して、この取引は法の定める再建計画成立のプロセスの裏をかくものであって、許されないとした。

「〔他の航空会社との合意に含まれる事業運営に関する〕条項は、Braniff 社の資産の組成だけでなく、三六三条(b)で予定されている結果をも変えるものであり、また、将来の再建計画の条件の幾つかを指定する実際的な効果をも有していた。…　債務者及び破産裁判所が、資産売却に関連する秘密裏の計画 (the plan sub rosa) の条件を設けることによって、再建計画認可のための一一章の諸要件を省略することができるというようなことは、あってはならない。」

「第二に、Braniff 社と債権者との合意によれば、担保権者には、その請求権の不足額部分については無担保債権者委員会の多数決で認可される将来のあらゆる再建計画を利するような投票をすることが求められていた。繰り返すが、このような行為は〝使用、売却又は賃貸〟の語の内に含まれず、再建計画に関する債権者への議決権の付与について破産法が入念に編み出した枠組みの裏をかくものである。」

「「第三に、…〔本件〕取引では、全ての当事者による Braniff 社に対する請求権の放棄も準備されていた。この要求は、一見して明らかに〝使用、売却又は賃貸〟ではなく、三六三条(b)によって認められるものではない。」

以上のように述べられた末に、「再建計画がそれによって採択されることになる条件を特定しようとする将来のいかなる試みにおいても、当事者及び地方裁判所は一一章によって法律化されたハードルを越えなければならない。」とされた。

このような考え方は、後に同様の航空会社再建事件で試みられた〝sub rosa 計画〟〔(再建手続の潜脱的回避と同視されやすい)秘密裏の計画〕を拒絶するにあたって更に研磨され、今日では既に定着している。(121)

3　株主コントロール権の規律

株主は、自分たちに不利な再建計画案が提出された状況においてとりうる最も有効な方法として、広く会社法上認められている株主総会の召集及びそこで新たな取締役を選出する権利を行使し、現取締役を自分により有利な新たな取締役に交替させるか、又はこの権利を交渉材料として用いようとする。これに対して会社及びその経営者の側は、株主総会召集を求めて提起された訴訟又はこれを受けて発令された召集を命じる命令につき差止を求めて、株主のこうした行動を阻止しようとする。これが、倒産事件において株主コントロール権が問題となる典型的な場面である。

このような問題状況に直面して、裁判所は、伝統的には、支払能力の有無に関わらず株主の会社法上の権利を絶対的なものと理解して、株主権行使を肯定してきた。ある論者はこのような判例を分析して、その論拠は、表向きは各州の定める株主の権利を審判する管轄権、ましてや否定する管轄権を、破産裁判所は有していないということに求められているが、実質的には会社における民主主義、すなわち株主の参画権への信奉にある、と指摘している[122]。もっとも近年の裁判例では若干の方向転換の兆しが伺われ、今後の展開が期待されている。以下、この問題に関してどのような審理基準が用いられてきたのかをたどりつつ、判例法理の展開をたどってみる。

まず、現在に至るまで判例上最も一般的に用いられてきたのは、明らかな濫用事件（clear case of abuse）テストである。これはすなわち、株主権の行使はそれが明らかな濫用と認められない限りは妨げられないとするものである。この問題を判定する基準としてこのテストを最初に用いたのは、次に挙げるJ. P. Linahan, Inc.事件（旧法事件）である。

❻ **In re J. P. Linahan,Inc.**〔旧法事件〕〔**111 F. 2d 590 (2d Cir. 1940)**〕

【事実】

J. P. Linahan 社の再建を三人の債権者が申し立て、債務者は債務超過に陥っているか又は債務を期日に弁済する能力がないということとともに、幾つかの理由を挙げて〔旧〕XI章手続等によったのでは相当な保護を得ることができないと主張した。債務者会社は、債務者会社の社長の署名がなされ、かつ取締役会の決議によって承認された、期日に債務を支払えないことを認める答弁書を提出した。債権者の申立及び債務者によるこの答弁書に基づいて、裁判所は申立を認め、債務者による占有の継続を命じた。この数日後、上告人、すなわち債務者会社の株式の大部分を保持する株主でもある債務者会社の債権者の一人は、対立する答弁書を提出して、債務者会社の債務超過及び破算行為を否定するとともに、申立は誠実に（in good faith）なされたものでなく、相当な保護はXI章手続によって得られると非難した。この答弁書によって提起された争点は破算事件の審理官の一人に付託された。債務者はX章手続によって再建されるべきか、それともXI章手続での和議に付されるべきかということが、一般的な争点であった。

上告人は、取締役会の選出を目的とする定時株主総会召集の許可を裁判所に求めた。上告人は、旧法一九一条を引用して、事前の裁判所の認可がなければ誰も債務者の役員又は取締役には就任しえないとしたほか、自分は株式の大部分を有しており、だから取締役はX章手続を承認する債務者又は株主の利益のために行動してはならないと主張し、株主の利益を守ろうとする取締役への投票を望んだ。この提議は申立債権者及び債務者の反対にあった。

事案が審理官によって検討されている間に、上告人は決議の採択を目的とする特別株主総会召集の通知を送付した。決議案の趣意は、債務者によってXI章手続が申し立てられるべきこと、X章手続が阻止されるべきこと及び取締役会は適切な行動をとるべきであるということであった。申立債権者は、申出のされたこの特別総会の差止を申し入れた。審理官は、取締役選任のための定時総会開催の許可を拒絶し、特別総会についても申立の最終的認可又は棄却までの差止めを認め、地方裁判所もこの判断を支持した。申し出られた株主総会の目的は、債務者をしてX章手続に反対させ、XI章手続に向けて圧力をかけることである、というのが審理官及び地方裁判官の見解であった。これに対して株主が上訴したところ、第二巡回上訴裁判所は次のように述べて、事件を差し戻した。

【判旨】

「自らが選択した取締役によって代表されるという、したがって会社の戦略をコントロールするという過半数株主の権利は、絶対的なもの（paramount）であって、濫用であることが明らかな事件であると判別されない限り、損なわれることはない。これは、衡平法上の収益管理人制度、通常の破産事件、そして旧破産法七七条Bによる再建手続においてずっとルールであり続けてきた。…当裁判所は、管財人や収益管理人に類する債務者に委ねられた会社の財産に関して、この財産が安全かつ効率的に管理されるために目下裁判所が役員や取締役の選択に対して拒否権を持っている限度でのみ、一九一条はこのルールを変更したと考える。当面の事件においては、派閥抗争は会社の事業経営に関わってはいなかった。上告人は会社の経営を阻害することを目的とはしていなかった。ここで争われているのは、会社が服すべき再建手続の種類をどうにかすることが求められている。この種の問題については、株主には、自分たちの希望に味方してくれる取締役を選出する権利が認められている。ただし、選出された取締役が、会社財産の誠実かつ効果的な管理を害するような人物でないことが、もちろんその条件である。」

その後もこのテストは、更に諸利益をバランシングする手法をも取り入れられて、旧法事件において広く採用された。そして現行法の下でも、このテスト及びこのテストに依拠して株主権行使の差止を極力控える傾向は、これまで変わることなく維持されてきた。現行法の下で株主権絶対の立場を示した代表的なものとして、次のLionel 判決がある。

❼ Lionel Corp. v. Committee of Equity Security Holders of Lionel Corp, 100 F. 2d 590 (2d. Cir. 1940).

【事実】

前出（本款**2**判例❹）のLionel 社についての一一章事件において、持分証券保持者の委員会は新たな取締役の選出を目的とした定時株主総会の招集を命じる命令を求めて、また、現取締役の一部の選出は、委任状についての誤解を招きやすい説明によって実現したものであり、連邦証券取引法に違反していると主張して、破産裁判所において対審手続を開始し、他方州裁判所にも同様の申立を提起した。これに対してLionel社は、破産裁判所において、州裁判所での被告の訴追禁止その他の救済を求めて対審手続を開始した。

【判決要旨】

※破産裁判所は同裁判所での対審手続も州裁判所における手続もともにコーポレート・ガバナンスの根本的問題をはらんでいると認識し、破産裁判所の法廷でこの問題を裁定することを控えた。

「当巡回裁判所において仮差止が認められるための基準は確立されている。…〝当巡回裁判所における仮差止の救済には、(a)回復しがたい損害、そして、(b)①本案で勝訴する見込み、又は②訴訟の公正な根拠となさしめるのに十分に深刻な、本案についての問題、及び仮の救済を求めている当事者に対して決定的に付加される辛苦のバランスのいずれかの立証が要求される。〟」

裁判所は、①Lionel社はこのいずれのテストの基準も充たさなかった、②記録からは、仮に定時株主総会が再建を妨害することになるとしても、新たな取締役会が選出されたなら再建が全面的に違う方向に向かうことになりうるというようにも考えられないとして、「再建手続が係属していようとも、株主にその定時総会の権利を否定する明らかな理由は〔なく〕、また被告=被上告人がこの件で、Lionel社…に対してその根本的な権利を主張する手段としての州裁判所の手続を含む全ての利用しうる法的救済に訴えるのを排除することは、当裁判所の権限の濫用となろう。」との理由で、本件申立を棄却した。

明らかな濫用のテストのほか、裁判所によってはバランシング・テストを用いることもある。例えば、次のSaxon判決がこのアプローチを採用したものとして名高い。

❽ Saxon Industries, Inc. v. NKFW Parners, 448 A. 2d 1298 (Del. 1984)

【事実】

サクソン社は一一章再建事件を自発的に申し立て、同事件がニューヨーク州南部管区の地方裁判所に係属中に持分権者委員会が任命された。事件申立後同社の経営陣は解任され、株主総会が開かれないままにサクソン社の取締役会が五人の新たな取締役を選出した。そのうちの二名は持分権者委員会によって推薦された人物であった。その後の経営の失敗のゆえに、株主は個別的にかつ株主持分権者委員会を代表として、取締役選出のための定時総会の召集を求めて大法官裁判所に本件訴訟を提起した。その後訴訟はサクソン社の移送申立により、デラウェア州の破産裁判所を経て、一一章事件係属中のニューヨークの破産裁判所へと移送された。サクソン社が破産裁判所に再建計画を提出した後、大法官裁判所は、一一章事件係属中にも関わらず、再建計画提出日以前の日付の付された文書による意見を出し、また株主総会の召集を指示する最終的な命令が発せられた。サクソン社は直ちに上訴した。デラウェア州最高裁判所は、次のように述べて、当事者の主張にかかる、株主総会が申し出られている再建に及ぼす有害な効果は、取締役選出のための定時総会を強制する株主の権利に打ち勝たない、としてこれを棄却した。

【判旨】

まず、「…当裁判所は、取締役選出のために株主総会を開催する株主の権利は〝事実上絶対的なもの（virtually absolute）〟であると認識してきた」と論じ、「〝会社の取引の管理における株主の定時総会の重要性を前提としても、'即時'救済は〔デラウェア州会社法〕二一一条による本質的なものである〟と解される。」

「Saxon社は取引のコントロールを保持しているのだから、債務超過によって株主から取締役選出権が剝奪されることはない。したがって通常の会社のガバナンスは続行している。」

「破産法と我々の一般会社法との間で適当なバランスがとられなければならないことは確かである。しかし、株主の取締役選出の権利の自由な行使という、背後にあるデラウェア州の強力な政策と、係属中の倒産手続においてこれが焦点となっていないこととを考えれば、はかりは必然的に前者に有利に傾く。更に、記録に基づいてSaxon社によって説明されている主張にかかる損害は、二一一条に対する適切な抗弁たりうるには軽微にすぎると結論しなければならない。したがって、大法官裁判所の事実認定及び結論は明らかに正しく、同様に認容される。」

この株主権行使の問題を最も包括的に論じたのがManville判決である。とりわけ、同判決の脚注6として判決理由に付された部分において債務超過の有無に言及してなされた叙述については、その解釈をめぐって論者の評価が対立し、議論を巻き起こした。

再建事件係属中の株主権行使についての理解が述べられている部分を中心に、やや長くなるが以下Manville判決の要旨を引用し、【脚注6】を【判旨】の後に続ける。

❾ Manvile Corp. v. Equity Sec. Holders Comm. (In re Johns-Manville Corp.), 52 B. R. 879 (Bankr. S. D. N. Y. 1985), aff'd,6 B. R. 841(S. D. N. Y.), rev'd,801 F. 2d 60 (2d Cir., on remand,66 B. R. 517 (Bankr. S. D. N. Y. 1986))

【事実】

アスベストの被害により莫大な損害賠償債務を負ったマンビル社は解決策を求めて一一章事件を申し立てた。再建計画の条件をめぐる三年にも及ぶ困難な交渉に取り組んだ果てに辿りついた合意の内容は、株主の持分権が九〇％希釈されることになるものであった。そこでこの計画が裁判所の認可に付される前日に、持分権者委員会の委員は、これはマンビル社の取締役が株主に対して負っているその責任を放棄した証拠であるとみなし、デラウェア州裁判所に州会社法に基づく株主総会の召集を求めて訴えを提起した。同委員により公言されていた目的は、現在のマンビル社の取締役を解任し、申し出られた計画を承服するかどうかを新たな取締役が再検討できるようにすることであった。

これに対してマンビル社は、被害者委員会とともに、この訴訟の差止を求めて異議を提起した。破産裁判所はこの申立を容れて差止命令を発し、株主総会の召集はマンビル社の全体的な再建を狂わせるか又は少なくとも計画についての交渉を遅らせることになるとの理由で、持分権者委員会委員に訴訟追行を禁じ、マンビル社を支持する略式判決を裁量的に与えた。上訴を受けた地方裁判所もこの破産裁判所の管轄権及び判断を支持し、同委員は再建を〝粉砕する（torpedo）〟こと又は自分の交渉力に役立つように交渉のチップを取得することを企図していたものと結論づけた。そこで持分権者委員会委員が再度上訴したところ、これを受けた第二巡回上訴裁判所はこの主張を容れ、次のように述べて、事件を破産裁判所に差し戻した。

〔なお、その後破産裁判所は差戻の趣旨に応えて徹底的な証拠調べを行い、株主が株主総会召集の最終的な目的とする再建計画の撤回は、マンビル社の再建を深刻に脅かすことになり、それゆえに債務者に回復し得ない損害を引き起こすことになると解して、再び株主総会の召集を禁じる差止命令を発した。〕

【判旨】

地方裁判所が理由とした前記二点目の論点である、「計画の交渉におけるより大きな交渉力をうまく手に入れようとする同委員の公言された願望が―全ての再建の見通しを破壊しようとする幾らか秘密の願望に比べて―それ自体明らかな濫用を構成しうるということには、我々は賛同することができない。当巡回裁判所の法理は、会社のガバナンスに関することの問題に参加したいという、株主の自然な願望は尊重されるべきであるということを示している。…〔Lionel社事件での判断参照〕…　確かに、持分権者委員会が再建の経緯の方向を転換するか又は変更するために新たな取締役を選出することを許すなら…持分権者委員会が、地方裁判所の不認可の際の言葉を用いれば〝他の利害関係当事者に対してかつマンビル社の現取締役会に対しての目的遂行の手段として、新たな取締役会〔の選出〕という威嚇を利用することを〟許すことになる。持分権者委員会は、自分が〝威嚇〟を〝レベラッジ〟として利用する意図を有していることを示すような証拠があることを否定するが、もしそのような証拠があるとしても、それは単に、同委員会は、取締役が自分の利益によりよく応えてくれると思えたならこの者の解任を喜んで考え直すかもしれないということを示唆するだけであろう。」

次に、地方裁判所も支持しその見解に反映せられた、破産裁判所の「申し出られた株主総会は、再建のプロセスを危機にさらすか、〝少なくとも…計画についての交渉を遅らせるか又は中止させ〟うるとの認定は、…〔交渉でより有利になろうとする戦略的願望〕よりも困難な問題を投げかける。更生の遅延は、それ自体は株主のマンビル社を支配する権利を覆す原因―取締役会を交替させる権利に付随する遅延―とはならないだろうが、再建の見込みにとっての現実の危険はその原因となろう。…持分権者委員会は説得的に、破産裁判所はここで、選挙が再建のプロセスを危機にさらすことになるとの結論の根拠を有していたのかどうかを問いかけている。それは特に、破産裁判所が述べた根拠が、同委員会は確実に再建を危機にさらすことを望んでいたという実証されていない疑念によって影響されていたと思われるからである。…更に、持分権者委員会が主張するように、明らかな濫用の認定には、差止が命じられるまでの回復しがたい損害の認定が付加されなければならない。破産裁判所は二つの損害が合体していると想定したと思われる。破産裁判所は、明らかな濫用を認定した後、更なる分析を行うことなく、再建にとっての回復しがたい損害を回避する為に差止は必要であると結論した。…地方裁判所は、破産裁判所の判断を認容するにあたって、救済の前提条件である回復しがたい損害について議論しなかった。明らかな濫用の審理と回復し得ない損害の審理は、全てではないがほとんどの事件において同じ結論をもたらすことになりがちではあるが、回復しがたい損害についての明晰な分析はよりよい焦点を打ち立て、再審理を行う裁判所を助けることになろう。…

持分権者委員会の株主総会の召集が明らかな濫用を構成するか否か、そしてこの集会がマンビル社の再建を回復し難く損なう結果となるか否かは、事実に関する審問に付されるべき争点である。したがって、裁判所がマンビル社に認めた略式判決は破棄差し戻される。」

〔ほか Oakes 判事の反対意見が付されている〕

【脚注6】

「もしマンビル社が債務超過であると判定されていたなら、株主は会社に対する持分権を有さないことになり、株主総会召集の権利の否定は適切であっただろうと見込まれる、なぜなら、株主はもはや真の利害関係当事者ではなくなるからである。破産裁判所はマンビル社が債務超過である可能性を、持分権者委員会委員が特別顧問として留任していることと費用償還の請求を取り扱う関係で論じたが…これは当該上訴の主題ではなく、地方裁判所はそれを根拠として明らかな濫用の判断を支持したのではなかったし、また当事者らはその問題を摘要しなかった。」

第三款　再建企業ガバナンスの実状

前款までに確認してきた一一章の基本的なガバナンスのシステムが、実際にはどのように機能しているのか、またどのような問題点が指摘されているかをみていこう。

1　債権者によるコントロール

現行法制定にあたって、議会は、旧法の下ではそれが十分に機能していなかったこと[123]を大いに問題視して、再建手続の〃債権者によるコントロール〃という概念を〃理論上正当〃なものであると認めた[124]。かくして現行法では、再建手続における債権者に、前述したような様々なコントロールの権能のほか、債権者による手続申立の要件の簡易化や、事件の棄却又は七章清算事件への移送の申立を利用しての事件のイニシアティブ与えている。しかし現実には、このような意図の下に目指された制度は芳しい成果を挙げていない。その理由としてしばしば指摘されるのは、一般に自分自身は少額の債権しか有さない債権者は、債務者企業、債務者企業経営者そして事件そのものに対して合理的に無関心の姿勢を示す、ということである[125]。

以下にLoPuckiによる実証研究のデータを挙げて、問題状況を明らかにしておこう。調査の実施自体は古いが、今日でも関連論文でしばしば引用される信頼の置けるデータであり、分析である。

(1)　この調査は、現行法が施行された一九七九年一〇月一日から一年間の間にミズーリ州西部管区の破産裁判所に申し立てられた全一一章事件について行われたものであり、その分析の結果として、債権者の手続参加及びその実効性につき以下のように指摘されている。

調査事例全五七件のうち、
① 改正の結果債権者による非自発的申立が増大した形跡は現れていない。
② 申立時に倒産債務者が事業を営んでいた四一件のうち再建に成功したのは一一件（二七％）にすぎず、債権者が再建に全面的に反対して事業の廃止という結果がもたらされた事例の内訳は、当初は再建の成功が見込まれていた一一件のうち債権者が事件の破棄か七章清算手続への移行を求めた六件（五五％）と、もともと成功の見込みのなかった三〇件のうちの七件（一九％）であった。この結果から、債権者の全面的反対は、再建が成功する見込みからうみだされたものと考えられる。というのも、成功が見込まれる場合には手続費用を増大させるだけの結果となりがちであり、他方成功の見込みがあまりない場合には、債権者は反対する十分な経済的インセンティブを欠いているがゆえにほとんど反対しないのである。そして後者の場合には、債権者及びその弁護士は全体的損失を懸念するがために参加を見合わせがちで、債権者の参加はほとんど又は全くなかった(126)。
③ 債権者委員会が選任されたのはわずか一九件（四〇％）にすぎない。多くの債権者は委員を勧めることを拒み、委員選任が行われなかった事例の中には、委員のなりてがなかったことが原因であったものもあった。
その職務の効用も当初期待されたものとはほど遠かった。慣例にしたがって裁判所が調査報告書の提出を命じ、これを受けて詳細に調査がされ、報告書が作成された事件でも、そのような報告書が事件に影響を及ぼしたのは、債務者に有利な記述がなされていたため債務者が計画の受諾を勧誘する際に利用したという場合だけであった。また、委員の実際の活動は専門知識を有する種々の専門家によって行われるが、弁護士が雇用されたのは一九件中九件、会計士の雇用は二件、その他の専門家が雇用された例は一件もなかった。債権者のコントロールの程度の指標として、専門家に支払われた報酬を比較すると、債務者の弁護士に対しては総額四一万四八一一ドル支払

われたのに対して、調査員、管財人、管財人の弁護士及び債権者委員会委員の弁護士に支払われた額の総額は、債務者の弁護士に対する支払額の約三分の一にあたる一二万七五七九ドルであり、そのうち債権者委員の顧問に対する報酬は二万六七八三ドルであった[127]。このほか、委員会による再建計画の提出がなされた例は全く見られず、債務者が提出した計画案に対しても、異議を述べるなど積極的に反対の意思を表明するものはなかった。複数の債権者が事業を廃止すべしと全面的反対意見を表明する事例もときどきあったが、その際には、全体に利益となる行動についての責任と経費を全て、反対意見を表明する一の当事者が引き受けるという傾向が強くみられた。このような全面的反対は必ずしも債権者委員会制度の効用ではなく、債権者委員によって指揮がとられたのは、強固な反対のみられた九件中二件（五六％）、穏やかな反対のみられた一九件中四・五件（二四％）で、後者の場合には債権者委員は共同でリーダー・シップをとっていた[128]。

④　債務者以外のものが再建計画を申立てたのは僅か二件のみで、一件は債権者以外の外部者（企業買収を企図する者）によるもの、他の一件は担保権者によって事件を七章清算手続に移行させる意図の下になされたものであった[129]。

(2)　これらの調査結果に基づき、LoPucki は、債権者のコントロールが右の②及び③にみるように実効性を発揮していない原因を次のように分析している。

①　債権者委員会制度の効能の低さ

第一に、委員会委員を務めることへの経済的なインセンティブの欠如が、最も重要なことと思われる。委員の経費は償還されうるが、委員の仕事に費やした時間はそうはいかない。特に無担保債権者については、再建が成功した場合にはそのほぼ半数が全額弁済を受けたが、失敗した場合には全く弁済を受けていないという事実に照らすと、債権回収の可能性ゆえに委員を務めることには相当なインセンティブがありうると見込まれたが、実際にはそうではなかった。なぜなら、債務者企業の成功又は失敗は、その事業本来の強さに依拠するものであり、また、手続で戦略的に立ち回ることにもほとんどその効果がみとめられないからである。

第二に、就任を求められる債権者委員が、その職務に適した資質を有することはごく稀にしかない。企業再建手続の経験や、債務者企業の事業を評価する経験や素養のある者も、また、交渉の環境に慣れている者も、ほとんどいないからである。

資質の欠如が問題となる中でも特に、委員会に求められる調査の職務についての適性の欠如が、第三の原因をなしている。この職務は委員個人が行うものではなく、この目的のために弁護士や会計士その他の専門家が雇用されている。この際には委員の現実の役割は、顧問たる専門家が行う調査又は交渉に委員の名前を貸すことである。調査においては、一般的に言えば、債権者委員は調査のためにその権限を利用することはほとんどなかった。

第四に、委員会委員の個々人は、相互に、また裁判所から、非常に切り離された地位にある。それゆえ十分な連絡や意思疎通が図れず、有意義な調査や交渉はごくごく稀にしか行われない。更に、債権者委員から反対意見や何らかの要求が出されないということが、裁判所にはしばしば、債権者委員が意見を形成するほどのことがなく全てが順調であったと解されるため、とどのつまりは調査能力ある人物の選任をくじく効果をもたらす。

② 再建計画提出権の機能不全

ここで債権者が抱える問題の核心にあるのは、債権者は債務者企業の事業に関する確かな情報を欠いているということである。ゆえに、現在の実務においては、債権者に再建のための事業計画の提出を期待するのは非現実的である。また、債権者によって経営存続について定める計画が提出される場合でも、債権者の関心は専ら自らの債権回収にあるので、内容が現実的でないことがありうる。

まず、企業の経営を継続するためには新規の資本投入が必要とされるが、自己の債権回収だけを期待する債権者はこれに対して消極的である。また、危険を引き受けて資本を提供することは、実質的には当該事業の購入（purchase）を意味するのに等しく、そのための事業価値の見積もりには高くつく。なぜなら、特に債務者企業が本来売却を望んでいないときには、債務者は自分の会社を奪い取るかもしれない人間に正確な情報を与えることに消極的であろうし、そもそも一一章債務者の経営記録は乱雑な状態にあるのが通常だからである。更に、計画提出に十分な情報を得られたとしても、ＤＩＰの行動次第ではいともたやすく、その情報が古いものになってしまう。実際には、乗り気でないＤＩＰから事業を購入するには事業が複雑で脆弱にすぎる。また、多くの一一章企業は非常に規模が小さく、事業の維持が所有者兼経営者の継続的関与に依拠している場合が少なくない。なぜなら、替わりの経営者を雇用する資金を調達し得ないからである[130]。

(3)　以上の調査結果と分析を踏まえれば、特に小規模な事件については、経営者を厳しく管理することに債権者が利益を有するとは見込まれない。個々の債権者の参加のインセンティブは、手続で全額に近い何らかの受領を受けるチャンスがごくごく小さいということによって制限される。このように債権者の参加がない場合には、再建のプロセスは債務者企業の経営者と担保権者に委ねられることになり、逆に、大多数をしめる中間層の債権者は、この層こそが事件の結果に最も影響される利害を有するものと考えられるが、右のプロセスにおいて事実上沈黙することになる。更に、有力な担保権者がいない場合には、債権者委員がいないことにより、経営の固定化と遅延をもたらす状況が生み出されることになる[131]。

2　株主によるコントロール

株主が有するＤＩＰ企業経営者の行動に対するコントロール権の源泉は、まず最も強力なものとして各州の会社法で認められている取締役選出権、そして債権者と同様に破産法で認められた独自の再建計画提出権及び管財人選任申立権、ならびに、手続開始の前後を問わず一般法理として認められる、経営者に対する信認義務の要求である。小企業については、株主の影響力はほとんど問題にならないか、さもなくば、手続参加のインセンティブの欠如ゆえに株主が無気力・無関心である。基本的に債権者の場合と状況を同じくするので重ねて述べることはしないが、ガバナンスの局面での動態を示唆する意味で興味深い、大規模公開会社についての実証研究の結果として報告されている以下の二つの指摘を挙げておく。

まず、大規模公開会社においては、株主が再建手続における交渉において有利な立場を得ようと戦略的に株主総会招集権を行使することがしばしばあり、再建企業ガバナンスの問題を論じるにあたっての大きな論点の一つとなっている。具体的には、株主総会の召集を求める濫用的訴訟を提起又は提起すると威嚇することによって、株主が経営者に間接的に圧力をかけることがあり得る。特に正式な株主代表委員会が設置されない場合には、株主は専らこの方法で交渉におけるレヴェラッジを取得する。他方、委員会が設置されている場合には、経営者を初めその他の利害関係人が再建を成功させるべく努力しているのに対して、委員会が妨害を目的としてディスカバリーを求め、計画立案をめぐる交渉を長引かせるという戦術をとることが少なくないという。この目的での株主総会招集申立の是非そのものについては、第二款でみたように判例法理は未だ固まったとは言えない状況にあり、学者の見解も割れているが、いずれにせよ、この結果計画認可の手続に不確実性がもたらされることになるという点は、問題である(132)。

また、株主と経営者との対立が裁判所で争われる最も典型的な場合につき、この訴訟手続係属中は経営者は清算するよりも再建することにより強くインセンティブを持つ傾向があるとして、次のように説明されている。すなわち、再建企業のコントロールに利害関係を有する投資家としては、この訴訟の係属中は、裁判所が宣言的判決を出して事態に決着をつけない限りは、取得した株式を現職の経営者を解任するために利用できるのか否かを知る以前に、買占を行わなければならない。しかしそのようなリスクをおかす投資家がいるとはまず見込まれない。このように敵対的企業買収の危険が事件係属中は減じられる結果、経営者にとっては、現在の地位をより安全にできるわけだから、再建を行うのがより魅力的となるというわけである。(133)

3　DIP体制の維持を指向する判例の傾向

一一章手続において破産裁判所は、法律上広範な裁量権を認められ、また、利害関係人のコントロール権が最終的に行使される場として、裁定を下し、事件全体をコントロールする地位にある。前述のように、この場合にDIPの行動を律する様々な基準が、判例法理において形成・発展せられ、確立されている。そして、この基準が、DIP体制の維持及びDIPによる広範な裁量権の行使とこれによる経営の継続に目立って厚いものであることも、既に述べた通りである。

このような裁判所の傾向に対しては、そこで採用されている基準の曖昧さについては一部に批判的声も聞かれるが、立法者の意図を具現するものとして、一般に支持、評価されているとようである。(134)

4　全面的コントロール権を有するDIP（DIP in Full Control）(135)

以上、コントロールする側の現実を論じてきたが、最後にコントロールされる側に目を向けておこう。

(1)　前出のLoPuckiの実証研究の中で、次のような憂慮さるべき実態が明らかにされている。

①　債務者事業の継続的運営の望ましさ

(i)　一一章債務者が全面的に再建に成功する割合は僅か二六％程度であり、そのうち約七三％は、申立がなかったなら数日内に、また二週間以内には確実に、事業を廃止せざるをえなくなっていたであろう債務者企業が、債権者が提起した訴訟から逃れることを直接の目的として申し立ててきたものであった。これら事件の大部分は一一章事件の係属中又は終結後まもなく破産した。

(ii)　調査員が選任されるのは極めて稀であり、管財人はそれより幾らか多く選任されはしたが、その場合の職務は、本来期待されている事業失敗の原因の発見とその除去ではなく、第一次的には債務者の事業の埋葬であった。すなわち、全五七件中、事業存続の可能性を判断するという目的で調査員が選任されたものは三件（六％）あったが、管財人についてはこのような目的で選任された例は一件もなかった。管財人が選任された全五件のうちの四件では、選任の時点で債務者には、事業の運営継続に意欲的でない、したがって継続の実行は可能ではないという確実な徴表が既に表れていた。残りの一件では、管財人は事業の再建のためにではなく、将来の企業買収者の当該事業へのアクセスを容易にすることに努めていた。裁判所はこの五件のうち三件で事業の廃止を認可し、これは債務者の希望通りに、又は少なくとも反対を受けることなく実行された。

このように、債務者の事業継続が望ましいかどうかについての情報を得る目的で補助機関が任命されることは稀である。その結果、裁判所は、裁定を下すにあたって、本来はこれらのものから得られたはずの情報を欠くことになるため困難な事態に陥ると考えられる。この点を考慮すれば、裁判所が債務者の希望に反して事業廃止の是非を判断する立場にあることもまた稀だということが明らかである。裁判所の管轄下にある間に業務停止のなされた二四件のうち、裁判所の決定によるものは六件で、そのうち債務者の意志に反してなされたものは一件しかなかった。

以上の結論として、次のように言うことができる。一一章手続において債務者は、事業の運営に必要な現金を決済すれば、そして最終的には計画にしたがって債権者への弁済を開始しさえすれば、自らが望むだけ長い期間事業を営めるという特権を得ているのである。これは、典型的に債務者は二年近い間、無担保債権者からの追求をのらりくらりとかわしてやり過ごすことが出来るということを意味する。

(iii)　事業破産の大部分は、未熟な経営者が経営を行っているために、企業の収益力自体が本来的かつ継続的に欠乏していることに起因していると考えられ、理論的には、再建には従前の経営者の解任又は経営のコントロールの移転が伴われるべきである。しかし調査の結果は、これとは逆に、同意がなければ債務者を事業のコントロールから放逐することは、一一章手続の下では事実上不可能であるということを示している。

調査事例は所有と経営との実際の区別のない小規模事業がほとんどであった。事件係属中に事業を廃止することなく生き残った一二件のうち、九件（七五％）は同じ所有者兼経営者の手中にとどまった。コントロール保有権の変更は、再建を申し立てた四一件のうち四件（一〇％）でしか生じなかった。調査事例における債務者の多くは明らかに、中立後、この申立を必要とせしめたと同じ未熟な経営に苦しむことになる。この調査の結果から、この管区での目下の実務において、債務者は事業のコントロールを失う危険のほとんどない状態に置かれているということが判明する。管財人又は調査員の選任を求める申立は一二件しかなく、その多くは審問前に取り下げられた。

（iv）　計画の受諾及び認可

債務者はときに積極的に譲歩した申出をなすが、いったん申出がなされると、無担保債権者もその代理人も、それを変更しようとする傾向又はそのための力を有していなかったようである。データは、一一章債務者は支払を最小限にしたいと考えて、無担保債権者に提示する計画案において不必要に保守的になっているということを示していた。

（v）　独占的計画提出期間

調査事例のほとんどで、債務者の最善の利益は計画案の提出を可能な限り遅らせることであった。すなわち、計画案がなければ認可はあり得ず、したがって認可までは債務者は無担保債権者に支払をなす必要もなく、担保債権者に対しても、少なくとも裁判所が相当な保護としての支払を命じる決定を下すまでは弁済を中断することが出来るのである。

調査期間中に提出された二六の計画案のうち、一〇四日目までに提出されたものは僅か四件（一五％）で、その後一二四日目までには一四件（五四％）、残りは更に遅く、うち四件は計画案の提出がないまま一八ヶ月後も事件が係属している状態であった。一二〇日以内に債務者が計画案を提出しない場合の唯一の制裁として、債権者にも計画提出権が認められるようになるが、債務者の弁護士はこの提出はまず行われないとの印象を持っており、計画が提出された全二六件のうち八件（三一％）で、一二〇日の独占期間に間に合わせて計画案が提出されることも、提出期間の伸張が取得されることもなかった。六件（計画提出なく一八ヶ月係属中の二件を含む）では、債務者が計画提出期間の伸張を求め、許可されたが、これは関係人から異議がなかったことによる。ここで異議が提起されなかったのは、債権者の自ら計画を提出することへの関心の欠如が反映されていると思われる。

(2)　以上の調査結果からの結論として、LoPucki は、債務者が事業の継続を選択し、かつ当面の運営費用に必要な資金を積み立てることが出来る限りコントロールを保持して事業運営を行えるということは、債務者の特権であり、とりわけ無担保債権者は再建計画における扱いをめぐって有意義に交渉するために必要な影響力さえ欠いていた、としている。

また、調査事例における債務者は、裁判所の管轄下にある間は、自らの事業の完全なコントロールを保持し続けることが出来たと指摘されている。すなわち、担保権者や優先権者は例外的に計画での処遇を交渉する能力を有するが、債権者は一般に再建手続から閉め出されており、事業の失敗の原因を判断するための情報を得ることも、事業を廃止するか経営陣を交替させるかすることもできないでいる、特に無担保債権者には債務者に弁済額の引き上げを強要することもできなかった、というのである。LoPucki はこの意味での機能不全の原因を立法者の認識不足に求める。すなわち、典型的な一一章債務者は再建を求めてではなく、債権者への弁済を遅滞し、債務を減額することこそを目的として、しかも経営陣又はコントロールの変更の危険を冒すつもりもなく手続に入ってくるのであって、これらのタイプの債務者の規律を立法者は念頭に置いていなかった、と指弾している[136]。

(103)　以上の叙述については、寺本義也編著・前掲注(1)一七-二四頁、深尾光洋=森田泰子『企業ガバナンス構造の国際比較』(日本経済新聞社　一九九七年)八一-八六、一六九-一七〇頁を参照した。
(104)　LoPucki & Whitford, Governance,680；Frost, Asylum,116.
(105)　Nimmer & Feinberg,50-51.
(106)　LoPucki & Whitford, Governance,682-683.
(107)　Id.,701.

(108)　See Nimmer & Feinberg,60-64. ; See also LoPucki&Whitford, Governance, 696. ;Kelch, Democracy, 287-302.

(109)　Nimmer & Feinberg,64-65.

(110)　Frost, Asylum, 118.　以下の分類・分析は特に Frost, Asylum, 118-129 に負う。

(111)　See, e.g., In re Ionosphere Clubs, Inc., 113 B. R. 164,167 (Bankr. S. D. N. Y. 1990) ; In re Microwave Prods. of Am., 102 B. R. 666,670 (Bankr. W. D. Tenn. 1989) ; In re Sharon Steel Corp., 86 B. R. 455,457 (Bankr. W. D. Pa. 1988)　; In re Parker Grande Dev., Inc., 64 B. R. 557,560 (Bankr. S. D. Ind. 1986). See Frost, Asylum,118-119, 120-121.　; see also Nimmer & Feinberg,14,54-55.

(112)　Frost, id., 125.　See also Nimmer & Feinberg,14.

(113)　なお、このように論じるFrostは、この方法による裁判所のコントロールにも以下のような実理性の観点からの限界があるとも指摘している。第一に、一般に経営判断は適時になされなければならず、さもなくばその試みが無に帰することがありうる。迅速性の要請から生じるこの時間的な制約が、経営陣以外の利害関係人には適切な情報が十分には与えられないという事実と結びつくと、通常非常に時間のかかる対審手続においては、裁判官に対して経営者側の合理的継判断に必要となる事実につき一面的又は不完全な見方しか提示されないということが起こりうる。第二に、この方法でのコントロールは、経営者の行動懈怠の場合には機能しない。この場合利害関係人は、自動停止からの救済の申立、七章清算事件への移送の申立又は、一一章事件で生じる問題事項について主張し、審問を受ける一般的権利を通して、ＤＩＰに特定の行動を求めるという手段をとりうる。しかしここでも、経営陣は他のいかなる利害関係人にも優越する情報上の優位性を独占している。また、利害関係人以外の第三者がＤＩＰの取引相手方となる場合には、この第三者は対審手続で破算裁判所の気まぐれにつきあうことに乗り気であるとは限らない。See Frost, Asylum, 118-129.

(114)　In re Clinton Centrifuge, Inc., 85 B. R. 980,983 (Bankr. E. D. Pa. 1988)　; See Nimmer & Feinberg,56.

(115)　See also Ionosphere Clubs, 113 B. R. 168　; Dalkon Shield Claimants v. A. H. Robins Co., 828 F. 2d 239,241 (4th Cir. 1984). Accord, In re General Oil Distributiors, Inc., 42 B. R. 402 (Bankr. E. D. N. Y. 1984).

(116) E.g., in re Ionosphere Clubs, Inc., 113 B. R. 164.

(117) See, e.g., in re Deena Packaging Industries, Inc., 29 B. R. 705 (Bankr. S. D. N. Y.1983). See Collier on Bankruptcy,see supra note 30 (1104.01(7)(d)).

(118) Nimmer & Feinberg,58.

(119) Id.

(120) Id., 18. 例えば、In re Naron & Wagner, Chartered, 88 B. R. 85 (Bankr. d. Md. 1988)においてこの Lionel 事件での基準が全面的に採用されている。

(121) Id., 16-20. ; Frost, Asylum,125-129.

(122) Kelch, Democracy,270.

(123) 旧法Ⅹ章においても、債権者又は株主には委員会を通して活動する権利が認められてはいた（二〇九条）。しかし、委員会選任の是非は裁判所の権限において判断されるものと定められており、委員会に対しては、一定の事実を報告する陳述書を裁判所に提出するように求めるだけであって、実際には裁判所は委員会を選任していなかった。他方、Ⅺ章では原則として管財人が任命されないため、代表機関は重要な役割を果たしたが、ここでは公式の債権者委員会しか予定されていなかったし（Ⅺ章規則一一-一二五）、また、必要的機関でもなく、そのための任命要件も規定されていなかった。Collier on Bankruptcy, supra note 30, 1102.01(2) (a) and(c).

(124) See H. R. Rep. No.595, supra note 41, at 92.〔See LoPucki, Full Control (Second Installment),148〕.

(125) Frost, Pragmatism,119.

(126) LoPucki,Full Control (2d.Installment),110,112.

(127) Id., 250,254,258.

(128) Id., 250-51.

(129) Id., 254.

(130) Id., 252-56.

（131）　See Frost, Pragmatism,120-121.

（132）　LoPucki & Whitford, Governance,705-706. See also LoPucki, The Trouble With Chapter 11,1993 Wis. L. Rev. 749-756〔以下"LoPucki&Whitford, Trouble"と引用する〕.

（133）　LoPucki & Whitford, Governance,698.

（134）　See e.g., Frost, Asylum, 136.　特にFrostは、一一章手続の再建に偏重した構造との関係で一一章の制度的限界を認識しつつ（本章第五節第二款3参照）、裁判所の役割に大いに期待をかけている。

（135）　この的を得た表現は、「破産法一一章の下での構造的失敗？」との副題の付されたLoPuckiの論文のタイトルであるが、元々は旧法X章の失敗に関する以下の司法委員会のコメントに由来している。曰く〃債務者は完全なコントロール権を有しており、多くの場合に債権者に対して不公正な形で優位な立場に立っている。〃　H. R. Rep., see supra note 36, 231　See LoPucki, Full Control (Second Installment),247.

（136）　Id., 271-273.

第四節　再建企業ガバナンスの理論①――信認義務アプローチ――

前節までにみてきた問題状況において再建企業ガバナンス論がどのように展開されているのか、第四節及び第五節ではその議論の具体的な内容をみていく。再建企業ガバナンスの問題の論じられ方には、第三節の結びにあたって述べたように、二つの異なる方向があるが、第四節では、伝統的議論であり、判例の大部分が依拠している[137]信認義務アプローチを取り上げる。

序　一般のコモン・ロー上の信認義務の意義

再建企業ガバナンスにおける信認義務アプローチの議論に入るのに先立って、わが国では未だ馴染みの薄い信認義務の一般的意義を簡略に確認しておくのが便宜であろう。そこでまずは、コモン・ロー上の信認義務の意義及び内容を概観しておく。

(1)　植田教授は信認義務の来歴・意義・構造を以下のように説明されている。

信認義務とは、信認関係の受認者が負う義務をいう。

(i)　この基本となる信認関係（fiduciary relationship）とは、元来はイギリスの大法官府裁判所（Court of Chancery）において、信託における受託者と受益者との間の法律関係を、信託類似のコモンロー上の法律関係にも類推して適用することを繰り返す過程で発展してきたものであると言われている。一八世紀初頭に、ある問屋破産事件で本人を救済するために利用されたのを最初とし、その後更に信託法理の類推適用を通して生成された種々の法律関係が、"fiduciary relationship" という名称を得て、一八五〇年代以降に定着したものとされている(138)。"fiduciary" の語は現代でも依然として多義的に用いられており、通常は信託及び信託に類似するその他の種々の法律関係が含まれる。

(ii)　信認関係法理発祥の地であるイギリスでは、一九世紀末に Herschell 裁判官が、「受認者の地位にあるものは…（その地位を利用して）利益を得てはならない。このものは、自己の利益と義務とが相反する立場に身を置いてはならない。これは、動かすことのできない衡平法裁判所の原則である」(139)と述べ、かかる信認関係の原則は今日まで「容赦なく適用されなければならないもの」(140)とも位置づけられてきた。ここから、信認義務の要素として、利益相反抑止義務と地位利用避止義務とが導かれる。

しかしこの背後には、より高次の一般的義務がある。すなわち、受認者は受益者の利益において行動しなければならないとする忠実義務であり、これが信認義務の核心をなすと解されている。受認者は、受益者の利益のために行動すべき義務を負うが、具体的にどのような行動が受益者の利益となるかの判断に関しては、一般に一定の裁量権を有する。それゆえ裁判所は、受認者の行動が適切にこの一定の枠の中にある限り、これに介入する権限を有さない。しかしこの枠を逸脱した行動があるや否や、受認者の行動は司法的制裁の対象となる。すなわち、いかなる行動が受益者の利益に資するかを決するのは、受認者の権限なのであり、いかなる行動が受益者の利益に反するかを判断するのが裁判所の職務なのである[141]。

以上の一般的忠実義務と、その帰結としての義務を「抽象的信認義務」と呼ぶとするなら、他方には、抽象的信認義務を具体化した個々の信認義務として「具体的信認義務」がある。裁判所が抽象的レベルにおける信認義務を個別・具体的な事案に適用する際には、より具体化されたレベルで信認義務を論じる必要が生じ、そこで判例法主義に不可避的で本質的な類推が機能する。裁判所が受認者に対して、ある具体的レベルの信認義務を課す先例を鼎立し、その後の判例が類似の事案においてこの先例を踏襲しこれを繰り返せば、具体的信認義務は確立されたものとみなされるに至る。そのようにして同旨の判例が数多く蓄積されて、既にいくつかの具体的信認義務が確立され、また類似事例での判例の蓄積により、それら義務の内容、義務違反の構成要件、義務違反の効果（救済）は次第に明らかになる。このようにして確立されたものの一例が、自己取引の避止義務であるとされている[142]。

(2)　アメリカ法においては、一九二八年にCardozo判事が信認義務の一般的意義について語った次の句がしばしば引用される。〃日常生活領域において独立の当事者として行動する者（those acting at arm's length）に許容される多くの行動様式が、信認上の結びつきによって拘束されている者には禁じられる。受託者は、市場のモラルよりも厳格な何かに拘束される。その際には、誠実さだけでなく、最も敏感な道義心（honor）という細目もまた行動基準である。これに関しては確固不動にして根深い慣例が発展せられてきた。一枚岩の忠誠のルールを、特殊な例外である〃浸食的切り崩し（disintegrating erosion）〃によって空洞化するために申し立てられた場合には、衡平法裁判所の姿勢は、断固として強硬なものであり続けてきた。［中略］その結果、受認者の行動のレベルは、大衆が作り出してきたものよりも高いレベルであり続けてきた。当裁判所のいかなる判決によってもこれが意識的に低くされることはあるまい[143]。〃

この引用句から信認義務の神髄（エッセンス）を取り出せば、信認義務とは、受認者以外のものに要求される以上の、受認者に特有の行動基準であり、倫理的なものであるにとどまらず、法的な強制力によって受認者の通常とは異なる誠実、注意及び道義心（honor）を要求するものである、ということができる[144]。

(3)　このようなコモンロー上の信認義務の考え方は、一般に会社における経営者と会社所有者との関係に認められているものである。それゆえ、信認義務アプローチは、倒産、より正確には支払不能に前後する関係人間の法律関係に着目して、その変質又は連続性の問題としてこれを論じるものであると捉えることができる。

第一款　理論枠組み

1　再建企業のガバナンスにおける信認義務の位置づけ

再建企業ガバナンスの問題を論じるにあたって、このアプローチをとる論者が信認義務に焦点を当てるのは、次のような考え方に基づく。

ＤＩＰによる経営の継続を選択した現行法は、再建企業のガバナンスの構造として前述の（本章第三節第一款）直接的及び間接的なコントロールを定めた。このうち直接的コントロールのあり方を議論することは、例えばＤＩＰ体制維持の是非を問い直したり、ＤＩＰによる独占的提出期間の伸長を考察することであり、これは実際には個別具体的な立法論となる。また、そもそもＤＩＰ制度を奨励する法の理念を問い直せば、直接的コントロールには限界がある。それゆえ、再建企業のガバナンスに関する理論的問題は、裁判所によるＤＩＰの行動の審査とＤＩＰが財団及び全利害関係人に対して負っている受認者としての義務からなる間接的コントロールの問題に帰着する。そしてこの間接的コントロールのうち、前者の裁判所の審査によるコントロールについては、前述のように（本章第三節第二款）、ＤＩＰ制度を原則とした制定法の理念を尊重する裁判所の姿勢が反映される形で、一定のルールが既に形成されている。かくして、現行の制度枠組みを前提とすれば、理論的問題の重点は信認義務に置かれることになるのである。

２　一一章事件における再建企業ガバナンスの問題の所在

一一章再建手続は交渉のプロセスであり、この過程で利害関係人は自らの権利を取引するという意味で、この交渉のプロセスがレヴェラッジの重要な切り替わりのポイントを構成している。すなわち、一一章手続の最終的な目的は、様々な交渉手段を有する利害関係人が合意することによって最終目標である再建計画を立案し、成立させることにある。法はこの交渉のための枠組みを設定し、ここで裁判所は討論の場（forum）として機能する。そして、このような法の目的は、法の定めた人為的なコントロールのメカニズムを通して達成される。かくして一一章再建手続では、手続の段階ごとに、この交渉の結果として様々な動態的モデルが作り出されることになる。

(1)　ガバナンスの問題となるのは、交渉のプロセスを誰が指揮し、方向づけるのか、又は誰が事件の結果に影響を及ぼす決定的な判断を行うかということである。

最初のコントロールは法によりＤＩＰに授けられる。手続開始前には債務者はなす手を尽くしており、債権者の攻撃や支配に対して極めて弱い状態にある。一一章申立は、このような状態にある債務者に、債権者からの圧力からの保護マントを与えることにより、事業を立て直してより効率的に債務処理を行う機会を与える。その目的で、手続開始後は、まずＤＩＰに広範な裁量権とともに交渉のプロセスにおける意思決定者の地位が与えられている。また実際的にみても、ＤＩＰは、全体的な純損失を最小限にしつつ事業を維持する願望を有していると考えられるがゆえに、この地位に最も適任である。

しかし、ＤＩＰ及びＤＩＰ企業経営者の裁量の範囲は、経営上の判断が再建のプロセスそのものの核心に迫るにつれて、圧縮されなければならない。なぜなら、経営裁量は事件の基調を形成し、事件の成りゆきに影響を及ぼしうるが、手続の形成とその結果である事件処理のあり方を利害関係人間の交渉に委ねるとした法の選択が、全体として私物化されることは許されないからである。

そこで、このような立場にあるＤＩＰ企業経営者に、適正な意思決定を行わせるようにする何らかの規律、しかもより確実な規律を期するならば、制度的なコントロールをどのように設けるかが問題となる。一般論としては、ここで、清算と再建という、並列し代替する政策目的、及びコントロール権の配分を律するルールが形成されなければならない。倒産事件においては保護を必要とする利益はしばしば競合し、対立する。また、経済的に不確実な状態にあるので、こうした競合する利益に応え得るためには、このルールは硬直的・画一的に適用されるべきではない。事件開始の時点で生じる行動規律のルール及び政策は、手続のより進展した段階で求められるゴール及び行動に関しては、不適切であり得る。すなわち、コントロールの配分は、事件の進展につれて次第にシフトすると考えられる[145]。

(2)　法は、ＤＩＰの行動をコントロールするガバナンスの構造として、間接的コントロールと直接的コントロールを設けている。このうち理論的問題としての重点は、前述のように間接的コントロール、特に信認義務に置かれることになる。具体的には、ＤＩＰの負う信認義務の内容及び、この義務に適った行動基準を明らかにすることが目標とされる。この問題を考えるにあたっては、極めて困難な問題に対処しなければならない。すなわち、ＤＩＰの構造に生来的な信認義務の相互抵触である[146]。

これが信認義務アプローチをとる論者の問題関心の中心である。

3　信認義務の生来的抵触に対する理解

信認義務アプローチをとる論者にとっては、このような性質を有するＤＩＰの信認義務がガバナンスの問題の中核をなす。

(1)　ここでの議論の前提となるのは、ＤＩＰが直面する受益者間の紛争は倒産手続に生来的なものであり、悪でもなければ回避されるべきものでもないとの理解である。

倒産という状況においては関係人の利益はほかに類のない激しい対立の状態に置かれている。財団の代表たるＤＩＰは、財団及びその全ての利害関係人に対して信認義務を負うものとされており、それゆえＤＩＰの信認義務は受益者間で抵触する。しかし法は、その中心的地位にＤＩＰを据え、しかも広範な裁量権を与えたのだから、その過程でＤＩＰの信認義務に生来的抵触が生じることは法の予定するところであったと捉えられる。この抵触は一般の信認法理にはみられない、ＤＩＰの性質に生来的に付随する、ＤＩＰの信認義務に独自のかつ不可避的な、生来的抵触である(147)。

⑵　したがって、信認義務アプローチをとる論者は、真の問題はＤＩＰがこれらの抵触をどのように解決するのかということであって、そのためになされるべき判断を決定する理論を構築することにあると考える。換言すれば、ここでの問題は抵触それ自体ではなく、競合利益を処理するにあたって用いられるべき意思決定のプロセスにあるとされるのである。

ＤＩＰは財団の受託者である。それゆえＤＩＰに求められるのは、このような状況において、いかなる特定のグループをも偏重することもなく、この義務の相互抵触に対処することである。かくして、再建企業ガバナンスの問題として議論の焦点となるのは、ＤＩＰ企業経営者が相対立する信認義務をいかにすれば誠実に果たしうるか、義務を果たしたといい得るためにはＤＩＰ企業経営者はどのような基準で行動すればよいのかということなのである。

第二款　各論者の見解

信認義務アプローチをとる論者は、以上のような共通認識に基づきつつ、この信認義務の性質と、この義務に適った行動基準についてそれぞれ次のような独自の見解を打ち出している。

1　Nimmer と Feinberg の見解

Nimmer と Feinberg（以下〝Nimmer & Feinberg〟とよぶ）はその共著論文において、一一章におけるＤＩＰは、一般に認められる経営裁量を行う主体及び損失配分の決定を行う代理人という職務に加えて、これとは別個の第三の職務として、財団の代表者として信認義務が生来的に抵触する状況においていずれかのグループを利し、他のグループに損害を与える選別を行い、バランシングをなす職務を負っていると考える。

(1)　Nimmer & Feinberg は、まずＤＩＰの義務の一般的な性質につき、制定法上の根拠に基づいて、またコモン・ロー上の信託法理によりどころを求めつつ、以下のように論じて、自説であるＤＩＰの選別の責務を導く。なお、以下に述べる一般信託法理に照らした基本的な理解は、信認義務アプローチをとる他の論者も支持し、また自らの見解を述べるにあたって基礎としているものである。

①　ＤＩＰは財団の代表者として行動する（一一〇七条）。

信託法において財団の代表者という概念は、信託財産として把握されている財産に対して、権利の客体としての地位のほか、受託者個人とは別個の、独立の実体的法主体性を法的に擬制することに由来する。ここではこの主体の利益は、資産に対して請求権を有する者の利益とは別個のものと考えられる。信託とは受益者と受託者との信認関係であり[148]、例えば支払能力ある企業の経営者と企業及びその株主との関係にみるように、財団を代表する者は職務執行に際して、信託関係（trust relationship）において、自己取引の禁止をはじめとする信認義務に服する。また、判例法上、受託者の信認義務は、倒産における債権者のそれのように、通常はグループとして行動する財団受益者自身によって、又はこれを代表するものによって実行されるものとされている[149]。

②　法はＤＩＰに特別な義務と権限を与えている。これには経営裁量と事業運営の権利（一一〇七—一一〇八条）がある[150]。また、一一章では、損失配分に関する決定（再建計画の立案）は、事業が継続して運営されている

間に行われることを想定している。その過程での経営判断は、財団に請求権を有するあるものを利し、その他の請求権保持者に損害を与える結果をもたらしうる。

③　以上から、ＤＩＰの責務として、個々の請求権者の全員を守ることが要求されるものではない、との結論が導かれる。むしろ、ＤＩＰの責務には、経営判断を行うにあたって、利害関係人間に区別を設ける選択をする権能が、更には、その義務をもが含まれていると考えられる。この選別の要請こそが、倒産以外の領域での受託者の類型からＤＩＰを区別するものである。

この意味での選別の要請は、次のような制定法の規定にも根拠が見いだされる。すなわち、ＤＩＰに認められた権限として、債権者のクラス間に条件等の区別を設けた再建計画の申出（一一二一条(a)）、未履行契約の解除又は履行の選択（三六五条）、届け出られた請求権に対する異議（一一〇六条(a)）、既になされた譲渡や債務の否認の判断（五四四―五五四条）があるが、これらはいずれも、ＤＩＰがある請求権者を利し、それ以外の請求権者を害する判断をなすことを、明示的に公認しているものと捉えることができる。

(2)　Nimmer & Feinberg は、このように、選別の職務は、一般信託法理及び制定法に基づいてＤＩＰの権能又は義務に必然的に含まれるものと考え、この考えに基づいてＤＩＰに独自の位置づけを与えて曰く、ＤＩＰは、損失がどのように分配されるかに影響を及ぼし、コントロールするチャンスを与えられた独立の影響力の主体（power）である、とする。そこで次に、ではこのような立場にあるＤＩＰが依拠すべき行動指針は何かが問われる。

①　まず一般論として、ＤＩＰは信認義務が生来的に抵触する状態においても、損失配分の代理人として行動しなければならないと考えられる。

一一章においてＤＩＰが負うべき責任についての基本的考え方は、この責任は財団に対してのものだということである（一一〇六条(a)(1)・一一〇七条）。このことから、ＤＩＰには、他の分野の受託者の義務と同じく、財団全体に利益をもたらすように行動することが求められる。ただし、ＤＩＰの義務及び権限には、財団を守るという義務だけでなく、前述の選別の義務が含まれる。すなわちＤＩＰの権限又は義務には、ある権利者を利すると同時にその他の権利者を害する選択をなす権限が組み込まれているのであり、したがってＤＩＰは損失配分の代理人として行動することになる。

② この損失配分の職務は、前述の選別の必要性とあいまって、全ての倒産事件においてＤＩＰの職務に生来的なジレンマを生じることになる。このジレンマは偶然的なものでも回避しうるものでもない、ＤＩＰの職務の性質そのものに生来的に付随するものである。したがって、このジレンマを率直に認めて、これを合理的やり方で解決しようとするＤＩＰの誠実さ（good faith）に依拠することが最善であると考えられる。というのも、この選別の基準としてこのほかには、例えば経営判断原則が考えられる。しかしそのような基準のほとんどはＤＩＰの一般的な責任を適切に画していない。すなわち、ＤＩＰがなした選択は、一般に裁判所の詳細な審査には服さない。また、七章清算事件とは異なり、一一章事件では配当のルールは所与のものでない。そこでこれは、ＤＩＰを含めた利害関係人によって作り出されなければならないが（一一二一条(c)）、その過程で、財団は再建企業の支払能力の有無とは関わりなく管理されなければならず、また損害の配分が行われなければならない。これには選別と優先順位の設定が不可欠であり、このいずれにも必然的に裁量権の行使が伴うのである。

③ 以上の結論は、次のようにまとめられる。

ＤＩＰは財団を代表するのであって、個々の請求権者を代表するのではない。たとえある権利者の利益を犠牲にしてでも、財団又は財団受益者の総体にとっての利益に注意を払わなければならない。ＤＩＰ企業経営者は、例えば株主のような予め選ばれた又は限定されたグループに対してではなく、財団の代表者として、会社に対する権利者の全員に対して義務を負っている。

(3)　Nimmer & Feinberg は以上のようにＤＩＰの行動指針としての一般的な義務を導くと、次にその義務の内容に関して考察し、その結果ＤＩＰの第三の義務としてバランシングの義務があると主張する。

①　判例法及びＤＩＰ制度を導入した立法者の選択は、必然的にＤＩＰ企業経営者を全ての倒産事件において義務内容の矛盾をはらんだ地位に据えるという結果をもたらす。選別の権利はこの矛盾に由来するものである。

判例法上、支払能力ある企業又はパートナーシップの経営者の負う信認義務は、債権者に対しては負われない。しかし企業が債務超過に陥ると、経営陣の信認義務は拡張して債権者をも含むようになる。他方、経営者が倒産前に負っていた所有の利益に対する義務は縮減しない。なぜなら、倒産によっても、債務者の事業構造に由来する倒産に先行する義務は、無効にはならないからである。ここで経営者は、管財人に準じたＤＩＰの義務を追加的に負担することになるに過ぎない。したがって、支払不能と同時に生じる信認義務の転換は、新たに債権者を受益者に含めることによって、混合的又は二分岐した責任を生むことになる。更に、ＤＩＰ企業経営者の負うこの責任は、全ての利害関係人に対して同時に働くので、ＤＩＰ企業経営者は全ての倒産事件において義務内容に矛盾をはらんだ地位に据えられることになる。

このように、選別を行う権利は、ＤＩＰが何らかの方法で解決しなければならない矛盾に由来するものである。[151] そして、法は、ＤＩＰという概念を創出することによって、このような矛盾をはらんだ地位を明らかに黙認していると考えられる。

② そこで次に、信認義務の受益者間の利益対立という状況をどのように解決するかの方法が考察される。考察の方法として、Nimmer & Feinberg は可能性のある二つの代替的アプローチを比較する。

一つは、政策問題としてあり得る考え方であり、多くの競合する利益のうちの一つをその他の利益よりも優遇することをＤＩＰに認めるというものである。[152] この方法によれば、ＤＩＰは特定のグループの一つを選択し、このグループにとっての価値の最大化を目指すことになる。第二のアプローチは、ＤＩＰの裁量権をより広範囲にとらえて、自らの最善の判定において全てのグループの間の合理的な調整とバランスをもたらすようにＤＩＰに要求するというものである。これによれば、経営者は単なる管理上の代理人ではなく、意思決定者の地位に据えられることになり、いわば、一一章が予定する制度枠組みの代表者（representative of the framework）となる。[153]

この二つのアプローチを比較して考察すれば、第一のアプローチは次の二つの理由から支持できない。まず、ＤＩＰが特定のグループを優遇するのを容認することから、ＤＩＰが自らの経営の続行及び事業更生の可能性という利益以上に特定のグループを利することになり、法の根底に横たわる、債務者を保護し再出発の機会を与えるという命題を無視することになる、次に、一つのグループの利益を他のグループの利益以上に有利に遇することにより、倒産処理に適用可能な破産法以外の法及び破産法における優先順位のルールと矛盾する行動がＤＩＰによってとられうる、というのである。それゆえ Nimmer & Feinberg は第二のアプローチを支持する。

③ この第二の考え方に則って、次のようにバランシングの義務がＤＩＰ企業経営者の義務として導き出される。

（i） ＤＩＰ企業経営者が、ＤＩＰの債権者とＤＩＰ企業の所有者の各々に対して生来的に相矛盾する注意義務、忠実義務及び説明義務を負った状態で経営を行えば、信認義務の明確性が失われ、法的に望ましくない環境を生むことになる。したがって、ＤＩＰの義務は、このような義務の抵触を合理的にしてバランスのとれた、かつ誠実なやり方で解決することであると考えられる。これはまた一般の信認義務の理解にも合致する。信認義務が要求するのは、特定の又は予め定まった行動ではなく、合理的かつ誠実な裁定である。この裁定に競合する利益への考慮が含まれる必要があっても、信認義務の性質は変わらない。

(ii)　一一章においては倒産していない健全な企業にはない内部紛争が生じる。この問題を処理するためには、ＤＩＰは再建事件の内外のいずれの請求権者との関係においても中立的である、と考えるのが有意義である。内部紛争の原因として考えられるのは、第一に、特に閉鎖会社においては、経営者は再建事件における代表者として行動しながら、自らもしばしば財団に対して法的に保護された直接的持分権を有することがあるということ、第二に、支払能力ある企業とは異なり、再建事件では受益者の有する利益は調和しないか又は同じ目的に向かっていないということ、すなわち、健全な企業であれば企業に対する持分権の保持者は方法の如何に関わらず企業価値の最適化という目標を経営者と共有するが、一一章においてはしばしば、無担保債権者の利益と担保権者の利益が矛盾し、その一方で両債権者の利益が所有者の利益と矛盾する場合が生じる、ということである。しかし、ＤＩＰの経営者は財団全体にとって正しい判断をしなければならないと考えれば、このような内部紛争の問題は解消する。すなわち、財団にとって正しい裁定を下すことで、この内部紛争は経営者の選択の中に具体化されて現れることになる。

(4)　このように、Nimmer & Feinberg はＤＩＰ企業経営者の職務に、バランシングという第三の職務を加えて、その具体的な内容を次のようなものと考える。

経営者は特定の利益を保護したり攻撃したりしてはならない。誠実に行動し、全ての要素を衡量してバランスのとれた合理的な裁定を下し、自らの裁定に基づいて公正で誠実かつ効率的やり方で行動しなければならない。一一章手続が係属している事業の全てが即時に清算されるのでない限り、経営者はこの混合的な、ただし部分的には抵触する義務を、機能においてほかに代替するものはないものとして、右のような行動をとることによって果たすことができる(154)。

また、この義務が許容されうる根拠として、ＤＩＰの行動が部分的に裁判所の審査に服するという点が指摘されている(155)。逆から言えば、この裁判所の審査は、経営者が信認義務違反を免がれる契機となる。そして、その他の利害関係人もこの裁判所の審査を通して自らの利益を守ることが可能である(156)。

2　Case の見解(157)

Case も、Nimmer & Feinberg と同様の問題認識においてＤＩＰの信認義務を分析し、同様に忠実義務と注意義務に並ぶ特別な義務として、受益者間での信認義務の抵触を解決する義務を認めている。ただし、Case が Nimmer & Feinberg と異なるのは、Case は、そのためにＤＩＰがとりうる独自の行動基準を編み出したというところである。

(1)　Case の理論も、基本的な問題状況の理解は Nimmer & Feinberg と同じである。すなわち、一一章において生じる各受益者間で信認義務が抵触するという現象は一一章に生来的なものであり、ＤＩＰにこのような状況において事業経営を行わせると法が定めていること自体は誤りでない、ＤＩＰはこのような状況で経営判断を下さなければならないが、その際に、あるグループをその他のグループ以上に優遇しなければならないという事態が生じることは当然に予測されることである、と考える。

Caseは信認義務違反となる場合を考察し、特定グループを偏重したことからＤＩＰの信認義務違反が生じるということはなく、信認義務違反とされるのは、注意義務違反があった場合のほか、財団の利益以上に自らの個人的利益を追求した場合に限られる、とする。むしろCaseは、この選択を実行することによって、ＤＩＰは自らに課された信認義務を果たしていると解するのである。それゆえ、受益者間で対立する利益を処理するにあたって用いられるここでの意思決定のプロセスこそが重要な問題となる。Caseの説明によれば、この意思決定の義務及び必要な意思決定のプロセスは、倒産処理制度の内部で律されなければならない類のものである。そこで破産法はこのためにコントロールのメカニズムを設けているわけだが、そのことのゆえにこの第三の特別な義務は、注意義務及び忠実義務という他の二つの信認義務よりも義務性が弱いものと考えられている。(158)

(2)　CaseはＤＩＰの信認義務実行のために、以下の三つの意思決定モデルを提案する。第一に、株主を偏重する持分権者支持理論（Pro Equity Theory）、第二に、債権者を偏重する債権者支持理論（Pro Creditor Theory）、そして第三に、先の二類型が適合しない場合として、利害関係人の調停者の理論（Stakeholder-Mediator Theory）である。

このモデルには以下の六つの事項が要素として含まれている。すなわち、(ア)ＤＩＰは常に信認上の注意義務に服する、(イ)ＤＩＰは意思決定のプロセスで個人的利益を抵触させてはならない、(ウ)ＤＩＰは、利害関係人が裁判所で対審手続において自らの地位を争うのを可能にするために、関係人が完全な情報を与えられるように取り計らわれなければならない。(エ)ＤＩＰの独占的再建計画提出権は、いずれかの時点で解除され、競合する利害関係人に計画立案のプロセスで自らの地位を主張する機会が与えられる。この独占的提出権を放棄しない場合には、ＤＩＰは道理に適いかつ公正な意思決定のプロセスに基づいて、計画案を提出しなければならない、(オ)

DIPは多様なグループの間で選択をなすにあたって中立的でなければならない、すなわち、選択がなされるべき場合には、DIPには、その信認義務の多数の潜在的受益者間の利益の比較衡量に基づいて、道理に適いかつ公正な決定を導くことが要求される、(カ) DIPによって選択がなされるということと、個々の事件においてこの選択と結びつくルールとを利害関係人に知らせるために、ノーティスの手続が必要となる。(159)

3　Palmiter の見解

Palmiter は、他の論者と同様に問題状況を認識しつつ、若干異なるアイディアを提示する。すなわち、伝統的な信認義務の概念の下では、DIP企業の取締役は一定の状況において生来的に抵触をはらんだ義務を負い、したがって〃混成的動機（mixed motives）〃を有する立場に置かれることになる、しかし、この混成的動機は伝統的な信認義務概念にはうまく適合しないため、新たに独立性という信認義務を考案するのである。

混成的動機の例として、典型的な企業買収入札の状況が挙げられる。すなわち、ここで取締役は、入札の申出を公平に分析する義務と、企業をコントロールする個人的な動機との間で決定を下さなければならない。ところが、注意義務の裁定基準である経営判断原則にみられる寛大な姿勢では、抵触する個人的動機を十分に処理し得ない。他方忠実義務も、忠実であることが実際には不可能である場合に、取締役に対して利益中立的に独立して行動することを要求するものであり、同様に十分にはこの局面での取締役の意思決定を律さない。

そこで Palmiter は、企業買収入札のような混成的動機を生み出す取引においては、この二つの伝統的義務の中間形式で判断を下すように求められるとし、これを独立性の義務の要請として位置づける。ここでいう中間形式とは、経営判断原則よりは厳格で、忠実義務ほどには厳格でない義務を意味する。(160)

4　Kelchの見解

Kelchは、以上の伝統的な信認義務の考え方に依拠する理論を、ＤＩＰの負っている義務の内容を何ら明らかにしていないと批判し、無益な仮想概念に執着することには意味がないと結論する。そして、ＤＩＰの信認義務という概念自体を放棄し、ＤＩＰは財団に対してのみ信認義務とは無関係の注意義務を負うほかは、権利者のどのグループに対しても何ら信認義務を負わず、自ら最善の利益と考えるところのあらゆることを追求することが出来る、また、倒産処理においても他の民事手続におけると全く同様に、各人の自助努力が求められるべきであるとして、独自の当事者対審主義モデル（Adversarial Model）を提案する。具体的には、利害関係人は実体的権利が損なわれる限度で自ら、またグループ間の紛争については各グループが、自らの地位と権利を裁判所での対審手続において主張・立証するものとされている。したがって、利害関係人間の対立は、このプロセスを通して裁判所において裁定されることになる。

(1)　まず、信認義務アプローチをとる各論者に対する批判は、それぞれ以下のようなものである。

Nimmer & Feinbergの所説は、あまりにも無限定であり、問題分析へのガイドライン、すなわち特定の状況で特定の結果を生せしめるためにＤＩＰ又は裁判所がとるべき方向性が示されていない点で問題である。

Caseのモデルに対しては、Nimmer & Feinbergに比べれば幾らかＤＩＰの意思決定のガイドラインを与えるものと評価しつつ、このモデルのはらむ次の三つの欠点を指摘する。第一に、Caseが提示した三つの意思決定モデルのうちの二つはいわゆるグループ偏重主義の理論だが、これは元来受認義務の理論ではない。すなわち、受認者が全ての事件で受認者の特定グループの利益を追求しなければならないという考え方は、Caseが提唱する信認義務の内容としての忠実義務及び中立義務の要であるが、これらは信認義務にはおよそ馴染みのない概念である。したがってこの理論を主張することは、生来的抵触を伴うＤＩＰの義務に関しては信認義務の考え方は有用でない又は無意味であると自ら認めることを意味する。第二に、Case は、ＤＩＰが親和するグループを債権者か株主としており、これはそのグループ又はそのグループのサブグループが一枚岩的な利益を共有していると想定するがゆえであるが、しかししばしばこれは実状ではない。ゆえに実際には提示された三類型に適合しない事件が多い、つまり多くの場合には必然的に Case の提唱するモデルはうまく機能しない。第三に、複合的な理論構造であるため、ある特定の状況で三つの異なる〝正しい結果〟が生じるということがあり得る。

Palmiter の見解についても、比較的意思決定のガイドラインを与えるものであるとしてそれなりに評価しつつ、そこで言われる義務の内容が画定されていないうえ、提示されている信認義務の理解が現実に適合するかどうかが疑問であるとされている。すなわち、ＤＩＰの義務に生来的な抵触のゆえに、言われている義務がコントロール機能としてどの程度有用であるかは疑わしく、また、どのような判断がなされるのかをＤＩＰ及び裁判所に予測させることができない。その意味で意義に乏しい理論であるということになる。

(2)　Kelch は、判例及び学説のいずれにおいてもＤＩＰの信認義務の内容は明らかにされていないと指摘し、そのことからＤＩＰの信認義務の受益者間の抵触は解決され得ないものであると結論して、ＤＩＰの信認義務の概念を用いない独自の分析モデルである当事者対審主義モデルを考案する。

①　当事者対審主義モデルの内容としては以下の四点があげられる。[161]

ＤＩＰの信認義務は実質的な内容又は意味を持たない概念であり、放棄される。ただし、注意義務は〝信認(fiduciary)〟の語で示される必要はなく、経営判断原則の形で維持される。

ＤＩＰの信認義務に期待されてきた機能は、事件当事者の対審主義的な意思決定のプロセスで置き換えられ、現行法の下で用いられているルールがこのゲームのルールとして用いられる（新たなルールを作る必要はない）。DIPは自らが認識する自己利益に基づいて決定を行う。企業倒産の場合には、この自己利益にはDIP企業経営者のそれも含まれる。というのも、経営者はDIP企業に必要不可欠なその代表者であり、また自己利益への執着を合理的に失うとは見込まれないからである。このように考えることにより、DIP企業及びその経営者は、従来受認者の職務として要請されてきた、複数の主人に仕えるという実現不可能な義務から解放されることになる。そして、この意思決定権能を行使するにあたって起こりうる権限踰越に対しては、既存のメカニズムにおいて裁判所が規制を及ぼすものとする。また、この場合に、利害関係人の側から問題があることを指摘されるなら、これによって更なるコントロールが及ぼされることになる。

DIP以外の利害関係人の行動を規制するのも自己利益である。それゆえ利害関係人には警戒心が必要となる。

② 当事者対審主義モデルには、他の信認義務アプローチをとる論者、特にCase理論に比べて、次のような利点があるとされている。

第一に、このモデルは実利主義的な現実に適合する。信認義務を説明する必要はもはやなく、信認義務という虚構に依らずとも可能な、最善の決定がもたらされることになる。そして、このモデルにおけるコントロールのメカニズムとなるのは、現行法の構造において既存の、DIPの経営とDIPが行う取引の双方に対しての裁判所による極めて広範なコントロールであり、制度改革は不要である。

第二に、このモデルの下では、受認者モデルにおけるよりも大幅に予測可能性が増す。なぜなら、受認者の行為は信認義務の定義が誤っている場合には予測できないが、経営者の自己利益の特定は困難でないことが多いからである。そして、信認義務を仮想した場合にはDIPがなすものとされている判断は、当事者対審主義モデルの下では、利害関係人自らが裁判所において主張・立証することを経て、裁判所が行うことになる。なお、この裁判所の判断は、法が破産裁判所を分離しようとしているところの管理上の判断ではない。

最後に、「ＤＩＰは独自の自己利益に導かれる」と利害関係人に告げることになる結果、さもなくば手続に参加しなかったかもしれない利害関係人に参加を促すことになる(162)。

(137) See Kelch, Phantom,1357. See also in re Microwave Prods. of Am. Inc., 102 B. R. 666,671 (Bankr. W. D. Tenn. 1989).

(138) 植田・前掲注(83)六-九頁参照。

(139) Bray v. Ford (1896) A. C. 44, at 51.

(140) Parker v. McKenna (1874) L. R. 10Ch. App. 96, at 124-125 per James L. J.

(141) 植田・前掲注(83)三、一四-一五頁参照。

(142) 前注一六-一七頁参照。

(143) 以上の本文での引用は、Mienhard v. Salmon, 164 N. E. 545, 546 (N. Y. App. Div. 1928) 事件における Cardozo 判事の反対意見からの抜粋である。

(144) Kelch, Phantom,1339.

(145) Nimmer & Feinberg,70.

(146) See id., 50,51.

(147) See e.g., Nimmer & Feinberg,27. ; Kelch, Phantom,1350. なお、「生来的紛争」という語は、最初に Nimmer & Feinberg が用いたときにはこのようなＤＩＰの信認義務に内在する抵触を意味したが、今日ではこの元来の意味にとどまらず、しばしば一一章事件における受益者間での利益の対立を指して用いられている。

(148) Restatement (Second) of Trust, § 2 (1959) は〝信託〟を定義して、「財産権保持者を、その財産権を他人の利

益のために処理すべき衡平法上の義務に服せしめる、財産権に関する信認関係（fiduciary relationship）」としている。四宮和夫『信託法〔新版〕』（一九八九年）六五頁、六七頁注（一）参照。

(149) See Schuyler v. Littelfield, 232 U. S. 707(1914). ; In re Franklin Saving & Loan Co., 34 F. Supp. 585(E. D. Tenn.1940). ; In re Penn Cent. Transp. Co., 328 F. Supp. 1278 (E. D. Pa. 1971). See Nimmer & Feinberg, 26 at note 58.

(150) より正確には、このほかに事務的な報告の職務（一一〇六条）も挙げられている。Nimmer & Feinberg, 26.

(151) Id., at 25-29,34-37. ; See also Kelch, Phantom,1355.

(152) Kelch はこれを〝グループ偏重主義理論（Group Favoritism Theory）〟と称する。Kelch, Phantom, 1356.

(153) Kelch はこれを〝忠誠心拡散理論（Diffuse Loyalty Theory）〟と称する。Id.

(154) Id., 30-37.

(155) このほか、多くの事件では、重要な又は通常と異なる全ての経営上の選択、重要な法的措置及び正式な再建申出につき、損害を被る利害関係人の同意が必要とされる点も指摘されている。この歯止め（checks）は更に、債権者及び所有者に与えられている、当該事件にとって重要なＤＩＰの行動に関して、提案、要求又は議決をなすという別個の権利によって強化されている。

(156) See id., 12,37,71.

(157) 以下に紹介するのは、Case, Fiduciary Duty of Corporate Directors and Officers, Resolution of Conflicts between Creditors and Shareholders, and Removal of Directors by Dissident Shareholders in Chapter 11 Cases, c638 ALI-ABA 489,495,521(1991) における所説である。同論文の原典は、日本国内はもとより現地に問い合わせても現時点では入手が不可能であった。とはいえ、ＤＩＰの信認義務のバランシングに関する影響力の大きい理論の一つであるので、本文では各種文献において引用されている内容を要約する形でまとめている。その際特に参考としたものとして、Kelch, Phantom,1357-1361 ; LoPucki &Whitford,Governance,779-80.

(158) See also Kelch, Phantom, 1357-58.

(159) Case, supra note 157,498-500.；See also Kelch, Phantom,1358-1359　Kelchは、ＤＩＰに求められているこの意思決定のプロセスでの中立性こそが、この理論の最重要事項となっているとする。
(160) Palmiter, see supra note 101,1351 (1989). ；See also Kelch,Phantom,1360-1361.
(161) ここで特にCaseモデルとの相違として挙げられているのは、個人たるＤＩＰ又はその経営陣による財団との利益抵触が許容され、紛争が生じた場合には対審手続を通して規制されること、計画提出独占権の放棄は要求されないこと、そして、各グループは自分たちの地位や権利を自ら主張し、最終的には破産裁判所での審査と分析を経て妥当な結論に達するということ、以上の三点である。
(162) Kelch, Phantom, 1357, 1360, 1362-1377.　なお、この点はKelch, Democracy, 933-935においては一一章企業と株主権との関係で論じられている。

第五節　再建企業ガバナンスの理論②——経済学的アプローチ——

倒産処理法の領域に経済学的思考を取り入れる試みは、一九八〇年代初期にT. H. Jacksonが他の論者との共著の形で世に問うた一連の論文(163)に始まる。以来しばしば批判にさらされながらも、その影響力は確実に現在にまで及んでおり、そのものが正面から主張されることは稀になったとはいえ、経済学的思考を全く無視して倒産処理が論じられることはまずないと言っても過言ではない（ただし本章第二節注(102)参照）。とりわけ再建企業ガバナンスの領域では、問題状況の理解や説明の方法として経済学的思考がしばしば用いられ、最近では前節で述べた伝統的な信認義務アプローチに替わって、議論の主流となった感さえある。もっとも、一口に経済学的アプローチといっても、数式を多用したものから基本的発想や論理を借用するにとどまるものまで、その内容は論者によって様々であり、ここでその全てを網羅することはできない。そこで本節では、そのうち最も一般的と思われる残余請求権アプローチを中心に取り上げる。

前節と同様に、ここでは理論状況を明らかにすることを目的とし、個別具体的な立法論的提言については節を改めて紹介することとするが、ただし例外的に、現行制度そのものの抜本的・徹底的な改廃を要する提言については、その論者の考えを紹介するにあたって随時言及する。

序　問題の所在

経済学的（残余請求権）アプローチをとる論者は、一一章再建企業のガバナンスの問題の源泉を、企業が倒産することにより企業に対する所有権の利益が変質することにあると考える。そこでまず、所有と経営の分離に伴う問題状況を明らかにするために、経済学的思考によれば「企業」はどのように説明されるのか、そして、そのような理解に基づけば企業のガバナンスとはどのような意味を持つことになるのかをみ、そのうえで、経済学的な再建企業ガバナンス論における問題の捉え方を明らかにしたい。

1　ガバナンス問題の源泉――経営（コントロール）と所有の分離

経済学の理論では、企業は、生産要素を結合する一連の契約の中心的当事者と捉えられる[164]。すなわち、労働者、原材料又は資本の所有者は、個々の所有者と契約する替わりに企業と契約する。それによって全体的な取引費用が縮減され、インプット所有者による協同の分業（cooperative specialization）が促進される[165]。ところで取引にはコストがかさむので、契約で特定された事項以外の（契約のギャップ（gap）に該当する）事項につき判断する裁量権を誰かが保持している必要がある。会社法はこの裁量権を企業の取締役会に付与し、取締役会はその権限のほとんどを経営者たる企業の役員に委譲する。[166]経営者は、企業が自ら当事者となっている契約を遵守するのを監視し、その契約に付随する目的に適うように判断を下す。その際、広範な契約のギャップに該当する事項につき経営者は経営判断をなす裁量権を有する。また、経営者は企業の締結した契約関係を監視する立場にあると同時に、自らの雇用に関して企業と契約関係にある。そこで、経営者が効率的に経営を営む責任を果たして契約の相手方との取引を確実に実行するためには、契約の全当事者によって経営者の行動が監視される必要が生じる。かくして、経営者を監視するのに最も適した立場にあるのは誰か（コントロール権の真の所在）、またその意味での主権者はどのようなやり方でこの監視を行えば成功することができるか、すなわち経営者の監視及び制御の問題が生じる。[167]

以上の考え方においては、企業のガバナンスとは、企業の構成母体（constituencies）である全員が契約を行うことで生じる非効率性ゆえに必要とされ、またそれゆえに生み出された意思決定の構造と捉えられる。すなわち、ガバナンスの問題は経営と所有の分離に由来する。このことは、倒産していない健全な企業についてのみならず、一一章事件の係属している再建企業についても同様である。というのも、一一章が採用したＤＩＰ制度は所有権と経営（コントロール）の分離を生み出すからである。再建企業は事件申立後はＤＩＰとなり、ほとんどの場合ＤＩＰ企業経営者によって従前通りの経営が続けられ、かつ経営に関しては法がこのものに広範な裁量権を与えている。この場合、経営者には、自らの地位を守ることを第一に考えて、企業に投資した企業の構成母体の最善の利益とならない方法で投資家の財産たる企業の経営を行うインセンティブを有することがありうる。そこで、そのような経営者の行動をどのように規制するかという問題が同様に生じるのである。

2　支払能力ある企業におけるガバナンスの問題の理解

このように経営と所有の分離に伴う問題は、そもそもは倒産の局面以外で、通常の支払能力ある企業に関して議論されてきたものであり、とりわけ近年では、経済学的思考を用いて問題状況を説明するいわゆる法と経済学的アプローチが主流を占めつつある[168]。再建企業ガバナンスの議論においても、そこで構築された経済学的思考に基づく理論と対照しつつ、又はその思考方法を部分的に採り入れて、論じられることが多い。そこで以下、健全な企業についてのいわゆるコーポレート・ガバナンスの議論の状況を概観しておく。

(1)　伝統的理解

①　経営と所有の分離は、周知のように、A. A. Beale と G. C. Means（以下"Beale & Means"とよぶ）の共著において、現代の特に大規模公開会社の経営に伴う問題としてまず最初に指摘されたものであり、これをもって今日のコーポレート・ガバナンスの議論の端緒が開かれた。

Beale & Means は、所有権とコントロールの分離を指摘して「株主支配」の観念を問うた。その主張するところは、次のように要約される。曰く、今日株式所有の分散が進んだことにより、株主は一般に受動的所有者であるに過ぎず、企業の支配者は所有経営者から専門経営者に移行している。個々の株主は、リスクが広く分散しているため、自らが投資した企業の取締役の行動を監視するインセンティブ又は能力をほとんど有していない。対照的に、典型的な企業の経営者は、自分が雇用された会社の株式はほとんど有していないが、会社経営をコントロールしている。かくして株主によるコントロールを離れた経営者の第一義的なゴールは、しばしば、株主の富を最大化することではなく、自らの効用を最大化することに置かれる。そのうえ、経営者選出の手段を通しての株主のコントロールは、大規模企業では経営者が少数株式を買い占めることによって選出のメカニズムをコントロールしているため、相対的に意味を失っている。

以上のような問題認識に基づき、Beale & Means は、経営者が自己利益を優先した経営を行うのを防ぐために、外部から積極的に企業に対して規制を及ぼす必要がある、との結論を導いた[169]。

② このように経営と所有が分離した状態において、企業に投資した企業所有者たる株主と、権限の委譲を受けて株主の所有に属する企業を実際に経営する経営者との間の関係を、どのように理解するかという問題がある。これについて伝統的には、受認者=受益者関係でもって説明されてきた。

この理解においては、経営者の権限は株主との信認関係において認められているものである。それゆえ、経営者は株主に対して忠実義務と注意義務の二つの信認義務を負い、その違反につき責任を負う。その結果、経営者には、忠実に、かつ類似の状況において類似の立場にある通常の賢明な人物が有するのと同程度の注意をもって、自らが企業の最善の利益と合理的に信じる方法で行動することが求められる[170]。このように、受認者=受益者モデルによれば、経営者の株主に対する信認義務に焦点を当てたガバナンスの構造が導かれる。

(2) 近年の議論――エージェンシー理論

これに対して、現在一般的な考え方では、経営と所有が分離した状況における株主と経営者の間の関係をプリンシパルとそのエージェント[171]の関係と捉える[172]。この考え方によれば、所有者たる株主はプリンシパルとして機能し、会社の収益と成長から生まれる儲けを受領する。これに対して経営者は、プリンシパルのエージェントとして実際の経営にあたる。これがいわゆるエージェンシー理論である。

① エージェンシー理論においても所有と経営の分離は問題となるが、それはもはや従来の「株主支配」の問題としてではない。

一般に、このような会社形態をとることのメリットとしては、主に以下の二点があげられる。第一に、この形態によれば、資力を欠く専門の経営者が会社を経営し、経営技能を欠く株主が企業に投資してその投資に基づくリターンを実現することが可能となる。第二に、この意味での専門化が進むと、投資家は、様々なレベルのリスクを伴う投資を混成した投資を行う（ポートフォリオを組み合わせる）ことで、投資によるリスクを分散することが可能になる。このようなメリットが認められる反面、エージェンシーの関係にはコストが伴う。特に重要なのは、所有者の投じた資金を、経営者が第一に自らの利益を考えて運用するリスクが生じるということである。それゆえ所有者には、エージェントによって忠実かつ効率的な経営が実際に行われるように監視し、制御する必要が生じ、このためのコストが負担されなければならない。これがいわゆるエージェンシー・コストと呼ばれるものである。かくして、エージェンシー理論において所有と経営の分離は、プリンシパルたる所有者に生じたエージェンシー・コストをどのようにして縮減するかという問題として議論されることになる。[173]

② エージェンシー理論では、経営者と所有者との間に利益対立が生じることを前提とし、これを明示的に認めたうえで、経営者を制御するガバナンスの構造は会社機構に内在的に存在していると考える。すなわち、まず経営者の側では、報酬との関連で受忍しうる限度で株主の利益のために努力しようとするので、所有者に生じるエージェンシー・コストは、社会的に最適な状況にまで縮減されうることになる。株主と経営者とが共有するエージェンシー・コスト最小化のインセンティブは、両者間の契約と市場機能を通して実現され、かくして、経営者の自己利益目的の経営に対して制御機能が働くことになる。しかもこの考え方によれば、受認者＝受益者モデ

ルによるよりもうまく経営者と所有者の間の利益対立を説明することができる。

このようにエージェンシー理論においては独自のガバナンスの枠組みが提供され、伝統的理解による論者が主張したような外部からの介入による規制は、不要であるばかりか、むしろ自由な市場機能を損なうものと捉えられる。再建企業のガバナンスに関しても、同様に企業の利害関係人の持つ経済的なインセンティブに着目した議論が展開される。

3　経済学的アプローチによる再建企業ガバナンス論の問題の所在

再建企業ガバナンス論の論者が経済学的アプローチに依った場合に共有する問題認識は、経済学的思考のとり入れ方において程度の差はあるが、一般に極めて高額といわれる破産のコスト（Bankruptcy cost）を縮減することにある。破産コストのうち大部分を占めるのは、専門家への報酬等の具体的に必要な出費からなる直接コスト以外の間接コストであることから、全体的なコストを小さくするためにはこの間接コストをどのようにすれば節約できるかという点が注目される。この間接コストの大部分を占めるのは、経営と所有の分離に由来する企業のガバナンスのコストであると考えられる。かくして、破産コスト縮減の問題は、ガバナンスの基本問題たる、企業に対する投資政策の問題として捉えられる。

(1)　経済学的（残余請求権）アプローチをとる論者は、一一章再建企業のガバナンスの問題が生じてくる根源には、企業が倒産すると企業に対する所有権の利益が変質することによって、それまで統一的だった残余請求権の内部構造に分離が生じることにあると考える。この意義は、次のように説明される。

①　一般に残余請求権者とは、事業運営の成功がもたらす儲けを受領する第一次的な受益者であり、かつ未熟

な経営のリスクのほとんどを負担する者である。したがって、残余請求権者は企業の効率的経営から直接的影響を受ける立場にあり、そしてそのことのゆえに、経営担当者が企業価値を最大化する行動をとるように監視する正しい経済的インセンティブを有していると考えられる。

通常の支払能力ある企業では、株主が残余請求権者であり、ゆえに株主が企業の最終的な意思決定者の地位に据えられる。ところが企業がいったん債務超過又はこの状態に近接すると、会社に対する権利者の間で、投資による儲けと投資による損失のリスクのそれぞれの可能性が帰する主体は単一ではなくなる。すなわち、一方で投資による儲けの可能性は、失うもののほとんどない下位のクラスに生じ、他方投資による損失のリスクは、満足の引き当てとなる企業資産を危険にさらすという意味において、上位のクラスが負担する。それゆえ、上位のクラスはリスクの低い投資を好み、下位のクラスはよりリスクの高い投資に向かうインセンティブを有する。この結果、もはやいずれのクラスの代表者も、企業価値の最大化というゴールを実現する投資政策の適切な管理者とはなりえないことになる。

② この現象を再建企業経営者の側からみれば、債務超過を契機に経営者の信認義務の対象は広がり、その結果各受益者に対する信認義務は相互に抵触することになる。つまり、経営者にとっても、会社の価値の最大化はもはや唯一目指すべきゴールであるとは限らない。再建企業の経営者は、信認義務の多様な受益者の間に見られる上述の両極端な投資傾向の間で、何らかの基準にしたがって選択を行わなければならないことになる。

以上のような考え方から、このような投資政策の問題をどのように調整し、解決するかが、このアプローチをとる論者のテーマとなる。

(2) この問題に対処する方法としてまず思い浮かぶのは、ＤＩＰ企業経営者が誰に対してどのような義務を負っているかを考察することである。第四節で見た信認義務アプローチは正しくこの方法によるものであった。しかし、信認義務アプローチによるガバナンスのシステムは、経営者の行動に対しての制御機能を十分に発揮しない。その理由の第一は、信認義務が守られていたか否かを判定するにあたって、判例法上、経営判断に広範な裁量の余地を認める審査基準が確立されていることにある。まず、経営判断における忠実義務違反の存否の審査は、直接的な利益相反が認められる場合にしか行われない。利益相反が明白でないならば、司法判断を回避するのが原則である。この直接的利益相反に該当しない経営者の判断及び行動は経営判断原則の下で審査される。経営判断原則によれば、経営者はその行動に著しい過誤がない限りは、必要とされる注意義務を果たしたものと想定される。したがってこの場合も裁判所は司法判断回避の立場をとり、ただ事実認定を行うのみで、経営判断の質の審査には立ち入らない。かくして、経営者に対する制御機能は、経営上明らかに誤った行為（obvious misconduct）についてしか働かないことになる。第二に、会社の意思決定においては多くの利益対立が生じうるが、これは非常に微妙な問題である。それゆえ、経営者の行動が自己利益に動機づけられてのものであったのか、それとも会社の最善の利益の為になされた行動だったのかは、そもそも裁判所には正確に判定できないことが多い(174)。

これに対して、株主と経営者との関係にもプリンシパル＝エージェントの考え方を用いれば、両者間の利益対立をかつての受認者＝受益者関係によるよりも適切に説明することができる。また、一二章事件が申し立てられた場合も、関係人間の切迫した危機感を別にすれば、企業運営の過程でなされる基本的な判断や登場主体そのものは、企業の支払能力の有無とは関係がない。したがって、支払能力ある企業のガバナンスの理論は、基本的には再建企業についても当てはめることが可能である。

(3)　以上のような理由から、再建企業ガバナンス論においても、エージェンシー理論に則った経済学的なガバナンスの理論枠組みに手がかりを求めることができる。もっとも、倒産事件であるが故の転用の限界は、もちろんありうる。そのこともあってか、必ずしも全ての論者が明示的にこの理論枠組みに依拠して考察を進めているわけではない。しかし、その場合にも基本的な問題の捉え方や発想は、エージェンシー理論に依った経済学的思考に置かれているのであり、理論枠組みを明らかにするという意味では、たとえ転用の限界をもって消極的な形で明らかになるのであったとしても、エージェンシー理論による支払能力ある企業のガバナンスの理論枠組みを再建企業ガバナンスの問題に対照させての考察は、有意義な試みと思われる。そこで以下、まずは支払能力ある会社のガバナンスに関する経済学的アプローチによる理論を概観し、再建企業のガバナンスの議論への転用の可能性を探ってみたい。

第一款　理論枠組み――支払能力ある企業のガバナンスのシステム――

1　経営者と株主の関係の規律の枠組み

一般に、株主は、債権者、労働者、原材料供給者又は国家に対置せられて、経営者の行動の監視、つまり企業に損害を及ぼすその裁量的判断に対する最終的なコントロールを掌握するものと理解されている。すなわち、株主には会社法上一般に企業の取締役会を選出する権利が認められ、かく選出された取締役会は役員とともに株主に対して注意義務及び忠実義務の信認義務を負う[175]。これに対して、株主を除くその他の企業との契約当事者は、特定の契約又は法の規律によって保護されるだけである。

(1)　株主は企業の残余の利潤（residual gain）に対して請求権を有する。残余請求権の特質として、これを保持するものは事業経営が成功することの第一位の受益者であり、かつまずい経営から生じるリスクのほとんど全てを負担する。したがって、株主は、経営者が確実に事業資産の価値を最大化する判断を行うように経営者を監督する経済的に正しいインセンティブを有している。株主を除いてはこのようなインセンティブを有するもの（グループ）はない[176]。株主と企業の契約はこのような性質のものである。

しかし現実には、公開会社の株主は、契約のギャップに該当する事項についての判断を全て行うことはできないし、またこれを望まない。なぜなら、個々の株主はそれぞれ企業に対して小さな利害関係しか有していないところ、所有権は多数の投資家の間に分散しているので[177]、現代の複雑な企業形態においては高額な情報コストが生じることになるからである。つまり、個々の投資家は、意思決定のプロセスのために大量の情報の取得にかかる時間と金銭を浪費したいとは考えない。この結果、企業において民主主義を実現する方法は代表制度に限られることになる[178]。かくして、各州の会社法及び会社設立時に定められた定款により、企業構造の基本的変更のような若干の重要な問題を除き、株主の意思決定権限のほとんどは取締役会に与えられている[179]。このような権限の委譲があることから、経営者と株主の間の関係を規律するシステムが必要になる。

(2)　伝統的には、このシステムは会社法の領域で受認者=受益者関係でもって説明されてきた。しかし前述のように、この分析モデルには一定の限界が認められ、かくして、プリンシパル=エージェントモデルが提唱されるようになった。このモデルによれば、株主はプリンシパル、経営者はそのエージェントとみなされ、この両者の関係を規律するものとして、契約、信認義務及び市場の三つの要素を統合したガバナンスのシステムが構想される。

ここでは、公開会社における経営者と株主の利益は潜在的に対立するということが前提とされている。すなわち、経営者は、株主ではなく自身の効用を最大化する個人として、職務を怠るインセンティブを有する。経営者の怠慢経営は、具体的には不熱心な経営とリスク回避的な投資姿勢に現れる。以上の前提において、株主には、経営者の行動を監視するコストと、その裁量権を制限することから生じる不効率のコストを中心とするコストが生じる(180)。

① 株主には、残余請求者の立場において、経営者による自己利益を優先した経営をただすための監視の権限が割りあてられている。会社との契約に着目すれば、この権限は次の二つの分析をもって理由づけられる。

(i) 第一は、会社決議に権利を有する者としての株主がなす選択と、エージェンシー・コストとの結びつきに着目した分析である。エージェンシー・コストは、企業の所有者と経営者との間の利益が異なることに由来するものであり、意思決定者が自分の行う判断から全く利得を得ないか、又はそのコストを全面的に引き受けるかしかない場合、つまり相当なインセンティブを欠いている場合には、常に存在する。これに対して、株主は企業が支払能力を有し続ける限りは残余請求権者であり、株主は企業に対して権利を有する他のいかなる債権者よりも優れた意思決定のインセンティブを有している。

(ii) 第二に、株主と会社との間の契約は、企業経営者の機会主義に対する防御のための安全装置を、企業と契約を結ぶ株主以外の契約当事者に比べて相対的に緩やかにしか発揮することができない。

株主以外の契約当事者としては、例えば原材料提供者、与信提供者或いは労働者が考えられるが、いずれも企業との間に長期的な双務契約を締結して契約関係を持続させることにより、短期の契約を繰り返す場合に生じてくる市場に再参入するコストを回避することを好む。ただし、長期契約には、契約相手方たる企業又はその経営者が、契約締結後に利潤を独り占めしようとして機会主義的に行動することになりうるという危険が伴う。これに対しては、取引債権者は次のような要領で自己防衛することができる。まず原材料提供者は、特定の物に投資をするのだから、将来の価格変動の可能性を織り込んだ取引価格の割増や早期弁済を要求することができる。与信提供者は、契約の違反又は不履行の時のための保証を取り決めたり、期限の利益喪失約款を定めておくことができる。更に労働者も、解雇手当についての契約を締結したり、労働組合に加入したりすることで同様に自己防御することができる。

これに対して、株主と企業との関係は定期的に更新されるものではないため、株主には他の契約当事者が持っているような再交渉のための権能や手段はない。また、株主の企業に対する投資は特定の資産にあてでなされるのではない。それゆえ、資産に照準をあてた安全装置を作り出すこともできない。むろん、自己防御の方法として会社の定款にそのための条項を設けたり、情報を請求したりすることはできるが、こうした方法には限定的な保護機能しかない。かくして株主が経営者の戦略的な行動を阻止するためには、議決権、特に自分たちに替わって経営者の行動を監視する職務を果たす取締役会を選出する権利に依拠することになる(181)。

② 経営者の怠慢経営は経営の不熱心さのみならず、リスク回避的な投資姿勢をもたらす。

一般に投資家は多様にポートフォリオを組み合わせて投資を行っていると考えられるのに対して、株主については、ある特定の企業が事業に失敗するリスクを分散させていることによってリスク回避的であるということは稀である。また経営者も、その企業に特有の高レベルの技能を有しており、これは分散することができない。ゆえに経営者は、事業が失敗して解雇又は失職することになれば大きな損害を被ることになる。したがって経営者は、株主が望んでいる会社の失敗のリスクを増大させる判断を回避しがちである。このタイプの利益対立は、信認義務によっては適切に規制されえない。

(i) このタイプの利益対立をコントロールする一つの方法は、契約によるコントロールである。株主は前述のように会社法上一般に取締役会の定期的選出権を保持しており、この権利を行使することによって怠慢な経営者を解任し、エージェンシー・コストを縮減することができる。このほか、経営者の利益を企業の利益と結びつけるような方法をとること、例えば、業績に応じた報酬決定や株式のオプションとしての性質のもつ脱退権（株式売却）に対するインセンティブが、エージェンシー・コストを縮減しうる。[182]

しかし、特に大規模な現代企業においては、この契約によるコントロールだけでは意義が乏しい。なぜなら、株式は広く分散所有されており、契約によるコントロールを制度的に行うことには、いわゆる共同行為問題が伴ううえ、前述のように経営者には、株式を買い占めることによって決議のメカニズムのコントロールが可能になっていると考えられるからである。[183]

（ii）　そこで、各種の市場がこの契約によるコントロールと一体になって制御機能を果たす。

第一に、会社の支配権市場が機能する。この代表的なものが企業買収の市場である。経営者の怠慢のために株価の最大化が実現されない場合には、これに不満を抱く株主は、株式を売却して会社から脱退する権限を行使することができ、株価にはその企業の非効率性が反映されて、買い占めが購入者にとって魅力的となるレベルにまでその価格は下落する。その結果、ついにはその企業は敵対的企業買収の標的となる。この潜在的脅威が経営者に効率的企業経営のインセンティブをもたらす。

第二に、契約と市場が結びつくことによって、与信関係における経営者の行動に対する制御が働く。まず長期の与信関係においては、通常はこの関係を律する契約に経営者に特定の行動を禁じる保護条項が設けられており、この条項違反があれば債務不履行を問われ、この結果資本の引き上げという不都合な事態が生じる。倒産手続の申立にまでは至らない場合には、このような結果を招来したがゆえに経営者は解任されることがあり得る。次に短期与信関係においては、この場合には契約に前述のような保護条項が設けられることはなく、同条項が果たしていた機能は働かないが、その替わり、この契約が反復される性質のものであるということが制御装置として働く。すなわち、経営者が経営のリスクを過度に増大させる行動をとれば、再契約は行われず、与信の供給源が枯渇することになる。更に、その結果としてキャッシュ・フローが危機的に減少すれば、やがてはその他の継続中の与信関係にも債務不履行が生じることになり、経営者は長期与信の場合と同じく解雇されることになる。(184)

このほか、製品市場が機能する。激烈な生産競争は、企業が勤勉かつ効率的に経営されることを要求する。また、経営者は報酬やボーナス或いは自己の名声に関して制約を受けるので、労働市場も怠慢経営の制御装置として機能する。(185)

ただし、市場は、資産の分散及び利害の絡んだ取引に対しては反応するが、経営者に誤った行動をしないように促す点では不十分にしか機能しない。

(iii)　そこで、市場及び契約のコントロールによって適切に制限されそうにない経営者の行動に対しては、信認関係のルールから制裁が加えられるとされていることにより、コントロールの機能が果たされると考えられる。(186)

(iv)　以上のように、支払能力ある企業のガバナンスは、契約、各種の市場の機能、信認関係における諸原則の三つの要素の統合された構造を通して実行される。これらの要素は相互に補いあい、債権者と株主との対立の調整をはかり、経営者を株主の利益において行動するように義務づける制度が形成されることになる。(187)

2　債権者と株主の関係

債権者も経営者の怠慢と権限の濫用を懸念しうる立場にある。しかし、経営者のまずい経営によって企業に支払能力のある状態が危機にさらされない限りは、債権者よりも株主こそが企業コントロールにつきよりよいインセンティブを有する。

債権者にとって直接的に懸念されるのは、債権者が資本を投じた後に、事業のリスクを増大させる方向で株主にとっては利益となる取引がなされる場合である。

(1)　株主と債権者との関係の特徴は生来的な対立にある。企業の収益（income stream）に対して、株主と債権者は互いに対立するインセンティブを有するからである。

債権者は、債務不履行のリスクを考慮した債務の利率を設定することによって、企業に投下した資本額については確実に保障されている。ただし、債務不履行のリスクは事業の失敗という全体的リスクに直結している。それゆえ債権者は事業リスクを小さくすることを望むが、これに対して株主は、債務の利率がひとたび固定されてしまえば、事業のリスクを増大させる選択をするようになる。なぜなら、利潤を生む可能性は株主自身が受領するが、損失は債権者と共有することになるからである。債権者が株主の高リスクを追求する行動をコントロールするか、利率を設定する時点でその可能性を完全に考慮するかすることができない限りは、株主は事業のリスクを増大させることによって、富の移転に影響力を及ぼすことができる。

(2)　債権者と株主の関係の規律は、企業に支払能力がある間は、経営のコントロールに関するものというよりも、防御的なものと特徴づけられる。

株主が主に関心を抱くのは、経営者が企業の資産価値の最大化に失敗することである。これに対して債権者が経営者の行動に対して抱く懸念は、事業経営のリスクを増大させる行動を制限することに限られる。なぜなら、債権者は株主とは異なり、資産が生み出す収益に対して既に確定した優先的請求権を有しており、企業に支払能力がある限りは、その請求権につき全額弁済を受けるはずだからである。それゆえ、債権者のこの懸念は主に契約締結段階で、リスクを増大させる特定のタイプの行動を制限する契約上の条項によって処理される(188)。

3　債務超過への推移と残余請求権者

右に述べた債権者と株主との関係は、財政が悪化するにつれて変化する。

(1)　企業が債務超過に近づくにつれて、株主と債権者の間の対立はより激しいものとなる。

株主は、企業価値が下落すればするほど、新事業において危険にさらされる資本額が減少する。したがって、資産価値の利用におけるリスク選好は増大する。他方、財政難が本格化するにつれて与信関係は変化し始め、これに伴って契約の防御的機能はコントロール装置としての機能を発揮し始める。すなわち、事業のキャッシュフロー及び資産価値が弱体化するにつれて、債権者は、もはや契約上の条項による特定の行為に対しての防御で満足している傍観者の地位に甘んじているだけではすまなくなり、ガバナンスの問題により積極的に関与するようになる。かくして、債権者は、ガバナンスのシステムの支点としての役割を、株主から取って代わることになる。

(2)　更に財政難が進むと、企業は債権者と契約で取り決めた事項につき不履行に陥り、この段階でそれまでの契約的なガバナンスのシステムは変容する。

①　企業の債務不履行により、債権者は資本を引き上げる権利を持つことになる。資本引き上げの権利は、債権者に、企業に対する関係を防御型から参加型へと変えるのに必要な交渉上の武器を提供する。すなわち、資本引き上げを回避したいと考える経営者は、債権者に企業の意思決定にあたってより包括的役割を果たせる機会を与えようとする。例えば、債務弁済のための資産売却、企業外部からの追加資本の取り入れ、新たな債務負担の

制限又は経営において中心となっている人物の解任等の事項に、債権者が積極的に関与できるようにするのである。

この段階でもし私的な和解がうまくゆき、財政破綻にまで至らずにすめば、債権者の従前の保護的関係が再開されることになりうる。

② 企業が債務超過に近づくにつれて、法による制限も、企業における関係に対するコントロールの機能を効果的に発揮し始める。

州会社法は、債権者の請求権の満足に供するための一定レベルの資本を確保する目的で、企業が債務超過に近づいたときには株主による資本の引き出しを制限している[189]。この配当制限のルールは、州法又は連邦破産法における詐欺的譲渡禁止条項[190]とともに、企業からの資本流出の防止に利用されうる。更に、倒産事件開始直前の数日間になされた不均衡な債務弁済は、否認の法理によって矯正される[191]。また、債務超過が近づくにつれて、経営者の忠実義務及び注意義務からなる信認義務の相手は、株主のみならず債権者にも拡張する[192]。

これらの法的な制御機能は、契約及び市場の持つコントロール機能の間隙を埋めることになる[193]。

(3) このような推移の果てに、企業が実際に債務超過に陥ると、所有権の構造は変更されなければならなくなる。

その最も劇的な方法は、事業資産を清算し、その売得金を所有者に持分権（ownership interest）と引き替えに支払うことであるが、清算を回避するなら、何らかのやり方での再建が必要となる。再建手続では、企業との契約を当事者らが再交渉することによって、解決策が見出される。同時に、事業を維持するためには通常は経営の継続が必要となるが、このプロセスでは単純に清算する場合を遥かにしのぐ甚だしいガバナンスの問題が生じる。

というのも、倒産によって所有者間の関係にはしばしば危機的な雰囲気が生まれ、各人の経済的なインセンティブは激しくぶつかりあうからである。企業の株主は、資産価値の処分についての最終決定を遅らせつつ、企業からの何らかの継続的利益を受領する希望を抱いて経営リスクを増大させるインセンティブを有する。他方、債権者のうち全額弁済の保障された優先権を有するものは、企業からの資本の引き上げを画策しがちである。

以上の分析の結論として、倒産の場合に企業のガバナンスにつき正しいインセンティブを有するグループは、この両グループの中間にあると考えられる。なぜなら、このグループは、再建によって維持される継続企業価値を実現しようとし、また再建のコスト及び再建の失敗による損失のリスクの双方を全面的に負担するグループだからである。(194)

4　一一章再建企業への転用の有用性と制度的限界

(1)　有用性

理論的には、支払能力ある企業のガバナンスのシステムは再建企業においても機能するはずである。一般に企業のガバナンスの問題は、所有権とコントロールの分離から生じるエージェンシー・コストを最小化・最適化することを目的とした意思決定の規律の枠組みの問題であるが、ここでの問題の根源たる所有と経営の分離は、支払能力ある企業にのみならず、一一章手続が係属している再建企業にも全く同様に生じるからである。

①　一一章手続では原則として、従前の債務者はＤＩＰとなり、従前から債務者企業に対して債権又は持分権を有している者との関係を維持しつつ、従前の経営が続行される。(195)

（ⅰ）　このように、再建企業のガバナンスの問題は、支払能力ある企業について論じられたのと同じ前提条件の下にあることから、支払能力ある企業のガバナンスの議論は基本的に一一章でも妥当すると考えられる。のみならず、再建企業のガバナンスの問題はよりいっそう深刻かつ切実である。なぜなら、このようなＤＩＰ制度の構造ゆえに、エージェンシー・コストが著しく増大するからである。まず、ＤＩＰ企業経営者は、単にＤＩＰの代理人として事業経営を行うのみならず、裁量の幅の広い自由な経営を行うため、また再建計画の立案で主要な役割を果たすことから、結果的に再建のプロセスと損失配分の決定に大いに影響力を発揮する。他方、経営者の行動を監視する側では、企業の所有権の利益に生じる変化を反映して、残余請求権者に変質が生じる。加えて、倒産手続に生来的な利害関係人間の対立及びその結果解決がより困難になった共同行為問題があり、ＤＩＰの監視体制は混乱し、かつ不明瞭になる。このように複雑な状況にある一一章再建企業においても、いやだからこそよりいっそう切実に、経営及び倒産処理方法の双方について適切な判断が下されることを確実にする意思決定の構造が必要とされるのである[196]。

（ii）　経営判断の質は、そこから期待されるリターンの現在価値に対するその判断から期待されるコストの関数で表されるということは広く認められている。この一般的基準によれば、目指されるべき目標は専ら効率的な配分（allocative efficiencies）である。ここでは、その経営判断がもたらす結果（成功又は失敗）は顧慮されない。したがって経営判断には破産事件の内外のいずれでなされたかは重要でない。また、経営判断には常に損失又は利潤の可能性が伴う。ある判断が損失をもたらしたからといって、その判断が明らかに誤りであったとは言えない。つまり、経営判断の評価で問われるのは、その「正しさ」ではなく、その判断がなされた「過程」、すなわちガバナンスの構造である。

②　一一章手続の持つもう一つ別の中心的機能からも、支払能力ある企業のガバナンスのルールと再建企業の

ガバナンスのルールとを類比させることの有用性、更には必要性を論じることができる。すなわち、交渉による再建のプロセスの一環をなし、かつその頂点をきわめる一一章手続における会社決議が果たす機能である。

(i)　支払能力ある会社における会社決議の特徴と支払不能の会社のそれとを考察すると、一見全く性質の異なるものであるかのごとく見える。

一方で支払能力ある会社においては、株主は最高主権者として会社決議につき唯一の最終決定権を有する立場にあり、取締役会の選出及び企業に迫られた重要事項につき、一株一議決権で決議する責任を負っている。その根拠は、株主の権利の安全装置としての役割を果たす、株主と会社との契約の性質と、適切な会社経営のインセンティブの所在であるところの会社収益に対する残余請求権、この二点に求められる。

これに対して、企業が再建手続に服すれば、連邦破産法一一章が定める独自の会社決議のルールによって規律されることになる。すなわち、一一二一条ないし一一二九条は、唯一かつ包括的に再建計画の承認又は拒絶を決することを目的に、株主が独占していた議決権に対して全ての利害関係人に一般的なアクセスを認め、しかもより厳格な可決要件を定めている。そのうえ、クラムダウンされる可能性があるということにより、株主の議決権の重みはさらに減じられる。このような一一章に独自の会社決議が認められる理由は、一一章手続が生じさせる劇的な効力に求められる。第一に、一一章手続では(現在の企業に対する請求権保持者に対してであれ第三者に対してであれ)会社資産売却の効果が生じる。第二に、一一章手続では会社の定款までもが変更を求められ、ほぼ全てのクラスの権利が、権利者の譲歩によって処分される。このような大規模な権利変更を行う制度において、もしも手続開始前の株主のようなある特定の権利者のグループに、その他のグループの権利を変更する権利を認めたなら、この意思決定を行うクラスが機会主義的に行動するという大きな危険がもたらされる可能性がある。それゆえ、一一章手続において複数の権利者による決議の方法をとることは避けられないものであるといえる。

(ii)　このように特徴的な一一章の規律も、以下の三点においてなお支払能力ある企業のガバナンスの議論の枠組みで説明することができる。

第一に、一一章では、交渉に基づく自由な再建計画の成立を奨励して定められた規律内容から考えると、再建手続開始前に議決権の正当性を担保したところの、最善の意思決定のインセンティブを有する構成母体のうちの唯一のグループに限定して議決権を認めるというゴールは、放棄されたものと捉えられる（ただし、みなし受諾の規定にはなおもこのゴールを指向する法の姿勢が現れている(197)）。もっともこの点では、一一章での決議の規律は、倒産後新たに残余請求権者の地位に置かれるグループ、すなわち中間層たる一般債権者の意思を十分に反映しうる構造となっておらず、問題は残る。

第二に、自動停止の制度により、債権者が手続開始前に有していた契約による権利保護の安全装置は破壊されることになり(198)、それゆえに、手続開始前には株主と会社の契約にこそ認められていた、他の構成母体のそれとは異なる権利保護の安全装置としての意義は失われてしまう。他方、法は、緩和された絶対優先原則、特に清算価値保障原則に看取されるように、構成母体との交渉そのものは維持・続行されることに重要な意義を見出している。

以上の結論として、一一章手続において一般に拡張された議決権は、構成母体にとっての契約による権利保護の安全装置の要請に、調和することになる。

第三に、支払能力ある企業のガバナンスと、一一章における倒産企業ガバナンスには、多数決制度が導入されるまでの経緯及びその導入の目的において、歴史的側面での類似性も見出される。すなわち、多数決制度の下での少数者保護と会社経営の発展という双方の需要を満たすべく発展せられ、法定されるに至った対処策としての、州会社法上の株式買取請求権の制度は、一一章における清算価値保障原則に対応している。[199]

(2) 再建企業における株主の地位の考慮

支払能力ある企業についてのガバナンスの理論枠組みの再建企業ガバナンスの問題への転用可能性を論じるにあたって、とりわけ大きな疑念が生じ得るのが、倒産企業における株主の地位をどのように評価するかということである。債務者企業が債務超過に陥れば、会社の株主に対する持分権は無に帰すため、株主はもはや倒産企業に対して何も請求することができない立場にある、と考えられるからである。この点に関しては本書でも既に取り上げ（第三節第一款3及び第二款3参照）、今日一般的な考え方では、この場合の株主議決権行使についてはその目的が交渉におけるレベラッジの獲得にあることが着目され、また州法上絶対的な権利として認められてきた株主権は尊重されるべきであるとの考慮から、基本的には肯定されているとまとめた。この考え方は判例の立場とも調和するし、また、企業の債務超過の認定には資産評価という困難な問題が伴うのであって、予め債務超過を基準として株主を除外して考えるのは実際的ではないとも指摘されている。[200] とはいえ、重要な問題であるので、ここで改めてこの点に関する学説の議論状況を明らかにしておきたい。

学説の議論を大きくわけると、債務超過との関係に着目して一一章手続における株主の権利を否定する見解と、それでも肯定する（もしくはより進んで、保護されるべきである）とする見解とが対立している。

① 一一章手続での株主議決権の行使を消極的に解する立場は、その理由として、会社が債務超過になると株主はそれまでに認められていた議決権の根拠を全て失ううえに、企業が即時に清算された場合にはもはや何も受領することができず、失うものも同様に何もないから、企業の経営状態の如何に関わらず経営者に会社資産を用

いたギャンブル的な投資を奨励するインセンティブを有する存在である、ということを挙げる。それゆえ、株主に議決権を認めることで、倒産事件係属中の会社の適正な意思決定が妨げられ、歪められるおそれすらあると危惧されるのである。これに加えて、現行法の枠組みにおいては一一章でクラム・ダウンが行われることが極めて稀であるということを前提とすれば、株主の議決権を全面的に剝奪するか、少なくとも制限すべきではないかとの議論が生じてくる。

(i)　最も極端な考え方は、現行法の定める株主の議決権を制度的に否定してしまうべきとするものである。ある論者は、何らかの経済的補償と引き替えに、株主の議決権を剝奪してしまうべきであると主張する。(201) しかしこの見解は、現行法が放棄した厳格な絶対優先原則への回帰を指向するものであり、また、株主の権利の一一章事件における意義を思えば、そもそも株主の権利を一律に、手続開始と同時に除去してしまうとするのは不適切であると認められるがゆえに、(202) 多くの支持は得ていない。

また、企業の真のコントロールを保持する者（又はグループ）を特定しようとするアプローチを放棄し、DIPの行動のコントロールの行使は、裁判所における対審手続を通して、まずは利害関係人が自らの権利及び地位を主張・立証する自助努力に期待し、次いで裁判所がその主張されているところのものを総合的に判断することによって実現されるべきであると考える論者もある。(203)

(ii)　これよりも緩やかな考え方をする論者は、一一章事件における株主の議決権が弊害をもたらしうることを危惧しつつも、一一章手続における株主議決権を全面的に除去することには右に挙げたように問題点が認められ、また実際的にも、経営者が計画が確実に認可されることを期して株主に〝甘味料〞を加えた申出をすることは、倒産事件ではしばしば行われていることであるとして、株主の権利そのものを制度的に否定することはしない。しかし、このような現実を放置すれば、一一章手続において非効率的な売却を承認することとなるので、弊害を除去するための経済学的考察に基づく代替提案を行う。すなわち、真の残余請求権者たる無担保債権者に特別な議決権を与える等の方法による対処である。[204] ある論者は、一部で各州の会社法の定める株主の権利を尊重し、またこれが一一章手続において交渉のレベラッジを引き出す特権として支払不能の有無に関わらず有意義なものであるとする考え方（後述②の見解）に対しても、株主の権利は債務超過の会社においては甚だしく希釈されているうえ、一一章事件における株主の地位の変質をも顧みれば、これを認めることには、株主によるこの権利の機会主義的な行使の可能性を含む多大なコストがかかる、と批判している。[205]

(iii) 更に別の論者は、資産価値を超過する債務を負っている企業に限り、株主の議決権を剥奪すべきであるとの基本的考え方に依りつつ、具体的方策として、再建計画の交渉での株主による譲歩引き出しのための妨害的行動を除くため、相応の確からしさをもって株主が配当にあずかる権利を有しているかどうか（利害関係者といえるか否か）を、一一章事件の早い段階で破産裁判所が判断し、裁定すべきであるとする。[206]

② 他方、積極的に肯定する見解は、現行法が絶対優先原則を緩和して、合意に基づく再建計画の成立を推奨したことを主な理由に挙げて、全ての事件において株主の議決権及びこれを求める株主総会招集権を否定すべきでない、とする。すなわち、法は債務超過の有無で株主を区別して取り扱うことを予定してはおらず、このことのゆえに、株主が同意のプロセスの一部として何らかの利益を留保するという命題が裏づけられているとするのである。そして、これら株主の権利は一般に一一章手続における交渉のレヴェラッジを引き出すために認められた特権であるとという点も重視される。[207]

更に進んである論者は、株主権の意義につき基本的に右と同様に解しつつ、株主代表の委員会は裁判所が裁量によって設置するか否かを決めるが（一一〇二条）、経費がかかることを理由に任命が拒絶されることがしばしばあり、それゆえに再建手続において株主の利益が代表されないことが少なくないとの理由から、経営者には、株主を代表して何らかの利益を引き出すべく交渉する義務を負った、債務者企業の代表者たることが求められる、すなわち債務者企業の経営者は株主の利益のために引き続き交渉を続ける義務及び職責を負っている、とする。これはもちろん、株主権の濫用までをも肯定する趣旨ではなく、濫用に対しては、個別の事件における具体的事実に基づいて、判例法の確立した考慮要素に照らして裁定されるべきであるとする。そしてこの点を捉えて、経営者の継続的交渉の義務及び職責は、会社の財政状況が「およそ望みがない程度に」債務超過であり、したがって株主が会社に対して持分権を有する機会が全くないかこれに等しい場合には、このような事実状況が発生したことによって制限されると解している。というのも、このように会社が恒常的に債務超過であるということがひとたび明らかになれば、株主が保持し続けたはずの価値が失われるからであり、その如何は、全体的に見れば、合意による再建計画の認可という目標が追求される過程での債権者の意向に依拠することになる、とする[208]。

(3)　制度的限界

以上に転用の有用性をみてきたが、しかし実際には、支払能力ある企業のガバナンスの構成要素は、一一章においては著しく制約される。というのも、自動停止制度、そして有利な取引を引きだす目的での戦略的な一一章の利用を抑制する必要性があるがゆえに、上述の支払能力ある企業のガバナンスの構造は一一章制度に適合するように次のように調整されなければならないからである[209]。

①　一一章が基礎をおく経済政策は、多様な請求権を保持する多数の利害関係人の共同的地位（collective positions）を、個々人がとりうる企業を清算・解体するような行動から守るという目的に向けられている[210]。この

意味での共同主義において、個々人の権利は希釈される。それゆえ、まず債権者と株主の双方が有していた契約による保護は次のような形で失われる。[211]一一章事件ではいわゆる共同行為問題が生じる。これに関して破産法の法理は、企業所有が分断して個々の所有権者が異なる権利を有する場合には、個々の投資家に対して、各々の自己利益のために個別的に行動を起こすのではなく、グループとして共同的に行動することを求めている。[212]具体的には、法は共同行為の問題を軽減するように自動停止の制度を設け（三六二条）、これによって、ひとたび事件が申し立てられれば債権者は事業から資本を引き上げることを禁じられる。また、株主が本来有している取締役会の解任及び新たな取締役会選出のための株主総会召集の権利は、一一章事件で行使される場合には、それが単なる手続引き延ばし戦術でないかどうか審査され、更に、必要とされる再建が脅かされる場合には制限されることすらありうる。[213]

市場によるコントロールも十分に機能するか疑わしい。まず、小企業についてはそもそも資本市場が十分に発達しているとはいいがたい。十分に機能する市場がある場合でも、自分自身が再建事件で奮闘中の経営者が、市場に応えた行動をとるとはおよそ見込まれない。

かくして、支払能力ある企業についてのガバナンスの要素のうち、残るのは信認義務の原理だけとなる。しかしこの義務は、企業が支払不能に陥っている場合には、相互に対立するインセンティブを有する債権者と株主に対して同時に働く。一一章企業のほとんどは支払不能に陥っているので、一一章においては信認原理の元来の制御機能は少なからず弱められる。また、裁判所の経営判断を尊重する姿勢を反映して、信認原理が働く局面で裁判所の審査が行われるのは、経営者の顕著な失敗又は明らかな利益抵触の場合に限定されている。そもそも信認原理は、支払能力ある企業のガバナンスの構造においても、契約によるコントロールと市場によるコントロールの補完的な意義しか有していない。したがって、信認義務のみで再建企業のガバナンスに伴う困難な諸問題が処理されうるとは見込まれない[214]。

このように、倒産という局面での特異な性質上、転用には自ずから一定の限界がある。それゆえ、再建企業のガバナンスのためには、一一章の制度目的に合致し、かつDIP企業経営者の行動を有効に律することのできる固有のシステムが更に必要となる。しかし、そのための基本枠組みは、一一章において定められているのではあるが（本章第三節参照）、この所与の枠組で予定されているシステムが十分に機能しているかどうか、不十分であるならばどのように改善していくことができるかを評価・考察する際には、やはり、支払能力ある企業のガバナンスの理論に手がかりを求めることができる。すなわち、支払能力ある企業のガバナンスのシステムにおける要素のうち、一一章制度に移植できないがために失われた契約及び市場によるコントロールに替わりうる、債権者及び株主への適切な保護が十分に提供されているかという観点である[215]。

第二款　各論者の見解（残余請求権アプローチ）

第二款では、残余請求権アプローチによって再建企業がバナンスの問題を論じる各論者の見解をみていく。

1　一一章制度の意義に消極的な見解

(1)　Bradley と Rosenzweig の見解

最も極端な考え方は、Bradley と Rosenzweig（以下"Bradley & Rosenzweig"とよぶ）の一一章再建制度廃止論である。この論者は、一一章のガバナンスのシステムを「経営者が、自分の富を増大させる目的で、債権者及びその他の株主との間の契約で取り決められた内容を縮減させるのを許しているメカニズム」と捉え、一一章事件において損なわれている本来の債権債務秩序の実現を企図して、残余請求権者が企業再建のプロセスに参画することを否定し、裁判所に監視されつつ行われる企業再建の制度を無くしてしまうべきであると提案する。

そこでBradley & Rosenzweigは現行の一一章企業再建制度に替わるものとして次のようなシステムを提案する。すなわち、資本借り入れが行われた場合には、その債務と同額の条件付持分権株式（contingent equity share）を発行して上位の債権者（企業債務負担者）にこの株式をその購入の割合で配分し、またこれとは別途に、同様のやり方で下位の債権者に対しても下位の条件付持分権株式を発行・分配するというものである。このシステムにおいて債権者には、この条件付持分権株式をめぐって契約することが期待される。この契約の締結によって、残余請求権者は、企業が債権者との契約を不履行する場合には、その時点で会社に対する全ての請求権を白紙にされ、その請求権の資格（claim status）は次に高い優先順位を有する担保権者のクラスに受け渡されることになる。この地位の受け渡しのプロセスは、会社の上位債権者にまで行われてしまうか、或いは、より低い優先順位の担保権者のクラスが、上位の債権者に対してその負担された義務に十分見合うだけの新たな持分権を発行しうるかという、いずれか二つの状況が生じるまで繰り返される。前者の事態が生じれば、企業の上位債権者には、企業経営を続け、企業の持分権の地位を保持し続けるというオプションが認められる。その他の選択がなされる場合には、上位の債権者は弁済を受領し、企業の持分権者の地位は弁済した請求権者のクラスに保持されることになる。このように、条件付持分権株式をめぐる契約の締務は、残余請求権の地位の移転のメカニズムとして機能することになる。ここで論者が狙っているのは、儲けの可能性と損失のリスクが直近の優先順位の債権者において統合せられることによる、ガバナンスの問題の解決である(216)。

もっとも、この見解に対しては、市場「神話」に依拠しすぎであり、現実の資本市場は再建制度がなければこれほどには機能しないとの批判が多くの論者から寄せられており[217]、一般の支持は集めていない。

(2) Baird と Jackson の見解

Baird と Jackson（以下"Baird & Jackson"とよぶ）は、Bradley & Rosenzweig ほど過激な制度廃止を唱えるまでには至らないが、企業を強制競売に付して売却することにより、新たな所有者において儲けの可能性と損失のリスクを融合させ、もってガバナンスの問題に対処しようとする思考方法において共通するものがある。この強制的企業競売の方法により、企業の購入者はまずこの競売において現金を支払って債権者の請求権の付着しない企業を取得する、この売却の後は、新所有者及び新所有者に融資を行う者が、他の事業所有者と同様に資産を効率的に管理するインセンティブを有しつつ事業を経営することになる、と考えられている[218]。

Baird & Jackson の見解の基本にあるのは、独特の法的倒産処理制度観であり、倒産法は、経済的で合理的な、自己の利益を追求して行動する人間による債権回収の問題を処理する制度と捉えられている。すなわち、企業が財政破綻に陥った場合、企業に対して財産的権利を有する個々人は、権利者全体の満足の原資たる極めて限定されたコモン・プールから、自らの利益を出来る限り多く引き出そうと競い合い、これによって権利者全体の利益が切り崩されるおそれが生じる。法の目的は、このような個々人の行動を規制してコモン・プールの価値を最大化し、これを効率的に権利者間に分配することにある。このための手段として、一一章は自動停止の制度を通してコモン・プールの即時分割を狙いとする個別の債権者の行動を阻止しつつ、一定の要件にしたがった資産配分のための規定を通して、プールの資産を、その価値が最大化されるような債権者又は第三者への企業の〝売却〟によって、処分することと定めている。そしてその処分の方法として、旧法下では裁判所における企業評定という困難な手続が必要とされ、これが非常な負担となったことへの反省から、現行法では利害関係人の交渉により絶対優先原則を逸脱した再建計画が許されることとなった。ところがこの交渉においては、財産及びこれに対する請求権の価値を観念的に評価しなければならず、その過程で無数の紛争が生じたり、或いは価値が過小評価されるなどの非効率が認められる。Baird & Jackson は概略以上のような再建手続の非効率性を指摘して、結論として、企業の再建が清算よりも優先され、またこれが正当化されうるのは、ごく限定的な場合、すなわち「グループとしての請求権者が、再建が行われていなかった場合よりも大きな資産のパイを享受する」場合に限られるとした(219)。

このような考え方に基づき、又はこの論証の過程で、Baird & Jackson は、困難な企業評定又はこれに代替する、絶対優先原則の逸脱をもたらす再建計画をめぐる交渉の回避を主な目的として、財政破綻に陥った企業は、再建するよりも、最高価格入札人への競売により清算する方がより効率的であり得ると論じている(220)。

2　手続内又は制度内での解決を企図する見解

支払能力ある企業のガバナンスの理論及び構造を再建企業ガバナンスの問題の解決にとって有用なものとしてこれを可能な限度で転用しようとする考え方がある。これによれば、再建企業ガバナンスの問題の根源は、再建企業の続行される経営からの儲けの可能性と損失のリスクの可能性との分離にあるのだから、この両可能性を同一のグループの下で統合することによって問題は解決されると見込まれる。それゆえ、この両可能性を等しく手中にする立場にある者、すなわち、企業の価値最大化を促す最も適切なインセンティブを保持する企業の真の残余請求権者のグループを特定し、この者に、再建企業のコントロール権を委ねるべきとするのである(221)。

(1) Frost の見解

このように考える論者の一人である Frost は、ガバナンスの問題を解決するためには、現在の一一章のメカニズムを構造的に変革する必要はなく、ただ裁判官の姿勢が変わるだけで足りる、と主張する。

① Frost の見解によれば、裁判所は、信認義務とＤＩＰ企業経営者の解任を可能とするメカニズムだけでは、経営者を完全にはコントロールできないということをまず認識しなければならない。

一一章事件係属中はもはや手続開始前のガバナンスの要素が十分に機能せず、またこれを補うために一一章において設けられているガバナンスのシステムも、事件開始によって損なわれた開始前のガバナンスのシステムを十分に補填してはいないと考えられる。なぜなら、経営者が元来情報の面で優位に立っていることや、取引相手方がコスト面で裁判所の手続を敬遠する傾向があることを考えれば、必ずしも常に経営者へのコントロールが及ぶとは限らないからである。そこで裁判所は、このような状況において判断を下すにあたっては、自分たちが直面するのは大部分がガバナンスの問題であるということに鋭敏（sensitive）でなければならない。具体的には、裁判所には、経営者が許可を求めてある経営判断を申し出てきた場合には、単純にその経営判断が正しいか否かということをではなく、その経営判断を支持している又は争っているのが誰か、そのものはどのようなインセンティブを有しているのかを考慮することが求められる。つまり、支払能力ある企業においては常に中心に残余請求権があったわけだが、倒産の局面でもこの発想を裁判所の審理に生かして、残余請求権を保持するグループの所在を確認し、問題となっている特別な判断をなすにあたってこのグループの意見により重点を置くようにすべきであるということである。これによって、裁判所の審理の局面で、事件開始前のガバナンスのシステムの要素して倒産事件において機能しなくなったものが、ほぼ代替されることになるとするのである。

② Frost自身も認める残余請求権アプローチの決定的短所として、残余請求権者のグループの特定の問題がある。この特定のためには、企業の資産価値と負債総額の決定という極めて困難な問題が解決されなければならない。

(i) この点についてFrostは、このことのゆえに一一章再建企業のガバナンスの問題への総合的解決策としては非効率的だとの指摘もありうると受けとめつつ、次のように運用すればこのアプローチが完全に有用性を欠くとまではいえないと応えている。

まず、多くの事件では、ある構成母体が残余請求権を有しているとはっきりと特定することはできないとしても、少なくとも、一定のグループが上位または下位の所有者の地位にあるということをはっきりさせうる程度には、信頼できる資産価値の見積もりが可能である。そこで、企業が支払不能に陥っている場合には、裁判所は例えば資産運用や与信といった一定の取引の許否を決するにあたって、普通株主の見解は割り引いて考え、一般の無担保債権者の見解をこそ尊重すべきということになる。他方、利害関係人としては、当該企業のなした意思決定に賛同又は反対したければ、企業の資産価値と負債の証拠を提出すればよいことになる。そして、支払不能に関する証拠が明瞭になるにつれて、この事実に与えられるべき重みは大きくなる。

これに対して、企業の支払能力の有無の線引きさえも容易でないという場合には、残余請求権の考慮は裁判所の意思決定の一要素としてのみ機能しうるものと意義づけられる。すなわち、この場合残余請求権アプローチは、裁判所の判断のための明確なルールまでは提供しないが、競合する地位をそれぞれ評定する目的に用いられることができる。しかも、複数の考慮要素を分析する手法は、裁判所の運用において既に馴染みのあるものである(222)。

(ii) 事件の中には、残余請求権の分析が裁判所に明白な方向性を指し示さないものも、もちろんある。この場合には、裁判所はときには資産価値の大まかな見積もりすらできないであろうし、或いは経営者の提出した事業計画に対して企業の所有者から明らかな賛同又は反対の意見が表明されないこともありうる。このような事件については、論じて曰く、経営者のインセンティブが特定のグループのそれと提携されている可能性、つまりより全般的なガバナンスの問題が伴うことがありうるため、裁判所は必然的にその経営判断の質的側面の審査に立ち入らなければならなくなる、したがって、裁判所による監視は、手続への現実的コントロールのための最後の望みでありうる、とする(223)。

(2) Skeel の見解

Skeel は、再建手続に服する以前の会社決議の性質を、一一章事件における決議の性質と対照させ、前者の基本的考え方及び原理を一一章事件においても貫徹させるべく次のような議論を展開する。

① まず、論者の発想は、残余請求権者の意義に基づく。

倒産前の支払能力ある企業では、正しい投資のインセンティブが期待されかつ契約的保護が欠如しているということを論拠に、株主が残余請求権保持者と認められた。一一章事件では、この原理は、企業に対する請求権者の総体又は無担保債権者のグループにつき妥当する。しかし請求権者の総体においては、必ずしも利害が一致しない。また、経営者の特定のクラスに対する忠誠心は、それ以外のクラスが存在することによって希釈され、忠誠であればあるほど権利者間で意見の合致した統一的な意思の形成は不可能となる。したがって再建企業の最善の意思決定者は、理論的には無担保債権者であるとし、この者にのみ議決権を与えるべきであるとする。

② しかし現実には、無担保債権者に議決権を与えることには、債権者自身の無関心、共同行為問題及び代理人費用といった問題が伴う。実際、法が予定する代表委員会の制度は無担保債権者（及び株主）の共同行為問題

を完全には解決できておらず、必ずしも実効は挙がっていない。そこでSkeelは、以上の現実を踏まえたうえでなお、無担保債権者に一一章手続における議決によるコントロールを与えるように法改正すべきなのかどうかを、決議事項のそれぞれにつき問い直す。

（i）　少なくとも経営担当者たる取締役の選出に関しては、この方向に法を改めることで明らかに現行制度を上回る進歩がもたらされると考えられる。なぜなら、前述のように委員会制度は無担保債権者の共同行為問題に対して不完全な解決策しか提供していないが、株主も同じ問題に直面しているし、無担保債権者がよりよい意思決定のインセンティブを有しているとすれば、彼らが選挙の際の議決権者である方がより適切だからである。

（ii）　これに対して計画認可前の資産売却については、無担保債権者と破産裁判官のいずれがよりよい決定を下すと見込まれるかを断定的に回答することはできない。それでもやはり、議決権を無担保債権者に委ねるべく法改正するのが望ましい選択と考えられる。というのも、無担保債権者は、その共同行為問題が不完全にしか解決されないとしても、この事項につき遥かに大きな利害関係を有しており、それゆえにこの法改正によって彼らの影響力がより効率的に及ぶことになると期待できるからである。

③　以上の結論として、Skeelは、無担保債権者に一一章の議決権を委ね、そのうえで実効性を高めるための工夫が施されるべきであるとし、そのための具体策として、任意代表を通しての個々の利害関係人の手続参加の方法を挙げている。すなわち、代表委員会に頼らずに自らの主導において活動する個々の債権者又は株主がいることがしばしば報告されているが、このような任意代表による積極的活動を一一章委員会の制度的限界を埋め合わせる代替手段と捉えて、裁判所が報酬や、〝当該事件に実質的貢献をした債権者及び株主が負担した、現実の必要な出費〟を管理費用として償還（五〇三条(b)(3)）するとの提言である。

論者自身認めるこの提言の限界として、委員会制度が機能していないのと同様に、特にエージェンシー・コスト及び利害関係人の過大に広範囲での分散という状況のゆえに、個別の債権者及び株主がこのような積極的行動をとる十分なインセンティブを有さないであろうと予測されるということがある。しかし、経済学的分析によれば、当初は潜在化していた権利者の複数のグループも、目の前に組織の土台があればそれを借りることによって、有意義に活動を行う現象があるということが指摘されているところであり（おんぶ方式による参画）[224]、一一章手続における任意代表も、DIPの監視及び異議の主張につき、元来は潜在化している多くの権利者のグループに行動を起こさせるのに大いに貢献することになると考えられるし、また、このような個別の有力な権利者にイニシアティブをとらせることにより、広範な利害関係人の一群を手続参加させることにもつながりうる、と考えられる。したがって、この方法もまた不完全な解決策でしかないが、しかし少なくとも追加的な委員の選任よりも遥かに安上がりであるとしている[225]。

3　手続外での解決を企図する見解（LoPucki と Whitford）

LoPucki と Whitford（以下"LoPucki & Whitford"とよぶ）は、大規模公開会社を対象としてであるが、詳細な実証研究に基づいてDIP企業経営者の信認義務における生来的抵触につきその実態を明らかにしたうえで、(1)信認義務アプローチの欠点を指摘して、これに替わるDIP企業経営者のあるべき行動指針を示し、またガバナンス問題の解決方法として、(2)立法論的な制度改革の提言と、(3)現行法の枠組みにおいて有効と考えられる具体的な提言を行った。(3)の提言は第六節で各論者からの個別提言とりあげる際に紹介する（4・5・6）として、ここでは第一及び第二の点をとりあげる。

(1)　ＤＩＰ企業経営者の行動指針

①　LoPucki & Whitford は独自に行なった実態調査結果から、ＤＩＰ企業経営者の現実を次のように報告している。第一に、経営者の有する裁量権は一般に批判されてきたほど強力なものではなかった。特に職にとどまり続けることに関しては極めて脆弱で、企業に対するコントロール権の所在に変動のあった大規模事件ではたいてい経営者は交替させられていた。第二に投資の傾向を見ると、債務者企業の上位債権者はリスクの高い投資を回避する傾向があり、地方下位の債権者には迅速な清算を回避する傾向が見られるところ、経営者が誰の利益のために職務を行ったかといえば、実に多様な方向性がみられた。無作為的とまではいわないにしても、その方向性決定にあたっての力学を突き止めることは甚だ困難である。その中で明らかに指摘できるのは、いずれにしても価値の最大化に貢献するような投資行動がとられていたとはいい難い状況であったということである。そして、価値最大化から逸脱するこのような行動は、一部の論者がこれまでに指摘してきたような、経済的コスト以外の、つまり労働者や共同体の利益といった債権者以外の者の利益保護のためのコストの外在化という概念では説明することのできないものであった。すなわち、この逸脱行動こそは、破産コストの大部分を占める間接コストのうち最もありがちなガバナンスのコストであった(226)。

②　このような実態をふまえて、LoPucki & Whitford は、ＤＩＰは企業価値を最大にするような行動をとらなければならないとの立場から、信認義務の概念を基礎にＤＩＰ企業経営者の指導原理として論じられてきたものを批判する。なぜなら、利害関係人の利益代表としての立場でのバランシングや、賢明な投資家としての行動を期待する等の中立性を強調する考え方に依ったものでは、企業価値の最大化が目指されることになるとは見込めないからである。

もっとも、企業価値の最大化を指針とすることにも欠点が無いわけではない。これについてLoPucki & Whitfordは自ら特に次の四点を挙げている。第一に、その結果社会的価値への配慮が無視される危険が可能性として存在する、第二に、経営者が自分の行動すなわち裁量権を行使するにあたってのコントロールにつき明確な基準がなく、かなりのあて推量が含まれることになる、第三に、経営者が全く偏向することなく中立的に行動する保障はない、第四に、債権者は、企業に与信するにあたって後の再建手続中に財団最大化のために大胆な投資が行われることによって損失が増大する可能性があることを予測し、このリスクを考慮するから、資本形成のコストが現在より悪くなる、といった欠点である。しかしそれでも、LoPucki & Whitfordは、現実の世界はそもそも最適な資本コストでまかなわれているものではないのだから、別の具体的かつ明白な証拠が示されない限り、やはり一一章財団の価値の最大化を追求することにより、生じうる損失を最小化する最良の可能性がもたらされると解される、としている[227]。

(2)　ガバナンスの問題への対処策としての迅速な強制的企業売却

①　まず方法論として、LoPucki & Whitfordも残余請求権に着目した経済学的思考に基づいて議論を展開するのだが、前出の論者とは着眼が異なり、一一章事件において残余請求権がどのグループにあるかを特定することで問題を解決しようとはしない。なぜなら、残余請求権を保持するグループは必ずしも一つではなく複数存在することがしばしばあり、しかも一つのグループの内部でも利害が対立しうるので、一枚岩的な利害を有する存在ではないからである。つまり、このグループを特定してもガバナンスの問題を解決する指標は示され得ない[228]。

②　そこでLoPucki&Whitfordが唯一のガバナンス問題への対処策とするのが即時の企業売却である。この売却により、新所有者は、申立直後の競売において代金を支払って債権者の請求権の付着しない企業を取得し、

新所有者への融資者とともに、当該事業の資産の効率的運用にインセンティブを有することになる。そこで損失の危険と儲けの可能性は、融資提供者の要請をも受けて、この新所有者において統合される。売却後に当該企業の事業計画はこの新たな所有者によって立案され、実行される。かくして残る倒産処理手続の主な職務は、売却収益が倒産企業の従前の債権者及び株主に配当されるのを監視することだけとなる。そしてここでＤＩＰ企業経営者には中立的であることが要求される。以上がこの提言の内容である。

(i)　倒産企倒の強制売却は、そもそもはBaird & Jacksonが提唱したものであるが、LoPucki& Whitfordは明白にガバナンスの問題への解決策として認識したうえで、Baird & Jacksonの構想を更に進めている。Baird & Jackson提唱の企業の強制売却との大きな相違は、第一に、元来[229]Baird & Jacksonは特に企業売却の時期を指定していないのに対して、LoPucki & Whitfordの提言では、強制的売却が行われるのは申立直後でなければならないとして限定されている点である。このように特に売却時期を考慮したことについては、一一章再建企業のガバナンスの根本的問題は、損失のリスクと儲けの可能性の分離により投資政策において上位のクラスと下位のクラスで利益が対立するところにあり、両可能性が統合されるのが早ければ早いほど、この対立に影響されたまずい投資判断が生じる可能性が小さくなる、とその論拠が示されている。第二に、ここでの入札のあり方として、ガバナンスの問題を処理しうる方策として実益を挙げるためには、入札が相当であるか否かとは関わりなく、最高価格を入札した者に売却することが必要であるとされている。さもなくば入札を受け入れるか否かの決定をめぐって上位のクラスと下位のクラスとの間に紛争が再び生じると考えられるからである。

(ii)　ただし、LoPucki & Whitfordはこのように提案しつつも、理論的にはともかく迅速かつ強制的な売却には次に挙げるような解決を要する重大な課題が付随するので、現在行われている実務と比較検討して、全体的に見てどちらのコストの方が高くつくかは、現在のところは解答しようがない、また現在の実務を著しく変更する必要が生じるとの理由から、当面の立法論として強く推奨まではしていない。

強制的売却に付随する問題として挙げられている主な内容は、以下の三点である。

(ア)　申立後即時に売却するとすれば、申立の遅れの問題（"Triggering Problem"）が生じる。すなわち、現在手続開始の多くは自発的申立によっており、したがって企業経営者が自ら申し立てることが多いのだが、経営者にとって申立は、自分の職又は現在保持しているコントロールを失うことを意味する。それゆえ申立を控えがちになると考えられるのである。また、経営者にとっては、同じく解任されるとしても、強制的な即時売却によって現実にコントロールを失うのと、職にありながら退職するように緩やかに圧力をかけられるのとでは、状況はまるで異なる。後者の場合には、経営者は申立後も自分の処遇をめぐって交渉する時間とレヴェラッジを有することもあり、このプロセスを通じて軟着陸が可能なので、失職の事実を受忍しやすい。ところが即時強制売却を行うと、このようなレヴェラッジも処遇に関する交渉の機会も失われる。したがって一一章事件の現在の実務に定着している遅延がなくなれば、そのことによって多くの再建事件の開始が遅延することになると考えられる。そして、事件開始の遅延は、一般に債権者及び株主が見舞われる全体的喪失を増大させると見込まれる。

(イ)　売却される企業の適正価格の問題がある。申立直後は損害が莫大であり、この損失がコントロールされるようになるまでは信頼できる継続企業価値を算出するのは困難である。また、一般に信じられている、再建手続が係属している大規模公開会社においては清算価値と継続企業価値との間には大きな差額があるとの認識は、事実と異なる。実態調査の過程で見受けられたこととして、実務家は企業が継続企業価値で売却されること、ましてや申立直後の売却についてのそれには、強い疑念を示していた。なぜなら、この即時強制競売に固有の問題ではないが、買受希望者には売却される企業についての情報の入手は容易でなく、そのように予測判断される結果、買受価格は下落するからである。[230]

(ウ)　即時強制売却によって企業の完全な継続企業価値が実現されるかどうかは疑わしい。

一一章を申し立てた多くの事業は売却が決定されるまでに著しい損失を生じている。それゆえ、買受希望者は、再建企業に見込まれる収益の程度を見積もる以前に、当該企業の事業計画を立案する必要に迫られる。また、購入のための融資金を入手する必要があることもありえ、おそらくは融資を受けるための約定料（commitment fee）の支払いが必要である。したがって買受希望者としては、特に外部者である場合には、入札の準備に要するコストと、積極的に引き受ける意欲の起こらないリスクの双方を十分にカバーできる程度の低い価格で購入できると信じる理由がない限りは、このようなコストを引き受けない。

また、今日の入札実務では買受希望者にインセンティブを与えて説得を成功させるための支出が必須とされており、このための支出もかなりの高額となる。この額は、債権者や株主が売却でなく再建するつもりであったなら、当該企業に対する権利者が取得することができたはずのものである。

ならば七章手続で売却を実行すればよいと考えられるかもしれないが、七章手続での企業売却には投資銀行のサービスが利用されており、この手数料を考えれば七章手続での清算のコストは一一章手続での再建のコストを超過しうる。したがって、効率的でない。[231]

4　Adamsの見解――プロセスに基づく企業評定アプローチ

Adamsは、同じくリスクと儲けのそれぞれの可能性が分離することを問題として残余請求権に着目しつつも、これまでにしばしば指摘されてきた経済学的思考の欠点を緩和しつつ、伝統的思考との調和を図ることを試みる。Adamsは、現行法は経営と所有の分離の問題を適切に処理することに失敗しているとして、特に、清算でなく再建を志向する傾向があるDIPに、経営判断とともに、全体的な再建か清算かという倒産処理方法選択の判断（"Fundamental Bankruptcy Decision"）をもなす権限を与えている点を問題として指摘する。この結果、DIPは債務者企業の全体としての命運を無視した自己に利益となる判断をしがちとなり、それによって破産の間接コストが、したがって全体的な破産コストが増大してしまうと考えられるからである。そこで、こうした現行一一章制度に見られるジレンマを解消するための方策として、(1)倒産処理方法の判断を、DIPではなく、中立的な意思決定者に行なわせる、(2)この新たな意思決定者がその選択にあたって用いることができる方法論を考案する、という二つのテーマに取り組む。従来の一般的な議論のあり方に比べると、このように考察の焦点をより限定的に、倒産処理方法選択の判断から生じるコストに絞り、このコストを直接的に縮減する為の方策を考案しようとするところに、Adamsの議論の特徴がみとめられる(232)。以下、その具体的内容をみていく。

(1)　再建企業で行なわれる意思決定の権限は、経営判断については従然の経営者が、倒産処理方法選択については中立的な意思決定者として必要的に選任される管財人が行うという形で、この両者間で共有されるべきである。

①　具体的には次のような制度が構想されている。

一一章再建事件の申立後、連邦管財官は必要的に倒産処理方法選択の判断を行う独立の管財人を任命しなければならないものとする。この管財人は、七章管財人と同様に、問題となっている事業又は産業と馴染みがあるか、又は経験のある有資格の候補者のプールから選出されることになる。連邦管財人が自分の馴染みの〝身内〟しか任命しないといったことがないように、利害関係人には、必置とされた名簿に基づいて特定の個人を推挙することができるものとする。しかし最終的な決定権は連邦管財官が有する。

かくして任命された管財人の基本的な職務は、企業の清算が適正な手段なのかそれとも再建がよいのかを判断することである。したがって従然の経営者は経営判断についてのみ裁量権が認められることになる。

このような制度の導入にあたって懸念される事項については次のように説明されている。第一に、報酬を得ることを目的に、ことさらに再建を選択する不誠実な管財人がいるかもしれないという懸念に対しては、利害関係人が管財人のなした判断に異議を唱えた場合には、連邦管財官又は破産裁判官が審査を行うものとする。この審査は破産手続のコストを増大させるかもしれないが、しかし、大多数の事件では管財人が適切な判断を行い、異議が唱えられることは稀にしかないと見込まれる。第二に、経営者がまずい経営を行ったり、リスクを招来するような賢明でない行動をとったりすることが少なくなるように、清算事件の〝復活〟が手段として考えられる。同時に、経営者に自らの無謀な経営判断につき確実に金銭を賠償させることとすれば、この再施破産のリスクがまずい経営判断を抑止する。なぜなら、経営者は賢明でない経営を行うにあたっては、自らの名声と現在から将来にかけて予測される損失とを照らし合わせるはずだからである。

②　この制度モデルの利点として次の点が挙げられている。

第一に、このモデルは現行法の枠組みにおいて実現することができる。第二に、このモデルは、経営者を倒産処理方法選択の判断を行う職務から外すことにより、DIPが自己利益を優先することによって破産の間接コストを増大させるという問題を解決する。第三に、このモデルでは経営者と管財人の双方が、それぞれが最も適している職務のみを割り当てられることになる。(233)

(2)　Adamsの第二の主張である倒産処理方法選択の判断の指針となりうる方法論とは、プロセスに基づく企業評定のアプローチである。このアプローチの狙いは、再建企業価値の算出にあたってかねが論争されてきた、専ら経済学的考察によるべきか、債権者以外の者に及ぶ倒産処理の損失と再建によってもたらされる利益をも考慮すべきかという両極端の考え方のそれぞれの利点を取り入れ、かつ不備を補うことにある。ここで目指されるべきは、再建価値が清算価値を超過するなら再建を選択するように管財人に示すという極めて単純なことである。Rを再建企業の将来の収益の現在価値、Lを清算による企業価値と表記して、この関係を代数式で示すと、管財人は、R－L＜0であれば再建を選択すべきであり、R－L＜0であれば清算すべきである、ということになる。

①　プロセスに基づく企業評定のアプローチは、再建主体の価格評定のための二段階の手続を想定している。その手順は次のように説明される。

（i）　管財人が倒産処理方法選択の判断を下すにあたって中心となるのは、債務者企業の清算価値と再建価値の算出である。清算価値はともかくとして、再建価値を決定するために、まず第一に、企業の将来の収益の期待される現在価値（R）が考察される。第二に、この数字を基準として用いて、再建に本来認められている価値を上位方向に反映させて調整する。調整要素としては、再建によって解雇を免れる雇用数、地域の共同体に及ぶ清算又は再建の効果、再建が成功する見込み、その判断が債権者、株主及びその他の利害関係者に及ぼしうる効果等が考えられる。Rをどの程度上位方向に調整するかは、機械的な公式に示すことができないものであり、各事件の事実や状況によって具体化する。極めてラディカルにも、極めて極小にもなりうる。

他方、清算すれば効率的に継続企業価値で企業を売却できる、又はほとんど継続企業価値がない場合には、管財人はRを著しく調整すべきでない。

(ii)　調整されたR値が得られれば、管財人は企業の再建価値を清算価値と比較する。そして、当該企業の調整済み再建価値Rが清算価値を超える場合にのみ、一一章手続が続行される。逆に、調整済み再建価値Rが清算価値より小さい場合には、一一章再建事件は即時に七章清算事件に移送されなければならない。

再建計画は、企業の負債と所有権構造の変更によって平均的な可変コスト（生産量に関連して変動するコスト）が最低限償還されうるか否かを利害関係人が判断・決定する時点で立案される。企業が再建手続を利用してもその収益をもって可変コストを償還することができないならば、企業は清算されるべきである。そして、このアプローチは、企業が当初は一一章事件を申し立てたが最終的には清算されることになる可能性を否定するものではないから、右の判断が下された後は、再建計画で定められる最終的構造によって債務者企業の再建が実際に成功するか否かが決定されることになる(234)。

②　適切なR値の算出に関して更に以下の点が考慮されている。

(i)　管財人にはR値の調整にあたって衡平法裁判所裁判官にも匹敵する姿勢が求められる。

管財人は、Rの算出に際しては、企業の再建に見込まれるところの、手続に参加する全ての利害関係人に生じる効果をバランシングし、考慮し、その過程で調整されたRの値を決定しなければならない。なぜなら、この局面における管財人は、再建企業の価値についての経営判断を行うと同時に、あるグループ（例えば労働者）が、他のグループ（例えば債権者）の負担においてどれだけを受領すべきかという、純然たる配当上の判定を行っているからである。

(ii)　調整されたR値の算出のためのガイドラインは、調整のプロセスそのもの、すなわち調整の経験の中に求めることが出来る。第一に、管財人はこの調整のプロセスに従事することを余儀なくされているうちに、徐々に企業評定の達人となり、よりいっそうの専門技術を獲得することになる。例えば、ある産業界に精通するようになり、その産業に関して管財人として選出されるときには、正確な調整を行う能力を発揮することになると見込まれる。第二に、この調整プロセスが発展するにつれて、それぞれの企業や産業界での再建価値に関する情報やデータのプールができてくる。このほか、企業顧問となっている主要な会計士や経営者に、企業の再建価値に関する独自の見積りを提示するよう求めることができるようにもなろう。

(iii)　R値の調整のために多様な考慮要素を評価するにあたっては、具体的で限定的な要素は、制度目的に関わる一般的要素よりも重い価値が認められなければならない。したがって、事業が経済的には生き残り得ないと認定された場合には、一一章の目的にも関わらず清算の判断が下される。逆に、もし事業が経済的に生き残りうると認定された場合には、管財人は一一章制度の背後にあるより広範な目的に配慮しなければならない。

(3)　もっともAdamsは、以上のように独自の見解を示しつつも、このアプローチが実際には理想的でないことを自ら認めている。すなわち、管財人が債務者企業の再建の見込みを過大評価する例もあるだろうし、過小評価する例もあることが容易に予測されるという。(235)　しかし結論としては、このアプローチには、意思決定者として偏向の危険性をはらむ経営者を企業評価のプロセスから除去しているという利点、そして、従前の経営者に替えて独立の主体を倒産処理方法選択の判断の職務に任じることにより、よりよい意思決定者が〝育成される〟ようになるという本来の目的に適った利点が認められるとしている。

(163)　前注(33)及び後注(199)参照。
(164)　See Adams, Reducing Costs, 600 ; Frost, Asylum,106. See M. C. Jensen & W.H.Meckling, Theory of the

Firm : Managerial Behavior, Agency Costs and Ownership Structure, 3 J. Fin. Econ. 305,306(1976).〔以下“Jensen & Meckling”と引用する〕; E. F. Fama & M. C. Jensen, Separation of Ownership and Control, 26 J. L. & Econ. 301,302(1983).〔以下“Fama & Jensen”と引用する〕

(165)「企業という形態がなぜ生じるのか」という問いは、そもそもCoaseがかの著名な論文「企業の本質」において提起し、論じたものである。Coaseの回答を簡略にまとめれば、適当な価格を発見するためのコストと短期契約を繰り返すことのコストという市場を使用することに要するコストが、長期的な雇用契約と管理的な資源配分によって節約されることができるから、ということになる。なお、Coase論文以後、市場の失敗の場合についての説明など様々な理論が発展されているが、本書の目的とは直接関わらないので立ち入らない。See Ronald H.Coase, The Nature of the Firm, Economica n.s.,4 (1937)〔R. H. Coase, The Firm, The Market, and The Law(1988)〔論文集〕所集。同書の邦語訳書として、ロナルド・H・コース（宮沢健一＝後藤晃＝藤垣芳文訳）『企業・市場・法』（一九九二年　東洋経済）がある〕.

(166) See Del. Gen. Corp. Law § 141(1991). ; Rev. Model. Bus. Corp. Act § 8.01, 8.25(1991).

(167) Frost, Asylum,102〔〝もし契約の締結に伴う高いコストがなかったなら、当事者らは代理による意思決定のシステムではなく、契約モデルを選好するものと見込まれる〟〕. Adams, Reducing Costs, 601,602. See also Frost, Pragmatism,106.

(168) 現代アメリカ会社法学では、一九五〇年代に始まり六〇年代以降いよいよ活発になった、会社法の存在意義やルールの内容について経済学の論理を用いて考察しようとする、法と経済学のアプローチが主流をなしているとされる（藤田・前掲注(12)六八頁参照）。このアプローチによる会社法の分析につき、三輪芳朗＝神田秀樹＝柳川範之編『会社法の経済学』（一九九八年　東京大学出版会）参照〔特に二七頁以下にアメリカの法と経済学の基本的考え方が説明されている〕。より一般的には、仮屋広郷「アメリカ会社法学に見る経済学的思考」一橋法研（一九九七年）三〇号一二一頁以下。なお、本研究での法と経済学のアプローチに関する用語の邦訳は基本的に右仮屋論文に倣う。

(169) A. A. Berle & G. C. Means, The Modern Corporation and Private Property,244(1932).
(170) See Lousiana World Exposition v. Federal Ins. Co.,858 F. 2d 23,250 (5th Cir. 1988).
(171) 以下、法律関係としての代理との混同を避けるために、原語である'Agency''Principal'及び'Agent'を敢えて邦訳せずそのままカタカナ表記して、「エージェンシー」「プリンシパル」及び「エージェント」とする。
(172) 仮屋・前掲注(168)によれば、エージェンシー理論は一九七〇年代の中頃から発達し始め、八〇年代以降経済学者及び法学者の間で最も有力となった企業理論であり、その目標は、株主と経営者の双方によって負担されるエージェンシー・コストのレベルが社会的に最適な状態にまで縮減されていることを示すことにある。すなわち、株主も経営者もエージェンシー・コストを縮減することにより便益を受けると考えられるから、彼らはこのコストを縮減しようとするインセンティブを持つはずであると合理的に考え、「このようなインセンティブを持つ当事者によって契約が結ばれ、かつさまざまな市場によって経営者の裁量権が制約される結果、エージェンシー・コストが、これ以上縮小することはできないという状態にまで減殺された均衡状態が達成されている現状を分析する」(一二四—一二五頁)ものである。アメリカでは倒産法学者の間でも、近年少なからぬ論文でエージェンシー理論の思考を借りて分析が行われているように見受けられる。もっとも、外国の学説の一般状況のことなので、筆者とは全く異なる捉え方がなされることも十分あり得よう(前注(102)参照)。
(173) この問題に関する主要研究として、Jensen & Meckling, see supra note 164.；Fama & Jensen, see supra note 164. See Adams, Reducing Costs,600；Frost,Asylum,106.
(174) Frost, Asylum,105；Adams, Reducing Costs,601,602.
(175) Del. Gen. Corp. Law § 211,144 (1991)；Rev. Model. Bus. Corp. Act § 8.03,8.42 (1991).
(176) Frost, Asylum,103.；F. H. Easterbrook & D. R. Fischel, Voting in Corporate Law,26 J. L. & Econ.295, 403〔以下"Easterbrook & Fischel, Voting"と引用する〕.
(177) ポートフォリオ理論では、投資家が異なる事業リスクを伴う多数の企業に投資することにより、損失の可能性を縮減することができると考える。See Fama & Jensen,329〔"普通株式は、残余のリスクが多くの残余請求権者の間に分散することを可能にする。右残余請求権者は、自分たちが負担するリスクのレベルを選択し、そのような請求権を提供することによりこれを組織（organisations）間に分散することができる。」；J. C. Coffee, Jr., see supra note 45,17-20.

(178) Easterbrook & Fischel, Voting, 401は、各州の会社法を捉えて、交渉のコストを縮減するためのオフ・トラックを提供する契約の標準形態であるとする。；Jensen & Meckling,302. ；Frost, Asylum,103,104.

(179) Easterbrook & Fischel, Voting,403.

(180) Jensen & Meckling,308-310.

(181) See Easterbrook & Fischel, Voting ；Jensen & Meckling. なおSkeelは、最近の傾向として、少数の投資家に株式が集中せられているがゆえに、会社決議の多くが形式化しているとの批判が勢いを増していると指摘する。Skeel, Voting, 474, 478.

(182) Jensen & Meckling,323-338.

(183) Bearle & Means, see supra note 169,207-219.

(184) Frost, Asylum,110.

(185) See F. H. Easterbrook & D. R. Fischel, Corporate Control Transactions,91 Yale L. J. 698,701(1982) ；Easterbrook & Fischel, The Proper Role of Target Management in Responding to a Tender Offer,94 Harv. L. Rev. 1161,1169-1173 (1981). 仮屋・前掲注(168)二二五、二二六頁参照。

(186) See Frost, Asylum,106-08 ；Adams, Reducing Costs,601-602.

(187) Frost, Pragmatism,110.

(188) Frost, Asylum,109.

(189) See, e.g., Del. Gen. Corp. Law § 170 (1991).

(190) See, e.g., 11 U. S. C. § 548 (1988) ; Unif. Fraudulent Transfer Act, 7A U. L. A. 639(1985) ；Unif. Fraudulent Conveyances Act, 7A U. L. A. 427(1985).

(191) See 11 U. S. C. §547 (1988).

(192) See, e.g., Pepper v. Litton,308 U. S. 295,310-311 (1939).

(193) Frost, Asylum,109-111.

(194) Id., 111-112. ; See D. G. Baird, The Uneasay Case for Corporate Reorganizations,15 J. Legal. Stud. 127, 131-132. なお、この点についてはLoPucki & Whitfordからの批判がある（後述第五節第二款2参照）

(195) Adams, Reducing Costs,603.

(196) Frost, Prgmatism,111. See also Nimmer & Feinberg,6.

(197) 法はそれでもなお残余請求権のクラスに議決権を集中させることを意図しているということは、みなし受諾の規定から見て取ることができる。：〝残余のクラスとなるのは、計画提案者が会社資産で可能な限り多くのクラスに全額で賠償しようとすれば、第一次的に損害を受けることになるクラスである。これに対して損害を受けない債権者又は株主のクラスは、再建計画に同意するものとみなされる。全額賠償により、計画に反対の決議をする権能を奪われるクラスがでてくることになる。したがって、残余請求権を保持するクラスは（再建計画で残余所有者への全額弁済が予定されているが、それによってこのクラスより上位のクラスが損害を受けることがない場合には）通常全ての一一章事件においてこの意味での決議をすることになる…。〟 Skeel, Voting,480.

(198) 一一章事件においては、債権者が契約において定めた倒産条項の類は無効とされる（三六五条(e)(1)）。他方労働者との関係については、ＤＩＰ企業経営者と交渉し、契約条件に関する中間的譲歩を強いる手段が与えられることになる。Id.

(199) See Skeel, Voting,465-472,479-492. See also T. H. Jackson, Bankruptcy, Non-Bankruptcy Entitlements, and the Creditors' Bargain,91 Yale. L. J 857,887-892(1982).

(200) See Miller, Directors and Shareholders,1494.

(201) See L. A. Bebchuck, A. New Approach to Corporate Reorganization,101 Harv. L. Rev. 775 (1988) ; M. J. Roe, Bankruptcy and Debt : A New Model for Corporate Reorganization, 83 Colum. L. Rev. 527(1983).

(202) このほか次の二点も指摘されている。第一に、支払不能に陥っている企業は、確かに現時点で清算されれば株主に何ら財政的利益をもたらさないが、経営が続行される限りは会社の運が劇的に好転するなりして再び株主の持分権（ownership interest）が価値を回復することになる可能性が皆無ではない、この将来の価値の可能性は現在価値に割り引かれて、支払不能の会社に対する株主の財政的利益を意味する、ということである。第二は、株主に一一章手続への参加を認めることは、倒産事件申立の適切なインセンティブを作り出すために必要であり得る、もし株主が手続から完全に排除されたなら、企業の経営者は当該企業の全体的利益に対する株主の持分権を犠牲にするリスクよりも、倒産事件開始を遅延させることを選択しうる、ということである。Skeel, Voting,486-487.

(203) Kelch, Democracy,331-335. ; id., Phantom,1363-1378.

(204) Skeel, Voting,511-513. See also Frost, Asylum,136,137. ; id., Pragmatism,114-115.

(205) Skeel, id., 507-508.

(206) LoPucki & Whitford, Equity Bargain,185-186〔論者はこれを“Preemptive Cram Down”と名づける。詳しくは本章第五節第二款2参照〕.

(207) See e. g., M. A. Gerber, The Election of Directors and Chapter 11—The Second Circuit Tells Stockholders to Walk Softly and Carry A Big Lever,53 Brook. L. Re. 295,345 (1987)〔マンビル事件判決の分析に基づく〕. なお、Skeel, Voting,487は、Gerberがこのように論じるにあたって、一一章において株主議決権が弊害をもたらすこと自体は否定していないことに注目している。

(208) Millerは、議会は一一章の目的を〝経営を続行し、その労働者に職を提供し、債権者に支払い、株主へのリターンを生み出すために事業の財政状況を再構築すること〟（H. R. Rep. No.595, see supra note 36, 220）としていたことを指摘して、DIP企業が債務超過に陥っていると判断されたなら、株主の株主総会召集請求の拒絶は正当化されうると示唆したマンビル事件判決を厳しく批判する。Miller, Directors and Shareholders,1505-1506.

(209) Frost, Pragmatism,112.

(210) Nimmer & Feinberg,5.

(211)　Frost, Pragmatism,112. See also Frost, Asylum,115〔これを実利主義的制限と称する〕.

(212)　Baird & Jackson,see supra note 199,106.

(213)　See Manville Corp. v. Equity Sec. Holders Comm.(In re Johns-Manville Corp.), see 147 pp.

(214)　Frost, Pragmatism, 112.

(215)　Frost がこの視点・手法を用いている。

(216)　Bradley & Rosenzwig, see supra note 55, 48, 78-89 (1992). See LoPucki & Whitford, Governance,754.

(217)　See e.g., L. A.Bebchuk, A New Approach to Corporate Reorganizations, 101 Harv. L. Rev.775,781-789 (1988).

(218)　See T. H. Jackson, The Logic and Limits of Bankruptcy Law, 209-224 (1986)；Baird, see supra note 194, 136-145 (1986). ただし、Baird & Jackson は再建企業ガバナンスの問題を真正面から捉えてこのように論じた訳ではない。本文での学説の整理は、LoPucki & Whitford, Governance,754-755 から示唆を受けて、筆者が独自に行ったものである。

(219)　See e.g., Jackson, id., 151,210-222 (at 215).；Baird & Jackson, see supra note 33,97.

(220)　See Jackson, id., at 209-224, 211〔〃再建事件において企業がその債権者に売却される場合と異なるのは、債務者に対する請求権の原資たる収益につき価値評定がよりいっそう困難だということである〃〕.；Baird, see supra note 194,136-138(1986)〔〃競合する第三当事者たる買主とは異なり、破産裁判官は、企業を過小又は過大に価格づけしても何ら利得を享受しないし、また何らのコストも負担しない。破産裁判官は…自分の金を戦場に供している者以上に事業に対して冷徹な目を向けることはできないかもしれない〃〕. See LoPucki & Whitford, Governance, 755 (note 273).

(221)　Baird & Jackson, Fraudulent Conveyance, Agency Costs, and Leveraged Buyouts,20 J. Legal. Stud. 765, 775(1991).

(222)　ここで Frost は、例えば経営判断における与信と資産売却の問題については裁判所は既に複数の要素に基づく分析の手法を用いているし、未履行契約の履行又は解除については、最近では厳格な審査は行われていないので、類似の手法が利用されうるはずであり、そこで残余請求権を保持するグループの裁定は、同様に、裁判所の判断に資する混合的な諸要素の一つに該当する、と述べている。Asylum, 136,137.

(223) この関連で、このように裁判所のコントロールに多く期待する結果、裁判所のリソースへの相当の負担をかけることになるので、また、だからといって管財人の利用は現在の手続の多くの利点を損ないかつ費用がかかるので、より低コストで裁判所の補助機関として機能させうる調査員の積極的利用が提案されている。Id. ; Frost, Pragmatism,114-115.

(224) R. Hardin,Collective Action,43(1982)〔自然愛護者の集団が初めは環境団体の存在を通じて活動していたことや、市民権運動が南部の教会を通して行われていたことがこの現象の例として挙げられている〕.

(225) Skeel, Voting,510-533.

(226) LoPucki & Whitford, Governance,750-753.

(227) Id., 750-753,776-787.

(228) LoPucki & Whitford, Governance,771-776.

(229) LoPucki & Whitford が指摘しているように (id., at 756)、Baird は後に、売却は申立直後に行われなければならないものとして、当初の自説を修正している。See D. G. Baird, Revisiting Auctions in Chapter 11,36 J. L. & Econ(1993)〔なお LoPucki & Whitford, Governance が公表された時点では、Baird の同論文はまだ正式には公表されていなかった〕.

(230) LoPucki & Whitford が行った実態調査においては、一般に、全部又は大部分の企業資産が売却されるまで申立後一年以上かかったとされるが、この意味での遅延の原因は、最大の入札が得られるように企業を組織化することによってもたらされたものもあれば、売却を行うか否かをめぐっての内部対立が原因であったものもあったという。これによりもたらされる再建のコストは過大になりうると指摘がされている。Id., et 760,761.

(231) Id., 753-767.

(232)　Adamsは、ＤＩＰ制度の構造から帰結する破産コストうち、直接コストは換算することができるが、直接コスト以外のかなりの高額を占める間接コストは、例えば倒産事件を申し立てた主体の株価の下落や、清算が望ましい場合に再建を選択した結果生じるコスト、或いは、与信者が当該主体は清算されるべき場合にも一一章を選択すると信じたためにより高額の利率を設定することから増大した清算の限界コスト等の、社会的で換算するのが困難なコストであると捉える。

(233)　まず経営者は、これまでに熟知し慣れ親しんでいる日常業務のみを行うことになる。経営者に替わって倒産処理方法選択の判断を下すことになる管財人は、そのような判断に不可欠の技能を有しているうえに、経営者とは異なり、ＤＩＰが清算よりも企業再建を選択する傾向があるとしてもこれに悩まされることがない。更に、管財人はこれが主要な職責となるため将来的にはこの判断に熟達する。

(234)　このモデルが目指しているのはあくまで破産コストを縮減することであり、そのために、再建を必要とする企業につき実行可能な再建手続がありうるか否かを最初に判断する権限を独立の管財人に与えることを提唱しているのである。また、債務者企業が再建計画にしたがって経済的に維持継続することができるか否かの判断は、管財人の領分を超えると考えられている。

(235)　本書の立場からは、このアプローチによるが如く専ら管財人にしかも過大な負担を負わせて、利害関係人を当事者としてでなく〝お客〟として扱ったままで問題を解決しようとするAdamsの姿勢には、賛同できない。また実際問題として、管財人の負担はもとより期待される実務経験の定着にも遠大な時間がかかるので、実現は困難であろう。ただし、継続企業価値の意義や算定方法に関しての理解は有用と思われるので、安易に中立的な第三者に頼るのでなく、何らかの形で利害関係人の側にこの機能と負担を引き受けさせ、もって最終的判断を下す過程に関与させる制度として改めて構想すれば、この提言の着想は生かしうるかもしれない。

第六節　個別具体的な立法論的諸提言

本節では、第四及び第第五節で紹介してきた論者から提示された個別具体的な立法論的提言のうち、わが国の立法論として有意義と思われるものを取りあげ、検討する。

1　関係人代表機関制度の見直し

一一章事件の大部分を占める中小規模の事件においては債権者の事件関与への関心の薄さが甚だしく、特に債権者委員会はまるで機能していないという現状は、先に第三節で紹介したLoPuckiの実証研究以来、一般に議論の前提として理解されている。

(1)　しかし若干の論者は、この事実を認めながらも、委員会制度の理論的意義を強調し、なおその有効性への信頼を失っていない。

①　Nimmer & Feinbergは、一一章は利害関係人の交渉のプロセスであるとの理解において代表機関の意義を次のように論じている。すなわち、担保権者のようにDIPに対して特定財産への優先的権利を有していない無担保債権者及び株主にとっては、財団から活動費用の支弁を受ける代理機関の設置は、DIPに対抗するレヴェラッジの地位を取得し、これを一一章のプロセスにおいて行使するために利益となる。というのも、代表委員を勤めるのは主要な債権者であるが、これら債権者は計画案をめぐる議論において議決権者として直接的に大きなレヴェラッジを行使することができ、また間接的にも、自分たちが代表しているものたちに特定の計画を支持

又は拒絶するように促すことによって、同様にレヴェラッジを行使することができるからである[236]。

② Skeelも、その所説を紹介するにあたって前述したように、連邦破産法においても州会社法の会社決議のルールをより忠実に踏襲すべきであるとの基本的理解に基づき、本来的には無担保債権者のグループが会社の意思決定及び業務執行機関の選出に最も適したインセンティブを持つと考えられるが、共同行為問題のゆえに、また個々の利害関係人が一対抗勢力たりうることはまず不可能であることから、債権者委員会の制度をこの場合の有意義な利益代表の制度であると評価する。もちろん、この場合にも共同行為問題が大きな障害としてあるため、債権者委員会の制度が十分に機能するとは必ずしも見込めないが、しかし、無担保債権者は、多大な利害関係を有しているがゆえに裁判所よりも効果的に影響力を発揮しうるグループなのであり、むしろこの制度を機能させるための効率的な方法こそが考案されていかなければならない。そのための具体的対応策として、裁判所による任意代表奨励策を検討する方向に議論は進められる[237]。

③ これに対してLoPuckiは、一一章手続は、そもそも実際には極めて稀な、真実に事業の再建を期する債務者のみに資するように設計されているため、ＤＩＰ制度の下で事業継続の状態を引き延ばすことを目的とする手続利用者及びその場合の債権者の参加意欲の無意欲・無関心には対処できなくなっていると指摘し、このような立法者の認識不足の中でもとりわけ問題だったのは、債権者委員に対してインセンティブを提供しなかったことであるとする[238]。このような現行制度において有効な方法は、実際にはかく明言されているわけではないが、委員会を無理に活性化しようと図ることよりも、むしろ事業継続を専らの目的とする濫用的事件を一一章手続から早期に除去することであると捉えられているように、その叙述から推測される。

(2) 右にみてきたように、関係人代表機関については、その理念的意義が繰り返し強調されるが、結局その機能不全を初めとする実際上の問題点が指摘されることの方が多く、現実にどのように対処するかの具体的方策を示して納得のゆく推進論が展開され、成功しているとはいいがたい状況である。しかし、その理念的意義はやはり放棄しがたい。論者の様々な見解から、以下の二点が示唆される。

まず第一には、委員会活動を活性化させるべく、何らかの手法で委員になることに対するインセンティブを法が提供することの必要性である。この意味で、任意代表に対する報酬や費用償還を認めることは一つの考えられる有効な方策であろう。第二に、このような工夫を凝らしてもなお、およそ代表機関の制度が機能しないような事件については、柔軟に、関係人自治の活性化という方向自体を見直ししていこうとするのが自然な発想といえるのではないか。すなわち、その場合にも関係人による自律的な事件に対するコントロールをなおも期待するのではなく、これに価しないものがあることを率直に認め、そのうえでしかるべく事件の迅速処理のための対策を講じるというのがとるべき道であろう。

2　倒産手続内での対審手続の積極的利用

Kelch はＤＩＰの信認義務の観念そのものを放棄し、この概念に依拠した分析モデルに代替するモデルとして、一一ＤＩＰを含む全ての利害関係人が、自らの実体法上の権利や地位が関係する場合には自らこれを守るべく、一一章が規定する対審手続において主張・立証活動を行うものとする当事者対審主義モデルを提唱した。この目的のために、現行法が利害関係人の実体的権利につき常に手続内に用意している対審のシステムが用いられることになる。具体的には、まずＤＩＰにはただ一般的な意味での注意義務だけをＤＩＰの義務として残し、ＤＩＰの行動に対する一般的コントロールの仕組みもそのまま維持するものとして、あとは、特に重要な取引に関しての裁判所による審査において、また、一一章手続の最重要部分である計画の認可に至るプロセスでの、開示説明書の認可や詳細に法定された認可基準を通して、利害関係人に自助努力が期待されることになる。

この主張の根底に横たわるのは、現代アメリカの司法体系において債務者=債権者間で問題になる権利保護は、一般に個々人の責任であり、倒産の状況においてのみこの責任を区別する理由はない、という理念である。(239)

ここで示された自己の権利についての自己責任という基本的考え方は、本書における筆者の問題認識に共通するものである。ただしここで注意すべきは、これは、ＤＩＰの行動及び取引に関する裁判所の審査に、経営判断の「プロセスの」適切さに着目した、したがって司法審査に馴染む一定の判断基準のルールが確立或いは指向されていることが前提であるということである。さもなくば徒に裁判所の負担を増大させることになろう。

3　残余請求権アプローチ

これは、Frost の見解として第四節で詳しく取りあげたものである。

改めてその要点を簡潔にまとめれば、ＤＩＰの経営判断の是非をめぐって利害関係人間で争いが生じ、これが法廷に持ち込まれた場合に、裁判所は審理をなすにあたって、当該訴訟にはガバナンスの問題が含まれうるということに十分に注意を払い、真の残余請求権の所在を顧慮すべきである、とする考え方である。

Frost の指摘するところでは、アメリカでは実際に残余請求権アプローチを採用したと思われる裁判例が過去既に三件ある。(240) いずれも和解事件で、株主又は債務者から和解内容について異議が申し立てられた事案である。Frost はこれら事件を、残余請求権分析が採用された例として注目すると同時に、このアプローチの限界が示されたものとして位置づける。すなわち、いずれの裁判所も、仮に主張された異議を容れたとしてもそれによって債権者が特段の利益を得るわけでもないにも関わらず、債権者に損害がもたらされることの危惧を指摘しており、申し立てをなした株主は真の残余請求権者ではないかもしれないということへの鋭敏さが結果として現れている。誰が残余請求権者の地位を占めているかという論点は、〝最悪なシナリオ〟によった場合、すなわち、残余請求権者の特定を誤って偽物（株主）に、本物（一定範囲の債権者）の犠牲において利益を得させた場合の、債権者の地位の分析に現れるのである。[241]

なお、和解以外の事件では残余請求権アプローチを用いた例はみとめられない。この点についてFrostは、このことは裁判所が企業の債務超過の有無に無関心だということを意味するのではなく（むしろ諸事情に照らせば、破産裁判官が常に様々の請求権者の地位の根底にあるインセンティブに目を向けていたと考えられる）、一一章制度がしばしば矛盾する規範を包含していることの結果である、と説明する。すなわち、一方では債権者の債権回収を最大化するというゴールが、他方では債務者や労働者等に最低一度は再建の機会を提供するというゴールが目指されており、この規範的拘束がガバナンスの構造に大いに影響するというのである。[242] なお、Frostはこの意味での一一章の制度的限界をかねてより主張しており、大いに経済学的考察を取り入れた研究をすすめながらも、倒産処理の問題に対して経済分析は必ずしも十分な解決を提供するものではないと認めている。[243]

このアプローチはそもそもわが国にも馴染みのある考え方であり（第四章第二節第二款3参照）、運用次第ではガバナンスのために有効に機能させうるものと期待できる。

4　先取りクラムダウン（Preemptive Cram Down）

LoPucki & Whitfordが提唱した〝先取りクラムダウン〟とは、再建計画認可のための審問に先立ち、特定の請求権又は持分権がクラムダウンにおいて何らかの財産的権利を認められるものかどうかを判断するという目的において、裁判所が連邦破産法一〇五条(a)の定める「本法の規定を実施するために必要又は有益な…命令を発することができる」権限を行使するのを認めるものである。権利主張に価しない権利者の利益を代表する委員会は、この命令の発動をもって利益代表の義務から解放されることになるとされる。ここでの実際的な目的は、計画案により減損されうる請求権又は持分権のうち有害なものを除去し、事業に対して利害関係を有するものがより簡潔な状況で問題解決の交渉を行えるようにし、もって管理コストを縮減することにある(244)。

この提言は、特に大規模再建手続において、交渉過程で広くゴネ得がまかり通っていることへの懸念からなされたものである。そのため特に持分権保持者たる株主が念頭に置かれてるが、より一般的にも、争いの芽として特定された要素を時期を前倒しして除去しようとする考え方には異論の余地もなく、有効な提言と思われる。

5　リスク賠償金支払の命令

LoPucki & Whitfordは、彼らがＤＩＰの行動指針とされるべきと考える財団価値最大化の努力を、法律上明示的にＤＩＰに対して要求すべしと提案すると同時に、その際の極めて深刻な問題と考えられる債権者の抵抗への対応策として、経営者又はその他の利害関係当事者が裁判所に対してリスク賠償金の支払命令を求めて訴えを提起できるようにすべきであると主張する。すなわち、事業の最大化戦略によって、賢明に保守的な投資が行われていた場合に負担したであろうリスク以上のリスクを負わされることになる上位の権利者に対して、このリスクの大きい投資を追求することでそうでない場合よりも利得が期待できる下位の権利者の全クラスに、財団最大化の投資の追加的リスクを賠償させるという発想である。

この提言の実際的な狙いは、この賠償金支払によって、財団価値の最大化を実現する清算型処理に反対する株主のインセンティブを除去又は最小化することにある。例えば、債務超過に陥った企業について清算が財団の最大化につながるとの結論が出されたとして、清算価値が比較的小さい場合には、財団がいつか債務超過から回復するという可能性が清算の選択によって放棄されることになる。したがってこの選択は、下位の無担保債権者にはリスクの減少をもたらすことになるが、その一方で株主が期待するものを無価値にしてしまうことになる。そこでこの場合には下位の無担保債権者が株主に対してリスク賠償金を支払うのが相当とされる。

ただし、下位のクラスに対するリスク賠償金支払命令については、次の理由から、その強制力はより弱いものとすべきと考えられている。すなわち、①実証研究の結果をみると清算価値は比較的高額になっており、このことから、現状においては再建でなく清算が最適である又は清算価値が非常な高額となることもありうる、②下位のクラスに有利な絶対優先原則からの逸脱が既に一般的となっているため、下位のクラスに対するリスク賠償金支払いは二重賠償となる恐れがある、といった点が懸念されるのである。

LoPucki & Whitofrod は、自身の提言の意義について、その実効性のほどは実際にテストしてみなければ確かめようがないとしつつも、このアイディアが妥当する事件もあり、また既存の法の枠組みに妥当するという利点があるのであって、清算でなく再建することによって資産の継続企業価値を保持することがときに財団の利益となるという考えを放棄する必要はない、としている(245)。

理論的・実証的研究に基づいて、そこで病根と認定された問題を忠実に処理・解消するべく図られた提言である。先の4の提言に対すると同様、この提言についても基本的には特に問題点はみとめられない。もちろん実際にどこまで有効に機能するかを考えたときには、抑制的な投資戦略対策としてはよいとしても、過度に冒険的な投資が計画された場合にはどのように有効に機能しうるのか、この申立が濫用的に利用された場合にはどうするのか、大口債権者に対して、一般債権者が結束して投資戦略を左右するほどの影響力や積極性をどこまで持ちうるのか、またこれは特にリスク賠償額が非常な高額になった場合には難しいのではないか等いくつか疑念は生じる。しかしそれとても、提唱者自らがそのような実効性の面での懸念を考慮して述べているように、こうした方策が奏効するタイプの事件はありうるのであり、そうしたものの処理としては有効であるとの限定的又は条件つきで評価するならば、或いは、前述のように事件の選別を積極的に肯定して、全ての事件に対してでなく適切な事件に適合的な処理を考えていくうえでの一手法としてこの提言を位置づけるならば、非常に興味深く、一考に値する提言であるといえる。

6　手続の短縮

LoPucki & Whitofrod は、一般に事件の進展が遅ければ遅いほど、一一章は生き残り得たであろう企業を破壊し、あるいは戦略的行動の繁殖の場を提供し、再建のコストを倍増させることになると指摘する。また、大規模業公開会社を対象とする分析において論じられたところでは、再建の基本的な目的の一つは損失のリスクと儲けの可能性を再統合することであり、これは通常は企業債務を持分権に転化する再建計画の認可を通して、それによって新しい持分権保持者の掌中に実現されるものである。この再統合の達成が早ければ早いほど、歪んだインセンティブによってもたらされる不適当な投資判断が行われる可能性は小さくなる。この目的で、破産裁判所は、不必要な遅延、特に損失のリスクと儲けの可能性とが切り離されている時間を長引かせるような遅延を回避して、手続を可能な限り促進させるべきである、と主張されている(246)。

的確な指摘である。もともとは大規模公開企業に関して論じられたことではあるが、一般論として、また本書のように相当大きな規模の企業も考察対象に含めて問題状況を一般的に考察しようとする立場においては特段の問題もなく、教えられるところが少なくない。

7　小企業事件の合理化

街角の食料品店のような小規模企業の倒産事件については、現行法の枠組みでの解決策を模索するよりも、端的に、一一章の手続は小企業には適合していないとして、小企業再建のための簡易手続を別途設けることによる立法的な解決が一般に期待されている。小規模倒産事件では巧みに手続の引き延ばしを行ってＤＩＰ債務者として少しでも長く経営を続行しようとする債務者が多いということは、実証研究から裏づけられているといえる。このような実態の要因として、事件を迅速に進展させることが債務者にとっては益でなく、他方債権者利益が十分に代表されていないということがいわれるが、かといって、小企業については実際には市場は存在していないから、一一章を廃止して倒産した小企業は市場で売却されるべきと考えるのも実効的でない。そこで、現行法下でのこの問題への具体的方策として、Thomas Small 判事が法廷で行って成功した手法として一九八七年に公表した、〝簡易短縮手続（fast track）〟が高く評価されている。これはすなわち、状況に応じて、認可された開示説明書を利用して計画への議決を勧誘することを債務者に許し、事件の早期解決に向けて裁判所が関係者に迅速な行動をとるよう働きかけるものをいう(247)。

8　裁判所の柔軟な措置

Frost は再建企業のガバナンスの問題は、裁判官がこの問題を意識し、鋭敏であるように姿勢を改めることによって対処されうるものと考えており、裁判所の運用における工夫が実際に功を奏した成功例として、①ケースマネージメント、②調査員の柔軟な利用及びＤＩＰの代理人を努める弁護士への支払報酬のコントロールを挙げている。

① 成功例として挙げられているケースマネージメントの具体的内容には、特に小規模事件について前述の簡易短縮手続が現行法の手続システムの体系的な利用として行われているほか、状況協議やスケジューリングの命令のアドホックな利用、職権で主催される審問等様々なものがある(248)。Frost は、こうした方法を通して、再建の望みのないＤＩＰの経営者や株主による手続引き延ばしの可能性に対しての外縁を設けることに成功している、と高く評価する。しかしその一方で、ケースマネージメントの積極的活用だけでは実質的問題解決はできないし、また最近では事件数が年々増大してきているため時間的にも制約があるとして、一定の限界があることをも指摘している。

② 裁判所の運用における更なる解決策として、最近の裁判例の中で見られた有意義な工夫が、次のように紹介されている。

一つは、調査員に調査義務以上の責務を負わせて、経営者の情報上の優位性に対抗する手段とする方法である。Frost が紹介している裁判例の中には、訴訟の提起、紛争の仲裁までをも調査員の義務としたものがある(249)。Frost は、調査員のこのような利用における調査機能と仲裁機能の結合には、ガバナンスの利益のみならず、代替的な紛争解決と結びつくことによる経済効率性が期待できるとして、これを評価する。なお、ここでもコストの問題が伴うが、これに対しては、調査員は弁護士である必要はないから、管財人の任命に比べればコストはずっと低く抑えられると考えられている。

もう一つは、弁護士報酬をめぐるコントロールである。裁判例の中には、債務者の代理人たる弁護士には倒産事件ではより高い倫理的責任が求められるとして、それゆえに依頼人に対するアドバイスの義務は依頼人が求めるアドバイスへの単なる回答以上のものとなり、弁護士の職務に裁判所の要員としての職務が加わる、或いは弁護士は倒産手続の高潔さを保つ義務を負う等の理由から、弁護士報酬額を切り詰めたものがある。(250) この方策に対するFrostの評価も、DIPの代理人をガバナンスの職務に就かせて実を挙げていると肯定的であるが、ただし、この方策を行うためには優れた弁護士が集められる必要があり、またDIPの代理人である弁護士が求められているように行動するにあたっては必然的に生来的対立が伴う、と問題点をも指摘している。

③　これら裁判所の運用上の工夫に対する全体的な評価としてFrostは、それぞれが何らかの限界をはらんでおり、そもそもケースマネージメントの類は司法の役割には馴染まないと懸念しつつも、総合して比較衡量すれば、これらのアプローチは再建手続に生来的な処置の難しい問題に合理的に対処するものとしてあてにできる、としている。(251)

小　括

本章では、ドイツの新倒産法にも多大な影響を与えた、アメリカ合衆国における再建手続の制度枠組み、特に事件開始後の再建企業の運営の局面に焦点をあてて、関係人自治的倒産処理の理論と実効性とをみてきた。

まず、これまでみてきた主要な論点を整理しておこう。

①　問題の根幹をなすのは、ＤＩＰ制度に生来的な経営と所有又はコントロールの分離にあった。そこで、広範な裁量権を有するＤＩＰの行動を、それによって直接的に損なわれることになるもの、すなわちＤＩＰ企業又は同企業の資産に対する財産上の請求権者がどのようにコントロールしていけるかが焦点となった。

②　判例法は独自のルールを形成し確立しつつあるが、ＤＩＰの行動を規律する手がかりとなるような確たる基準は未だ見出されていない。

③　再建企業の運営のプロセスでの利害関係人の関係を包括的・制度的に説明する理論として、法と経済学のアプローチを紹介した。これにより、一一章における企業ガバナンスの意義と課題を明らかにすることができたと考える。特に、法が用意した精巧なコントロールの枠組みが必ずしも十分に期待された効果を上げていないことは、実証研究の結果とも整合する。とりわけ小規模倒産事件では、債権者の無気力・無関心が大きな障害になり、一一章が設けたガバナンスの構造はまるで機能していない。

④　このような現状に対してさまざまな論者が、制度改善のための提言を行っている。各々有意義で、そのうちの幾つかはとりわけ卓越していると思われるが、しかし決定的な、前向きな解決策が得られているとまではいいがたい。特に経済学的分析は、分析の理論枠組みを提供することにおいては有用だが、現実的な問題解決策に直結するものとは言い難い。

それでは以下、筆者の問題認識に則して小括する。

1　再建企業ガバナンスを考えるにあたってはまず大前提として、そこで誰の利益が顧慮され、保護されなければならないかという、制度のゴール設定の問題がある。

アメリカでは近年、経済学的分析の手法が隆盛をきわめているが、このアプローチに対する批判も根強い。その急先鋒たるWarrenは、①倒産処理法は、事業破綻に由来する損失がどのように分担されるべきかを決するにあたって特別な役割を果たすものである、②債権者のみならず同様にその他の多くのものにも、倒産企業に生き残りの機会を与えるために、企業資産に対する権利の幾らかを諦めることが求められる、③破産裁判官に衡平法上の裁量権を委ねることは、当事者間の抵触し、競合する利益をバランシングするのに有用な、異論の余地のない手法である、④倒産事件における債権者は、倒産していない状況で有していた幾ばくかの権利が倒産によって失われるとしても、それについて不満を主張する根拠がない、なぜなら、倒産処理は種類の異なる新しいゲームだからである、以上の考え方に基づき[252]、経済学的モデルは単純に債権者の価値の最大化を唯一最大のゴールと考えているが、倒産企業に対して現在直接の請求権を有していない、しかし企業の存続に利害のからむものの利益、典型的には労働者や倒産企業の周囲の共同体の利益も、倒産処理において等しく顧慮されるべきであると主張する。すなわちWarrenは、倒産処理を債権者のパイを増大させるものとも、債権者の価値を最大化することがここでの最大の関心事であるともみない。替わりに、倒産企業に依拠してきたものたちのあらゆる損失を認識し、企業倒産に由来する損失のリスクを再配分する試みであると捉え、〝汚く、複雑で、柔軟で、相互に関連した〟信念に基づいて自ら〝卑下した〟所説を唱えた[253]。

しかしこの見解に対しては、労働者保護等のWarrenの指摘した利益が顧慮されなければならないのは当然であるが、どうして倒産法がそれらの利益の価値を評価する適切な場であるとされるのかが説明されておらず、倒産処理においては経済学的問題の解決に焦点を当てるべきであると再批判され[254]、或いは、再建の利点が過度に強調されているが、再建には清算を強要するコストも含まれているとの指摘がなされている[255]。そして何よりも決定的な批判は、同教授及びその賛同者は保護されるべき非債権者の利益をどのように顧慮するのかという点での具体的基準や実際の分析手法を提示していないということに向けられる。それゆえ、理念的には多くの賛同を集め、倒産処理の問題が論じられるにあたってはしばしば引用・参照されながらも、実際の問題の分析においては、少なくとも経済学的アプローチに代替する何かが出てこない限りは、財団価値の最大化を主眼とする経済学的アプローチによるのが妥当と考えるのが今日の一般的傾向であるといえる[256]。

本書もこの近時のアメリカで優勢な考え方と同じく、倒産処理の法は、専ら倒産企業に対して直接の経済的利害関係を有するものの間でどのように問題を解決するかを決定する場であるとする立場に立ち、以下の叙述もこの前提の下に進める。

2

経済学的な企業ガバナンスの構造の分析の主眼は、経営と所有の分離から生じるＤＩＰのコントロールの権利及びその最適な担当者の所在を突き止め、この者によるコントロールの行使を可能にする制度を考えることにあった。再建企業においては、この支払能力ある企業に関する理論は、倒産制度に生来的な要請から大幅に損なわれる。しかしそこで提示された理論枠組みを用いることによって問題状況を把握し、目指されるべき方向性を明らかにすることができ、この意味で方法論として有用であると思われる。

更に、ここから三つの結論が導ける。

第一に、再建企業ガバナンスの問題の解決にあたっては、「時間」が最も重要である。この点に着目した立法論的提言のうち、倒産企業の即時売却は中立を躊躇させる効果をもたらし、その結果手続全体からみても経済的に甚だ望ましくない悪影響が出るので、実際的ではない。しかし、手続の短縮と、手続の進展を阻害する内部紛争を早期に決着するというアプローチには問題解決の端緒が見出される。

第二に、再建企業のガバナンスの問題は、制度上最終的には法廷に持ち込まれることになる。それゆえ、その場合の裁判所の裁定基準をルール化する必要は大きい。この点で特に注目されるのは、アメリカにおいては広範囲に渡って経営判断原則の基準に基づく過程アプローチが採用されているということである。このように「質」ではなく「過程」を評価する方向でのルール化が進むことにより、当事者の自助努力を中心とした司法判断の場らしい法廷が運営されるとともに、裁判所の負担も比較的軽減されることになると見込まれる。

第三に、以上は比較的経済的影響力の大きな倒産事件についての、関係人自治が機能しうる場合を念頭に置いての議論であり、小規模な企業については妥当しない。小規模事件では、利害関係人には企業の命運に関わって敢えて自ら煩わされる経済的インセンティブが欠けるがゆえに、〝経済的に合理的な〟判断に基づいて手続に積極的に関与しようとはしない。このような場合の対処法としては、手続関与を促す追加的なインセンティブを外部から与えるか、或いは手続参加を期待するのをやめるかの二つの方向が考えられる。後者の場合については、倒産処理制度全体の機能性、効率性、ひいては信頼性に関わる問題として、事件を再建手続から早期に排除することが検討されなければならない。

3　以上の成果を第一章の結論とも結びつけて考察すると、再建企業ガバナンスの問題の解決には二つの方向性があるといえる。

(1)　第一は、裁判上の再建手続に適する事件とそうでない事件の選別である。その基準となりうるのは、利害関係人の再建の意欲又はその能力の有無である。その根拠は、利害関係人の投資判断の権利及び義務の観念と、再建不適性事件における利害関係人の合理的な経済的インセンティブの欠如に求められる。この根拠を欠くと考えられる事件については、関係人自治的倒産処理を論じる余地はない。更に進んで、手続参加意欲の欠如の事実を捉えて、事実上の財産権の放棄を認める余地さえあると考えられる。なぜなら、権利は義務と裏あわせであり、自らの権利を維持することに無関心・無防備なものは自己責任原理に則って不利益を甘受すべきであるといえるからであり、ましてや国家が国民の税金を投入して一私人に助成を行うべきではない。

裁判所としては、この場合には、利害関係人が意欲的になれない企業再建に固執して躊躇することなく、専ら事件の迅速処理に専念すべきこととなろう。また、経済の専門家ならぬ裁判所が不慣れな経営判断や経済的考慮に煩わされるべきではない。

(2)　第二に、かくなる選別の結果適性を認められた事件については、関係人自治の可能性及び有効性は十分期待できる。本来は望ましくない交渉のレヴェラッジをめぐる戦略的な行動でさえも、事件処理の推進力として、また利害関係人が自律的に倒産処理の方策又は方向性を作り出していく過程であると捉えれば、前向きな評価に価すると考える。この場合には、関係人の交渉の場と機会を確保し、保障することが、法及びこれに則って実践・運用される制度が果たすべき最善かつ唯一の職務であるといえる。そして、裁判所としては、再建の意義や事件の質には同様にできる限り深く立ち入らず、専ら事件の迅速かつ適正な進展のみに配慮すべきである。

以上の考察は、第四章での立法論的考察において具体的提言に発展させる。

4　最後に、特に右の第一点目については、ドイツ法研究の結果とも整合し、また後述するアメリカの倒産法改正作業においても同様の理解が示されている（第三章第一節参照）ということを指摘しておきたい。関係人自治という〝理念〟を越えて関係人自治を〝実現〟するための議論としては、この理念の「空洞化」を回避する必要、すなわち事件の選別の問題こそがより根本的な課題として認識されるべきといえるかもしれない。

(236)　Nimmer & Feinberg, 51-54.
(237)　Skeel, Voting, 509-533.
(238)　LoPucki, Full Control (Second Instllment), 248,272-273.
(239)　Kelch, Phantom, 1363-1371,1378.
(240)　In re Central Ice Cream Co., 836 F. 2d 1068(7th Cir. 1987) ; In re Browman, 181 B. R. 836 (Bankr. D. Md. 1995) ; In re Speifogel, 211 B. R. 133 (Bankr. E. D. N. Y. 1997). See Frost, Pragmatism, 115-118.
(241)　Frost, Pragmatism,118. なお、これら三件の最初の裁判例であるCentral Ice Cream Co. 事件では、Easterbrook 判事が、残余請求権アプローチに生来的に付随する企業価値の評定の困難の問題を認識して、興味深い代替的アプローチを意見として記している。事案は、Central Ice Cream 社が五二〇〇万ドルの陪審勝訴判決を得ていたにも関わらず、対審手続の係属中に一五五〇万ドルで和解したことに対して株主が異議を述べたというものである（同社は全債権者に弁済するに足るだけの資産を有していた）。Easterbrook 判事の意見の要旨は、債権者は企業に和解金額である一五五〇万ドルの予約価値をつけて売却に付することによって、株主の望む投資のリスクを除去することができる、なぜなら、和解の拒絶に見込まれる価格が和解金額よりも高額な場合には、市場又はおそらくは反対株主が、和解金額よりも高額を入札するだろうからである、というものであった。Id., In re Central Ice Cream Co., at 1072.
(242)　和解事件では、裁判所は専ら財団の価値最大化というゴールを目指して和解の申出を検討すればよく、規範の抵触といった問題が起こらない。というのも、和解申出の受諾又は拒絶は和解収益の訴訟への投資を意味し、原告は、自分の利益の最大化を追求しているのだから、当該訴訟からの期待されるリターンの現在価値が申し出られた和解の現在価値を超える場合にのみ、訴訟によって異議を申し立てるインセンィブを有する。他方、一般に和解においては事業投資家でない株主の立場は配慮されない。かくして、請求権アプローチは和解事件においては、株主の利益がどのように損なわれることになるかを懸念することなく、財団価値の最大化というゴールを目指して問題とされている和解を分析する方法を裁判所に提供することになる。

(243) Id., 121-124 ; Frost,Asylum,133-135. 特に制度的限界を詳しく論究したものとして、C. W. Frost, Bankruptcy Redistriutive Policies and The Limits of the Judicial Process,74 N. Ca. L. Rev. 75,1995. Frost, Pragmatism,121-124.

(244) LoPucki & Whitford, Equity Bargain,186-187,196.

(245) LoPucki & Whitford, Governance,788-796〔簡易に結論だけまとめたが、この提言は実際には、コース理論に基づく詳細な分析に基づいている〕.

(246) Id., 787-788. L. M. LoPucki, The Trouble With Chapter 11,1993 Wiscon. L. R.729,732-739.

(247) LoPucki, id.,749-759〔皮肉にも旧法への回帰になると指摘しつつ論じる。また、そのためにはＤＩＰの独占的計画提出期間を早期に終結させることが一つの方法であるとし、ただし事件によってはそれによって交渉においてＤＩＰにかけられる圧力が抗し難く強くなるかもしれないので、早期終結を決定する破産裁判官はそのことを考慮すべきであるとする〕. See also Frost, Pragmatism,120, also at 126-134〔ケースマネージメントの成功例として、Fast track の有用性を主張する裁判官の見解及び関連判例を分析する〕.

(248) ここで挙げたケースマネージメントの方法は全て一九九七年に公表された全国破産法調査委員会の小企業についての提言において実際に採用されている（本書第三章第一節参照）。

(249) Apex Oil Co. 事件では、〝公正、迅速かつ経済的な判断をなすために、…適切な訴訟を提起する〟義務が調査員に負わせられ（In re Apex Oil Co.,111 B.R.,235, 237(Bankr.E. D., Mo. 1990), rev'd, 132 B. R. 613 (E. D. Mo. 1991), aff'd in part, rev'd in part, 960 F. 2d 728(8th Cir. 1992)）、また、Public service Co.事件では、利率の設定

に関する特殊情報（arcana）をめぐって交渉に困難をきたしていたところ、第三当事者たる仲裁人がいることが望ましいとされ、更に、そこで用いられている特殊情報の意味をよりよく理解するのを助けるためには調査員が必要であるとされた（99 B. R. 177(Bankr. D. N. H. 1989)）。

(250) 前者はIn re Wilde Horse Enters., Inc., 136 B. R. 830,834(Bankr. C. D. Ca. 1991)、後者はZeisler & Zeisler, P. C. v. Prudential Ins. Co. of America (In re JLM. Inc.),210 B. R. 19,26(B. A. P.2d Cir. 1997).

(251) Frost, Pragmatism,126-147.

(252) 本文で①～④として挙げたのは、BairdがWarrenの真正面からの批判に応えて反論する際に、Warrenの基本的理解として要約した論点である。See Baird, Loss Distribution, Forum Shopping and Bankruptcy: A Reply to Warren,54 U. Chi. L. Rev. 815(1987).

(253) E. Warren, Bankruptcy Policy,54 U. Chi. L. Rev. 775-814(1987). See also J. Braucher, Bankruptcy Reorganization and Economic Development,23 Caap. U. L. Rev.499(1994) ; R. Rasmussen, An Essay on Optimal Bankruptcy Rules and Social Justice, 1994 U. Ill. L. Rev. 1 ; D.R.Korobkin, Employee Interests in Bankruptcy, 4 Am. Bankr. Inst. L. Rev. 5〔特に労働者保護の必要性を強調〕.

(254) Baird, see supra note 251. ; Frost, Asylum,134-135.

(255) Adams, Reducing Costs,629.

(256) E. g, LoPucki & Whitford, Governance,767-768. 倒産処理制度の目的を純然たる経済学的関心から捉える論者も同様に今日ではごく稀であるが、第三章第二節で紹介する倒産契約理論を提唱するSchwartzは、以下のように唱えて、倒産法では現在の請求権を有する当事者だけを保護すべきであり、倒産処理制度は専ら経済的効率性を推進するためのものであるべきである、と主張している。すなわち、① 労働力は人的市場で最もよく配置転換されることになるから、倒産処理を雇用の維持のために利用するのは効率的でない、② 社会的には確かに地域の共同体の育生及び維持と失業のコストとを懸念すべきであるが、企業の生き残りが自分たちにとって重要である場合には自ら助成金を出すという選択が可能であり、またそうすべきである、したがってよりよい議論がテーブルに出されてくるまでは経済学的ゴールへの攻撃は排斥されてしかり、倒産処理制度は負債を抱えた企業についてのコストを縮減するためにのみ機能すべきである、とする。A. Schwartz, A Contract Theory Approach to Business Bankruptcy,107 Yale L. J. 1807,1814-1820 (1998).

第三章　倒産処理における関係人自治の可能性又は限界

本章では、アメリカにおける最近の立法の動きと、倒産処理における関係人自治の可能性を示唆する近年の新しい論文を取り上げる。これらの新しい動きの紹介を通して、関係人自治を生かした倒産処理の可能性と限界を探求したい。

1　第一節では、アメリカで一昨年度公表された全国破産法調査委員会報告書の中の小企業事件に関する勧告[1]を取り上げる。

同報告書は、一九九七年一〇月二〇日、全国破産法調査委員会（The National Bankruptcy Review Commission）[2]が、連邦議会、大統領及び連邦最高主席裁判官に宛てて提出したものであり、アメリカ合衆国の現行連邦破産法を全般的に見直して問題点を抽出し、詳細な分析のうえその改善のために議会に向けた個別具体的な勧告がなされている。今回の改正は、そもそも現行法の基本的枠組みには概ね問題はないということを前提としたもので、特に企業破産に関していえば、不法行為債権の処遇の改善や国際倒産に関するUNCITRALモデル法の編入等の現代の要請に応えるための勧告、又はパートナーシップや単一不動産事件（Single Assets Property）等のアメリカの法制度に独自の問題について改善を図る勧告が中心となっている。それゆえ、同報告書の内容は、個別論点のそれぞれは興味深いが、制度論としては得るところは――期待されたほど多くは――ない。しかしその中で、小企業に関する勧告には、わが国の立法論に示唆を与える内容・着眼がみられる。アメリカでもわが国におけると同様に、倒産事件の大部分は中小規模企業で占められ、しかも、現行法制においてこれらの事件の適切な処理が十分にできているとはいいがたい状況にある。小企業に関する勧告では、このような現実に対処するために、小規模事件についての一一章手続の費用及び遅延を縮減することが目指されたのであった。

この小企業に関する勧告を取りあげることには、次のような意義が認められる。

第一に、同勧告では、現在わが国が直面している（さらには全世界共通ともいいうる）関係人の手続参加意欲が欠如している場合への対処という課題に対して、ある一つの立法の方向性が示されている。これはいわば、利害関係人自治による倒産処理の限界を示唆するものであるといえ、そこでの具体的措置の内容を参考にできるのはもちろん、問題の捉え方や考え方についても学ぶところは少なくない。第二に、同勧告は、再建企業ガバナンスの問題への具体的な立法による回答の側面をも有している。[3] したがって、本書第二章の研究にとっても、立法による解決の一つの方向性が示されていることになる。その意味では、本書の構成からすれば、第二章の章末に置くべき内容であるともいえる。しかし、この小企業に関する勧告には、より一般的に倒産処理制度における関係人自治の限界と、これを踏まえたうえでの立法の将来的方向性が示唆されており、本書における問題意識からはこの意義にこそ着目せられたため、章を改めて第三章に含めることとした。

2　第二節では、一九九八年春に公表された雑誌掲載論文で提唱された、Alan Schwartz の倒産処理契約（Bankruptcy Contracts）の理論[4]を取りあげる。同理論は、事業倒産につき、契約論的アプローチによりつつ、再建か清算かの選択を中心とする倒産処理の方法選択を当事者間の自由な交渉に委ねることの有効性及び効率性を、経済学的モデルを用いて論証する試みである。これを取り上げたのは、主に以下の二つの問題認識による。

第一に、本書第二章ではアメリカ連邦破産法一一章が定める再建手続の運営のプロセスに焦点をあてて、制度的な交渉の枠組み、そしてそこでの力学及びそのコントロールの問題を扱ったわけだが、これは倒産処理における関係人自治をいわばマクロな視点からみたものである。そこで、引き続いてはより問題状況に目を近づけて、倒産債務者と利害関係人との個別的な交渉の局面に目を向けたいと考えるのである。もっとも利害関係人間の交渉につきモデルを用いて分析する試みはこの論文が初めてではないし、むしろより詳細かつ緻密な経済学的分析を行う研究もある。とはいえここで取りあげるSchwarzの契約論的アプローチは、利害関係人間の交渉によって広範囲に渡って手続が民営化されうると論証して、アメリカ連邦破産法の強制的性質を緩和し、利害関係人間の交渉を通した私的競争の余地を広く認めるべきである（privataize bankruptcy）と主張するもので、倒産処理の制度における関係人自治の可能性を探求するにあたりとりわけ興味深い。論者の主張に全面的には賛同できないにしても、実効性を踏まえつつ関係人自治の意義を問い直そうとする本書の立場には、示唆されるものが少なくない。すなわち、本書の立場で指向しているのは、ただ理念としての関係人自治の意義を強調して一徹にその実現を図ることではなく、その意義と有用性に着目する一方で限界を見極め、関係人自治の潜在的可能性を実際に可能なやり方で引き出すことである。このような立場から、この倒産処理契約理論を紹介・分析することを通して関係人自治の機能にどこまで、どのように期待することができるのかを探ることは、より踏み込んだ研究の端緒たりうると考えられるのである。これが第二の狙いである。またこのようなモデル分析の手法を生かして、関係人間の交渉の意義や有用性が、単なる事実上の現象として把握される以上に、理論的な理解のための枠組みのもとに論じられるならば、そのこと自体意義があろう。

3　以上の目的意識の下に、以下順次論述を進める。なお、本章の各節は目的においても内容においても相互に直接関連するところがないので、各々独立のものとし、各章末で小括を行う。

第一節　近年の立法の動き
――九七年全国破産法調査委員会報告書（小企業に関する勧告）――

第一款　勧告の趣旨

全国破産法調査委員会（以下「委員会」という）は小企業の倒産事件について、一九九四年改正で設けられた小企業についての特則を強化する方向で修正する一〇項目の勧告（以下「小企業勧告」という）を行った。ここでの主な目的は、小規模な一一章企業倒産事件でかさんでいる費用と遅延を縮減することにある。(5) 一一章手続は小企業にとっては複雑で加重な手続であり、うまく機能していないとの批判は、これまでにも多くの論者から指摘されてきたところである。(6) それゆえ先の一九九四年の法改正の際には、小企業再建のために破産法中に新たに独立の一〇章を設けることも検討されたが、結局このときは計画提出期間の短縮等の特則を設けるにとどめることで決着したのであった。(7) したがって、今改正においてこの合理化の方向をさらに押し進めるように求められた形になる。

委員会の基本認識は、債務者にはその規模の大小に関わらず引き続き一一章の下での救済の利用が可能であるべきである、というものである。この根本には、一一章手続は、職場を維持し、企業の継続価値を保護し、かつ債権者のリカバリーを生み出すための重要な道具たりうる、との再建尊重の思考がある。ただし、小企業倒産事件の処理に関しては、現行の一一章手続には次のような根本的問題があると認められている。第一に、一一章で設けられている要件の中には、一一章の救済を望む一定の事業にとってはあまりにもコストと手間がかかるものがある、第二に、一一章での救済を求める小企業の大部分は、更生の合理的見込みを有していない、そしてこの関連で、第三に一一章手続には時間がかかりすぎる、ということである。この問題に対処するためには、望みのない債務者をより迅速に識別し、再建手続から除去するための技術的なルールを設けることが必要であると考えられる。そこで、委員会での意見形成及び勧告内容の策定にあたっては、この部分に重点が置かれた。

その結果委員会は、まず一一章手続の合理化・効率化を図るべく、① 手続の簡素化、② 期限の短縮、③ 追加的報告の三点で勧告を行った。そして時間短縮のための勧告として、④ 計画案の提出及び認可の期限を小企業に適合するものに改め、⑤ 破産裁判官が事件管理のための現代的手法を利用できるようにすることが主張された。

第二款　勧告の概要

以下簡略に、小企業倒産に関する勧告の内容をみていきたい。叙述は、筆者の問題意識に則して、1小企業再建制度の整備、2事件管理に関する規律、3事件の監督の三項目に分類し(8)、随時論者からの問題の指摘を交えながら進めることとする。

1　小企業再建制度の整備

この項目に分類されうる事項としては、現行法一〇一条（五一C）に規定される小企業（small business）の定義の改正に関する勧告（勧告2・5・1（以下勧告番号のみを引用する））と、開示説明書及び更生計画の要件につき、裁判所にこれを外すか又はその内容を簡素化する権限を認めるべきとする勧告（2・5・2）がある。これらは、現在裁判所の運用上活発に行われている簡易短縮手続（fast trach）（本書第二章第六節7参照）の定着化及び促進を企図したものと捉えられる。

個別的にみると、各勧告は次のような意図によるものである。

(1)　第一点目の勧告2・5・1では、小企業の定義規定における現行の負債額に基づく定義の方法について、種々の代替案も検討されたが、結局最も効果的な方法であり、また現行法が小企業事件としての取り扱いにつき選択性を残している点が尊重されるべきであるとの考えから、現規律を維持すべしとされている。ただし、小企業を対象とする簡易手続適用の基準が、現行の総負債額二〇〇万ドルから五〇〇万ドルに引き上げられた。この点については、基準が高すぎて過分に多くの事件に同手続の利用を許すことになるのではないかとの批判もあったが、基準が低すぎると債権者が参加してこない場合が多く見込まれるという考え方に帰着した[9]。

(2)　第二点目の勧告2・5・2は、次のような考え方に基づいている。すなわち、高度な情報開示の要請は七八年法の重要な特質だが、このためにコストの増大と遅延が招来されており、大規模な事件にはこの複雑な手続も相当であるが、小規模事件はこの高いコストに耐えられない、ということである。そこでこの勧告では、裁判所に事件を併合する権能及び開示説明書の手続を省略する権能を付与する必要性が唱えられ、あわせて破産規則の諮問機関である司法会議に対して、使いやすい標準書式を採択・公表するように要求された[10]。

2　事件管理に関する規律

この分類項目には、第一に、特に財務状況の開示との関連でのＤＩＰの義務の強化（２・５・４）、第二に、再建計画の提出及び認可についての特別な短い期限の設定（２・５・５）、そして特に注目されることとして、この二つとも結びついた現行法一一一二条(b)の改善のための一連の勧告（２・５・６、２・５・９等）が含まれる。

(1)　第一点目の勧告２・５・４は、ＤＩＰが一一章制度をコントロール権の享受を目的に利用しようとすることに対処するための規律であり、これは正しく第二章で再建企業ガバナンスの問題への関心を集めることとなった問題として取り扱ったところである。

なお、この勧告に対しては、不必要に度を超えた義務が課されるとの批判もあった(11)。

(2)　第二点目の勧告のうち、勧告２・５・５では、再建計画案の提出及び認可の期間の短縮の必要がいわれており、このように時間を短縮することによって執行費用が減り、それだけ配当が増えることが見込まれている。

委員会の勧告内容によれば、全ての計画案及び開示説明書は中立から九〇日以内に提出されなければならず、計画案は一五〇日以内に認可されなければならない。更に、この期間の伸長が認められるのは、期限内にそのための審問が行われ、債務者が〃証拠の優越により、合理的な期間内に再建計画の認可の可能性が高いことを証明した場合〃に限るものとされている。委員会はこの要件を課した意図について、期間の伸長が再建計画を脱線させるものであってはならず、計画案認可の見込みのないものは早期に棄却又は移行させて一一章手続から除去することを目的としたもの、と説明している。

また、連邦管財官に対して、積極的にこの期間伸長の審問に参加し、伸長が認められる場合には裁判所に新たな期限の設定を要請するよう求められている。報告書はこの要請を、債務者にとって利益となるコストの節約の限度のものである、としている(12)。

ある。[13]

(3)　事件管理に関する勧告の核心は、現行法一一一二条(b)の定める事件の棄却及び移行に関する規律の改善である。委員会は、債務者事業と事件の管理のために、事件の棄却及び移送につき特定水準を設けることとし、これによってこの基準が満たされていない場合には、債務者自身に一一章事件を続行する資格があることの証明責任を負担させることを狙いとした。この目的で水準として特定された具体的な内容は、保証の維持又は租税もしくは手続費用の支払を続けることができず、財団に引き続き損失を生じさせるか又は財団を縮減すること、事件での報告書の提出又は三四一条の集会もしくは破産規則二〇〇四条の調査への出席を怠るか又は連邦管財官の集会もしくは情報に関する合理的な要請にしたがわないこと、である（2・5・9）。DIPがこれらの水準に達していないことは、事件の棄却、移行又は管財人選任の原因たる事由とされる。[14]

これら事由のあることが立証された場合には、一一章手続の続行に資格があることの証明責任は債務者に転換される。ここで債務者は、計画が裁判所の設定した期限内に認可されるより大きな見込みがあることのみならず、問題となっている事由が債務者の作意又は不作為によるものである場合には、その合理的な理由を示し、三〇日以内又は裁判所が命じるより短い期間内に、問題を改善しなければならない。委員会はこの勧告の意図について、現在までの一一章事件での実務と、債務者以外の原告が債権者の訴訟に対して差止の救済を求める場合の証明責任との中間をとったものである、と説明している。

Frostはこの勧告に、次のような意義を認めている。すなわち、現行法ではこの証明責任は事件の棄却又は移行を求める当事者に課されているが、同勧告によれば、このルールが妥当するのは債務者が特定された水準のいずれかを満たさない間に限定されることになる。したがってこの時点で、成功の見込みの立証責任が債務者に転換されることになるのである[15]。

3　事件の監督

監督の面では、一一章で本来目指された私的自治的な管理に委ねる方向とは逆に、裁判所と特に連邦管財官の職務及び権限の強化が勧告された。

(1)　ここでの勧告の狙いは、裁判所に少なくとも一度は記録に基づいた進行協議を行わせることとし、しかもそのための要件と結びつけてＤＩＰにより重い報告の義務を負わせるという形で、新たな監督の構造を生み出すことにある。

進行協議の開催を最低一度としたことについては、状況協議の有用性をめぐってはむろん議論のあるところであるが、ともかくも最初から七章清算手続を申し立てるべき債務者によってもたらされる遅延が縮減されるという効果だけは確かに認められる、と説明されている。

ＤＩＰによる報告の要件は、一一章事件の成否を早期に判定することを主たる目的として、実際に現在多数の裁判所でデータ不足に対処するために行われているとされる財務報告書提出の運用を明文化するものである。過大な負担となるのではないかとの批判もあったが、これに対しては、保護を求めた以上は情報を開示すべきであるとの考えが示された[16]。

(2)　管財官には以下の権能又は義務が認められている。

連邦管財官は、事件開始後可能な限り迅速に債務者の第一回目のインタビュー（initial debtor interview（IDI））を行わなければならない（2・5・10(1)(a)）。連邦管財官は、適切かつ望ましいと判断した場合には、債務者の営業施設を訪問し、帳簿及び記録を調査することができ、またこれを行わなければならない（同(b)）。そして、再建の見込みがないと判明する事件を特定する目的において、事件を監督し、重要な根拠となる事由がある場合には一一一二条の救済を申し立てることができるものと考えられている（同(b)(1)・(2)）。

なお、当初作業部会では、連邦管財官の権限の強化に替わる、独立の調査員、会計士、〃有資格の倒産官吏〃又はその他の事業建て直しの専門家の選任も検討された。しかしこのアプローチは以下の理由で拒絶された。第一に、既に裁判所、連邦管財官、倒産事件管理人（Bankruptcy Administrator）、民間管財人名簿による管財人（panel trustee）らが果たしている職務と重複することになる、第二に、不必要な専門家集団を生み出すことになり、また、ステレオタイプな〃政府の官僚〃と一般に受けとめられる結果が招来されることによって、監督機関としての確実性と有効性が骨抜きになる、第三に、これら監督機関の任命により、既に高額な手続のコストに更に過分な弁護士費用という歓迎されないコストが付加されることになる、というものである。

また、連邦管財官の権限の強化に関しても次のような懸念が示された。第一に、連邦管財官制度におけるスタッフには、一一章手続が係属している事件のうちのいずれの事業が生き残るかを決するのに必要な、微妙な判断を下す事業経験はありそうにない、第二に、議会が、連邦管財官がこのような職責を果たすのに必要な十分な資金を拠出するとは期待され得ない、といったことである。これに対しては、連邦管財官のプログラムによる一一章に不相当な事件の早期特定及び効率的な事件管理に関して、その成果の如何を示す調査結果が挙げられているだけであり、直接的な回答はなされていない。そして結論として、ＤＩＰの制定法上の義務が、連邦管財官の制定法上の義務と倒産事件管理人に主導された手続の認可と結びつくことによって、事件に対して積極的でない債権者の存在を有効に補填することになろうとの楽観的な見解が示されている(17)。

小　括

以上にみてきた小企業勧告は、事件の早期選別の必要性の認識及びそのための具体的方策の両面において、わが国倒産法改正にとって直接的に示唆されるところの少なくないものであるといえる(18)。同時に、ＤＩＰ制度を採用するにあたっては、やはり裁判所や個別事件での管財人だけでなく、連邦管財官のような何らかの公的機関が必要であると改めて強く感じる。もちろん委員会でも検討されたように、私的な監督機関によらしめることも一つの選択肢ではあるが、一般的な事件の掌握及び監督の人的コスト及び金銭的コストは、倒産制度全体のコストとして公的に負担されることとしても十分に説得力があるように思われる。

第二節　倒産処理契約理論

序　問題設定

1　問題認識

倒産処理契約といっても、ここで扱うのは、一般にこの言葉から思い浮かべられるような、債務者に倒産法上与えられる保護や権能の放棄をあらかじめ約束させることを目的とするものではない。Schwartz の提唱する倒産処理契約の理論は、倒産という事態に見舞われた場合に、それぞれの固有の状況において最適な（optimal）倒産処理制度の選択が行われるように促す倒産処理契約を利害関係人が事前に締結する可能性を論じるものである。この出発点にあるのは、現行アメリカ連邦破産法上、利害関係人間で倒産に先立って倒産処理に関する契約を締結することが禁じられていること、及び、従来なされてきた倒産処理の効率性の議論が専ら事後的効率性を念頭に置いたものであることに対する、以下のような問題認識である。

(1)　連邦破産法の制限的特質と関係人による交渉の可能性

Schwartz の最大の問題意識は、アメリカを含むほとんどの西洋諸国の倒産法において、債務者及びほとんど全ての債権者には、国家が提供する倒産処理制度への参加が要求され、しかも、手続参加者にはその制度が指定する一定の結果を変更する権能が著しく制限されているという点に向けられている。したがって、同じく債務不履行を主要な内容とする商取引法では、典型的紛争は裁判所で解決されるが、当事者はそれ以外の紛争解決手続（例えば仲裁）の利用を契約することもできるとされているのとは対照的に、倒産処理の場合には、国家が規定するのとは別の倒産処理制度の利用を契約で定めることはできない[19]。このような現代の倒産処理制度の制限的特質に関して、Schwartz は以下の三点を主張する。

第一に、いかなる倒産処理が経済学的見地から最適であるかは、置かれた状況次第である（state-dependent）。現行アメリカ連邦破産法（以下特記しない限り「現行法」とはアメリカ連邦破産法を指す）はこのことを認めて、状況に応じた最適な処理を最終的に決定する権限を裁判所に与えて対処しているが、このような解決策は、当事者にそれぞれが置かれる固有の状況において最適な手続選択を誘発する契約を締結することを認めることにより、よりよく改善されうるはずである。

第二に、現行法には構造的な強制的ルールと、財団価値最大化を目的とする強制的ルールの二種類が設けられているが、倒産処理制度における強制的ルールはこのうち構造的なものに限られるべきである。なぜならば、まず、この強制的ルールが正当化されうるのは、倒産後の効率性を増大させる場合に限られるが[20]、事後的効率性の増大は倒産法上の強制的ルールにより実現を図られるべきものではない。そもそも、倒産処理制度は、利害関係当事者間の自由な交渉を促進させるメカニズムを作り出すものである。非構造的な強制的ルールは、この関係人間の交渉が行き詰まった場合に初めて、そしてこの場合に限って必要なものである。しかし、倒産処理契約論において提唱する方法により利害関係人間の交渉は成功し、しかもその結果、強制的ルールの有無に関わりなく有形の富が財団に移転されて、倒産処理の制度は財団の金銭的価値を最大化するように機能することになる。ゆえに、倒産処理制度には配当に関する強制的ルールは必要でない。

そして以上の二点から、Schwartz の倒産処理制度観である、倒産処理制度は債権者のいわゆる共同行為問題の解決こそを唯一の目的とし、この結果としての効率性の増大のために存在しているとする第三点目の主張が導

き出される。(21)

(2) 事前の効率性への着目

倒産処理制度のゴールは社会福利（social wealth）を促進することにある。このゴールを最もよく促進するのは、企業倒産からの債権者の期待されるリターンを最大化することであると考えられ、それゆえに経済効率性が倒産処理におけるゴールの少なくとも一つであると捉えられることについては、広く論者の見解は一致している。(22)そこで、いかにすれば経済効率の最大化が図られるかが大きなテーマとなるのであるが、この考察にあたって、従来の倒産法に関する議論が専ら企業の経済破綻後の処理、すなわち事後的効率性（ex post efficiency）に着目したものであるのに対して、Schwartz の提唱する倒産処理契約論のアプローチは、事前の効率性（ex ante-）に着目している点に特徴がある。このように事前の効率性に着目する意義は、次のように説明されている。

伝統的な議論で専ら倒産後に重点を置いて考察がなされてきた背景には、倒産企業への融資の可能性は倒産という事態によって著しく損なわれている、それゆえ一般に倒産企業は、仮に自由に契約できたとしても、金銭消費貸借の局面で倒産のリターンを最大化する何をもなしえない、との共通の認識がある。また、経済学的に考察すれば、多種多様な利害関係の対立する倒産の場面では、債権者間に起こりうる対立及び取引費用のゆえに、当事者間で契約を締結することは不可能に等しく、ゆえに当事者にこのような契約の自由を与えることはそれ自体無意味である、と考えられる。(23)この点で、一般商事法では事前の効率性に着目されるのと異なる。一般商事法においては、事後の効率性は当事者が再交渉することによって達成できるので、(24)法律は当事者にデフォルト・ルールを提供する。これに対して倒産の場面での契約は、倒産後の再交渉が極めて困難であることから、一般の商事法とは異なった扱われ方をするのである。

しかしSchwartzは、倒産法では事後の効率性が案じられなければならないということそれ自体から、事前の効率性は政策目標として見当違いであるとの結論が示唆されるわけではないとして、次のようにその可能性を見出す。すなわち、当事者がある倒産処理制度を選択し、その結果倒産企業が最も安価に与信を得るのを可能にする再交渉の結果が得られるよう、法は促進・奨励すべきである、そして、そのように考えてくると、当事者による倒産処理をめぐる事前の交渉は、事後のそれに比べてまるで無意味であると捉える従来の考え方には、疑念をさしはさむ余地がある、とする。(25)

2　倒産処理契約のモデル化

以上の問題認識に基づき、Schwartzは、当事者は自分たちの置かれた状況において最適な倒産処理制度の利用について契約できるか、という一般命題のもとに、経済学的なモデル分析を行う。そのために、以下の要領で、分析に用いる倒産処理契約をモデル化する。

①　モデル化の前提条件

まず、ここでの分析には、経済学的な契約の理論の一種として、隠れた情報又は隠れた行動がある場合（二つの市場不完全性）に適用されるモデルを考える。その趣旨は次のように説明される。

経済学的契約の理論が追求するのは、契約の当事者が契約相手方のタイプを知らない場合に締結しようとする契約をアイデンティファイすることである。例えば、担保を設定しようとしている一方当事者は、契約相手方が乱暴に担保目的物を利用するタイプなのか否かといったことを知らない（隠れた情報）。また、ある当事者は契約締結後に契約相手方を不利にするような行動をおこしうる（隠れた行動）。もしも契約相手が自分に不利益な行動をおこすようなら、最良の契約とは、契約相手方にそのような行動をとらないように要求するものである。投資家は相手方の行動を監視し、その行動が、代替的な行動によってもたらされ得たであろう事業の成功を減じるものであったと裁判所で立証すればよい。しかし、相手の行動の監視は合理的なコストでは行い得ないかもしれないし、更に、一定の事後的行為を禁止してよりよい代替的行為を要求する契約を書面に著すことには、非常なコストがかかりうる。投資契約において契約相手方に最適な行動をとるようにとの要求を明記できない又はこれが極めて困難な場合には、次善策として、経済学的な契約理論の使命は、最適な行動を促す契約をアイデンティファイすることである(26)。

② モデル化

次に、いよいよ実際に倒産処理契約をモデル化する。モデル化は以下のような条件で行う。

第一に、債務者企業とその債権者との間で、最適な倒産処理制度の利用について定める倒産処理契約を締結するものと考える。

第二に、債務者企業のみが手続選択を行うものと想定する。この理由は、現行法によれば、どの手続を申し立てるかを最初に決定するのは債務者企業の権利であり（三〇一条）、また、同様に手続選択の権利を有する債権者については高額な共同行為のコストが伴うのでこれが行使されるとするのは実際的でない、というところにある。

さて、倒産企業の手続選択には、現行法に則して二通りの選択肢があるものと考える。すなわち、一一章再建手続とそれ以外の、企業又は企業資産につき市場での競売を行う制度との二つであり、各々R、Lと表象する。ただし、モデルは以下の二点で現行法と異なる。まず、RにおいてもLにおいても厳格に絶対優先原則が遵守されるものとする。次に、前述のように現行法では禁じられているが、当事者らは企業が支払不能に陥る以前に、与信を合意するに際してRかLの制度の選択につき自由に契約できるものとする。

第三に、契約締結は、倒産にあたって企業が効率的な倒産処理制度を利用することを要求するということを倒産以前に記した、書面によるものとする。なぜなら、いざ手続選択を行おうとする時点において、いずれの倒産処理によるのが最適かはそのときの状況次第なので、支払不能発生後には当事者が効率的に合意をとりつけるのは困難であると思われるからである。(27)

最後に第四点目として、締結される契約の条件は何らかの経済学的パラメーターを指標として記述されることができるものとする。(28) 例えば消費者価格指数（ＣＰＩ）が下落する場合には企業が財政破綻に見舞われるということが示されるなら、清算に向けて契約が締結されうる。具体的には、この場合の契約は「以下の状況ではシステムＡを選択せよ、それ以外の場合にはシステムＢを選択せよ」といった内容となる。(29)

③　モデル分析の方法

以上のようにモデル化された倒産処理契約を用いて、モデル分析は次のように進める。モデル分析の目的となる具体的な論証命題は、以下の二つである。第一に、最適な手続選択を導くことになる一群の契約が存在することの実証、第二に、当事者にこの書面契約を禁じることからは悪い効果が生じるということの実証、である。

この意図は、次のように説明されている。すなわち、企業がもっと自由に契約できたなら、まず、融資契約締結にあたって、融資者が企業が倒産した場合に非効率的な倒産処理が行われることで被りうる不利益を顧慮して企業にとってより不利な条件を課すことがなくなり、したがって融資が容易になる、その結果より多くのプロジェクトで融資を受けることができるようになると考えられる、また、このような契約が存在し最適な行動を企業に促すことによって、企業は価値を最大化するよりよいインセンティブを有することになる、このような有意義な自助努力が期待される、ということである(30)。

分析の手順として、まずは、企業倒産の局面での当事者間の契約締結を考える際最も困難で複雑な問題の要素を捨象し、単純化したモデルを考える。次いで、この基本モデルに最初に捨象した諸要素を加味した修正を施し、そうして得られた結果を再検証することとする。以下、単純モデル、修正モデルのそれぞれの具体的な分析内容を順次みていく。

第一款　単純モデル

1　モデルの設定

単純モデルでは、多種多様な債権者が存在するという倒産処理の最大の問題を克服するために、債権者全員が同時に貸付を行ない、倒産処理に関して同じ選好を有するものと想定する。これにより、企業は各債権者に同じ契約を申し出ることができることになる。

(1)　次のような事実状況についてモデルを設定する。

《企業は追求したい一つのプロジェクトを有し、そのためにt_0の時点で融資を募る。プロジェクトはt_1の時点で開始され、t_2でその成果が判明する。この時点で企業が支払能力を有していれば債権者に対して成功のリターンが支払われ、支払不能に陥っていればt_3の時点で倒産処理制度を選択し、申立により倒産手続が開始される。倒産手続が進行する間にも企業は事業経営を続行する。そして、t_4の時点で債権者に倒産のリターンが支払われる。事後的に現れる状況は、Lが最適な選択である場合の状況をθ_L、Rが最適な選択である場合をθ_Rと表象する。当事者はいずれかの手続が事後の状況を最適化させる可能性を事前に知っているものとする。》

ここで当事者は、プロジェクトへの融資の契約において、経済指標を用いて手続選択に関する倒産処理契約を記述することができるし、またしないこともできる。経済指標を用いない場合には、支払不能が生じた時点で企業が自らの判断で手続選択を行うか、又は事後的な再交渉が行われることになる。この再交渉においては、倒産企業が全面的に交渉を左右する立場にあるものと考える。なぜなら、企業の倒産後は債権者は戦略調整に困難をきたすからである。したがってこの場合には、倒産企業は、最適な倒産処理制度の利用がもたらしたであろう金銭的な限界収益の全てに替えて、最適でない方の制度を利用すると債権者に申し出ることになる。

以上の条件を時系列的に図式化すると、左のようになる。

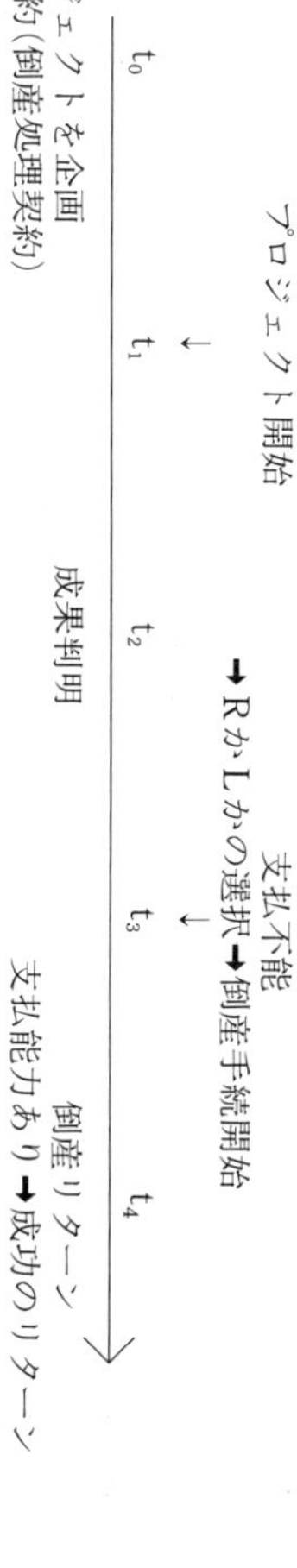

なお、以下の点を指摘しておく。

・手続係属中に企業が稼ぐ金銭的リターンは、企業が選択する倒産処理制度と企業がその選択を行った場合に得られる状況との関数である。この倒産のリターンは裁判所で立証することが可能である。また、これはある状況では最適だが、ある状況では最適でない。

・当事者は支払不能後に初めて、いずれの手続を選択したなら金銭的リターンの最大化がもたらされたかを知る。

・企業は、θ_Lの状況においてLを、θ_Rの状況においてRを選択する場合に、最適な手続選択を行っているといえる。

(2)　締結される契約の内容をめぐって、当事者間の手続選択に関する選好の対立が具体化する。その状況は次のように説明される。

①　まず、企業と債権者との間でのインセンティブの対立には次のような意義がある。

企業と債権者との間の対立の主要な源は、企業の側が享受する個人的満足（private benefit）にある。個人的満足とは、企業の運営から得られる満足（pleasure）又は地位であり、これは、雇用期間中の過剰な余暇の消費と給与を支払われ続ける機会とから成っている。個人的満足は金銭的リターンとは異なり、裁判所で金銭的価値を証明することができない。したがってこの満足は、契約で禁じられることも、規制されることもできない。

企業と債権者との対立は次のような形で現れる。

債権者は、企業が支払不能に陥ったときの企業の金銭的リターンに対して法的権利を有するので、金銭的リターンを最大化する倒産処理制度が選択されることを望む。他方企業は、倒産後の金銭的リターンに対して何ら請求権を有していないので、個人的満足を最も多く獲得できる制度を好む。したがって、企業が最適な選択を行うのは、企業が金銭的リターンと個人的満足の総額を最大化する手続を選択する場合である。しかし、企業は事前の契約又は事後の交渉で制限されない限りは、たとえ全体的に見れば非効率的な場合であっても、常にRを選択することになる。なぜなら、個人的満足は事業の継続に由来するものであり、これを長期間可能にするのはRだからである。

こうした利益対立の状況を記号を用いて示せば、まず事後的にθ_Lの状況が現れる場合には債権者と企業とは対立することになるが、逆にθ_Rであれば当事者の選好は一致する、ということである。したがって倒産処理契約でなされるべきことは、事後にθ_Lの状況が達成される場合に企業にLの選択を促すことである。

② このための方法を探求するにあたっては、状況と当事者のインセンティブとの関係が重要な意味を持つ。これについては、以下のように一般的説明がなされる。

まず、ここでの前提として、全ての当事者はリスクに対して中立的であるものと仮定し、また、企業の経営者は株主の利益を全面的に代表していると仮定して、代理コストはゼロであるとする。

そこで第一に、貸付合意の意義に関して次のように考えるものとされる。まず、合意をなすにあたり、債権者が懸念するのは金銭的リターンのみであるが、企業はこれとともに、これに代替しうる個人的満足をも懸念する。この個人的満足への懸念をなくすために、与信の合意においてはこの部分を金銭で補塡することができるものとする。また、ここでは競争的な信用市場を仮定する。その結果、債権者が与信合意から得るリターンは、ゼロである。

第二には、合意締結に際して申し出られる申出内容に関して次のように説明される。まず、このモデルでは非効率的な手続を選択したことの結果は企業が負担することになる。債権者は企業が最適でない選択をしうることを予測しており、それゆえに倒産のリターンに対して割り引いた期待を抱く。また、貸付合意から得られる儲けはゼロなので、債権者は事業が成功する場合には企業に対してより高額の弁済を要求することになると見込まれる。他方企業には、債権者からの与信を最大化したいのであるから、債権者に対してモラルハザードのリスクを最小化する貸付合意を申し出るインセンティブがある[31]。

2　倒産処理契約の三モデル

以上の条件を設定すると、企業が申し出る契約には三つのタイプが考えられる。

第一に、倒産の場合に企業に最適な倒産処理制度を選択するように促す契約がある。この場合には、事後に実際に生じた状況の如何で変更を申し出るインセンティブを、当事者の誰もが有さない。それゆえに〝再交渉不要契約（renegotiation-proof contracts）と名づけられる。第二に、倒産の場合の処理手続の選択につき言及しない契約がある。この場合には、当事者は事後的に最適な手続選択につき再交渉することが見込まれるので、〝再交渉契約（renegotiation contracts）〟と名づけられる。第三に、契約が締結されてから事後的に生じる事実に関連させた条件を付して、手続選択について定める契約がある。具体的には、経済的な指標vを用いて、企業の支払不能の事実と関連づけることができる。この契約によれば、θ_Rを示していたが事後にθ_Lの状況が生じた場合には、当事者は再交渉するインセンティブを有することになる。それゆえ、〝部分的再交渉不要契約（partially renegotiation-proof contracts）〟と名づけられる。

このモデル分析での一般的なルールは、以下の二点である。

第一に、企業は、債権者が期待する倒産からのリターンを最大化する契約を申し出ることになる。なぜなら、そのような契約からは最大の融資額を引き出すことができるからである。第二に、企業にはそもそも最適な手続選択をすることを要求される根拠はないので、最適な手続選択を行うよう企業に促すためには企業に報奨金（bribe）が支払われなければならない[32]。

以下、この方法で各モデルを分析する。

3　各タイプについてのモデル分析

(1)　再交渉不要契約

再交渉不要契約では、どのような手続選択がなされようとも金銭的な倒産のリターンのｓ%を企業に保持させるとすることによって、企業に最適な手続選択を促すものとする。

①　この場合、企業としては、倒産の金銭的リターンを最大化する手続選択を行うなら、金銭的にはより有利となるが、個人的満足をも享受したいと考える。したがって、ｓは企業が最適な手続選択をなす場合に全体的により多くの満足が得られる程度の利率でなければならない。換言すれば、事後的にθ_Lの状況が現出した場合に、企業が非効率的にRを選択することで、Lを選択する場合よりも多く得ることのできる個人的満足の差額を埋め合わせるだけの金銭的な倒産のリターンが保障されるだけのｓが設定されればよい。

θ_Lの状況においてLを選択することで企業が得る金銭的リターンを$y_{L,L}$、Rを選択する場合には$y_{L,R}$と表象し、同様に企業が得ることのできる個人的満足についてもLを選択した場合を$b_{L,L}$、Rを選択した場合を$b_{L,R}$と表記すると、最適なSは以下の等式を満たすものである。

$$s^* = \frac{b_{L,R} - b_{L,L}}{y_{L,L} - y_{L,R}} \quad \cdots \ (x)$$

この等式から、最適な報奨金の額は、企業が非効率的にRを選択することからより多く得ることのできる個人的満足の、Lを選択したときのそれとの差額が甚だしく大きくはないか、又は適切に選択することからの金銭的な限界リターンが大きい場合には、小さくなることが判明する。これを企業が常に最適に行動する場合と対比して考えると、ここでの分析からモラルハザードの可能性が企業への融資に影響を及ぼすということが読みとれる[33]。

このモラルハザードと融資との関係は次のように数式で示される。

企業が計画しているプロジェクトが、成功すれば二六〇ドルのリターンを、失敗すれば、再建が最適である場合には一八〇ドル、清算が最適である場合には一二〇ドルのリターンを産むものとする。プロジェクトの成功の確率を.8、再建が最適となる確率を.3とする。そうすると、企業が常に最適に行動する場合（任意最適選択）、このプロジェクトの期待される価値は、以下の計算式より二三五・六〇ドルと導かれる。つまり、このプロジェクトは、必要とされるコストが二三五・六〇ドルよりも小さいならば、プラスの純現在価値を有することになる。

非効率的にRを選択　　効率的にLを選択

$$E(R) = .8\times 260 + (.3\times 180 + .7\times 120) = 235.60 \quad \cdots (y)$$

企業の solvency のリターンの期待価値　　《倒産のリターン》

企業は最適でない選択をなすことがありうるので、その場合に備えて報奨金が必要な場合につき、次のような具体的数値を当てはめて考える。状況θ_Lにおいて最適なLの選択をすることから得られる個人的満足を四〇ドル、Rを選択すれば七〇ドル、Rの選択からの金銭的リターン$y_{L,R}$が三〇ドルに下落するとして、前出の等式(x)に数値を当てはめると、報奨金として企業に倒産リターンの三分の一を支払わなければならないことになる。この場合には債権者が期待しうるリターンの最大値は二二六・四九ドルである。(34)

以上の結論として、企業のプロジェクトのコストが二二六・五ドル〜二三五・五〇ドルの間の額のときには、企業は融資を受けられないことになる。

② 以上の分析から二つの結論が導かれうる。

第一に、再交渉不要契約は報奨金を利用すれば実現可能であり、これによって企業に効率的な倒産処理制度を選択するように促すことができる。一方で債権者は、最適な手続選択がなされればリターンは最大化されるので、誰も再交渉のインセンティブを有さない。したがって再交渉不要である。他方企業は、契約が締結されてから事後的に倒産に陥ったときに最適な手続を選択することになり、またこの契約は執行可能なので、裁判所は契約で示された金銭的リターンの割り当てを債務者企業が保持することを認めるであろう。

第二に、このように自由に契約する場合にでも過小投資は起こり得る。すなわち、モラルハザードゆえに、企業はプラスの価値のあるプロジェクトにも融資を受けることができないことがあり得る。(35)

(2) 再交渉契約

この契約では、融資契約で倒産時の対応につき取り決めがなされず、報奨金が支払われることもない。そこで、企業は任意に常にRを選択することになる。

事後的に現れる状況がθ_Rであれば、最適な手続選択から得られる金銭的リターンは債権者が、報奨金分を減額されることなく全額獲得する。θ_Lの状況が現れた場合にも、企業は同様に最適でないにも関わらずRを選択する。

また、企業は前述のように全面的に再交渉を左右する地位にあると仮定されているので、最適なLの選択をなすことから得られるリターンとの限界リターンの全額を獲得する。これは、θ_Lの状況での最適な清算選択のリターンと、最適でない再建選択の差額である（一二〇―三〇＝九〇ドル）。

前出の等式(y)を用いると、この場合の債権者の期待収益は二二三ドルである。(36)(37)

(3)　部分的再交渉不要契約

この契約では、企業の支払不能の状況と関連する記号vを用いて手続選択の条件が定められている。この記号vは、これが高い値を示すほどに企業がθ_Rの状況にある確率が増大するという関係にあるものとする。(38)

部分的再交渉不要計画では、記号vの指標としての精度が高い場合には最もうまくことを運ぶ。この場合には、当事者が再交渉を必要とするのは、θ_Lの状況でのRの選択が債権者に極めて大きな損害を与えるというごく稀な場合に限られる。そこで、vの高い価がみられる場合に状況θ_Rが生じる確率を$\lambda_R = .9$とし、vの価が低く見られる場合に状況θ_R生じる確率を$\lambda_L = .1$として、そのほかは(2)で用いたと同じ数値で計算すると、この契約での債権者の期待収益は二三五・三〇ドルとなる。

したがって、企業がこの契約の下で融資を受けうるのは、プロジェクトのコストが、企業が常に任意に最適な選択を行う場合の債権者の期待収益を上限とした、二三五・三一ドル～二三五・六〇ドルの間の場合だけということになる。(39)

4　倒産処理契約を禁止することのマイナス効果

前述のモデル分析の結果から、現行法における如く倒産処理制度について当事者が契約することを法的に禁じることは、非効率的であることが説明されうる。なぜなら、この禁止はすなわち当事者に常に再交渉契約の選択を要求することであり、この結果、企業にとっての融資条件の悪化と投資のインセンティブの劣悪化という二つの不都合が生じるからである。

(1)　企業が融資を受けるにあたって債権者に約束しうる額の最大値は、前述のモデル分析で得られた数値を用いると、額の大きい順に、[任意最適選択] 二三五・六〇ドル→ [部分的再交渉不要契約] 二三五・六〇ドル→ [再交渉不要契約] 二二六・四九ドル→ [再交渉契約] 二二三・〇〇ドルとなっている。したがって、当事者は選択権を有していたならば、再交渉契約ではないその他の契約を選ぶはずであり、通常は再交渉契約は敬遠されるということが読みとれる。しかし現行法の下では、当事者は、別の選択によれば債権者はより高い倒産からの期待リターンを得られる場合であっても常に「再交渉契約」を強いられている。

(2)　前述のように、債権者の融資額は倒産からの期待リターン、すなわち融資契約で債務者企業が示しうる価格が小さければ小さいほど少額となり、しかも一定限度以下であれば融資そのものが行われない。したがって、現行法での倒産処理契約の禁止は過小投資の問題を悪化させていることになる。

(3)　倒産処理契約が利用できないということは、すなわち企業が債権者に対して倒産からの期待リターンを最大化する契約を申し出ることができないことがときどきある、ということを意味する。そのため、企業はプロジェクトへの融資を請うにあたって、借入資本に比べて過大な弁済を要求されることになる。その結果、上向きのリターンを債権者と共有しなければならない場合には、限界コストが限界収益に等しくなるまで投資の努力を怠ることになる。したがって、現行法における倒産処理契約の禁止は、経営者の怠慢を助長することになる。

(4)　例外的な状況もむろんあり得る。すなわち、前記の数値にも関わらず、当事者が敢えて再交渉契約を選択する場合である[40]。しかしそのための条件が整うのは一部の事例に限られ、倒産処理契約の法的禁止を正当化するには及ばない[41]。

第二款　修正モデル

次に、当初はモデルを単純化するために捨象したが、実際に倒産処理契約を締結する際に支障となりうる二つの要素を基本モデルに加味した修正モデルが考案され、分析される。加味される要素とは、すなわち時機的要素と債権者の選好の二つである。

1　時機的要素を考慮した調整

基本モデルと同じ設定において、二人の債権者が異なった時点で債務者企業と融資契約を締結するものと想定する。そして、最初の債権者は契約締結にあたって、後の更新を約する二種類の転換条項を申し出ることができるものとする。各々の転換条項が時機的問題を解決する鍵となる。具体的にどのような機能を果たすかは随時説明する。

(1)　モデル分析のために次のような場面を想定する。

《最初の債権者はt_0の時点で債務者企業と与信契約を締結する。この時点t_0が、企業に最適な手続選択を促すために倒産のリターンのうちs^*分を支払う再交渉不要契約の利用の最適な時点であると仮定する。この時点では最適な報奨金を決定するパラメーターが時間的推移とは関係がないので、この債権者は契約締結のインセンティブを有する。なぜなら、s^*の最高の見積値は、事業の成果が判明して全ての倒産関連変数が最終的に決定される時点t_2で得られることになるが、これはt_0の時点で見積もられたs^*の価格だからである。また、冒頭で述べたように、第一の債権者はこの最初の契約締結の時点で、企業が後に別の債権者と契約することになったときにそれぞれ機能することになる、転換条項を定める。

次に第二の債権者がt_1の時点で融資契約を締結する。》

転換条項は第二の債権者の契約締結の段階で、各々以下のように機能する。

① この時点でもなお再交渉不要契約の利用が最適であると仮定する。

この場合に企業が申し出る倒産処理契約では、報奨金の額は、このt_1時点でのパラメーターに基づいて期待される価値によって決定されるものとなる。この契約は第二の債権者に正常なリターンを保障することになるので、契約は締結される。

転換条項の一つは、t_1の時点でのパラメーターに基づく報奨金とt_0の時点で当時のパラメーターに基づいて決定された報奨金とで額が異なる場合には、後者を前者に転換する旨を取り決めるものである。最初の債権者は最適な手続選択を望むところ、最適な報奨金はこの期待に違わないので、この形態での契約に合意するはずである。また、この転換条項は、企業のなす契約が首尾一貫することをも保証することになり、その結果全ての倒産処理契約でs^*は同じ値になる。

② 次にt_1の時点での最適な契約の利用が、t_0の時点で最適だったものと異なる場合を考える。そこで、経済的なパラメーターに基づいて、最初の債権者は最適な部分的再交渉不要契約を締結したが、後のt_1の時点では再交渉契約が最適となったと仮定する。企業は第二の債権者に、この現時点で最適な契約を申し出たいと考える。

二つ目の転換条項はこの場面で、企業のなす契約が一貫性を保つように機能する。すなわち、この条項では、

〝最初の債権者との倒産処理契約は、企業にとってその時点で最適な契約のタイプに転換することになる〟と規定される。その結果、企業が第二の債権者に再交渉契約を申し出ることが最適になるなら、最初の部分的再交渉不要契約は再交渉契約に転換する。最初の債権者は当初期待した以上の期待リターンを与えられることになるから、この条項の付された契約に合意するはずである。また企業にとっても、経済状況の変化に即して契約を転換させうるという柔軟性は有利であるから、この条項を申し出ることになる。

(2)　基本的には以上のような結果が得られるが、若干問題なのは、状況の変化があったために第二の契約の時点で最適なs*が最初のそれよりも低率になる場合にはどうなるかということである。

企業にとっては、後の時点で効率的な一部の契約からよりも、s*が高く定められた全契約から得ることのできるより多くの倒産のリターンを受領する方が有利なことがしばしばある。そこで企業がこの目的で戦略的に行動すれば(42)、最適な選択のために本来必要となる以上に多額の報奨金が支払われうることになる。しかし問題はむしろ、最初の債権者がこのような事態を予測して倒産処理契約の締結を拒絶するかもしれないという点にある。その場合の拒絶の理由となりうるのは、企業は最適な報奨金の額が増大するときは常に転換条項を発効させるが、逆に減少する場合には必ずしも常にそうするわけではない、ということである。この結果報奨金s*は上昇方向に計画的に偏向することになろう。ところが、その偏向の程度は予測が困難である。s*が予測不能に増大すると予測する債権者は、倒産処理契約への合意に応じようとしないと考えられる。

しかし、次のように論証されるため、このような戦略的行動が行われるのは稀であると考えてよい。

前出の式によれば、最適の報奨金の率が変化する場合とは、企業が非効率的なRの選択によって得る個人的満足又は、Rが選択された場合を上回ると見込まれたLの選択の金銭的リターンが当初予測されたものから変動する場合である（$b_{L,R}-b_{L,L}$ の変動又は $y_{L,L}-y_{L,R}$ の変動）。

$b_{L,R}-b_{L,L}$ の変動の原因として最もありがちなのは、企業規模の変動である。もし企業が t_1 の時点で t_0 の時点に比べて物理的に縮小していたなら、より小さい企業経営からはより小さな個人的満足しか得られないので、個人的満足の差額は縮小し、確かに s^* は下落することになろうが、この縮小と企業に支払能力があることとを結びつけるのは困難である。そもそも、企業の規模が融資の各時点で同じであることの方がより多いであろう。他方、$y_{L,L}-y_{L,R}$ が変動しうる場合としては、企業が市場において企業価値と同額以上の資産を有する場合（企業の資本は主として有体財産である）が考えられる。例えば、コンピューターソフト製作会社がコンピューター製造事業を始めたなら、LはRよりも相対的に多くの財産的儲けを生み出すことになる。しかし、一般に企業は関連事業を営む傾向があるので、こういったことも起こりそうにない。結論として、最初の与信が伸長されてこれがまだ弁済されておらず、かつ企業が更に与信を受けている間に最適な s^* が甚だしく下落するということは、まず考えられない。したがって、企業には前記の戦略的行動をもくろむインセンティブはないということになる。

また、企業が第二の債権者に非効率的な契約を申し出て、つまりこの債権者の倒産のリターンを最大化しなかったなら、第二の債権者は企業に対してより僅かな金額しか与信しようとしない。その結果、企業はこれ以後の契約を、より規模を縮小して非効率的に行うか、どこか別なところで利用されたはずのリソースをこのプロジェクトに回すかしなければならなくなる。この融資における損失は、おそらくは支払能力を有する確率において測定される。他方、企業が戦略的に行動することで得られる儲けは、そのことによってより多く得られる倒産のリターンである。この倒産のリターンは支払不能の確率によって測定される。支払能力があることからのリターンは、支払不能からのリターンより絶対的に大きい。したがって、企業が後からの債権者に非効率的な契約を申し出ることの、企業にとっての予測されるコストは、しばしばそのことによる利得を上回る。

(3)　以上の分析から、異なる時点で多数の債権者と契約するとしても、倒産処理契約の締結の妨げにはならないとの結論が導かれる。企業は各債権者と取引をするので、倒産処理契約の調整が可能である。また、後からの効率的な契約は通常戦略的行動を不要にする(43)。

2　債権者の選好の問題を考慮した調整

債権者の唯一の関心は金銭的リターンの最大化である。この観点から、倒産処理契約の締結を困難にするか又は不可能にさえしうる、債権者間の選好に関する対立の源として二つが考えられる。各々以下のように処理される。

(1)　第一に、現在一一章手続において絶対優先原則が遵守されておらず、そのために優先順位が損なわれることから生じる対立がある。また、一一章手続では従前の経営者が経営を続けることから、自己取引により財の移転を操作することができ、この点も考慮される。

この結果一一章事件では、効率性の如何に関わらず、上位の債権者は企業の即時清算を選好し、下位の債権者は再建を選好する。これに対して七章清算事件では、原則として管財人が選任され絶対優先原則に則して配当を実施し、またそれゆえに、企業経営者による状況操作が行われる余地がない。そこで、選択肢として代替しうるこの二つの制度において、自分の支払順序が異なる場合には、債権者間で選好は対立し、倒産処理契約の締結が妨げられることになる。

この障害は、選択される制度の各々が絶対優先原則を尊重するなら解消する。それゆえ、倒産処理契約の締結を促進するためには、絶対優先原則の尊重が必要であると提言される。

(2) 第二の対立は全債権者への比例配分での配当に関する。配当が比例配分で行われる場合には、債権者は一致して、企業の手続係属中の金銭的リターンを最大化する手続が選択されることを望むので、この場合には契約締結を妨げる債権者間の対立は存在しない[44]。しかし、企業が債権者間に不平等な序列をつける場合には、以下に示すようにほとんど常に対立がありうる。

① どの手続によっても全額弁済を受領しうる上位の債権者は、手続選択には無関心であり、企業に最適な選択を促す報奨金の分担支払に乗り気でない。ただし、全くリスクを伴わない債権を保持する債権者は例外的である。絶対優先原則の下では、下位の債権者及びいずれの手続であれ全額弁済を受領し得ないその余の上位の債権者は、金銭的リターンを最大化する手続を選好する。したがって、リスクの伴わない例外的な上位債権者を除き、その余の大多数の債権者の選好は一致し、報奨金の支払いに積極的となる。

② 消費者や原材料提供者のような取引上の債権者は、企業の長期的経営から利得を得るので、非効率的な場合でも企業と同じくRを選好しうる。これら債権者は報奨金の分担に乗り気でなく、倒産処理契約の締結を妨げる要因となりうる。

しかし現行法では、多数派の選択に少数派が反対する場合には、非効率的な阻害的行動を回避するために一一二六条(c)にみなし受諾規定が設けられている。この場合にも同じ理由から、非効率的な倒産処理契約を選好する一部の取引上の債権者は、債権者の多数が事前に選択した交渉された倒産処理契約に拘束されるはずである[45]。

3　モデル分析からの結論

かくして単純モデルから得られた結論は、修正モデルにおいて再検討しても損なわれることなく維持され、Schwartz の第一の論題は実証されたことになる。そこで Schwartz は、結論として、現行法の倒産処理制度は、倒産処理契約の法的禁止がなくされ、かつ倒産処理契約締結の過程で多数決ルールが機能するならば、社会福利の最大化に貢献することになるとまとめている(46)。

第三款　連邦法上の強制的ルールの分析及び立法論的提言

以上の考察に基づいて、Schwartz は続いて最初に掲げた主張の第二につき論証する。第二の主張とは、その内容を再確認すると、まず倒産処理法が定めている強制的ルールを二種類に分類したうえで、このうち制度の高潔さを維持するために必要な構造的ルールは強制的ルールとして維持されるべきであるが、他方、財団の増殖を目的とする強制的ルールは不要、更には害ですらあるので、強行性をなくすべきである、との主張であった。

この主張を裏付けるためには、一定のルールを強制することの正当化論拠として考えられる、(i)制度自体の高潔さを維持するために必要であること、及び(ii)当事者だけで効率的な結果に到達し得ない場合に、事後的に効率性を高めること、以上の二点が（もっとも実際には(i)は直接の考察対象ではないので論拠(ii)のみであるが）、財団増殖目的の強制的ルールには認められないことが論証されなければならない。

1　一般的論証

Schwartz はこの主張を、まず構造的ルールの具体例として自動停止を（三六二条）、地方の財団増殖目的の強制的ルールの例として、再建計画に不同意の担保債権者への清算価値支払（一一二九条(a)(7)(A)(ii)）及びＤＩＰ又は管財人による未履行双務契約の履行又は解除の請求権（三六五条）の二つを取りあげて、具体的な適用局面を想定して一般的に論証する。

(1)　強行性が肯定されている構造に関する強制的ルール――自動停止（三六二条）

例えば、企業にとっては市場価値以上に価値ある不動産につき、担保権が設定されているとする。ただし、企業資産全てに約定担保権を有する債権者が一人しかいない場合は除いて考える。事後の財団の価値の最大化に資するのは、この権利実行を阻止することである。これに対して、もしこの強制的ルールがなく、その結果この資産価値の処分方法を意思決定者が決定する前に担保権が実行されたとしたら、倒産処理制度のゴールである財団の価値最大化が実現しないことになる。このような事情はどの倒産処理についても妥当する。したがって、一般的に強制的な自動停止は必要であるといえる。

(2)　財団の増殖を目的とするルール

財団の増殖を目的とするルールは、前記の正当化根拠のうち(ii)の根拠を満たしてる場合には、強行性が認められる。しかし、実際にはいずれのルールも非効率的なのである。例として取りあげられた規定のそれぞれにつき、具体的に以下のように説明される。

①　再建計画に不同意の担保債権者への清算価値の支払（一一二九条(a)(7)(A)(ii)）

自動停止についての論証と同じ状況を想定すれば、再建計画が十分な理解に基づいて作成されたものであるなら、請求権の引き当てとなる財産は、企業にとっては市場価値以上の価値を有する。したがって債権者が受領するのは、企業にとってのその財産の継続企業価値、又は企業にとってはより低額の、その財産の市場価値、又はこれらの中間の価値である。これに対して、同条の規定にしたがって反対債権者に市場価値を支払うということは、継続企業価値と清算価値の差額の全額を、一律に与えるということを意味し、必ずしも効率的でない。

② ＤＩＰ又は管財人による未履行双務契約の履行又は解除の請求権（三六五条）

この問題の考察のために、次のような売買契約を想定する。

《(ア)売主が予測する継続的履行のコストが、継続的履行からの予測される利潤を上回り、(イ)履行を継続することによって、財団には、売主が被る純損害額を上回る金銭的利潤がもたらされる、(ウ)州法又は当事者間の契約においては、売主が契約関係から離脱することが許容されている。また、当事者は倒産手続がどのように進行するかを知っており、手続開始以前又は手続係属中に再交渉するものとする。

この場合、売主は、買主又は管財人に対して直接に金銭を支払うことにより、契約関係から脱退することができる。他方、管財人は、財団がより有利に増殖されうる場合には、買主との契約関係継続のために報奨金を支払うはずである。[47]》

契約関係の継続又は契約関係からの離脱は、以下のような条件で行われるものとする。

買主倒産後も契約の履行を継続することで売主は一〇〇ドル損をし、財団は二〇〇ドル儲けることになるなら、管財人は売主に一〇〇～二〇〇ドルの間の金額を契約関係の継続のために支払うインセンティブを有する。逆に、契約の継続的履行により売主が二〇〇ドル損をし、財団は一〇〇ドルしか儲けないという場合を考えると、今度は売主が一〇〇～二〇〇ドルの金銭を支払って契約関係からの離脱を求めることになる。

この筋書きは、コースの定理に照らして[48]、財産権処分のメカニズムとして次のように説明される。すなわち、州法が売主の契約関係からの離脱を許容している場合には、売主は買主倒産のときに契約を解除する〝財産権〟を有し、また倒産債務者たる買主も、現行法にしたがって倒産時に契約の履行を要求する〝財産権〟を有している。低コスト取引及び情報コストの条件がここでは充足されていると考えると、財産権の最初の所在は効率性とは無関係である。その結果、法がどのような規制をしていようとも、売主は継続的履行から得られる金銭的リターンがコストを超過する場合には、倒産企業との契約を履行するし、これとは反対にこの条件が満たされない場合、又は財団に財産をとどめおくのが効率的な場合には、契約を解除することになる。

この強制的ルールが事後の効率性に及ぼす影響については、同様に〝財産権〟の理解に基づいて場合を分けて考察すると、(49) 財団は三六五条ゆえに事後的に履行請求という財産権を利得し、このことのゆえに更に別の価値が付随してくるということを意味するとの結論が導かれる。

(3) 以上の結論をまとめると、第一に、自動停止は制度維持のために必要なので、強制的なものである必要がある、しかし第二に、当事者が倒産後も再交渉するとすれば、倒産企業はいずれにせよ金銭的な純利得を生み出す契約を利用するので、事後の効率性の達成に強制的ルールは必要でないことになる、ということができる。(50)

2　強制的ルールによる効率性増大の効果についてのモデル分析

次に、同じくモデル分析の手法により、当事者が倒産後も再交渉する場合に強制的ルールが及ぼしうる効率性への効果を分析し、もって配当上の効率性の向上を目的とする強制的ルールの不必要さが論証される。具体的には、三六五条を分析の対象とし、(51) まずは同条の強制的ルールの適用局面での効果を（モデル分析A）、次いでより早い段階での当事者の経済関係に及ぶ影響について（モデル分析B）考察が行なわれる。

ここでは次のような場面を想定する。

《売買契約における売主の契約解除に基づく買主の損害賠償の額は、契約の履行の見積額と売買の価格との価格である。訴訟において評価額の算定が困難であるとすれば、裁判所は損害賠償額の認定において誤りをおかすことがありえ、このことから効率性にもたらされる二つの競合する効果が考えられる。第一に、売主はもし倒産後に自由に契約関係から離脱することができるなら、ときどきは取引が効率的となりうる契約を解除することになる。第二に、売主が自由に契約関係から離脱できるなら、買主は倒産した場合に戦略的に行動することができないことになるので、これによって買主の投資のインセンティブは向上する。》

したがって、売主の契約関係からの離脱を禁じる目的で当事者の契約の自由が制限されるべき場合とは、事後的取引の有する非効率的な効果が極端に小さく、買主の投資のインセンティブが低下することによりもたらされる非効率的な効果を上回る場合である。そこで、以上の状況における二つの局面についてのモデル分析が行われる。

❶モデル分析A——事後的効率性への効果

モデル分析の第一は、倒産処理契約を禁じることによって三六五条が効率性に及ぼす効果の意義を検証するために行われる。

(1)　次のようなモデルを設定する。

《債務者企業が債権者からプロジェクトのコストにつき与信を受け、その後に製造のために必要な生産要素の購入のため、売買契約を締結する。債権者は売主に優先する優先権を有する。企業はプロジェクトを追行することから金銭的リターン（y）と個人的満足（b）とを得る。契約価格はpである。企業が支払不能になり契約が解除されれば、プロジェクトは完了しない。このような状況において、買主が倒産する。その結果、買主たる企業はＤＩＰ又は管財人となるが、企業の所有者及び経営者は企業の経営を続行する。しかし、倒産の状況で追行されるプロジェクトのリターンは、コストに比べて低い。この場合に買主が履行を拒絶するならば、売主の損害賠償請求権は、優先する債権者の請求権に圧倒されて、ほとんど無価値になる（売主は何も受領できない）。他方、売主が契約を解除すれば、買主は売主に損害賠償請求訴訟を提起することができる。この場合に、売主にとっての契約履行のコストをcとして、買主に支払能力があればc＝0、買主が支払不能になればc＞0であるとする。[52]》

(2)　以上のような状況において、売主がどのような条件で契約を履行又は不履行するかは次のように不等式で表される。

①　まず、裁判所は倒産買主の期待損害賠償額を正確に算定できるものと仮定する。

買主のプロジェクトが成功すると、リターンが契約の価格を上回る場合には、買主は売主の継続的履行のために金銭を支払いうる。他方売主は、履行による損失が買主の損害賠償額を超える場合には履行しないことを選択する。この損失は売主のコストと契約価値との差額である（c－p）。買主の実際の期待損害賠償額はy－pである。したがって売主が履行するのは、y－p＞c－pの場合である。これはすなわち買主のプロジェクトが純金銭的リターンを生み出す場合であり、さもなくば売主は不履行する。

②　逆に、裁判所が損害賠償額算定で誤りを犯しうる場合を考える。この場合には、損害賠償は損害が明白な場合にのみ認められるので、契約不履行を理由として支払われる売主の期待した損害賠償額は、現実の賠償額を上回ることになる。

したがって、売主は履行のコストがプロジェクトの金銭的リターンを超過する場合にも、ときには履行を選択することになる。このとき売主はc－pの損失を被る。ここで買主が履行を受諾して契約価格を支払う場合には、買主は個人的満足bを取得し、債権者にはプロジェクトのリターンと契約価格の差額（y－p）が支払われる。これに対して買主による履行の拒絶についてみれば、まず債権者は履行がもたらしたはずのy－pが支払われるなら同意し、またここでの取引関係の外部の関係人からの同意は、彼らの現状の利益すなわち履行に伴う利得を支払うことでとりつけることができるので、買主は履行の拒絶を再交渉するなら、売主が契約関係からの離脱のために支払ってくれる額（c−p）と、債権者に支払わなければならない額（y−p）との差額を手に入れることができる。すなわちc−yである。売主が買主の履行を認めるのは、自分が得る個人的満足が契約解除に伴う金銭的支払を超過する場合である。

したがって効率的取引の条件は、b＞c−y、すなわちb＋y＞cである。この条件が維持されるときには、履行に由来する利得の総額はコストを超過する。

(3)　以上の不等式を分析すれば、現行法によって実際に生じる効率性の増大は、法が定めていなければ失われていたであろうところの、買主である所有者及び経営者の個人的満足の消費が可能になったことの結果であるのにすぎない。(53)したがって、三六五条の存否に関わらず当事者は金銭的な純利得を生む契約を履行することになる。結論として、倒産処理契約を禁じることにはそれによって目指された効果は認められず、禁止は無意味である。

❷モデル分析B——投資のインセンティブに及ぼす効果

第二のモデル分析は、第一の分析の場面に時間的に先行する場面に焦点をあて、倒産処理契約を禁じることは無意味であるばかりか、当事者の経済的判断にマイナスの効果を生じるということが論証される。

(1)　倒産処理契約が禁止されている状況においては、次のような筋書きにより、買主は、倒産から被ることを予測する損害が小さければ小さいほど、倒産回避のための努力を怠ることになる。

支払能力ある企業は、倒産処理においてより多大な損失を被ることになることを懸念するときには、買主に支払能力がある場合に支払を要求しうる額を引き上げようとする。すなわち、買主は、プロジェクトの期待価値に等しい額を売主から受領するか又は与信を伸長することの期待コストで売主から与信を受けるためには、支払能力があるときに、プロジェクト又は与信のコストを上回るリターンを約束しなければならない。

買主がプロジェクトの上昇方向のリターンを債権者と共有しなければならない場合には、買主は、努力の限界コストが利得の限界価格に等しくなるまでは、努力しようとはしない。更に、三六五条の下では買主は売主に対して、損失を甘受させつつ履行を強いるか又は契約関係からの離脱の権利を買わせるかするために、高額な損害賠償請求を威嚇に利用しうる。このように強制的ルールと裁判所の損害賠償額算定における誤りの可能性とが渾然一体となって、買主が個人的満足を稼ぐのを可能にするケースを増やすことになる。

(2)　倒産処理条項が利用されうる場合には、買主は損害賠償請求の威嚇を用いて戦略的行動をとりえなくなる。その結果、買主は与信を得るためには、この関係に関与していないその他の当事者に対して、支払能力ある状況においてより低いリターンを約束しなければならない。そのため買主はより上昇志向をもった、よりよい投資のインセンティブを持ち続けうることになる。したがって、倒産処理条項は事後的には取引意欲をそぐが、投資判断における過小投資を改善する。(54)

3　モデル分析の結論と立法論的提言

以上のモデル分析から次のことが判明した。

まず、倒産処理条項には当事者の契約の早期段階で効率性を高める効用が認められる。次に、法がもたらす効率性の増大効に目を転じると、そのソースとなったのは専ら企業の個人的満足である。しかしこれは、倒産処理を規範的に分析するにあたって考慮されるべきものではない。財団の金銭的価値を最大化するように機能すべき倒産処理制度が、企業の所有者や経営者の非金銭的な効用を増大させる目的で、私人の利益を減じるような私人の契約に対しての禁止を法定すべきではない。そして、私的な契約の効率性の計算から企業の個人的満足を除外して考えると、この条項を法的に禁じることは明らかに非効率的である。

以上の結論として、利益の最大化を目的に倒産処理契約を禁じる法的強制ルールは、有効でないか又は逆効果である[55]、と導かれる。以上の総括として、Schwartz は倒産事件は民営化されるべきである、と主張する。具体的には以下の三点が現行法に対する改正提言として提示されている。第一に、当事者による倒産処理手続選択に関する契約は認められるべきである。第二に、債権者の少数派は多数派が選択する契約に拘束されるべきである。第三に、倒産処理制度には、財団の価値の増殖を専らの目的とする強制的ルールは、含まれるべきではない。倒産処理制度は、当事者の典型的な与信の拡張のリソースを生み出すにはあまりに複雑である。倒産処理制度は大部分が公共のものであり、国家は当事者にデフォルト・ルールを提供すべきではあるが、当事者が選択することのできる制度も提供すべきである[56]。

小　括

1　わが国において、一般に法の経済分析の手法に対しては、批判的見方をする論者が多い。確かに、極めて限定的な前提条件を設定し、実際には予測しきれない人間の行動を単純化して（悪い言い方をすれば、都合よく）捉えているという点で方法論的に問題が残り、筆者としても、正直なところ全面的にこの手法を取り入れるとする立場をとることには躊躇を覚える。しかし、数値を用いて結論が明瞭に示されることから、その論証には一定の説得力がある。とりわけ倒産処理の議論においては、経済効率性の観点は無視しがたいものである。倒産処理の場面での新しい理論構築を目指すに際しては、右のような限界又は問題点に十分な注意を払いつつ、経済学的思考から導かれる結論を、原則的な理論枠組み又は基本的な議論の方向性を示唆するものと捉えて、法律的な観点からの再検討を加えていく考察の出発点に置くことは有用であろう。

例えば本論文においてSchwartzは、あくまで倒産処理の全体的な経済効率性のみを追求するという基本的考え方に則して（後注(22)参照）、少額債権保持者や、そのような債権者が中心となる小規模事件の取り扱いについては特段の配慮をしない。それが最も顕著に表れるのが、単純モデルを債権者の選好の相違を加味して修正するにあたって、多数派の経済効率性のためにみなし受諾が認められるべきとする考え方（第二款２(2)）である。この結論そのものは、特に憲法が認める財産権の保障との関係において、安易に受け入れることはできない。このような措置を正当化するためには、単純な全体主義的切り捨てにとどまらない、更なる説得的な理由づけが必要であろう。その一方で、これはこれとしてひとつの完成された考え方であるとして、例えばわが国の私的整理において反対少数債権者を整理案に拘束させるための理論的論拠を提示するものであると評価することも可能であろう。

２　更に、本論文に対する評価を超えて筆者自身の問題意識にひきつけて考えると、本論文で一般的根本的な命題として論証された倒産処理における関係人自治の有効性は、倒産処理のために報奨金を支払うに足りるだけの経済的利害関係を有する場合についてのみ妥当している、という点が注目される。すなわち、経済合理性の観点から倒産処理における関係人自治の可能性を追求していく場合、関係人の経済的インセンティブを基準として、合理的に自治の可能性を期待できる事件とできない事件とに選別し、それぞれにふさわしい方策を検討していくことの妥当性と必要性を、ここで示唆される。これを一歩踏み込んでいえば、この経済合理性の観点から関係人自治を期待し得ない事件については、強制清算への移行等の断固たる厳しい措置をとることも、関係人自治を目指すべき方向とする立場を維持しつつも、十分に検討の余地がある。倒産が経済活動の最終局面で現れる、まぎれもなく経済活動の一環であることを考えれば、倒産処理における関係人自治の可能性を考えるに際して経済合理性の観点は無視しがたく、この類別は、合理的に関係人自治を期待できる事件を念頭においてその可能性をより進んで模索していくためにも、必要かつ重要な問題であると考える。

（1）　National Bankruptcy Review Commission(Final Report), Bankruptcy: The Next Twenty Years, October 20, 1997 : Small Business Proposal (609-660).　同委員会報告書については、松下淳一「『全国破産法調査委員会報告書』の概要と『議会への勧告』（上）（下）」ジュリ一一三七号八〇頁以下、一一三八号九三頁以下（ともに一九九八年）にその概要の説明と、一七二項目に及ぶ議会への勧告（Recomendation）の翻訳がある。このほか、簡潔かつ的確な紹介及び説明として、高木新二郎「米国連邦倒産法改正勧告（NBRC）の概要（上）（下）」NBL六三八号一三頁以下、六三九号二七頁以下（ともに一九九八年）がある。

（2）　全国破産法調査委員会は一九九四年倒産法改正法により創設された9名からなる現行法の調査委員会であり、第一回会合の日から2年以内に右調査に基づく現行法の検討及び改正勧告を内容とする報告書を提出するものとされていた。高木新二郎『アメリカ連邦倒産法』（一九九四年　商事法務研究会）一四頁、松下・前注（上）八〇頁参照。

（3）　むしろ、再建企業ガバナンスの問題への対処が同勧告の中心となっているというべきところである。なお、再建企業ガバナンスの問題にしばしば取り組んでいるFrostは、この小企業事件に関する勧告に対して、全体的には一一章におけるガバナンスの問題を改善する方向での実際的な前進であると肯定的な評価を与えている。See C. W. Frost, The Theory, Reality and Pragmatism of Corporate Governance in Bankruptcy Reorganizations, 72 Am. Bankr. L. J. 103, 151(1998).

(4) A. Schwartz, A Contract Theory Approach to Business Bankruptcy, 107 Yale L. J. 1808,1998〔以下 "Contract Theory Approach" と引用する〕.

(5) NBRC Report, see supra note 1, 609.

(6) E.g., L. M. LoPucki, The Trouble With Chapter11, 1993 Wis. L. Rev. 729, 732-759.

(7) その概要につき、高木・前掲注(2)一七-一八頁参照。

(8) このように分類するにあたって参考としたFrost の分析・分類では、委員会勧告は事件管理の基準と監視の二方向から一一章における小企業のガバナンスの問題に取り組んでいると捉えられている。Frost, see supra note 3, 148-155.

(9) なお、小規模倒産事件と同様に手続の遅延の問題を抱えている単一不動産資産を有する一一章債務者（現在(五一C)で定義）についても、単一不動産事件の処理も典型的には小企業再建事件に独自の簡易短縮手続で足り、また例外的な大型の事件については、九〇日の計画提出期間を伸長する裁判所の権限で処理すれば足りるとの考えから、小企業に含めるものとされた。NBRC Report, see supra note 1, 626-635, 666-668.

(10) Id., 636-638.

(11) Id., 642-643.

(12) Id., 644-646. なお、Frost は、連邦管財官に対するこの要請の根拠についてガバナンスの観点から捉えて、一一章事件係属中のＤＩＰ企業経営者によるコントロールの継続的保持に外縁を設けることを債権者に対して保証するものとして理解する方が、委員会による説明よりもおそらくはより適切であるとしている。Frost, see supra note 3, at 150.

(13) Frost, id., 149. なお、この一一一二条の改訂について Frost は、これが小企業再建事件のみを対象とする勧告なのか、一般的なものなのかが不明確であると指摘している。Id., 250.
(14) NBRC Report, see supra note 2, at 31, 653. See Frost, id., 149（Frostは、この一一一二条改訂の勧告に現れている委員会の狙いには、法の手続的要件の強化と、再建が失敗に終わる見込みと密接に関連する客観的要素をアイデンティファイすることという両側面があると分析している）。
(15) Frost, id. See NBRC Report, id., 30, 652-653.
(16) NBRC Report, id., 639-640, 647-649.
(17) Id., 657-660. Frostは再建企業ガバナンスの観点から、委員会のこの説明に対して、職務の重複は権限配分の関数であるとして次のように批判している。第一に、独立の監督機関が存在することにより、手続におけるその他の者が負うガバナンスの負担を軽減することになると考えられる（特に委員会が挙げた、民間名簿式管財人の職務の重複の懸念には、幾らかごまかしが含まれている）、第二に、そもそも監督機関が官僚と受け取られることによって、どんな問題が生じるのかは不明であるし、仮に問題を生じることになるとしても、これら監督機関に替えて政府機関に監督権能を割り当てることにしたからといって、〃ステレオタイプな政府の官僚〃と受けとめられにくくなるとは見込まれない。Frost, id., 152-153.
(18) Frostは連邦管財官の権限の強化を、債権者の事件に対する無関心に直接応えるものであると評価している。Frost,id., 151. 債権者の無関心はわが国でも、関係人自治的倒産処理の最大の難題である。
(19) E.g., In re Madison 184 B. R. 686, 690-691.
(20) この点は次のような具体例を挙げて説明されている。例えば、この類の強制的ルールに分類される典型例として、契約の一方当事者である倒産債務者（又は管財人）には契約の相手方当事者に対して契約の履行を求める権利が破産法上認められているが、一方の取引債権者（倒産財団）が、支払能力ある他方当事者における予測される損害の負担において利益を得ることについては、十分な配当上の理由はない。この契約解除に関するルールは、履行に由来する財団収益が支払能力ある当事者の損失を上回ることになる場合にのみ認められるべきものである。Contract Theory Approach, 1808.

（21）　Id., 1808-1810.

（22）　ただし、経済効率性を唯一の最終的ゴールと考えるか、その他に労働者の利益等直接の請求権保持者以外のものの利益をもより広く考慮に入れるかで若干見解の相違が見られる（第二章小括参照）。

（23）　すなわち、倒産の場面では、個々の債権者は各々債権回収に奔走し、しかも多種多様な債権者が関与していることがしばしばであるため、債務者企業との効率的な和解調整が不可能であるうえ、債務者企業としても、債権者に同意を強要する法的権限を有していない。かくして倒産処理制度には、事後の効率性に関する当事者の再交渉を可能にするようにこれを援助・促進することが求められる。Id., 1814-1820.

（24）　この趣旨は以下のようなことである（see id）。

売主は実際の生産コストがどれだけかを知る前に製品の生産について契約する。このコストは、売主がコントロールできる変数とできない変数から成る関数である。これら変数の例をあげれば、前者には労働者の賃金が、後者には生産要素投入後の市場価格が該当する。他方買主は、後の履行の時点で決定される価格評価を知る前に、製品購入に同意する。この価格評価も、買主がコントロールすることのできる変数とできない変数から成る関数である。

後にこれら知り得なかった事項が明らかになったとき、例えばその製品への需要が減少したことにより、契約締結当初効率的であった契約の内容は非効率に転じうる。この場合、売主は従来の契約通りに買主に製品購入を要求するか又は契約不履行を理由に買主に対して損害賠償を請求する法的権利を有する。しかし、取引費用が低いため、これはいずれも適切は対処法ではない。これに対して、当事者は、事前の取引を事後的に効率のよい取引に転換すれば、この結果によって、そこから生じる余剰を共有することができる。したがって、そのように契約を修正する、すなわち再交渉に臨むことになる。

このように、一般の商事法においては事後の効率性に焦点をあてる必要がない。

（25）　Id., 1819-1820.

（26）　Id., 1820-1822.

（27）　企業の支払不能が生じてから契約を締結しようとしても、一方で企業の経営者及び所有者は、企業を維持継続させることを選択するか、又は清算の場合でも、自らのコントロールの特権をより長く享受できると見込まれる倒産処理制度を選択すると考えられるが、他方債権者は、債権は金銭的リターンによってしかリカバーできないから、企業からの期待される倒産のリターンを最大化する制度を選択するはずである。したがって、両当事者の意見は一致しない。Id., 1824-1825.

(28) 再建されるべきか清算されるべきかは、諸般の事実に照らして判断されるものであり、考えられる事実とその事実に対応する行動を全て貸付合意における契約書に書き表すには膨大なコストがかかる。Id., 1823.

(29) Id., 1822-1825.

(30) Id., 1820-1822.

(31) Id., 1822-1826.

(32) Id., 1826-1827.

(33) すなわち、企業が最適に行動するように倒産のリターンの一定割合を報奨金として与えなければならない場合、企業が債権者に約束しうる弁済額は、常に最適に行動する場合よりも少ない。債権者の融資額は、倒産のリターンが小さければ小さいほど小額になる。そこで、債権者が直接企業をコントロールすることができたなら資金拠出したであろうプロジェクトであっても、企業への報奨金が必要な場合には融資を得られないことになる。Id., 1828.

(34) すなわち、E (R)＝.8×260＋［0.67×.2×(.3×180＋.7×120)］＝226.49 である。

(35) Id., 1827-1830.

(36) すなわち、E (R)＝.8×260＋(.3×180＋.7×30)＝223.0 である。

(37) Id., 1830.

(38) 具体的には次のように説明される。まず、θ_Rでは企業は自主的に最適なRの選択を行うので、報奨金はゼロである。逆に、vが低い値を示すほどにθ_Lの状況に置かれる確率が高くなる。この場合には最適な手続選択のために企業に報奨金が支払われなければならない。そして、vが高い値を示しているにも関わらず、事後的に現れたのは状況θ_Rであったという場合には、契約において報奨金を支払っていないので、当事者は再交渉することになる。
(39) Id., 1830-1831.
(40) 具体的には、θ_Lの状況でRを選択する確率、又はRでの利潤がLからのそれに比べて十分大きい場合である。再交渉契約は債権者の期待する倒産からのリターンを最大化する。なぜなら、事後に実際に現れた状況の如何に関わらず、債権者には事前に報奨金を支払う必要が無く、したがって倒産のリターンを全額取得することができ、かつ企業は任意に最適なRの選択を行うことになるからである。逆に、θ_RでのL選択の期待価値が高い場合には、報奨金を支払う契約こそが、債権者にとってはより有利となる。なぜなら、その契約は、当事者は事後的にLの選択のために再交渉しなければならなかったなら、全く受領し得なかったはずの清算のリターンの一部を、債権者に留保するものだからである。Id., 1838.
(41) Id., 1831-1839.
(42) これに対して、企業が戦略的に事後の報奨金額を引き下げることはまずありえない。なぜなら、最初の債権者から転換条項に基づいて、最初の報奨金額も後のそれに合わせて引き下げるように要求されることになるからである。Id., 1835.
(43) Id., 1833-1836.
(44) なぜなら、各債権者が受領する額は各債権者の債権額と企業の負債総額の割合で決定されるので、債権者の利潤は主に企業の手続係属中の金銭的リターンで計られるからである。Iid., 1837.
(45) Id., 1836-1838.
(46) Id., 1838-1839. なお、一九九七年に公表された全国破産法調査委員会による改正勧告(2・4・5)でも、事前に倒産に関して契約することの禁止が提言されていた。これに対してSchawartzは、同勧告で掲られている基本的理由は、特定の権利行使行為に関してなされる債務者の破産法上の権利放棄のみを対象としたものであり、また問題点として挙げられた点は、まずそれ自体が必ずしも決定的論拠とは考え難いうえに、手続選択に関して契約することと、債務者に無理を強いる内容を契約することは明らかに別物である。したがって、委員会勧告における倒産制度全体にわたっての契約の禁止には承服しがたい、と反論している。Id., 1839.

(47)　管財人の職務は財団の利得に努めることであり、また、管財人の報酬には財団をどれだけ増殖させたかが反映されることになるからである。

(48)　コースは（論者によってまとめ方は様々だが一般的にいえば）、「交渉による利益が存在する限り、当事者間での自発的交渉が行われる動機が存在し、その結果、交渉の利益が消滅するまで資源配分は変更され、最終的には市場の失敗も解決される」として民間の経済主体の自主性に任せておけば、ある種の外部性については市場の失敗が自然に解決できると主張する。コースの定理とは「当事者間での交渉に費用がかからなければ、どちらに法的な権利を配分しても、当事者間での自発的な交渉によって同じ資源配分の状況がもたらされ、しかもこれは効率的なものになる」とするものである。以上の説明及び引用は、井堀利宏『基礎コース・公共経済学』（一九九八年　新生社）九七-九八頁による。

なお本紹介論文の叙述は、一般に交渉とは十分に情報を保持した二当事者間で行われるものだからとの理由で、三六五条における再交渉にもコースの定理が妥当するとの理解に基づいている。もっともこの点に関しては、コースの定理では全ての当事者は効率的取引に資金を投入することができると解されるが、倒産企業については流動資産が限られているとして、三六五条における再交渉は純然たるコース理論の交渉とは異なる旨注記されている。

Contract Theory Approach, 1840.

(49)　まず、財団が事後的増殖ゆえに契約の続行を要求する財産権を有する場合には、売主は契約関係から離脱するためには財団に報奨金を支払わなければならない。これにより、倒産企業の製品価値（product price）は事後的に引き上げられることになるので、同条は企業に事後的価値を付加する結果をもたらしている。逆に財団の価値が事後的に下落するがゆえに売主が財産権を保持する場合には、財団の縮小によって不利益を被る当事者は取引条件を厳しくすると考えられるので、債権者は、財団が履行請求の財産権を有していたときよりも高い利率を企業に課す。その結果生じる財団の縮小は、財団が事後的に増大させる価値を相殺する。Id., 1843.

(50)　Id., 1839-1844.

(51)　このほか三六五条(c)及び(f)の定める譲渡禁止条項についても分析がなされているが（id.,1847-1849）、これらは合衆国法に特殊な制度であるうえに、三六五条の特則であって、三六五条に関する議論が基本的に同様に当てはめられているので、ここでは取り上げない。
(52)　支払能力ある当事者は通常は倒産当事者と取引しないことを選択する旨を示すための仮定である。Id., 1844.
(53)　倒産処理契約があった場合と比べると、一見したところ、この契約によれば、買主は倒産となれば自由に契約から離脱できるために買主の契約離脱には損害賠償が必要であり、他方、買主による履行の請求は、売主にその損失分を支払う場合、つまり履行による金銭的リターンが売主の損失を上回る場合にのみ可能である。したがって倒産処理契約の結果事後の効率性は増大せられていることになる。しかしこの効率性の増大は金銭的なものではない。すなわち、効率的契約履行の条件式 b＋y＞C は、y＞C の場合には履行がなされるということを示しているが、これは倒産処理契約が締結される場合にも同様である。Id., 1846.
(54)　Id., 1846-1847.
(55)　Id., 1847.
(56)　Id., 1849-1851.

第四章　立法論的提言

本章では、ここまでの理論的研究に基づいて、筆者の立法論的提言をまとめる。まず第一節を総論として筆者の基本的立場を明らかにし、続く第二節では、『倒産法制に関する改正検討事項』(1)〔以下「検討事項」とよぶ〕の構想、特に新再建型手続の構想を現在の倒産法改正の基本枠組みと捉えて、検討事項で提示されている規律に則した個別具体的な提言を行う。

第一節　比較法研究からの示唆と視座の設定

第一款　基本理念——交渉の場としての倒産処理制度

1　視座の設定

倒産処理のプロセスに関係人が参与し、その中で相互に意見を表明し交渉することを通して手続の方向性が決定されていく、このような関係人自治を基調とする倒産処理制度こそが将来的により積極的に目指されるべき方向であると考える。その論拠及び射程は、倒産法が私的経済活動に密接に関わる私の法であることから、私的な経済秩序とこれを担う個々の関係人の判断に求められる。このように捉える場合には、自治とは自己責任と表裏し、これに裏づけられたものであるということを、特に強調しておかなければならない。そして自己責任を制度上要求しうるためには、情報開示の徹底が必要である。以上の結論として、倒産法制に求められるのは、利害関係人間で情報を共有し、適正な交渉を実現するための場を制度的に確保することであると考える。

(1)　関係人自治を基調とする倒産処理制度という考え方そのものは、検討事項においても基本方針とされており[2]、またこのような基本的方向性は倒産法改正を論じる論者の間でも広く支持されている[3]。このように一般に受け入れられている「関係人自治的倒産処理」の理念を、単なる努力目標に終わらせず、実際に具体的な形で立法の中に実現していくためには、関係人自治に期待することの根拠と射程が明らかにされなければならない。

関係人自治的倒産処理の論拠に関しては、ドイツ法研究を手がかりに、自己責任に裏づけられた利害関係人の自由な投資判断としての倒産手続の形成、そしてこれによる市場原理の具体化という結論を得た。これはまたアメリカの再建法におけるプロセスとしての倒産処理制度という考え方とも整合する。例えば、一一章における絶対優先原則の緩和は、利害関係人間での合意の優先性を一般に認めたものである。再建企業ガバナンスの議論も、再建手続内で行われる利害関係人間での交渉に着目し、そこで働く力学の解明と調整に焦点があてられている。反面、このような理解を貫くことから、その限界も明らかとなる。利害関係人の無関心により自治が機能しない場合、すなわち経済的に合理性のある投資判断として投資しないことが一般に選択された場合には、もはや関係人自治的倒産処理の論拠が失われており、理念にして制度目標でもある関係人自治的倒産処理の制度の射程外にあるものとして、別の制度的規律が必要となる。

(2)　かくして、私的経済活動として行われる利害関係人間の交渉のプロセスの効率性・適正を、倒産処理制度としてどのように実現するかが問題となる。これに対する筆者の回答が、交渉の場の制度的な保障である。

2　倒産処理のゴール——関係人の満足〝感〟の最大化

ここで、議論を進めるにあたっての前提となる問題、すなわち倒産処理は誰のために、何を目的として行われるべきかという問いに対して、筆者の立場から回答しておかねばなるまい。これについては、倒産企業に対する直接請求権者のために、倒産処理における適正な交渉の場の確保が目指されるべきであると考える。

本書では、倒産処理制度としては専ら倒産企業に対する直接の請求権保持者間の関係を考えるべきであるという考えを前提としていること、序章及び二章小括で述べた通りである。(4) 倒産の局面では様々な考慮や保護を要する要素があるが、その全てを制度の中で比較衡量することはできない。元来比較衡量の手法は、明確かつ統一的に設定された基準を実態に即して修正する際に用いられるべきものであり、制度目的の設定には、馴染まないものである。また、これによって最も優先されるべきものが見失われてしまう恐れがある（第二章小括1参照）。

(1)　倒産処理制度の目的の一つとして、また経済学的アプローチをとった場合には唯一至上の目的として、財団の最大化による債権者の満足の最大化がある。財団最大化原則として一般的に受け入れられ、認められたものといってよいが、関係人自治は必ずしも経済効率的ではない。なぜなら、全ての利害関係人が常に経済効率性の観点から〝正しい〟判断をするとは限らないからである。その結果、財団が最大化に至らないこともありうる。したがって、このような非効率をはらんだ関係人自治に基づく倒産処理制度を考えるにあたっては、この原則の見直しが必要不可欠である。

この問題について、筆者は、非効率的な倒産処理であっても関係人自治によるものである限りは肯定され、評価されうると考える。すなわち、関係人自治的な倒産処理手続を第一に目指す立場では、関係人の自己決定的判断が客観的な経済効率性に優先される。したがって、経済学的にみて最適な結果の達成は、もちろんこの意義自体を否定するものではないが、必ずしも倒産処理における普遍的なゴールではない。換言すれば、いささかスローガン的ではあるが、関係人自治的な倒産処理において債権者の満足の最大化とは、自ら選択した倒産処理を行った結果を獲得するという意味においての、債権者の全体的な満足（感）の最大化ということができよう。

(2)　このように利害関係人の交渉に意義及び重みを認める考え方は、比較法研究からも次のように手応えが得られたのであった。

①　ドイツの新しい倒産法は利害関係人自治を全般的に強化し、その正当化根拠を、自由な投資行動による市場原理の実現とこれを行う投資家の自己責任に求めていた。それゆえ、その結果についても、手続の選択及び方向決定につき投資判断に基づいて関係人自治的に形成されたものとしてそのまま受けとめられ、したがって公的な介入は政策的な法の規律による軌道修正が行われることはない。

想定された通りに利害関係人の行動が市場原理を具現する場合には、利害関係人自身にとって経済的に最適な解決が行われ、望ましい結果の利益を享受することになる。これは国家の立場、全国民経済的な観点からも望まれる結果である。しかし、理念又は理論としてはともかく利害関係人の判断の現実の経済効率性は保証されていないのである。市場適合的倒産制度を指向した立法者の元来の意図が、利害関係人は当然に経済的に合理的な行動をするという予測を前提として、関係人自治は市場原理との密接な関連性を推定させるということをもって正当化されるという点にあったとしても、ドイツ倒産法は、実際には客観的な経済効率性よりも、利害関係人の交渉を通じての選択を尊重する結果となっている。そして、法の建て前を貫徹すれば、利害関係人の自治的な選択や行動により、非経済的な結果が生じる場合にも、手続の造形につき選択権を委ねられた利害関係人は、自ら積極的にであれ消極的にであれ行った選択の結果として、この結果について責任を引き受けることになる。このように、関係人自治には、ともすれば片面的に強調される権利と裏あわせに、自己責任が要求されるのである。

② ドイツ倒産法の範ともなった合衆国連邦破産法一一章再建手続も、旧法における絶対優先原則の遵守の姿勢を放棄し、同意による再建計画を奨励する仕組みとなっている。

一一章には再建計画の成立を助けるためにみなし受諾やクラム・ダウンの制度が設けられており、しかもここでは、絶対優先原則を合意に基づいて逸脱する再建計画が立案される可能性があることが、立法者によって予測・予定されていた。再建計画の内容の面でも、清算を目的とする再建計画が認められているほか、計画認可の基準も、客観的な計画の合理性、適法性及び公正性を担保するためのものであって、法政策的に特定のハードルを設けて手続の方向づけをするものではない(5)。そのうえで、利害関係人には、その実効性はともかく法の構造として、倒産手続内での対審手続の利用や管財人選任申立を通して、個人的に又は代表機関を介して、自らの権利を主張し又は自らの権利を守る行動をとる機会が保障されている。そして、このような関係人自治を実効あらしめるために、高度な情報開示の要請が課せられている。このように、一一章手続における重点は、交渉による手続形成という側面に置かれている。これは現行法制定までの歴史的背景や立法趣旨からも明らかである。この交渉による手続形成については、第三章で紹介した倒産処理契約理論の報奨金のメカニズムにおいて、利害関係人の経済的インセンティブを基礎とし、そのことのゆえに倒産法制が民営化される可能性が論じられていることからも、その可能性及び有用性が示唆される。

このように同意による再建計画が推進されていることの理念的背景は必ずしも定かでないが、アメリカの伝統的な個人主義への信奉が反映されているのではないかと推測される(6)。そして個人主義は自己責任の発想と当然に結びつく。西洋的な自己責任の考え方がわが国にどの程度馴染みうるかは一つの問題であるが、関係人自治的倒産処理とは元来このような性質のものであると認識し、そのうえでどのような倒産処理手続を立法化するのかが選択されなければならない。

(3)　以上みてきたように、関係人自治的倒産処理制度において財団の最大化は、指標ではあっても、必ずしも達成されるべきゴールであるとはいえない。一見すると、経済効率性に着眼するがゆえに個人の投資判断に委ねた挙句、経済効率的でない帰結を承認することになるというねじれが生じているようにも思われるが、ここで、誰のための倒産処理かが思い出されなければならない。倒産処理の当事者であり受益者であるのは利害関係人である。客観的にみて非効率な結果は、その当事者が自己の責任において行った経済効率性の判断によるものである。

他方、財団の最大化という考え方そのものが否定されるわけではない。倒産処理は経済的権利を実現する場であり、目指されるべき客観的な経済効率性を示す一つの指標として、また利害関係人個人の指標として、なおも有用な概念である。同様に、倒産処理制度の経済学的分析も、理論的枠組みや分析の道具を提供するものとして有効なものであるといえる。

3　制度枠組み

このようなものとしての倒産処理制度においては、この運営にあたる裁判所の本来的な職務は、利害関係人の交渉をよりやりやすいように、公正・適正に行われるように場を設けること、そしてこれを担保するとともに国家が運営する制度として国民の信頼に応えうるような迅速手続を実現することにあると考える。以下関係人自治的倒産処理における法及び裁判所のあり方について、詳細は第二款に場を移して論じるが、筆者の基本的倒産制度観を明らかにするという本款の目的の範囲で簡潔に私見をまとめておこう。

筆者の考えるあるべき倒産裁判所は、第一次的には、利害関係人の自治的な交渉の場の設営者であるとともにその円滑を図る主催者であり、個別の倒産事件に深く関与することはしない。そして交渉の場の設営者として、公正な手続の監督者であり、利害関係人間で生じた対立の仲裁人でありかつ法的問題の裁定者である。この例外となるのは、極めて社会的影響力の大きな事件或いは管理型倒産事件においてである。この場合の裁判所には、具体的な事件の処理だけでなく、公益性の観点や、国家機関の一つとしての責任が求められる。しかしこれはあくまで例外的に、特定の事件について、具体的な要請に対応してなされるべき配慮であり、一般的・抽象的に論じられるべきことではない。例えば、わが国の会社更生事件にはしばしば高度な公益性の要請が働き、管理型の手続に服するが、会社更生は他の倒産処理制度とは一線を画して考察されるべきものであるといえる(7)。

実際的な効用の面から考えても、裁判所が一般的に個別の事件への関与を抑制することは望ましい。これによって、裁判所が個々の事件に割り当てる時間や労力その他の人的・物的な資源が節約されることになるからである。そして、節約された資源は、この投入が切実に必要とされる事件、すなわち大規模又は複雑な事件や社会的影響力の大きな事件、利害関係人間での交渉が円滑に進まないか又は何らかの障害がある事件に配分されることになる。

第二款　関係人自治の制度的実現に向けた制度枠組みの構想

ここまでに、関係人自治的倒産処理の正当性及び妥当性は、自己責任の原理に裏づけられた自由な投資判断という理解とその有効性に求められることを明らかにした。そして、この自己責任の原理ゆえに、本来的には利害関係人自治において最もよく経済効率性が達成されうるということが前提とされているにも関わらず、この前提が崩れる場合にも、関係人の投資判断が客観的経済効率性に優先することが正当化されるとの結論を導いた。これに対して、関係人がそれぞれの投資判断に基づいた手続参加と主体的決定を行わないことによって自治が機能しない場合については、こうした根拠を欠くことになるので、当然に関係人自治的倒産処理を推奨する意義は失われる。この場合は、関係人自治的倒産処理の限界にある状況として、原則の例外にあたる処理が別途考察されなければならない。

かくして、具体的な制度枠組みを構想するにあたっての課題には、積極的側面と、一見したところこれに相対立するような消極的側面の両面があることが分かる。前者の積極的側面とは、関係人自治を制度的にどのように保障し、実現を図るかという問題であり、これまでにも少なからぬ議論がなされてきた。これに対して消極的側面として注目されるべきは、関係人自治を求めるのが不適当な事件が明らかにありうるということである。そして、このような不適性な事件を選別することが、積極的側面の価値を損なわないために重要な意味を持つ。また、選別のうえでそれぞれのタイプの事件に適した処理を行うことは、現実的であり、効率的である。

本款ではこのような問題認識の下に、目指されるべき倒産処理法制の枠組みについて私見を提示する。

1　関係人自治の促進

まずは積極的側面から論じる。すなわち関係人自治が機能する場合には、関係人自治的な倒産処理は最適な経済的結果をもたらすと見込まれるので、できる限りこの期待される機能が自由にかつ最大限に発揮されるように場を整えてやることが重要となる。そこで、法的手続においては、情報開示制度の充実を図るとともに、利害関係人の手続参加の機会を制度的に確保することが求められる。この枠組みにおいては、法は利害関係人間の交渉のための制度的な場とルールを確保し、裁判所はこの交渉を後見し、また、制度としての健全性と機能性を管理する立場にある。

なお、この情報の収集・開示の制度に、法的倒産手続での交渉と私的整理における交渉との相違が認められると考える。すなわち、法的手続においては、情報に関する制度的な保障のもとにより多くの必要な情報を入手する機会と手段が与えられることになり、この点に制度利用者にとっての法的手続の意義（魅力）があるといえる。これにより、倒産処理制度全体の中での法的手続と私的整理の役割分担は明確となる。この意味でも、法的倒産処理手続においては情報開示制度の充実が図られなければならない。

2 事件の選別

これに対して関係人自治が機能しない、すなわち関係人の手続参加意欲が著しく低い場合については、この第三者的には遺憾な現象の要因に着目すれば、この機能不全は、手続に参加することによって得られるものと負担しなければならないものとを比較した結果としての経済的合理性の欠如の徴表と捉えられる。それゆえ、前述のようにもはや手続の形成を関係人自治によらしめるべきとしたそもそもの意義及び根拠は失われている。そこでこのような事件に対しては、法的手続の主催者としての立場にあるものが、その権威と責任において、積極的に介入していかなければならない。すなわち、事件の迅速な解決にむけてイニシアティブをとって手続の進行を促し、更には職権で清算型又は管理型の手続へと当初の関係人自治的倒産処理を切り替えることが求められる。

(1) 適切な方法による適時の事件選別を実現することは、倒産処理における関係人自治の消極的実現とも言える。なぜなら、関係人自治的倒産処理の意義を考察するにあたって、この目的に適さない、本来的に関係人自治に馴染まない特殊な事案を対象から除外することになるため、関係人自治本来の意義が過少評価され、それによって議論の方向性が見誤られることがなくなると期待されるからである。異なった特徴や性質のみとめられる多様な事件を対象にあげて一律にまた一般的に利害関係人自治を論じることには、意義が乏しい。また、「自治」という概念は、相当な評価が与えられない限りは単なるスローガンに終わってしまい、それ以上の議論の発展につながらないことが多い。一般に関係人自治の理念が唱えられる場合にはその積極的実現の側面ばかりが強調され、注目されがちであるが、その本来尊重されるべき価値を損なわないためにこそ、消極的実現という観点が重要な意味を持つということが改めて認識されなければならない。ここで、交渉による手続形成を重視するアメリカ連邦破産法においても、近年の改正作業でこの問題に対して非常に積極的な対応策が講じられたことが注目される（第三章第一節参照）。関係人の手続参加意欲の欠如ゆえに手続が停滞する事件があることを明確に認識したうえで、そのような事件をいかに早期に特定し、手続から除去するかということが考えられなければならないのである。

(2)　実際問題としても、関係人自治に期待できる場合には、利害関係人自身の中に解決の糸口と機動力があるのだから、その発現を妨げる原因を除き、促す装置を工夫すべく立法者の側に問題の認識がなされれば比較的その実現は容易である。これに対して、そのような潜在力が期待できない場合にも関係人自治的な倒産処理を行おうとするならば、当事者に手続参加のインセンティブが合理的に欠如していると推測できるという意味で本来的にそれ自体機能しないものを、外部からの力で動かそうという非常に困難な作業に取り組まなければならない。これは果たしてどの程度実効があがるだろうか。このような関係人自治的倒産処理に不適性な事件の処理には、その前段階の作業である事件の選別とともに、発想の転換が必要である。また、倒産処理制度は国民の税金をもって運営されている国家制度であるということにも留意されなければならない。利用者に明確な目標が定まっていない状態での無為な制度の利用、ましてやこの結果としての法的資源の浪費は、本来の目的から外れた制度利用として、手続の濫用とともに、断固回避されなければならない。

第二節　具体的提言

以上に述べてきたように、筆者は倒産処理における関係人自治を、投資家たる利害関係人の投資判断すなわち財産権の処分についての選択権と、このような権利に表裏する自己責任の原理に裏づけられた有意義なものと捉え、倒産処理制度の中で実現されていくべきものと考える。この観点から、関係人自治的倒産処理の実現にあたって対応策を講じられるべき課題として、第一に、利害関係人自治の制度的な機会の保障とこの前提条件として必要不可欠な情報開示制度の充実、そして第二に、関係人自治の消極的な実現としての、このような制度枠組みに適さない事件の早期の選別の必要性、以上の二点を挙げた。このような問題認識のもとに、以下本節では、検討事項における新再建型手続の構想に則した立法論的提言を行う（以下の検討事項からの引用では、新再建型手続の章目である「第二章第一」を省略する）。

第一款　利害関係人の手続関与の機会——ＤＩＰ体制下での利害関係人の手続参加

検討事項で構想されている新再建型手続では、手続の原則形態として、アメリカ連邦破産法一一章再建手続におけると同様のＤＩＰ制度が採用されている。ＤＩＰ制度を採用するとして、その具体的なあり方、すなわち、どの程度ＤＩＰに裁量の余地を認め、また利害関係人に対してコントロールのためにどのような方法による、どの程度の手続参加の契機を与えるかには、様々な可能性があり得る。この点、ドイツ倒産法では、非常に広い範囲で倒産処理を関係人自治に委ねる一方で、原則として管財人が任命されるものとして、同じくアメリカ法に範を求めながら、独自の選択をした。手続の内容形成は関係人自治に委ねつつも、手続進行の過程は常に第三者が補助することとして、制度としての事件管理には慎重な態度をとったものといえる。

事件の当事者たる利害関係人による倒産処理のイニシアティブという観点から見れば、わが国の新再建型手続は、いわばアメリカ法とドイツ法の折衷的な手続として構想されている。

検討事項で採用されるＤＩＰ制度は、自由で柔軟な手続運営を可能にするという意図もあって、アメリカ型の徹底したＤＩＰ制度としては構想されていない。特に、ＤＩＰの行動へのコントロールを利害関係人の手続参加を通して実現するという構造とはなっていない。具体的には、検討事項において手続の進行過程で利害関係人がとりうる措置として検討されているのは、外部機関たる検査委員（仮称〔以下機関の名称につき「仮称」を省略する〕）や債権者委員会による調査の結果及びこれら機関を介しての意見聴取の機会の利用（３(3)アｂ、イ、３(7)といった間接的な手続参加の機会が認められているほか、管理・監督機関の選任申立（同(3)）に限定されている。

アメリカ法の規律に追随する必要は全くなく、わが国に独自の折衷型のＤＩＰ制度を構想すること自体は一つの選択である。しかし、利害関係人の主体的な手続関与を前提とする後見型の再建手続の制度枠組みとして、理念的にも実効性の観点からも適当なものであるかが考察されなければならない。すなわちＤＩＰにどの程度の裁量の余地を認めるのか、ＤＩＰがイニシアティブをとる再建企業の経営に対するコントロールの仕組みは十分に整っているか、清算型や管理・監督型の手続形態への切り替えの契機は整備されているか、といったことである。とりわけ、ＤＩＰの行動のコントロールのための手段や契機をどのように構想するかは、ＤＩＰ制度の核ともいうべき問題である。そして、わが国初の本格的な後見型一般再建手続としては、利害関係人の手続関与の機会が従来の再建法制におけるより直接的かつ制度的に保障されることが望まれる。

以下、まずはこうした制度枠組みの構想について検討していく。

1　ＤＩＰ体制の望ましさ

(1)　まず、新再建型手続におけるＤＩＰ制度では、手続進行については、利害関係人の意見を尊重しつつも裁判所が中心となって行う形となっており、裁判所の裁量が広範に認められている。この点で、アメリカのＤＩＰ制度とドイツ倒産法における定型的な管財人選任型のＤＩＰ制度との折衷的な制度として構想されているといえる。しかし、この点については、アメリカ型のＤＩＰ制度にならい、この原則形態をできる限り維持・存続されるべきものとし、管理型への手続の転換は、利害関係人が自ら必要であると判断し選択した場合に限り、ごく例外的に行われるものとすべきと考える。

ただし、このようにＤＩＰ体制を望ましいものとする根拠は、アメリカの一一章事件におけるそれとは異なる。アメリカ法において管財人の選任が〝非常のレメディ〟とされるのは、価値的に再建に少なからず偏重した立法趣旨及びこれを尊重する判例法の姿勢の結果であり、この点には賛同し得ないことはこれまでにもしばしば述べてきた。筆者の狙いは以下の点にある。

第一に、アメリカ判例法においても認められていることであったが、利害関係人のそれぞれが自らの投入した資金の使途につき自由に判断・選択させることが経済的に望ましいという大前提がある。

第二に、この意味での自己決定は、筆者の考えによれば、合理性の見地からのみならず理念的にも貫徹されるべき選択である。すなわち、筆者は倒産処理の原則形態として、一経済人として認められるべき選択権とこれに伴う自己責任に裏づけられた関係人自治を考えている。したがって、自らの関与した経済活動につき、よいときにその過程から利益を得るばかりでなく、行き詰まった後の始末の段階においても、主体的行動の一環として自らの負担と責任で対応することが求められる。経済人ならばなおさらに、特にもはや大した利益を生みそうにもない取引の後始末に意欲的になれるものでないのは当然ともいえ、その面倒な仕事を誰かが替わりに片づけてくれるというのならばそれはもっけの幸いであろうが、自分の不始末や不手際を他人に処理させるのは、しかるべく責任を求められる権利主体の行動として一貫性を欠く。

第三は現実問題である。監督機関の選任にはむろんコストの問題があり、また現行法制下でも既に管財業務における人的リソースが困窮しているところ、昨今の不況を反映した倒産事件そのものの増大と、期待されるような私的整理事件の法的手続への取り込みが行われれば、必要な能力と経験を備えた人材は決定的に不足することになろう。その結果、同じく管理・監督機関の選任と称しても、未だ経験の乏しい管財人が割り当てられた事件の処理は相対的に大いに難航するであろうし、最悪の場合には、交渉の成立や再建が可能であったはずの事件をも頓挫させてしまうことも、起こりえよう。少なくとも、正しく管財人の選任が必要とされる事件にこそ、必要とされる資質を備えた人材が割り当てられるべきである。そしてより切実な問題として、次にも述べるように、貴重な限りのある法的・国家的リソースを専ら私人の個別経済的な理由から浪費するのを許していては、倒産処理制度全体にしわ寄せがくることになる。すなわち、個々には小さくとも集積された多大な負担は、制度全体に分散され、全体的な効率性を減じ、このような制度のあり方は、ひいては倒産法制に対する国民の不信という致命的な損失を招くことになる。

(2)　ＤＩＰ体制においては、倒産処理は手続の過程と結果の両面において、債務者を含む利害関係人の共同的な自己決定に委ねるのを基本とすべきであると考える。特に、手続開始の審査及び再建計画の認可につき、裁判所は再建の見込みに関する裁量的判断を控えるべきである。従来の実務のあり方に対する批判として、開始段階での裁判所の過度な慎重さにより手続利用の間口がせばめられていること、また、ミニ更生的な計画認可により、本来であれば交渉に基づいてより自由かつ多様に選択されうるはずの可能性が、計画内容から奪われていることについては、既に様々な論者から指摘されているところである。この点については、個別事項に関する提言として、第三款で再び取り上げる。

2　ＤＩＰによる経営に対する直接的コントロール

ＤＩＰ体制を維持すべきとする制度枠組みにおいては、ＤＩＰによる事業経営に対する十分なコントロールの方法が検討されなければならない。さもなくば、倒産法制はＤＩＰ債務者のやり得・ごね得を法的に許容し、助長するものとのそしりを免れえず、制度の正当性を失うことになる。

改めて述べるまでもなく、ＤＩＰ体制の維持は、ＤＩＰ債務者の便宜のために望まれるのではない。ＤＩＰによる事業経営の結果は、その収益に対して権利を有する債権者を筆頭に、企業が債務超過に陥っていない場合には残余の請求権者たる株主にも、多大な影響を及ぼす。ＤＩＰ制度の枠組みは、ＤＩＰによる自由で柔軟な経営に対して、利害関係人が自らの権益を自らの手で守ることを可能にするものでなければならない。また、経済活動は適時に適切に行われることを必要とする。それゆえ、ＤＩＰによる経済活動の是非を経営判断に馴染みの薄い裁判官の許可にかからしめることは、裁判所の許可事項をどの程度の範囲に認めるかにもよるが、方法として基本的に適切とは思われない。そもそも、裁判所が中心となったＤＩＰの行動の規律という発想、ましてや直ちに裁判所の介入にセーフ・ガードを求めようする発想は、理念的にも実効性の面でも賛同できない。この問題に関してアメリカの一一章手続においてとられた方策は、経営の通常過程という基準を用いた、利害関係人からの異議申立を受けて行われる、倒産手続内での裁判所における対審手続の制度である。筆者はこの制度の基本的発想の採用を提言したい(8)。

(1)　この制度枠組みでは、ＤＩＰの行動の監視ならびにその不正又は不適切さの告発については、最終的には法廷で決着を付けられることになるものの、当事者たる利害関係人にイニシアティブを委ねて、その自発的な動きを待って初めて裁判所は介入する。利害関係人が自らの権益と地位を自らの責任で主張・立証し、自己防衛に努めることの理念的意義は、第二章で紹介した論者の主張にある通りである（第二章第四節第二款４参照）。また、自らの権利を守る努力を怠るか又はその試みに失敗する者は、不適切と思われるＤＩＰの経営の方法から生じる不利益を甘受すべしとされても致し方ない。そしてこのような制度として設計することにより、ともすれば事件全体の成りゆきに責任を負うことを恐れて、或いはただ乗り感覚で受動的な立場に甘んじがちな利害関係人に対しても、自らが当事者であることの自覚を持たせ、意見表明を促す効用が期待される。

なお、利害関係人の自助努力に広く期待する場合にしばしば懸念される、利害関係人の無関心及びこれに乗じたＤＩＰの手続濫用の問題は、基本的な制度枠組みを設定したうえで、また別の枠組みで語られるべきものである。この問題は次款で別途論じる。

(2)　そこで問題となるのは、このような手続参加を実現する方法である。特に、利害関係人からの異議申立を受けて対審手続を実施することとした場合には、何よりも時間、そして裁判所の負担を含めたコストの増大という問題がある。この点についての結論を言えば、関係人にイニシアティブをとらせることの意義が、時間やコストの面での非効率に優先されると考える。元来、関係人自治と時間及びコストの効率性とは両立し得ない(9)。しかし、幾つかの方法によりこのマイナスの側面はかなりの部分補われうる。以下この方策について述べたい。

①　第一の方策として、第二章で個別的な立法提言の一つとして紹介した、コスト賠償支払命令の発想を生かすことが考えられる。すなわち、利害関係人が債務者の経営判断に異議を唱えた場合、債務者が迅速性の要請を主張し次第、見込まれる損害額を供託させることで、危険を伴うと主張されている取引を続行させることができるものとしてはどうであろうか。むろん、このようにした場合には、ごね得を狙って徒に異議を繰り返すものもでてこよう。この場合については、このものに阻害されたがために失敗したが本来可能であったであろう取引に由来する損害について、他の利害関係人は損害賠償を求めうるものとすればよい。この方法は、提唱者が本来考えていたように、比較的規模の大きい事件においてはガバナンスの問題の解決策としても有効であろう。そして、あまりにしばしば戦略的異議が用いられる場合には、再建に不可欠の関係人の協力が得られないそもそも再建に不適性な場合として、後述のように裁判所の裁量による手続形態の転換又は清算事件への移送が行われてよいものと考える。翻って考えれば、このような制度枠組みとすること自体が、関係人に対する牽制として有効に機能

すると期待できる。

②　経営上の判断とりわけ倒産という非常事態におけるそれは、時機を逸することで致命的な損害を生じることがありうる。このような事態に備える必要から、第二に、特に緊急を要する場合には、裁判所が裁量的に取引を許可するという方法を考える。ただし、関係人の主体的判断に基づいて倒産企業の再建を図るべしとする制度枠組みにおいてこのような特例を認めることは、現行法に見られるが如く関係人自治を空洞化する危険をはらんでいる。それゆえ、この許可の付与に関しては、裁判所の裁量の余地を限定するためにその判断基準を明確にルール化することが求められる。また、この場合にもノーティスの手続は省略され得ないものとし、利害関係人からの異議申立の有無や程度は裁判所の裁量判断の際に考慮され、必要とあれば一定金額の供託を債務者企業に求めるべきであろう。

③　第三に、特にごく小規模な事件については簡易手続を認めて、正式な対審手続によることから不必要に生じる手間や金銭の支出を節約できるようにすることが考えられる。これはまた、第三章第一節で紹介したアメリカの破産法調査委員会報告書小企業勧告で狙いとされたところでもある。

関係人自治的な倒産処理制度のあるべき制度枠組みとして筆者の念頭にあるのは、単なる「事実上」の意見聴取以上の、安易に形骸化されて関係人自治が骨抜きにされないための、制度上の意見表明の機会を設けることの必要性である。また、法的倒産処理制度に求められるのは、利害関係人間の交渉の枠組みを提供することである。したがって、利害関係人間で対立が生じた場合には常に直ちに正式な対審手続によるとするまでもなく、例えば裁判所書記官が仲裁機関として職にあたる、簡易な、ただし制度上認められた公的な交渉の場があることが保障されていれば、それで足りる。そして、正しくこのような職務を専門的に行わせるために、公的な倒産事件監督機関の制度を新たに導入すべきとも考えている。これについてより具体的には第四款で後述する。

④　第四に、対審手続における審理方法の簡易化を提言する。

アメリカの一一章手続においても、DIPの行動のコントロールは最終的には裁判所で審理され、その是非を決せられる。この場合の審理基準には、確立されたアメリカ判例法として、経営判断原則が採用されている。同様の、過程アプローチによる明確な審理基準をわが国でも取り入れてはどうであろうか。その趣旨は、基本的にDIPによる経営判断を自らの再建を賭すものの合理的な判断であることを前提とし、経営コンサルタントならざる裁判所は経営の実質の評価には立ち入らず、あくまで法的手続における監督人の地位にとどめおかれるべきである、というところにある。また、基準の明確なルール化は、裁判所にとってのみならず利害関係人が防御手段を講じるためにも、必要である。

3　事実調査の徹底と情報開示

情報の収集及び開示は、関係人自治的倒産処理制度を実現するための大前提である。利害関係人の手続参加を有意義な実効あるものとするためには、判断に必要な事件に関する事実が早期に明らかにされることが必要不可欠だからである。

(1)　この点に関して検討事項は、全体的には利害関係人に対して制度的な情報開示の機会を十分に提供していると思われる。

検討事項の具体的な考え方は、次のようなものである。まず調査に関しては、検査機関又は債権者委員により、債務者の業務及び財産の状況その他の必要な事項の検査を行うことが考えられている（3(3)アb、イ）。このほかに、債権者に対する情報提供の方法として、倒産手続開始に至った事情の報告を目的とする債権者集会の開催又はこれに替えて報告書を閲覧に供するとの考えが問われている（同(7)）。更に、裁判所による裁量的な債務者財産評価の命令も提言されている（同(6)）。

(2)　先に2で提言したように、また、事件係属中のDIPへのコントロールにつき広範囲に関係人による自助努力を求めるという制度をとることとするならばなおさらに、関係人のいわゆる共同行為問題に対してより積極的な対応策が講じられる必要がある。

従来の法制下では、公的に設けられる債権者の代表機関は形骸化し、当初期待された役割を十分に果たしていないのが現状であるということは広く認識されているところである。さらに、第二章で見たように、アメリカにおいても同様に、極めて大規模な事件以外では、理念的に正当であるとともに実効性が大いに期待される債権者委員会の制度が、実際にはまるで機能していないことが報告されている。このことから、利益代表という制度は、必ずしも期待されるほどの実効をあげないということが示唆される。そこで、債権者委員会の制度とは別途、これが機能しない場合の代替策を考えておくことが必要であると考えられる。このために二点提言したい。

まず、任意方式の自由かつ柔軟な債権者集会を、情報収集や意見交換又は感情的もつれを緩和する機会として積極的に利用することは、少なからぬ論者から指摘されているところである[10]。そこで、DIP体制がとられる場合にも集団の意思形成や集団的行動に伴う困難がありうることを配慮して、そのような問題をより明確に認識して、裁判所がそのような会合の場を設けるよう積極的に示唆し、更にこの実現を助けるために、画一的に提示することができるそのための具体的な方法なり知識を蓄積していくとしてはどうか。

第二に、特に委員会が選任されなかった場合には、委員会という組織ではなく任意に、利害関係の共通する債権者同士で仲間うちの一人又は若干名を代表者として選出し、このものを通してＤＩＰとの交渉や協議にあたる道をも開いてはどうか。部分的にであれ共通の意思形成が行われ得たなら、これはできる限り実際に表明されうるようにすべきものである。また、任意代表の存在は多くの、個別的には無力で意欲を欠いた利害関係人に手続参加の具体的なきっかけを与えることにもなる（第二章第五節第二款４及び第六節２参照）。更に、この利益代表はＤＩＰ企業との取引を通じて比較的多くの情報を有し、また一般にその分野での技能や経験をも有していると見込まれるため、ＤＩＰの経営における事実上の諮問役としての役割も期待されよう。この任意代表者の地位については、訴訟手続における選定当事者に準じて考えればよいのではなかろうか。このほか、往々にして関係人には事件の成りゆきについての責任を負うことを避けたがる傾向があることを考慮して[11]、裁判所側で債権者代表を特に指名し、利害関係人間の交渉促進のための協力を依願することもありえよう。

右提言の意図を明確にするために、ここで改めて、筆者が必要と考えるのは、関係人の手続参加が単なる実務上の配慮や慣行であるにとどまらず、制度的に参加の契機と手段が確保されることであると、強調しておきたい。

(3)　最後に制度全体に対する改革提言として、情報収集及び事実情報の開示に関しては、その重要性とこれが倒産事件では普遍的に必要とされることを考えれば、この目的のために公的資金を投入することもそろそろ現実的に検討されるべきであると考える。この点について具体的には、事件管理のための公的機関創設の提言とあわせて第四款で後述する。

第二款　事件の早期選別の必要性

以上は関係人自治が有効に機能しうる場合についての議論である。これに対して関係人自治が機能しない場合、端的にいえば利害関係人が無関心で手続参加の意欲がない場合、及び債権者の負担において事業継続を長引かせることを目的とした手続濫用の場合には、むしろ裁判所のイニシアティブによる事件処理が望まれる。なぜなら、このような企業を法的手続に長くとどめておくことは、市場原理の正常な反応を滞らせることによる全国民経済的な悪影響への懸念ゆえに、また国民の倒産処理制度に対する信頼を損なうがゆえに、害悪とさえいえるからである。このような問題状況及び問題認識は、第三章第一節で紹介したアメリカの破算法改正作業においてもみられ、その結果適切な対応策を講じるべく破産法調査委員会報告書で具体的立法案が勧告された（以下「委員会勧告」という）ところであり、いわば現代倒産法に広く共通してみられる課題であるといえる。

このような事件への対処策として必要なのは、一方では関係人自治を活性化させるための工夫をこらしつつ、再建手続に本来不適性な事件であることを早期に識別し、職権により早急に再建手続から除去する方策である。そこで、「関係人自治が機能しないこと」をこの職権発動の契機とし、そのための具体的基準を考案することを提言したい。その根拠は、利害関係人自治を裏づけた市場原理との関連性が失われたこと、そしてそれゆえの、関係人自治の基本要素である自己責任原理が消極的に機能した結果として推定される、再建の望ましさの否定に求められる。いわば、元来会社整理において整理の開始及び存続の要件として〝整理の見込み〟の範疇で語られてきた「関係人の同意を獲得する見込み」[12]を、「関係人自治の有効性」に代替させるということになる。[13]

1　事件の促進

裁判所は、法的倒産処理手続の主催者としての地位において、再建に価しない企業と推定される事件を早期に特定し、再建手続から除去し、もって制度全体の機能性の向上に努めるべきであると考える。このことの意義及び根拠は前述したとおりであり、以下、そのための具体的な方法について考察する。

(1) 具体的にどのような方策が考えられるかについては、アメリカの委員会勧告から多くを学ぶことができる。アメリカとわが国では倒産手続の監督体制に相違があるため、同勧告の内容を単純にわが国の制度として転用することには慎重さを要するが、参考とすべき二点をとりあげておこう。

① 関係人自治の機能が期待できないことを理由とする再建手続からの除去、すなわち管理型又は清算型の手続への移行は、状況を見極めたうえでの最終的な強硬措置であり、これを強行する前提として、裁判所による適切な現状認識と関係人がその判断を争う機会の保障が必要となる。そのため、この場合にも事実情報の開示が重要なポイントとなる。問題は、その情報収集の方法と開示の程度である。

委員会勧告では連邦管財官の事件管理における職務、義務及び権能を大幅に拡張したが、その中心となったのが早期のインタビュー等を含む債務者企業の財政的な事実状況の調査である。筆者は前述のようにわが国にも一般的事件管理を行う機関を制度として設けるべきと考えているが、右の委員会勧告は、この一般的管理の一環としての調査の徹底を念頭に置いたものである。また、右勧告にあたって委員会内で議論があったように、この調査はは必ずしも公的機関によらしめなければならない職務ではなく、民間の専門家を相対的に安価に雇用して行わせることも考えられる。

企業倒産事件における情報開示の程度の問題として、いわゆる営業上の秘密にどこまで開示を求めるかということがある。基本的考え方としては、情報開示の例外は最小限のものでなければならず、関係人自治の伸展及び事件処理の促進のためには、アメリカの開示供述書にみるような徹底した情報開示の方向が目指されるべきである。(14) この問題については、本書の直接の目的とは異なるのでここで立ち入って論じることは控えるが、一九九八年一月一日より施行されている新しい民事訴訟法で新設されたイン・カメラ審理手続（二二〇条三項）の基本的発想を、倒産処理手続にも転用できないかとの着想を得ている。

② 第二に、再建事件の清算事件への移送に関しても、関係人に主体的に関与させることが望ましい。すなわち、清算事件への移送の是非の判断を倒産処理方法に関する自己決定の問題と捉え、事件の当事者の側にイニシアティブをとらせるべきであると考える。

このための具体的規律として、委員会勧告の構想が魅力的である。すなわち、まずこの移送の判断基準は、「再建の見込みがないこと」を示す具体的な一定の事実に基づく形で定める。(15) これによって、基準の明確化を図るとともに、利害関係人がその是非をめぐって法廷で十分に争うことができるようになると見込まれる。次いで、この基準が満たされる場合には、再建の見込みに関する証明責任を債務者の側に転換することとする。したがって、基準とされた具体的な事実に照らして再建の見込みがないことが強く推定される場合には、再建を望む利害関係人、特にＤＩＰ制度の下で利益を得る債務者企業の側が、この推定を覆すだけの証拠を示す重い負担を引き受けることになる。そして、このようなプロセスの中で、利害関係人は事件の処理方法をめぐって法廷で直接的に意見を交換し、意思形成することとなる。他方、ここで関係人自治のもう一つの側面も機能しうる。すなわち、関係人がこのような積極的行動を起こさないならば、そして次に述べるようなそのための十分な手当がなされた限りでは、自助努力に値する再建の価値がない場合とみなして、「関係人自治が機能しないこと」を理由に清算事件に職権移送してよいと考える。

(2) なお、このような職権による清算事件への早期の移送を制度上定めるとすることで、早期の強制的企業売却に伴うのと同じ問題（第二章第五節第二款３参照）が生じないかという疑念が生じる。手続開始後即時の強制的企業売却には、再建企業ガバナンスの問題の最善の解決策としてこの提言をした論者自身が十分な解決策を見出せないでいる幾つかの困難な問題が伴う。なかでも、債務者側がコントロールを失うことを嫌って申立を遅滞させるという問題（Trigger-Problem）には、何らかの回答を用意しておかなければならない。なぜなら、これにより再建への着手が遅れて再建が可能であった企業が破綻するという事態を招き、また、私的整理との連続性のある倒産処理法制が目指されたはずであるにも関わらず、法的再建制度としての役割が十分に果たされないということになるからである。

結論から言えば、この懸念は不要である。企業売却の場合と異なり、強制移行の根拠は利害関係人の事件解決の意欲の欠如にある。したがって、真に企業を再建したいと考えるものは、自らの行動でもってこの移行が断行されるのを阻止すればよいだけのことである。また、企業再建を目指し、これを実現しようと意欲するのであれば、いずれにせよ他の利害関係人との譲歩の合意をとりつける努力が必要不可欠である。

2　インセンティブを鼓舞する措置の必要

このような思い切った措置をとるにあたっては、利害関係人の手続参加の意欲を鼓舞する措置と、適正な手続の監督人としての立場で裁判所によって行われる交渉促進への助力の措置が、同時に講じられなければならない。具体的にどのようなものがありうるかについては、現時点では必ずしも十分な答えが用意できているとは言い難いが、さしあたり次の二点を挙げたい。

第一は、債権者委員会委員及び前述の債権者代表に対する活動報酬である。これらの者は、自らの時間と労力を債権者の総体の利益のために職務遂行に注ぎ込むのであり、そこでなされた自己犠牲は報酬に価する。そして、これは債権者の総体のためになされる労務の対価であるから、この報酬は共益費として扱われるのが相当である。これによって財団が縮小することとなるのも、必要な支出としてやむを得ない。他方で、報酬を受け取って活動する者にはそれ相応の義務なりその違反に対する制裁が課されるべきところである。しかし、ここで報酬に着目したのは、そもそもインセンティブを鼓舞することが狙いなので、ましてや任意性の利点を損なうような形にならないように、義務も義務違反に対する制裁も、厳格なものとして考えるべきではない。

第二は、やはり情報開示の徹底である。この関連で構想することとして、前述のように民事訴訟法におけるイン・カメラ手続の発想を生かすことにより、倒産債務者主導で行われる再建に対する関係人の不信をある程度晴らすことができると期待する。このほか、重要資産についての鑑定、そしてこのための費用につき、第一点目と同じ理由からこれを共益債権化すること等が有効な方法として考えられる。

3　裁判所の役割

裁判所は原則として適正手続の監督者としての立場にとどまり、事件に積極的に関与することは控えるべきである。しかしその一方で、第二章で紹介した再建企業ガバナンスの理論から、わが国においても裁判所がＤＩＰのコントロール及びガバナンスの問題解決の最後の寄るべとなるということが示唆される。したがって、利害関係人間の交渉が滞って事件が進展しない場合には特に、利害関係人から申出を受けて、その手続上の監督者としての立場において問題解決に乗り出すことが求められる。

ここで具体的に想定しているのは、内部紛争によって事件の進展が阻害されている場合、典型的には、債務超過企業において、株主がごね得を見越して手続妨害的な権利行使をする場合である。これに対処する手段としては、再建企業ガバナンス論の論者の一人が示した立法的提言の一つである先取りクラムダウン（第二章第六節4参照）の有用性が着目される。そこで、この考え方を裁判所の審理における残余請求権アプローチ（第二章第五節第二款3及び第六節3参照）に結びつけて、わが国の立法論として提言したい。そして、この場面で裁判所が時宜を得た適切な措置をとりうるようにするために、アメリカ連邦破産法一一章一〇五条(a)に相当する規定を設けることをあわせて提言する。以上の提言の理由としては、第一に、残余請求権アプローチは、わが国でも既に少なからぬ裁判所が採用しており[16]、馴染みやすい考え方だということ、そして第二に、この一〇五条(a)の制定は、債権者委員会が当初期待されたように事件進行に対して積極的貢献をしていなかったという事態に対処するために一九八四年の連邦法改正において実現したものであり、目的においてもこの立法を必要とした問題状況の類似性から捉えても、現在のわが国のニーズに応えた現実的立法措置と思われるということである。

なお、前述のように筆者は裁判所の審査の基準が、過程アプローチを基礎とした明確なルールとして確立される必要があると考える。筆者の構想においては、利害関係人による公開討論の場として法廷が広く利用されることになるが、ここでの裁判所は原則として手続の監督者の立場にある法の専門家である。それゆえ、経営事項について、その質的判断に立ち入ることなく定型的に適用することのできるルールが求められるのである。

第三款　若干の個別事項に関する提言

以下、これまでに言及しなかった若干の個別的問題につき、検討事項における新再建型手続の構想に則して手続段階ごとに私見を述べる。

1　中立及び開始手続

筆者の構想において裁判上の倒産処理手続とは、一定の法的枠のはまった交渉の場を利害関係人に提供し、そこで事実に関する情報の収集・開示と手続的適正を担保するためのものである。それゆえにここでは、裁判所は手続的監督者として最低限の関与しか行わない。

以上の考え方に基づけば、法的倒産処理においては、早い段階での申立を促しつつ手続を前倒しに開始し、法的手続においてもより早い段階で徹底した事実解明を行い、同じくできるだけ早期に、倒産処理方法について事実に基づいた合理的な判断がなされることが望ましい。それゆえ、裁判所としては開始申立があれば原則として直ちに開始決定をなして手続を開始するべきと考える。

特に手続開始の窓口は広く設定し、開始の是非は裁判所でなく利害関係人に、異議申立を通して選択させる方向で検討されるべきである。[17]これはまた、筆者の考える、そして新再建型手続の基本姿勢である、利害関係人の自治的な倒産処理制度の実現という目標と調和する。その一方で、現時点では未だ具体的な方策を考案するには至っていないため問題点の指摘にとどまるが、濫用的手続申立に対しては厳しい対応策が講じられなければならない。[18]

2　計画認可と履行の確保

(1)　関係人自治的な倒産処理手続においては、手続のプロセスと同様に、その結果たる再建計画の内容も関係人の自己決定的な判断と選択に委ねて、自由かつ多彩なものが認められてよい。したがって、計画認可の要件は、会社更生法におけるが如く厳格でなくてよいと考える。むしろ手続開始の局面と同様に、原則として認可する方向で検討されることが望ましい[19]。

更に、利害関係人自治的な倒産処理手続の目的は当事者間の交渉を促進し、合意に基づく倒産処理の方法が見出され、選択されていくことにあることを考えれば、アメリカでＤＩＰの行動の審査においてなされているのと同様に、計画認可の手続にも過程アプローチを導入して、認可の基準をシステマティックにルール化していくという考え方も検討の余地があろう。

(2) 履行の確保についても、これをどのように実現するかは利害関係人の判断や選択に委ねられるべき事項であると考える。それゆえ、再建計画で取り決められるあらゆる方法が実行可能であるべきである。ただしその場合には、法的手続としての事後的対応を制度的に保障するという意味において、債務者の履行懈怠を原因とする再建計画の取消が制度上認められる必要がある。同様の考え方はドイツ倒産法にもみられる。

3　清算手続又は管理型の再建手続への移行

筆者の基本的立場を貫けば、いかなる手続方法によるかは、基本的に全て利害関係人の自由な選択に委ねられる事項である。したがって、手続のタイプの転換については、前述の迅速手続の要請に基づく職権移送のほか、個々の利害関係人に申立権が認められるべきであると考える。

ただし、利害関係人の少数派が、戦略的意図から企業再建に頑迷に反対する場合や、合理的判断によるのではなく短慮又は無分別から清算が望まれるような場合については、多数派が是と考える、すなわち再建の可能性がなくはないと考えられるる再建の芽がつまれてしまわないように、何らかの措置が講じられなければならない。そのために、清算手続への移行申立を許容する基準を、分かり易く、基準として合理的なものを挙げて明文で定めるように提言しておきたい。投資判断として清算が望まれる場合には、そのような判断に至った根拠があるはずであり、右の基準にあてはめてそれを客観的に示すよう要求したとしても、中立人にとって過大な負担になるとは考えられない。すなわち、このようなハードルを設けることで、利害関係人自治的倒産処理手続の根本が損なわれることにはならない。

第四款　調査・監督のための公的機関の創設

ここまでにも度々言及してきたが、このたびＤＩＰ制度を導入するのに伴って、倒産事件での調査及び監督に関して一般的な国民へのサービスを提供する公的機関設置の必要性を強調しておきたい[20]。これは具体的には、倒産処理における専門技能に関わる職務を担当する機関を新たな制度として設けると同時に、そのための人材のプールを行うことを内容とする。この範はアメリカにおける連邦管財官制度に求められる。これにより、利用者の利便に供する一方で、裁判所の負担軽減と著しい増大の見込まれる事件の管理・統括に資するという実際の効用が期待される。

１　必要性

(1)　ここまでに繰り返しその重要性を強調してきたように、事実関係の調査は倒産事件とりわけ関係人自治的倒産処理における屋台骨である。場合によっては、事実関係さえ明らかにできれば、自ずから倒産処理のあり方が定まっていくこともありえよう。

また、筆者の構想するような裁判所の関与の極力抑制的な倒産処理制度においては、事実の解明と情報開示が徹底して行われるという点にこそ、私的整理とは一線を画する法的手続の意義が求められる。法的手続は、交渉を容易又は可能ならしめるという根本的な役割を果たすために、より多くの必要な情報が収集され開示される場でなければならない。これは、公平・適正の担保と並んで、法的手続の存在を意義あらしめ、かつそれを実現するための必要不可欠の大前提である。このように法的手続における情報開示制度を充実させることは、私的整理案件の法的手続への取り込みの誘因ともなりえよう。そこでこの側面をより強化し、制度的に確実に行われるようにする必要がある。その意味において、これら調査の専門家とその雇用等にかかるコストは、個別事件での負担でなく、公的支出でまかなわれるべきものであると考える。

(2)　同様に、ある地域での倒産事件を一般的に管理・監督し、また、倒産に際しての基本的な知識を提供し、相談を受け付けるサービスの提供が、有意義かつ必要であると考える。

このようなものとして連邦管財官を模した機関を設置するべきとする提言は、これまでにもなかった訳ではないが、今日ＤＩＰ制度の採用に踏みきるにあたって、いよいよ本格的に現実的課題として検討される必要がある。というのも、倒産手続の利用者は、債務者の側でも債権者の側でも、目下の手続の利用において初めて倒産という事態に直面したという者が圧倒的に多数なのであって、専門家にはごく基本的とも思われる発想や知識すら持ち合わせていないことが通常である。この場合には、個別に弁護士に相談するのが一般的であろうが、しかし心情的に又は金銭上の理由でこれを敬遠もしくは断念することはあろうし、また、無知には整理屋等悪しき思惑を持つものが群がりやすい。その一方で個々の小さな事件での他愛もない相談に貴重な人的リソースを費やすことも、管財業務に知識や経験の乏しい弁護士から不適切なアドバイスを受けるような事態も、同様に制度全体から見て好ましくない。だからといって安易に手続上の監督・管理のための公的機関に頼る又はその利用を奨励することが望ましくないことについては、既に述べてきた通りである。また、連邦管財官制度を導入している合衆国においても、事件処理の迅速化を図るにあたって委員会での議論の中で連邦管財官とは別の更なる監督機関の導入が検討されていたということが、この問題の重要性を示唆するものとして指摘される。

倒産事件を一般的に取り扱う公的機関の設置は、以上にみてきた倒産処理制度の利用者への一般的サービス提供の必要性から、また限られた司法リソースの合理的な配分という観点から必要であるし、特にＤＩＰ制度の導入によってこの必要性はよりいっそう大きくなると考えられる。

2　公的資金投入の根拠

この新たな制度を設けるために公的資金を投入することの正当性は、倒産事件におけるこれらサービスの需要の一般性と重要性によって、究極的には国民全体の利益に還元される支出であるという点に求められる。

国民の大多数は実際に経済活動を行っており、自らは事業を営まない者でも、配偶者や扶養者を通して又は一労働者として間接的に関わりをもっている。経済活動には常に潜在的に、失敗とそれによる財政破綻のリスクが伴う。したがって国民の誰もが潜在的な倒産処理制度の利用者である。この公的資金投入は国民への公共サービスの提供としての意味を持つ[21]。少なくとも、かつて住専の金融破綻に際して、この特定の経済主体との直接関わりを全く持たずその活動から恩恵を被った覚えもないにも関わらず、納得がいかないままに税金が注ぎこまれる事態に対して、多くの国民が覚えたような強い反感・反発、理不尽さは、ここにはない。

（1）　法務省民事局参事官室編『倒産法制に関する改正検討課題――倒産法制に関する改正検討事項とその補足説

説明については同誌の該当頁を挙げる。明』別冊NBL四六号（商事法務研究会　一九九八年）として公刊されている。以下「検討事項」と引用し、補足

（2）　検討事項（補足説明）三、四二頁参照。

（3）　例えば、実務家の側では、高木新二郎「新倒産法のあり方——倒産法制に関する改正検討事項に対する意見（上）」NBL六三六号六-七頁、田原睦夫「新再建型倒産手続——倒産法改正の方向と検討課題①」NBL六四二号六頁以下（以上一九九八年）等参照。学者の側では特に佐藤哲夫「倒産手続における機関の再編成」ジュリ一一一一号（一九九七年）一八七頁以下が積極的である。

（4）　企業倒産に由来する損害は広範囲に普及効を及ぼす。そこで最も典型的には労働者保護の必要性が説かれることもある。しかしこれは元来労働法の分野でしかるべく対応策を講じられるべき問題であり、倒産処理の局面はそれらに対応することを本来的に目的とする場ではない。同様に、企業の買い叩きや買収の類も、利害関係人の同意がある限りは原則として容認されうると考える。またこれは本来的には競争法上の問題と捉えられよう。

（5）　法一一二九条(a)参照。認可要件の意義につき、田村諄之輔「会社更生計画における『更生、衡平と遂行可能』についての一考察」菊井献呈『裁判と法（下）』（有斐閣　一九六七年）七四三頁以下、特に七六五頁参照、青山善充「会社更生の性格と構造（三）（四）」民商八四巻五号（一九六六年年）六〇〇頁以下、八六巻四号（一九六九年）一一二三頁参照。

（6）　仮屋広郷「アメリカ会社法学に見る経済学的思考」一橋法研三〇号（一九九七年）一三八頁〔ここで仮屋助教授は、アメリカの現代会社法研究におけるエージェンシー理論の興隆の原因を考察し、その原因の一つとして、エージェンシー理論は、合理的行動をとる個人の自由な交渉の結果、交渉以前より望ましい社会状態が創出されるとの基本的な考え方によるところ、これがアメリカの伝統的な個人主義と基本的な部分で価値観を共有していると思われる、としている〕。

（7）　なお、四宮弁護士は、倒産法制一般につき〝今日の倒産事件は、現行法の各制定当時に予想された規模を遙かに上回るものがあり、果たして、裁判所の監督を手続適正の確保の主たる担保とすることで足りるのであろうか〟

と問うておられる（四宮章夫「再建型の監督について」〔倒産実務上の問題点（倒産制度研究会（大阪））10〕判タ九〇二号（一九九六年）二一頁）。専ら大規模な管理型再建事件を念頭において、特段の配慮の必要性を唱えて、筆者がそこまで立ち入るべきとは考えない再建企業の経営上の問題にも顧慮すべしとされているようにも読めるが、そこで何を意味しておられるのか定かでない。後に続く叙述では、例えば再建企業の業務監督への配慮が挙げられているが、これは手続の適正の確保の枠内で語られている。

（8）　通産省独自の新再建型手続の構想の基礎を提供した倒産法制研究会から（倒産法制研究会『『新再建型手続』に関する提言」（一九九九年）〔以下「（通産省）研究会提言」とよぶ〕、同旨の提言がなされている（特に六〇-六一頁）。正直なところ、我ながら立法論としてはいささか大胆過ぎて実効性を欠くかと思わないでもなかったが、このように他の論者からも積極的に提言されていることからすると、一般認識とそれほど現実からかけ離れた着想でもないと考えてもよかろう。

（9）　なお、筆者も当初は、関係人自治の促進と特に時間の面での効率性を同時に実現するべく、関係人から出された異議を倒産事件とは別途に倒産手続外で審理する方法を考えた。しかし、倒産企業の場合には問題の経営上の行為がなされてしまってからでは利害関係人には十分な保護を与えられず、結局は倒産企業のやり得を許す結果になってしまう。それゆえ残念ながら現時点では本文にあるように結論づけざるを得なかった。同様に、倒産事件と関係人間で生じた紛争解決の場とを切り離して、倒産事件そのものは迅速に処理しようとする考え方についても、自助努力を期待して手続外で処理するという考え方は、発想自体はもっともなようだが、やはり無理があり、採用することはできない。

（10）　例えば、高木新二郎「事業倒産における裁判所と債権者等の役割─続・新倒産法のあり方」法の支配一一一号（一九九八年）七二-七三頁参照。

（11）　一九九八年八月一七日に、著名な倒産処理専門の弁護士でありかつ理論家としても知られる、大阪弁護士会の田原睦夫弁護士とのインタビューにおいて、関係人自治が困難な理由の一つとして田原弁護士が指摘された点である。なお、その折りに田原弁護士は〝責任の伴わない私的自治などありえない、そんなものは私的自治とは呼べない〟と述べられ、私見のような、事実上の利便を重視して〝覆面をかぶせても〟よいのではないかと考える非公式代表の発想には批判的であられる。

(12) 高木新二郎『会社整理』(商業法務研究会　一九九八年)一二三、一三九―一四〇、三二二頁等参照。

(13) もちろん手続開始要件とはなりえない。関係人自治が機能するか否かは手続が開始してみないと分からないことであり、また筆者は後述のように手続の窓口は広く設定すべきであるとの考え方をとるからである。

(14) 同旨、(通産省)研究会提言四頁。具体的な提言内容は四六―五五頁で、特に営業秘密の取り扱いについてを詳細に論じられている。

(15) アメリカの委員会勧告で挙げられた、再建の望ましさを示す基準が、経済的見通しの悪さや債務者の義務の懈怠といった具体的内容であることに注意されたい(本書第三章第一節第二款参照)。

(16) 会社更生計画における一〇〇%減資を認めた東京高判昭和三七年一〇月二五日下民集一三巻一〇号二一三二頁、福岡高決昭和五二年八月二四日判時九四七号一一三頁、更生管財人が選任された場合の株主代表訴訟における株主の代表訴訟権を否定した東京高判昭和四三年六月一九日(判タ二二七号二二一頁)、更生計画の決議への参加及び計画案審理のための関係人集会への呼出がなかったことを憲法違反ではないとした東京高決昭和四六年四月二七日高民二四巻二号一四〇頁等において、破産原因事実ある会社においては株式の価値は無に等しく、株主は財産権の保護を主張する根拠を欠くということが理由として挙げられている。

(17) 高木新二郎「新倒産法のあり方――倒産法制に関する改正検討事項に対する意見(上)」ジュリ六三六号(一九九八年)一〇―一一頁参照。

(18) 中島弘雅「新再建型倒産手続の一つの方向(上)」ジュリ一一四一号(一九九八年)一三二頁参照。

(19) 《座談会》「倒産法改正の方向と検討課題(二)」NBL六三五号(一九九八年)三二頁〔才口発言〕参照。

(20) 利用者へのサービスと事件管理の質の向上の両側面を念頭に、有意義な倒産処理における公的機関を新設するという発想は、もともとは、棚瀬=伊藤両教授がその共著において立法論的に提言された〝倒産処理委員会〟で示されたものである(棚瀬孝雄=伊藤眞『企業倒産の法理と運用』(有斐閣　一九七九年)三〇八―三二一頁)。倒産処理委員会とは、「従来、個々ばらばらに行われていた倒産に関連する各種の行政的施策、司法的処理の窓口を一本化することによって、破産者・債権者、その他の利害関係者の便宜を図り、あわせて倒産処理の実効性を高めようとするもの」（三〇八頁）であるとされている。

（21）　倒産処理制度を国家の国民に対するサービスとして認識するとの視点は、一橋大学大学院でのゼミその他の直接・間接の機会に、同大学の山本和彦教授より大いに御教示・御示唆を賜った。山本教授は専ら判決手続を念頭においてて公共のサービスとしての質の向上を主張しておられるが、その内容として挙げられる強制性、迅速性、安価性、合法性及び公正性の要請は、全て倒産処理制度にそのまま当てはまる。山本和彦『民事訴訟審理構造論』（信山社　一九九五年）〔特に七-一五頁〕参照。

補　論　民事再生法における「関係人自治」について

わが国初の本格的な一般再建法として広く注目を集めた民事再生法が施行されて、はや四年がたつ。その間に民事再生手続の運用のあり方も定着しつつあり、また、この成果を踏まえて、大規模株式会社を対象とした管理型の再建手続である会社更生法が、当初の予定より大幅に充実・拡大された形で改正され、二〇〇三年四月より施行されている。更に、このたびの倒産法制改編作業の最後の仕上げとなる破産法の改正につき、二〇〇三年夏には実質的審理が終わり、年度末の成立が見込まれており、民事再生法の制定に始まったこの大きな流れもここに至っていよいよ終局に向かっている。このような節目の時期を迎えたいまこそ、今回の倒産法制改革の出発点となった民事再生法を対象に、後見型倒産処理制度における利害関係人の位置づけや期待される役割、そして、法的再建手続の開始された倒産会社（以下「再建企業」とよぶ）のガバナンスの仕組みについて分析し、範となったアメリカ連邦破産法のそれと比較しつつ、若干の考察を加えてみたい。

清算型処理に付された倒産企業についてはその存在そのものが解体・消滅せられるのとは異なり、再建企業は、倒産手続開始後様々な制約を受けながらも、一の企業体としての実態を維持しつつ経営活動を継続する。そして、再建計画が認可されたとき（会社整理・民事再生）、又は計画の遂行もしくはそれが確実に見込まれた段階で（会社更生）裁判所が手続終結の決定を行うと、再建企業は常態の会社に復帰する。こうした点に着目すると、再建企業について、倒産手続開始の前後で分断することなく、一の会社として連続性をもったものとみて問題を捉えようとする視点は重要である。とりわけ後見型の手続である民事再生手続では、法の建前上は、原則として倒産債務者は手続開始後も財産の管理処分権を失わないものとされ、また、組織的問題にまでは立ち入らないのを基本としてこれに関する特則は最小限の範囲にとどめられており、その必要性は大きい。このような問題認識から、ここで取り上げる企業としては、民事再生法の一般的な適用対象と考えられる中小規模の企業を念頭に置く。すなわち、公益性の要請が強く働く大規模株式会社のための再生手続である会社更生法ならびに、別途の考慮を要する民事再生法の特則すなわち簡易再生、同意再生及び消費者の再生手続の適用対象はここでの考慮からは除くものとする。

第一款　民事再生法における再建企業ガバナンスの構造

民事再生法は、原則として債務者に事業経営及びその前提となる財産の管理処分権をとどめ、債務者自らの自助努力によって事業再建を達成することが予定された手続である（民事再生法一、三八条、民事再生規則一条三項参照）。それゆえ、再生裁判所の手続への関与は抑制的であり、裁判所が実質的内容に立ち入った審査・判断を行うことは基本的にはない。このような後見型再建手続においては、再生債務者の行動の監督及び手続の方向性の決定に関して、利害関係人間の交渉を通した自治的な手続形成が期待されることになる。したがって、民事再生法が設ける再建企業ガバナンスのための枠組みは、法的手続の主催者としての裁判所のコントロールと、利害関係当事者によるコントロールとから成っている。そこで以下、本書の目的に則して、このうち後者の利害関係人によるコントロールの仕組みを中心に、民事再生法におけるガバナンスの構造について考察する。

1　利害関係人の位置づけ

再建企業ガバナンスの問題を考えるにあたっては、まずは、民事再生法における交渉主体となる利害関係人を抽出し、その手続上認められた役割をまとめておく必要がある。

(1)　再生債務者

①　DIP制度

民事再生法は、「経済的に困窮にある債務者について、その債権者の多数の同意を得、かつ、裁判所の許可を受けた再建計画を定めること等により、当該債務者とその債権者との間の民事上の権利関係を適切に調整し、もって当該債務者の事業又は経済生活の再生を図ること」（民事再生法一条〔以下条文の引用に関しては、「民再法（規則）」と略称し、また、特に断らない限り同法からの引用とする〕）を目的とするものである。この目的を達成するために、民事再生手続開始後も債務者（以下、手続申立後の債務者を「再生債務者」とよぶ〔民再法二条一号参照〕）は財産の管理処分権を失わず、従来どおりその業務を追行するものとされている（三八条一項及び二項）。このように手続の中心に据えられる再生債務者には、手続の担い手として中立性を維持するべく、債権者に対して公平かつ誠実に手続を追行する義務が課される（公平誠実義務。三八条二項）とともに、手続の円滑な進行に関する重要な事項を再生債権者に周知させるべく努めるよう求められ（周知義務。民再規則一条一、二項）、債権者への情報開示等は自己の責任において行わなければならない。そのうえで、再生手続においては再生債務者の活動はできる限り尊重されるべきものとされるが（同規則一条三項）、裁判所は、必要が認められるときには、再生債務者が一定の行為を行うにあたって裁判所の許可を得させるものと定めることができ（民再法四一条一項）、担保権の消滅や再建計画認可前の経営譲渡といった特に重要性の高い行為については、必ず裁判所の許可を必要とすることによって（一四八条、四二条、また四三条参照）、再生債務者の行動には一定の制約が課されている。

このように、一定のコントロールを及ぼしつつ、原則として手続申立後の債務者に財産の管理処分権及び業務遂行権を維持させるというのが、民事再生法が予定する手続の基本的な形態であり、同じ形態をとるアメリカ連邦破産法一一章再建手続における占有継続債務者（Debtorin in Possesion）の略称にならい、再生債務者はＤＩＰとも称されている。もっとも実際には、純粋なＤＩＰ型がとられることはまずなく、むしろ原則として債務者を監督する監督委員（五四条）を選任するのが実際の運用となっている。[1] 更に、ＤＩＰによる財産の管理処分や事業遂行に不公正その他不当な点があるため必要があると裁判所が判断した場合には、手続開始前であれば保全管理命令による管理人が（七九条）、開始後であれば管理命令に基づき管財人が（六四条）選任され、業務遂行権及び財産管理処分権をこれら機関に掌握させる管理型の手続に移行することも法律上予定されている。ただし、民事再生法は第一次的には債務者と債権者との間の交渉による自発的な処理が期待される制度とされていることから、実際に管理命令が発令された例はこれまでほとんどない。[2]

② ＤＩＰの意義

では、このように占有を継続する債務者の法的性質をどのように解すべきだろうか。これについては、一般的な義務として上述のように公平誠実義務、周知義務及び情報開示義務を負うほか、会社更生手続や破産手続においては管財人が債権者全体のために行うものとされている双方未履行契約の解除又は履行の選択権のような手続上の権限が、再生手続では再生債務者に認められていることから、再生債務者は一種の第三者性を有すると説明されている。[3] したがって、手続開始前の債務者と手続開始後の再生債務者は、外見上同一の主体であっても全く同質のものではなく、第三者性を帯びたいわば手続上の機関としての立場に置かれることになる。その立場において、再生債務者は、債権者の利益代表として、信託における受認者が受益者に対して義務を負うように、債権者全体に対して誠実に管理処分権を行使し、業務を遂行しなければならないと考えられる。(4) このことは、この公平誠実義務が、監督命令により財産管理処分権が専属的に帰属する管財人が選任された場合には生じないとされている(三八条二項)ことからもうかがえる。すなわち、この義務は、再生債務者が財産の管理処分権を有して手続遂行の中心的役割を果たす場合に、その権限行使に付随する義務であり、DIPとしての再生債務者の権能は、手続遂行上の主体として認められるものだといえるのである。(5) また、民事再生法では、再生債務者企業の役員の責任を実効的に追及することができるように、経営者に対する損害賠償請求権につき、通常の民事訴訟によるよりも簡易迅速な査定手続が設けられている(一四二条以下)。この査定については、裁判所の職権によるほか、債務者等に申立権が認められており(一四三条)、管財人が選任されている場合には管財人のみに、それ以外の場合には債務者自身及び全ての再生債権者に認められる(同条一、二項)。この場合の債務者もまた、債権者に対して善管注意義務を負う中立的な第三者の立場にあると考えられる。(6)

なお、否認権に関しては、管財人が選任されている場合は財産管理処分権が専属するこの機関のみが行使することでよいが、それ以外の場合については、政策的配慮から、再生債務者ではなく監督委員が権利行使主体とされている(7)(一三五条)。この場合、監督委員は特定の行為につき裁判所から否認権限を付与されることになるが(五六条一項)、それ以外の部分ではなおも再生債務者が財団の管理処分権を保持し、訴訟における当事者適格者とされる。その結果、監督委員と債務者がそれぞれ相手方との訴訟に当事者として参加することができる(一三八条)。

(2) 債権者

① 手続参加債権者

「再生債務者に対し再生手続開始前の原因に基づいて生じた財産上の請求権」は再生債権とされ（八四条一項）、再生債権については、再生債務者の一般財産を限度として、原則として再生手続上再生計画のみを通して、再生債務者との間で権利関係の調整が行われる（一条等）。再生債権者は、再生債権を届け出て、債権者集会において議決権を行使し、再生計画認可決定が確定した場合には右計画に基づいて弁済を受けることになる（八六条）。開始後債権については、会社更生法におけると同様に、手続によらず随時弁済される共益債権（一一九条、一二一条一、二項。ただし再建の目的との調和を図るために一二一条三項参照）を除いて再生債権として扱い、再生計画において実質的平等原則の例外として劣後的な取り扱いを許容するという形がとられている（一二三条、一五五条、一八一条三項等）。

これに対して、特別先取特権、質権、抵当権又は商事留置権を有する担保権者は、破産法におけると同じく（破産法九二条）、別除権者として手続外の権利行使が認められている。ただし、一定の要件のもとに実行手続に対して中止命令が発せられることがあるほか（民再法三一条）、担保目的物が再生債務者の事業の継続に欠かすことができない場合には、民事再生法で新設された担保権消滅制度により担保権が消滅せられることもある（担保権消滅及び担保でカバーされない不足額部分については、再生債権者として権利を行使することができる（八八条））。一般優先債権も、随時弁済を受けるものとされており、手続に拘束されないが（一二二条）、共益債権実行の中止又は取消しの規定が準用されている。したがって、以上の範囲の債権者も、一定限度では手続的制約を受けることになる。

このように、手続に取り込まれ、再生計画によって権利変更を受ける債権者は、基本的には優先権を有さない一般再生債権に限られ、これによって手続の簡素化が図られている。そして、手続参加債権者は第一次的には債権者集会において議決権の行使を通して、手続進行にその意見を反映させることとなる。議決権は、債権届出期間内に届出をした債権者でその内容及び議決権について再生債務者（又は管理命令が出されている場合には管財人）が認否書において認めたものにつき、債権調査の手続を経ることにより確定する。(8) 債権調査期日において異議が出され、かつ債権者集会においても異議の出された届出債権については、裁判所が諸般の事情を考慮して、債権者集会において議決権の有無及び額を決定することになる（一一七条三項）。この決定に対する不服申立は予定されていない。

② 債権者の集団的権利行使

これら債権者は、従来の倒産処理制度においては、債権者集会又は関係人集会という必要的に開催される期日に再生債務者等からの報告や質疑を通して情報を得、また再建計画案についての決議の方法を通して、当事者としての立場で手続に関与することが期待されてきた。ところが実際には、ことに破産や旧和議において債権者集会の形骸化が著しく、債権者の集団的な手続参加をどのような形で実現するのかは倒産処理における検討課題の一つであった。この点に関して民事再生法では、債権者集会の開催は任意的なものとされ（一一四条）、債権者集会の最重要の機能である再生計画案に対する決議に関しても書面による決議の制度が導入され（一七一条一項、一七二条）、ただし一定数以上の債権者の申立があったときは必ず、また裁判所が相当と認める場合には、これを召集する（一一四条）という形がとられた。このように債権者集会は必要的に開催されるものではなくなったためにその意義は大幅に失われたが、従来債権者集会で担われていた機能に替わるいくつかの制度が設けられている。

第一に、債権者集会の情報の収集・開示機能に代替させるべく、民事再生法では様々な形で関係人への情報の開示及び収集の機会の拡大が図られている。

まず、民事再生法では新たに財産状況報告集会の制度が設けられた（一二六条）。これは、破産における第一回債権者集会、会社更生における第一回関係人集会に相当する、再生債務者の財産状況を報告するために召集される債権者集会であり、裁判所が主催する。ただし、この開催も裁判所の判断にかかる任意的なものであり（一一四条参照）、財産状況報告集会が召集されない場合には、債権者説明会の開催等適切な措置をとることが再生債務者に義務づけられている（民再規則六三条）。債権者説明会は、手続開始後の比較的早い時期に再生債務者が主催して、財産状況を報告するために開催されるものであるが、財産状況報告集会に替わるものとして積極的・機動的に運用されるのが一般化されてきているとの報告がある。(9) また、手続開始後の再生計画によらない経営譲渡について、民事再生法では裁判所の許可を得ることでこれを可能としたが、裁判所がこの許可をする場合には債権者の、或いは後述の債権者委員会が設けられている場合にはその意見を聴取しなければならないとされている（四二条二項）。ここでの債権者の意見聴取は、実務上集団的な審尋の機会として利用されることもあるといい、(10)また債権者委員会については、これによって、法律的に重要な意味を持つ債権者代表としての意見表明の機会が与えられていると評価することができる。(11) 情報開示制度を拡充させるためのもう一つの工夫として、民事再生法においては、裁判所に提出された又は裁判所が作成した文書その他の物件の閲覧・謄写や、事件に関する事項の証明書等の交付の請求を利害関係人に認めている（一七条。ただし支障部分の閲覧等制限につき一八条参照）。また、一定の文書については再生債務者の営業所又は事務所にその写しを据え置くようにさせ（民再規則四三、六

四、一二五条)、債権者の便宜が図られている。

このように関係人への情報開示の制度の拡充が図られたことを背景に、監督命令に基づいて管財人がその職責において手続を進めるのでない場合、特に債権者集会が開催されない場合には、これら債権者には、自己の責任において債権を届け出(届出を怠った場合には失権効が認められている(一七八条))、債務者及び他の債権者に関する情報で自己に必要なものは自己の責任において、自ら裁判所や債務者の営業所に出向いて関係資料を見るなどの、自助努力と自己責任が要求されるようになった[12]。また、民事再生手続においては、管財人が選任されている場合以外には、再生計画案を立案するのは債務者であり、監督委員が選任されている場合にも、同機関は計画案立案に関与したり意見したりする立場にはない。そして、再生計画案は債権者の多数決によって決せられることになるが、その結果可決された再生計画について、裁判所が不認可の判断をなすのは「遂行される見込みがないとき」という消極的な場合に限られる。したがって、再生計画の可否についての判断及びその前提となる情報収集も、債権者自らが行わなければならない[13]。

第二に、このように従来は裁判所や第三者機関による配慮がなされていたものの大部分が個々の債権者に委ねられることになったその一方で、債権者の集団的権利行使の手段として、代理委員(九〇条)と債権者委員会(一一八条)の制度が設けられた。代理委員は、利害を同じくする再生債権者が自分たちの代表者として選任し、裁判所の承認を得ることによって被選任者のために再生手続に属する一切の行為を行うことができるとされており、再生債務者等との折衝を担当する機関としての役割を果たすことが期待されている[14]。債権者委員会は、任意化された債権者集会よりも柔軟な債権者による手続関与を可能にすることを目的として、民事再生法で新たに導入された制度であり[15]、その権限としては、再生債権者の意見を手続進行に反映させるための一般的な意見陳述権のほか、営業譲渡に関する意見陳述（四二条二項但書）、債権者集会の召集申立権（一一四条）及び再生計画履行の監督（一五四条二項）の三点が認められている。

(3)　株　主

株主は、株式会社という財産共同体に対して割合的な持分を有し、株主総会において会社の基本的事項について意思決定をする主体である。したがって、民事再生手続の利用を申し立てている会社、特に会社が債務超過に陥っている場合には、その実質的な持分権は価値を著しく減じる又は失われていることになるため、倒産手続においては、完全に手続から排除されるか（破産）、或いは参加自体は認められても最も劣後的な地位に置かれている（会社更生法一六五条一項、一六六条、一六八条三項参照）[16]。

民事再生手続は、債権者との間の民事上の権利関係を調整することによって倒産債務者の事業の再生を図ることを目的とする制度であるから、本来株主は手続上の利害関係人とはいえない。また、民事再生法は、再生計画に対する決議を通して会社組織法上の措置の直接的な形成にまで踏み込むことが当然に予定されているわけではないから、再建企業の株主その他の出資者の権利については原則として影響が及ばない。こうした点で、全ての利害関係人の権利を手続に取り込んで調整を行う会社更生法とは異なっている。それゆえ、民事再生法においては株主の手続中立権及び再建計画に対する意見聴取は予定されていない。ただし、民事再生法のこのような基本的立場の例外として、株式会社の営業譲渡及び再生計画による資本の減少ならびにこの関係で定款を変更する条項に関して、以下の二点で商法上の規定の特則が設けられている（なお、民事再生法が定める会社法の特則は以上の点に限られるため、この余の部分については原則どおり会社法上求められる手続を踏むことが必要となる）。

まず、株式会社の営業譲渡は、株主を初めとする関係者の利益に大きな影響を及ぼす問題であることから、本来は商法上株主総会の特別決議が必要とされているが（商二四五条一項一号）、再生手続中の営業譲渡に関してはこの決議のほかに、裁判所の許可を要することとされている（民再法四二条）。これは、手続開始後の早い段階で、再生計画によらない営業譲渡を可能にしつつ、この方法の濫用を防ぐために裁判所の許可にかからしめた制度であるとされている。[17] 更に、会社が債務超過に陥っている場合には、再生債務者等の申立により、裁判所は再生債務者の営業の全部又は重要な一部の譲渡について、株主総会特別決議に替わる許可を与えることができる（代替許可。四三条）。すなわち、現在は株式の実質的価値がゼロであったとしても再建手続では今後も経営は続行されていくのであるから、株主の将来の収益による余剰に対する期待権を排除すること自体は認められるべきではないと考えられるところ、代替許可は「事業の継続のために必要」というきわめて限定された要件の下でのみ認められているものである。それゆえに、その要件が充足されていないとして代替許可に不服のある株主には、不服を申し立てる権利が認められている[18]（同条六項）。

資本減少に関しても、商法上必要とされる特別決議を経ることなく再生計画によってこれを行うことができることとされ（一六一条）、この場合には、再生債務者が発行する株式の総数についての定款変更に関する条項を計画に含めることもできるとされている（一五四条三項）。この減資は、会社が債務超過に陥っている場合に、事前に裁判所の許可を得たうえで、その内容を定めた条項を含む再生計画案が可決・認可されることによって行われる（一六六条一、二項）。こうした規定が設けられた趣旨については、再生手続は株主を引き込むことなく、手続内で会社組織法上の変更を行わないことを原則とするが、倒産した企業を再建しようとする場合にはしばしば、資本構成の変更（典型的には減資と増資を併せて行う）[19]が望ましい又は必要な場合が生じてくるのであり、従来和議法には資本構成に関する規定がなかったことに対して不満の声が強かったところでもあるから、このような場合に対応するために設けられた規定である、と説明されている[20]。

(4)　労働者又は労働組合

再生手続では、従来の倒産手続に比べて、重要な局面での労働組合等の手続関与の機会保障が強化されている。企業の再建にあたっては、雇用条件又は雇用そのものに多大な影響が及ぶことが多く、また、そこで働く従業員の協力を得られないと甚だ困難を強いられることとなるからである。なお「労働組合等」とは、「再生債務者の従業員の過半数で組織する労働組合があるときはその労働組合、これがないときは従業員の過半数を代表する者」（四二条三項）をいう。

労働組合等に対しては、財産状況報告集会（一二六条三項）、裁判所が営業譲渡に許可を与える場合（四二条三項）、裁判所に提出された再生計画案及びその修正案について（一六八条、一七四条三項）、意見聴取の機会が設けられている。とはいえ、裁判所は意見陳述の機会を与えさえすればその意見には拘束されず、また、意見陳述の機会を設けずに営業譲渡を許可した場合にも、これに対する不服申立の方法はない[21]。ただし、再生計画についての意見聴取は、裁判所の判断の適切さを担保する一つの資料とすることが狙いとされたものであり、再生計画案について意見聴取の機会を与えなかったことは再生計画不認可事由となりうると考えられている[22]。また、債権者集会が開催される場合には、裁判所には労働組合等にその期日を通知することが義務づけられている（一一五条）。このように労働組合等への手続関与の機会の保障や通知が求められていることから、再生手続開始申立書には、労働組合があるときはその名称、組合員数及び代表者氏名を記載し（民再規則一三条六項）、また、労働協約の締結又は就業規則の作成があるときはこれら書面を添付するものとされている（民再規則一四条八号）。

2　民事再生法における再建企業ガバナンスの構造

以上にみてきた利害関係人の手続上の地位を踏まえつつ、続いて民事再生法における再建企業ガバナンスの構造を、手続全体にわたる一般的なコントロールの機能を果たすものと、手続の段階ごとに設けられた契機を通してコントロールの機能を果たすものとに分けて考察する。

(1)　一般的コントロール

一般的なコントロール機能を果たすものとして、再生債務者に課される公平誠実義務（三八条二項。また民再規則一条参照）、より一般的には、公平誠実義務に具現された同債務者の信認義務があげられる。

このほか債権者側としては、前述のように再生債権者と労働者につき、重要な節目ごとに個別的又は集団的な意見聴取の機会が設けられていることにより、裁判所を介してかつその判断に委ねるという形をとってではあるが、債権者の立場から債務者の行動に対して働きかけることができる。また、再生債権者は債権者委員や代理委員を組織することができ、これによって利害を同じくする者同士が集団的に意見形成し、もって債務者等と交渉することが可能になることから、個別的には参加に消極的な債権者の意見をも手続過程に反映させ、再生債務者に対するコントロール機能を発揮する契機が得られると期待される。なお、これら機関の手続関与については裁判所の承認又は許可が必要とされており（九〇条、一一八条）、これら代表機関の選任及びその権限行使についてはさらに裁判所のコントロールが及ぶことになる。

(2)　手続開始段階のコントロール

制度的には、開始要件（二五条）、申立の取下げ制限（三二条）及び職権破産制度の拡大（一六条）といった規制が、制度濫用的な申立への規制として機能する。

他方、利害関係人の側が持つコントロールの契機としては、まず債権者の手続開始申立権が、債務者の申立権に比べて若干限定されているとはいえ認められていること（二一条）があげられる。民事再生法においては、旧和議法下での批判をふまえて手続開始段階では窓口を絞らず、利用しやすい手続とすることが目指され、申立棄却事由がない限り原則として開始決定がされ、同様に保全処分の発令（三〇条）や保全管理制度（七九条）の利用についても利害関係人に申立権が認められていることをも考え合わせると、利害関係人が手続開始段階から、制度利用の是非や方法についてある程度イニシアティブをとることが可能となっている。

(3)　手続開始後のコントロール

手続開始後のコントロールについては、裁判所を中心としたコントロールの枠組みが設けられているといえる。この点については、再生債務者の不適切な行為の規制と、再生計画の立案のプロセスの2つの場面に分けて考える。

①　再生債務者の行為の規則

再生債務者の行為規制は、直接的には裁判所によって行われることになる。

まず、再生債務者は、監督命令が発令されない限り従前どおり財産の管理処分権を保持して経営を行うことになるが、民事再生法はその行動を規制するための枠組みとして、裁判所の許可（四一条）、又は監督委員が選任されている場合の監督委員の同意（五四条）及びこれを補完する再生債務者に報告を義務づける行為の指定（民再規則二二条一項）の制度を設けている。しかも、こうした制約に服する行為は法文上列挙された定型的行為に限らず、裁判所が裁量的に指定することができるものとされており、事案に即した適切な対応が可能となっている。ただし、監督委員が選任された場合には、この者は裁判所の監督に服するが単なる裁判所の補助機関ではなく、利害関係人のために、そしてその意見や要請をうけて、職権を発動することが期待されており[23]、この限りで、利害関係人にも間接的に再生債務者の行為に対して働きかける契機が与えられている。また、再生債務者には、再生手続開始に至った事情や経営及び財産の現状等の報告（一二五条）と、財産目録や貸借対照表等の財産状況を把握するための重要な文書の裁判所への提出（一二四条）が義務づけられており、この義務も、再建企業経営者による情報の独占を阻止し、それによって不透明で不適切な行為が行われることがないよう規制する機能を果たす。そして、これら文書は裁判所に据え置かれ、再生債権者らの閲覧に供されることになるから（一七条。また一八条参照）、利害関係人に対しては、一般的な情報開示とこれに基づく監督の機会が提供されることにもなる。

このような一般的行為規制の方法とは別に、特殊なものとして、再生債務者側の申立を受けてなされる手続開始後の再生計画によらない営業譲渡及びこのための代替許可の制度がある（四二、四三条）。利害関係当事者の権利に大きな影響を及ぼすことになる措置であるため、通常譲渡の場合には再生債権者及び労働組合等の意見の聴取が裁判所に義務づけられ（四二条二項及び三項）、また、代替許可の場合には株主からの同許可に対する即時抗告が認められているが（同条六項）、裁判所は利害関係人からの意見を踏まえつつ、事業の再生又は継続のための必要性を判断してこの許可を与える。これによって、営業譲渡が適正・適切に行なわれるための再生債務者に対する一定の規制の効果が働くと見込まれるが、経営の専門家ではない裁判所がその是非・当否を判断する際の基準及び判断主体としての妥当性につき、やや不透明な部分も残る。

次に、裁判所は、必要があると判断したときには、再生債務者の業務遂行と財産管理を監督する監督委員（五四条）、或いは調査命令に基づいて必要事項の調査を担当する調査委員（六二条）を、そして特に必要がある場合には例外的な措置として、再生債務者に替わって財産管理処分権と業務遂行権を掌握して手続を遂行する管財人（六四条）を選任することができる。これら手続上の機関の選任は、ＤＩＰとしての再生債務者の行動に不適正が見られる度合いに応じての、その行動に対するコントロールを意味する。また、利害関係人は、機関の選任を求めて裁判所に申し立てることによって、同様に再生債務者に対してコントロールを及ぼす契機を与えられている。

② 再生計画立案のプロセス

計画立案のプロセスは、手続上は最初の再生計画案の提出から始まる。再生計画立案の第一次的な権利及び義務は、再生手続における業務執行及び財産の管理処分に関して負っている公平誠実義務と善管注意義務の一つの発現形態として、再生債務者又は管理命令が発されている場合には管財人にあるが（一六三条一項）[24]、このほかに届出再生債権者にも計画案の提出権が認められている（同条二項）。したがって、再生債権者は自らイニシアティブをとって事業の再建方法を考案する契機を与えられていることになる。また、提出者の相違による提出時期や優先関係は特に定められていないため（ただし、二項の計画案提出については事前提出は認められない（一六四条一項参照））、複数の計画案が提出された場合には、提出者らが協議をすることによって、計画案の修正の制度（一六七条）を活用しつつ改めて一つの計画案にまとめあげることが期待されることになる。[25]この協議の過程はそれ自体が再生債務者主導で行われる再建に対するコントロールとなりうる。このように、いったん提出された計画案は交渉の契機となるが、ここで特に労働者側には、裁判所に再生計画案提出時の労働組合等労働者側の意見聴取が義務づけられていることから（一六八条）、その契機が保障されていることになる。

計画案の内容は、これを提出する者が、平等原則（一五五条）に則って、債権者集会決議での可決と裁判所の認可とが得られるようにらみながら、自由に立案することになる。ただし、この局面でも裁判所には特別な役割が与えられている。第一に、裁判所は不認可事由が認められる再生計画案については決議に付さずに排除することができる（一七〇条）。手続合理化の一方策であるが[26]、同時に計画立案者に対しての一定のコントロールとしても機能する。第二に、商法規定の特例として、裁判所は再生計画における減資条項につき代替許可を与えることができる（一六六条一、二項）。もっともこの場合の裁判所の判断は、許可を与える要件である債務超過の有無を判断するだけであってその当否を判断するわけではなく、この制度はむしろ、再生計画の可決・認可を目指す計画案立案者と株主ほか利害関係人との間での交渉の契機を提供するものと捉えることができる[27]。

再生計画は、債権者集会での計画案の決議を経て、裁判所が不認可事由がないと認めこれを認可することによって成立するが、法的再建手続における不認可事由の一つである計画遂行の見込みに関して、民事再生法は「見込みがないとき」（一七四条二項二号）と消極的な文言となっている。すなわち、民事再生法では履行可能性の評価は利害関係当事者に委ねられているのであり[28]、それゆえ、計画案に対する債権者集会決議は、再生債権者による再建の内容と方法を自己決定する重要な契機となる[29]。また、裁判所の計画認可にあたっては、再生債務者等、再生債権者及び再生のために負担を引き受けるものならびに労働組合等は意見を述べることができるとされており（同条三項）、これによって計画案を可決した関係人の意思及び関係人の意見が尊重されるとともに、再生計画の認可又は不認可の決定に対しては、議決権を有しなかった再生債権者を含め、即時抗告が認められている（一七五条）。

(4)　再生計画履行の段階でのコントロール

従来の和議法においては和議認可決定において手続が終了し、その後の履行について監督が及ばないことから履行がなされない場合が多く、この点が同法の欠陥として指摘されていた。民事再生法ではこうした批判を受けて以下のように履行確保のためのコントロールの方法が整備されている。

まず、債務者の再生計画遂行義務が明記された（一八六条一項）。また、監督委員又は管財人が選任されている場合には、監督命令又は管理命令は手続終結決定があったときに失効するが、その後も一定期間、計画の遂行はこれら機関の監督の下に行われる（一八八条二項）。監督委員又は管財人が選任されていない場合には認可決定の確定によって手続は終結するが（同条一項）、再生計画の遂行を確実にするために必要があると認めるときは、裁判所は債務者等に相当な担保を立てるよう命じることができるとされている（一八六条三、四項）。他方、再生債権者としては、再生債務者等の再生計画の履行懈怠や、要同意事項を再生債務者が同意を得ないで行った等の理由に基づいて、裁判所に再生計画の取り消しを求めることができる（一八九条）。そして、遂行の見込みがないことが明らかになった場合には、再生債権者又は監督委員の申立により又は職権で、裁判所は再生手続の廃止決定をしなければならず（一九五条）、更に、再生債務者に破産原因事実が認められる場合には職権で破産宣告をすることができるとされている（一六条）。

(5)　法人役員等の責任追及

再生計画の成立を最終目標とする手続の流れとはやや方向性の異なる、しかし利害関係人の手続コントロールの契機となりうる重要な制度として、法人役員等に対する責任追及のための保全処分及び損害賠償額査定の制度がある（一四二条ないし一四九条）。経営責任者に対する損害賠償請求のための査定制度は、従来株式会社の倒産事件については設けられていたが（会社更生法一〇〇条ないし一〇三条（旧七二条以下）、商法三八六条一項九号及び二項）、民事再生法では、民事再生が株式会社に限定されず法人一般に適用される手続であることに対応して、株式会社以外のものも含む会社一般を対象とした制度となっている点に意義がある。また、管財人（又は保全管理人）が選任されていない場合には、再生債権者にも損害賠償請求権に基づく保全処分の申立が認められており（民再法一四二条三項）、申立権者の範囲も従来の制度に比べて拡大されている。[30] このように整備された法人役員の責任追及の制度が用意されたことにより、手続開始後も経営を継続する再生債務者に経営責任を自覚させ、その適切な行為を促す手段が、とりわけ利害関係人に対して与えられたということの意義は大きい。

小括

後見型の手続である民事再生法は、再生債務者を初めとする事件の当事者の自助努力と自己責任を基礎として事業の再建を図ることを目的に、多様なメニューを用意してそのための法的な制度枠組みを提供するものである。そして、まさにこのような立場に置かれる利害関係人の活動を可能にするために、情報開示の制度が非常に手厚く整備されている。

このようなものとしての民事再生手続における再建企業ガバナンスの基本的な仕組みは、裁判所を中心に据え、重要な事項については裁判所がその是非の判断を下すものとしつつ、事業再建のあり方に利害関係人の意見を取り入れるための意見聴取の機会や裁判所への申立権を広く認めて、利害関係人が必要を感じたときには、裁判所に対して又は監督委員を介して自ら積極的に手続に関与し、その展開に働きかけていくことを期待するというものである。目指したものを実現するための秩序だった枠組みとなっているといえるのであるが、裁判所を頂点とする縦方向の構造が明確であるのに比べて、横方向の広がり、すなわち利害関係人間の交渉及びその結果としての自治的・集団的な意思形成の構造は曖昧もしくはその展望が見えにくい点が気にかかる。特に、債権者集会が任意化されたことによって集団的な意思形成の制度的に保障された機会が失われたこと、そして、これに替わるものとして考案された制度も、いわば利用したいものは利用してよいというにとどまっていることから、関係人自治を実現するための決め手にかけていると考えられる(31)。他方で、一般的コントロールの基準としての再生債務者の信認義務、直接的コントロールとしての一定行為に対する許可や同意の制度、そして営業譲渡に対する裁判所の許可の制度は、ガバナンスのための強固な枠組みをなすものであるが、いずれも専ら裁判所がコントロール権を握っている。ガバナンスの問題は再建計画の内容と同様に再建企業の将来のあり方に密接に関わるものであり、ここでは利害関係人がより主体的に意見主張する契機が与えられるべきではないか。すなわち、当該再建企業の経営問題については利害関係人が主体的に意見を交換・決定し、裁判所は専らそれに対する司法的判断を下すものという、それぞれ明確な役割分担の下での協働の構造こそが、関係人自治的な後見型再建手続の理念に合致し、かつ効率的・合理的なのではないだろうか。

第二款　連邦破産法第一一章手続との比較による考察

アメリカ連邦破産法一一章の再建手続をわが国の民事再生法と比較したとき、基本的な制度枠組みに関する特徴として、次の三点を指摘することができる。まず第一に、アメリカの一一章再建手続は、ＤＩＰを中心とした利害関係人間の交渉のプロセスであるとされ、これを実現するために制度全体を通して一貫して、手続形成を広範囲にわたり利害関係人の自治的判断に委ねる枠組みが設計されていること、第二に、アメリカの一一章手続においては、ＤＩＰ、債権者を初めとする利害関係人及び裁判所という手続上の主要なアクターの役割分担が明確であり、そしてあくまでもその枠組みの中で、裁判所には柔軟な事件処理を可能にするために広範な裁量権が与えられているということ、そして第三に、第一及び第二の点に関連するが、アメリカの一一章再建手続における

ＤＩＰ制度の採用は明確な政策的判断に基づいた選択であり、これを反映してＤＩＰは広範な裁量権の認められた手続の中心的主体と位置付けられていること、以上の三点である。こうした基本的な制度認識の違いは、再建企業ガバナンスのための具体的な制度設計における相違としても現れる。ＤＩＰ制度を採用した民事再生法における再建企業ガバナンスのあり方を考えるにあたり、アメリカの一一章再建制度でとられている手法からは、理念的にも合理性の観点からも、またその機能不全の実態からも、示唆されるところが少なくない。

1　交渉のプロセスとしての再建手続

アメリカの一一章再建手続は、ＤＩＰを中心とした利害関係人間の交渉のプロセスである。他方、民事再生法は、同様に利害関係人の自助努力に委ねた再建手続を目指し、そのために利害関係人からの意見聴取の機会の用意や機関選任中立権など、重要な手続方法に関して利害関係人が自分たちの判断を手続に反映させるための機会及びその前提となる情報開示の制度に関しては十分な配慮がなされているといえる。しかし、債権者集会の任意化にみるように、利害関係人が集団的に交渉し、意思形成をする場は制度上必ずしも確保されていない。

例えば、裁判所が随所で重要な判断をするに際しては必要的に利害関係人の意見聴取をすることとされているが、それは本来は一定の意見陳述権者（集団）が直接的に対裁判所との関係でなすものではなく、まずは利害関係人間での議論や交渉の過程を経たうえで、裁判所は求めに応じて、そしてその結果に対して、いわば仲裁者として裁定を下す立場にあるべきものではないだろうか。もちろん手続進行過程では事実上の交渉が多く行われるのではあろうが、一段上位にある裁判所に対してそれぞれの立場の利害関係人が意見を述べるということのような手続構造は、関係人自治的な倒産処理の理念とはややかけ離れたものと思われる。

また、債権者委員会を公的責任において必置とするアメリカの一一章手続とは異なり、民事再生法において債権者集会の任意化に伴って考案された、集団的意見主張のための代替手段としての代理委員及び債権者委員会は、いずれも任意機関にとどまっている。しかし、倒産処理という特殊な局面における代表制度は、アメリカ法において期待された成果を挙げていないという報告がなされているように、実際には債権者の手続参加意欲が一般に著しく低いことが多く、単に制度を設けたというだけでは期待されたように機能することはまず見込めない。それゆえ、民事再生法においても、債権者の集団的意思形成に配慮した制度を設けた現状に満足することなく、更に、制度の利用を奨励もしくは補助するような何らかの措置を検討していく必要がある。具体的には、例えば、公式の制度の一環として、裁判所がそのような制度利用を示唆する、或いは、再生債務者（実質的には中立代理人）に、場合によっては監督委員からの指導を受けて、単なる意見取りまとめ役としてでない手続形成主体を成立させるという意味において、ある程度具体的に委員の組織を打診させるといった方法が考えられようか。

これに対しては、そのように背中を押されて初めて機動するような「自治」はありえない、との批判もありえよう。しかし、民事再生手続の実際の運用において、法の建前にも関わらず原則として再生債務者を監督する監督委員を選任するとされていることの説明として、わが国の従来の倒産処理制度においては、債権者は自ら交渉して自己に有利な利益を引き出すという能動的な手続関与の地位を与えられてはこなかったし、債権者側にもそのような意識は薄いから、民事再生法が定着するまでは過渡期的にこのような本来は例外的な運用がされているのだ、ということがよく言われる[32]。そうであるならば、一般に倒産処理の局面では債権者の手続参加意欲が決して高くはないことは周知の実状なのであるから、債権者側の手続参加についても、同様に過渡期的に、公正・円滑な手続進行の必要に劣らない法の理念を実現する目的のためのものとして、その利用を促すような補助的措置が講じられてもよいのではないだろうか。

この関連で、利害関係人の自助努力に期待する再建制度を設けたのであればなおのこと、国家制度の利用者に対する一般的なサービスの提供の必要性を指摘しておきたい。現状においては、状況説明のための債権者集会以外に、再生債務者の申立代理人が中心となって関係者への一般的説明等を行っており、また、監督委員経験者が頻繁に研究会をもって、その職務につき共通認識の形成を図る努力がなされているとも聞く(33)。実際的な取り組みであるが、ほとんどの利害関係人が初めて遭遇する倒産処理という局面において、また、大規模債権者ばかりが関与しているというわけではなく、個別的な弁護士の雇用に物的にも心理的にも躊躇する者が多いであろう民事再生手続において、果たしてそのような個別的対応で十分といえるのであろうか。この点アメリカ法では、倒産事件における一般的な行政事務を取り扱う連邦管財官制度が設けられており、わが国にも、全く同様のものを新設しないまでも、機能的にこれに代替する措置を講じる必要があると考える。

2　手続上のアクター、特に裁判所の位置づけ

アメリカの一一章手続においては、DIP、債権者を中心とする利害関係人及び裁判所という、手続上の主要なアクターの役割分担が明確である。そして裁判所については、あくまでもこの枠組みの中で、柔軟な事件処理を可能にするために広範な裁量権が与えられている。

これに対して民事再生法においては、まず利害関係人の範囲に関して、民事再生法は再生債務者と「債権者との間の民事上の権利関係を適切に調整」することによって事業の再建を図る手続とされていることから（民再法一条参照）、制度上利害関係人として遇されるのは再生債権者であり、加えて労働組合等については、再建のあ

り方に多大な影響を受ける立場であることへの配慮からその意見が特に尊重されている。しかし、民事再生手続では、会社の組織上の事項への変更や担保権消滅請求の制度など、会社更生法に近い踏み込んだ再建手段が可能となっている。これらの制度が現実に利用されることは多くはないかもしれないが、そのような可能性がある限りは、広い意味ではもしくは潜在的に、株主や担保権者も事業再生の利害関係人であり、少なくとも手続過程での重要な交渉主体である。にも関わらず民事再生法の制度設計においてはそのような視点は見られず、随時対応されるにとどまっている。

さらに、こうした踏み込んだ制度は経済界からの強い要望や実際上の必要から設けられたものであるが、その結果民事再生の、特に会社更生と比較しての固有の存在意義は曖昧になってしまっている。というのも、まず、倒産により会社が消滅する清算手続と違い、再建手続においては経営が持続される限りは将来的に資産価値が増大する可能性が常にある。この点、会社更生においては債務超過にある会社の株主権は無価値であるとして一〇〇パーセント減資もしばしば行われているとされこれは会社更生に求められる強い公益性の要請から是認されるとしても、一般再建法にして後見型手続である民事再生には同じ理は必ずしもあてはまらない。民事再生手続における株主権の理解に関しては、アメリカ法においては倒産の場合にも伝統的に絶対的権利として強く保護されてきたことをも考慮に入れながら、今後さらに検討される余地があろう。

次に民事再生手続における裁判所の地位に関していえば、基本的には法的手続の適正な進行・運営の監督者の立場に置かれているが、裁判所の役割はこれにとどまらない。例えば、裁判所は、再生債務者側から営業譲渡の許可が求められた場合、再生債権者の意見聴取を踏まえて「再生のために必要」と判断すればこれを許可する、いわば経営的な最終判断を行う立場に、そして、要許可行為又は要同意行為を契機とする再生債務者の行為の監督者としての立場に据えられている。こうした場面での適否の判断は、実際には従前の取引を熟知している再生債務者本人及び経営問題の専門家を雇用した監督委員の意見に基づいてなされるのであろうが、経営の専門家ならぬ裁判所は、このような判断を行う主体として必ずしも適任ではない。また、そうであるならば、再生債務者の行為を適切に規制するガバナンスの仕組みとしても十分とはいえない。営業譲渡については、事業再建の機会を逸さないために特に緊急性が求められることから、運用上十分に配慮がされることを条件にある程度はやむをえない措置と考えることもできようが、とりわけ再生債務者の行為規制に関しては、監督者としてより適した主体（集団）がある。すなわち、従来の再生債務者企業との関係を通して状況及び業界の動向にも通じた、当事者たる利害関係人である。そのような有用な人的資源は積極的に、より有意義かつ合理的に制度として生かしていくべきであろう。

民事再生法におけるとは異なる手法として、アメリカの一一章手続におけるＤＩＰの行為規制の枠組みは、「経営の通常過程」という基準を用いて、一定の重要な行為については裁判所の事前許可を必要とするとともに、この許可に対する利害関係人からの異議申立を受けつけ、そして通常過程の範囲外にある行為についてはノーティスと審問の手続を経たうえで利害関係人からの異議を待つ、という形になっている。この結果議論が対審手続に持ち込まれた場合には、裁判所は、若干の例外的場合を除いて、経営判断原則にしたがい、既になされた問題の経営判断の質的評価ではなく、その判断がなされた過程に対して評価を下す過程アプローチをとる。ここでは、ＤＩＰの行動の監督は利害関係人に委ねることとして、裁判所はあくまで本来の司法作用を果たす立場に位置づけられているのであり、利害関係人の自治的倒産処理を実現するという理念的観点からも、適材を適所に配する合理性の観点からも、優れた制度であると考える。

3　ＤＩＰ制度の意義

アメリカの一一章手続におけるＤＩＰ制度の採用は、立法者の明確な政策的判断に基づく選択であった。そしてこの立法趣旨に忠実に、制定法及び判例法上、管財人の選任は非常のレメディとされ、ＤＩＰには広範な裁量権が与えられている。すなわち、一一章手続におけるＤＩＰは、効率的な経営の主体であり、再建過程での交渉の中心に据えられた中立的な交渉主体であるとともに仲裁人であり、利害関係人の監督下に置かれた手続上の意思決定者である。

これに対して、民事再生法における再生債務者は、まず否認権が認められていない。また、第一次的な再生計画案提出権者にして提出義務者であるとされているが、債権者等から提出された再生計画案との間に優劣関係はない。再生債務者による否認権行使に一般的な抵抗が強い、よりよい計画案を出させようとする、というそれぞれについての実際的考慮からの立法趣旨は理解できるが、この結果、民事再生手続における「ＤＩＰ」という概念及びその地位は一貫して明確なものとはいえない。そもそも、なぜ民事再生における原則的手続形態としてＤＩＰ制度を採用したのか、その特に理念的な意味づけは、必ずしも十分にはなされておらず、一般論の域を出ていない。このことは、ただ理念的な問題であるにとどまらず、民事再生手続における再建企業ガバナンスの制度をどのように造形するかという具体的な制度設計の問題にも関わってくる。

結びにかえて

後見型再建手続におけるガバナンスの問題を考える際には、どのような権益又は利害関係を有するどの立場の者が、どのような種類の意思決定又は判断を下すことが最も公平、適切かつ合理的と考えられるのか、という視点が必要となる。そしてこれは、再建制度の目的及びその受益者をどのように考えるかという、再建法制の意義や理念に関わる根本的問いに連なり、実際の制度造形においては、裁判所と利害関係人（当事者）との役割分担の問題として現れる。

私法上の権利実現のための制度の中でも、倒産法制には、とりわけ切実かつ緊急を要する実際問題を規律する法的な枠組みの提供が求められるとともに、倒産が私的な経済問題であるにとどまらず国家の経済政策・雇用政策に関わってくるものであることから、目指されるべき理念と、現実問題に対処する実効性・緊急性の要請とがしばしば激しく衝突する。そして、ともすれば困難な問題解決の多くを裁判所を初めとする公的な監督やその裁量的判断に委ねる選択がされがちなように思われる。もちろん、法的な手続においては、裁判所が適正・公正な手続運営の監督機関であることも、利害関係人間に対立がある場合の最終的な裁定機関となることも、いわば当然のことといえる。しかし、私的な取引関係の結果必要に迫られた私法上の債権債務の再構築を第一の目的とする倒産処理の場においては、その前提として当事者たる利害関係人に自らの権利の処遇を決定する機会と手段が十分に与えられるべきと考える。これは単なる理念的問題ではなく、合理的な制度設計という観点からも目指されるべき方向性である。更に、裁判所が最終裁定者の地位にあるという当然の前提についても、そうであるならば倒産処理における関係人の自己決定権とは、どこまでの範囲の何を意味するのか、一般にしばしば用いられそれぞれにイメージされている「関係人自治」という概念自体、実は必ずしも自明なものではない。

本補論ではアメリカ法との比較において限定した問題しか取り上げることが出来なかったが、民事再生法の現在の過渡期的な運用に満足することなく、今後は、わが国に先駆けて成立し、同様にアメリカ法に範を求めたドイツの統一的倒産法の施行後の状況にも目を配りながら、政策問題としての倒産法制のあり方、また私的領域における国家権力介入の範囲と根拠の問題にまでさかのぼって、再建型倒産処理における「関係人自治」の意義について考察を深めていきたい。

（1）高木新二郎・園尾隆司監修『民事再生法と金融実務』（金融財政事情研究会 二〇〇一年）六二頁以下、伊藤眞ほか編代『民事再生法逐条研究――解釈と運用――』（有斐閣 二〇〇二年）六六頁〔林発言〕参照。
（2）才口千晴・田原睦夫・園尾隆司・小澤一郎・加藤哲夫・松下淳一編集『民事再生法の理論と実務（上）』（ぎょうせい 二〇〇〇年）一二一頁参照〔田原睦夫〕。
（3）中西正「民事再生手続と概要」法教二三〇号八頁、伊藤ほか編代・前掲注（1）三七、五三頁、才口ほか編・前掲注（2）五頁〔田原睦夫〕、山本和彦『倒産処理法入門』（有斐閣 二〇〇三年）一一一頁等参照。
（4）中西・前掲注（3）七-八頁、伊藤ほか編代・前掲注（1）三七、五三頁等参照。
（5）伊藤眞・才口千晴・瀬戸英雄・田原睦夫・山本克己編著『注釈民事再生法〔新版〕（上）』（金融財政事情研究会 二〇〇二年）一二四-一二五頁参照。
（6）前注五四〇頁参照。
（7）すなわち、管財人が選任されていない場合には、管理処分権は手続開始後も引き続き債務者が有していることから、理論的には否認権の行使も債務者本人が行うものと考えられ、実際に立法過程の議論ではこれを認めるとする立場が有力であったが、債務者による適切な否認権行使への不安感や一般の法感情などへの配慮から、結局債務者自身による否認権行使は認められなかった（伊藤ほか編著・前掲注（5）四二三頁参照）。

（8）債権者の届出はないが債務者が認否書において自認したものについては、失権はしないが議決権行使等の積極的な手続への関与は認められない（民再法一〇一条三項、一〇四条一項）。

（9）しかも、開催後は比較的詳細な報告書が裁判所に提出され、熱心な債権者は裁判所に記録の閲覧に行くし、また、この報告書は監督委員の手元にも回ってくるので付記すべき点があれば別途裁判所に報告するという形で、情報開示という意味では十分に機能しているようである。これに対して、財産状況報告集会が開かれた例は全くないという（伊藤ほか編代・前掲注（1）九六–九七頁〔林・田原発言〕参照）。

（10）伊藤ほか編代・前掲注（1）九六頁〔林発言〕参照。

（11）山本弘「営業譲渡・増資」金判一〇八六号一一〇頁参照。

（12）オロほか編代・前掲注（2）九–一一頁〔田原睦夫〕参照。

（13）前注一〇–一一頁〔田原睦夫〕参照。

（14）伊藤ほか編著・前掲注（5）二九〇頁参照。

（15）前注三五八頁参照。

（16）清算型手続である破産手続では、一般的破産原因である債務超過がある場合には会社には株主の権利が認められる余剰価値はなく、また、破産手続は債務者の宣告時財産を解体・現金化して債権者に配当を行うことを目的とする手続であることから、債権者と対立的関係に立つ株主は手続から完全に排斥されている。これに対して再建型の手続である会社更生においては、株主の手続参加自体は認められており（会社更生法一六五条一項）、しかも、届出をしないと手続参加が認められない更生債権者や担保権者（同一三八条一、二項）とは異なり、その有する株式をもって当然に手続に参加できると扱われている。この趣旨は、会社更生手続は物的な企業の更生による事業の継続を目指して利害関係人の利害を調整することを目的とするものであり、更生手続が開始された場合でも会社に残余財産がある場合にはこれに対して分配の利益を有するから、その利害を更生手続上に反映させる必要が生じるというところにある（兼子監修・三ケ月章・竹下守夫・霧島甲一・前田庸・田村諄之輔・青山善充著『注解会社更生法（下）』（弘文堂一九七三年）四六八頁参照）。それゆえ、会社に債務超過がある場合にはもはやこの利益を考慮する必要がなくなるから、株主の議決権は否定される（同一六六条二項）。

(17) 伊藤ほか編代・前掲注（1）六一頁〔深山発言〕参照。

(18) 伊藤ほか編代・前掲注（1）六五‐六六頁参照。

(19) 減資、特に一〇〇パーセント減資がされる場合には、併せて増資が行われることになるが、民事再生法は減資に関する部分についてのみ会社法の規定の特例を設けており、この点で会社更生法の規定（二一四条以下）とは異なる。これについては、踏み込み方が中途半端なのではないかとの指摘もあるが（伊藤ほか編代・前掲注（1）一六七、一七二頁〔岩原発言〕）、商法上、減資には株主総会の特別決議が必要だが、新株発行は原則として取締役会決議ですることができるものであるところ、典型的な株式会社において特別決議までするというのは困難である点を配慮して減資については規定が設けられたものである。また、DIP型を原則とする再生手続においては現株主の信認を受けた現経営陣が自ら再建手法を選択して計画を立案するのであって、そこで資本の入れ換えをしてまで企業を再建する気はないというのであれば、その意思は尊重しなければならないとの考えが、更にその背後には、原則として会社の組織法的関係については影響を及ぼさないとの立場をとっている民事再生法において、その例外は必要最小限に限るべきであるとの考えがあり、それゆえ民事再生法では増資の問題には敢えて踏み込まなかったものと説明されている（伊藤ほか編代・前掲注（1）一七二‐一七三頁〔深山発言〕）。

(20) 兼子監修・前掲注（16）四七三頁参照。また別の観点からは、再生計画認可に向けた再生債務者と債権者との交渉の過程では、債権者の権利がカットされるのだから、経営の行き詰まりを招いた経営陣を支持してきた株主にもしかるべき責任を取らせるべきだとする意見もある（伊藤ほか編代・前掲注（1）一六六‐一六七頁）。

(21) 高木新二郎・伊藤眞編代『民事再生法の実務〔新版〕』（金融財政事情研究会二〇〇〇年）一二七頁〔高木裕康〕参照。

(22) 伊藤ほか編代・前掲注（1）一八六頁〔深山発言〕。

(23) 伊藤ほか編著・前掲注（5）一七八頁参照。
(24) オロ千晴・田原睦夫・園尾隆司・小澤一郎・加藤哲夫・松下淳一編『民事再生法の理論と実務（下）』（ぎょうせい 二〇〇二年）八五頁〔田頭章一〕参照。
(25) 前注八八頁〔田頭章一〕参照。
(26) ただし運用上は、修正が可能である場合には排除の前にまずは修正を命じる（民再規則八九条）べきとされている（伊藤眞・オロ千晴・瀬戸英雄・田原睦夫・桃尾重明・山本克己『注釈民事再生法〔新版〕（下）』（金融財政事情研究会 二〇〇二年）四九-五〇頁参照）。
(27) 伊藤ほか編代・前掲注（1）一七〇-一七一頁参照。
(28) このような立場は、民事再生法では旧来の和議法とは異なり、手続開始段階では再生計画案の提出が要求されず、裁判所は計画の内容や履行可能性の審査には立ち入らないで原則として開始決定をするとされていることにも顕著に現れている（前注四一頁参照〔松下・山本・田原発言〕）。
(29) 伊藤ほか編著・前掲注（5）三五〇頁参照。
(30) 高木・伊藤編代・前掲注（21）八〇-八一頁参照〔佐藤鉄男〕、伊藤ほか編著・前掲注（5）四四五頁参照。
(31) 伊藤ほか編代・前掲注（1）九五-九六頁〔高橋発言〕、また八八頁〔松下発言〕参照。
(32) 伊藤ほか編代・前掲注（1）六六-六七頁〔林・高橋・田原発言〕、七〇頁〔深山発言〕参照。
(33) 前注九六-九八頁〔林・田原発言〕、五六六頁〔田原発言〕参照。

《参考文献一覧》

――日本語文献一覧――

青木昌彦『現代の企業――ゲームの理論から見た法と経済学――』（岩波書店 一九八四年）
青木昌彦＝伊丹敬之『モダン・エコノミックス5 企業の経済学』（岩波書店 一九八五年）
青山善充編『和議法の実証的研究』（商事法務研究会 一九九八年）
青山善充「会社更生法の性格と構造（一）～（四・完）」法協八三巻二号一頁、八三巻四号一頁（以上一九六六年）、八四巻五号一頁（一九六七年）、八六巻四号一頁（一九六九年）
青山善充「中小企業の倒産と和議法及び会社整理の改正問題」NBL二二二号六頁（一九八一年）
赤石雅弘＝小嶋博＝榊原茂樹＝田中祥子編『財務管理〔有斐閣ブックス〕』（有斐閣 一九九三年）
麻上信平＝谷口安平『注解・和議法〔改訂版〕』（青林書院 一九九三年）
麻上正信監『新版・破産法――実務と理論の問題点』（経済法令研究会 一九九〇年）
荒野康久「書記官から見た破産管財業務」判タ九五五号四八頁以下（一九九八年）
伊丹敬之＝加護野忠男＝伊藤元重編『企業と市場』〔リーディングス・日本の企業システム第4巻〕（有斐閣 一九九三年）
伊藤眞『債務者更生手続の研究』（西神田編集室 一九八五年）
伊藤眞「破産手続における情報開示――債権者集会と監査委員〔破産法講義〕」法教五九号（一九八五年）
伊藤眞「破産と他手続との関係〔破産法講義〕」法教六六号五一頁（一九八六年）
伊藤眞「企業再建は誰のものか」金判七九二号二頁（一九八八年）
伊藤眞『破産――破滅か更生か』（有斐閣 一九八九年）
伊藤眞『破産法〔新版〕』（有斐閣 一九九一年）

伊東光晴＝根井雅弘『シュンペーター――孤高の経済学者』（岩波新書 一九九三年）
井手正介＝高橋文郎『ビジネス・ゼミナール企業財務入門〔第二版〕』（日本経済新聞社 一九九七年）
今泉純一「清算型の債務者の財産管理について」（倒産制度研究会〔大阪〕・倒産実務上の問題点8）判タ八九八号三四頁（一九九六年）
今中利昭「和議手続と会社更生手続の選択（上）（下）」NBL二四五号八頁、二四七号三四頁（一九八一年）
上原敏夫「西ドイツ倒産法改正草案について（上）（下）」判タ六九三号二三頁、六九四号三二頁（一九八九年）
上原敏夫「西ドイツ倒産法改正要綱案〔第一報告書〕試訳」一橋法研二〇号九五頁（一九八九年）
上原敏夫「倒産実体法の立法論的研究（一）」〔担保権の取り扱い(1)・抵当権を中心とする不動産担保権〕民商一一二巻四／五号二九九頁（一九九五年）
上原敏夫「日独倒産法の比較」法の支配一一一号五一頁（一九九八年）
上柳克郎＝鴻常夫＝竹内昭夫編代『新版・注釈会社法⑿』（有斐閣 一九九〇年）
植田淳『英米法における信認関係の法理――イギリス判例法を中心として』（晃洋書房 一九九七年）
占部都美編『経営学事典』（中央経済社 一九八〇年）
江頭憲治郎「ストック・オプションのコスト」竹内追悼『商事法の展望――新しい企業法を求めて』一六一頁以下（商事法務研究会 一九九八年）
奥島孝康編『会社は誰のものか――コーポレートガバナンス2』（きんざい 一九九七年）
奥島孝康編『遵法経営――コーポレートガバナンス3』（きんざい 一九九八年）
奥島孝康「金融機関におけるコーポレートガバナンス」〔特集＝金融機関におけるコンプライアンス〕金融法務一五一四号六頁（一九九八年）
奥村義雄「監査委員選任（辞任）の実際と問題点」判タ二一〇号九六頁（一九六七年）
落合誠一＝近藤光男＝神田秀樹『商法――会社法』〔有斐閣Sシリーズ〕（一九九二年）
加藤哲夫「法人再建型手続――新再建型手続を中心に（検討事項第一部第二章）」ジュリ一一三四号一〇頁（一九九八年）

加藤哲夫『破産法〔新版〕』（弘文堂 一九九八年）
加藤正治『破産法研究（第五巻）』（有斐閣 一九一四年）
加藤正治『破産法要論〔第一六版〕』（有斐閣 一九三四年）
兼子一『〔新版〕強制執行・破産法』（弘文堂 一九六四年）
兼子一監・三ケ月章＝竹下守夫＝霜島甲一＝前田庸＝田村諄之輔『条解・会社更生法（上）（下）』（弘文堂 一九七三年）
釜田佳孝＝田原睦夫「再建型の申立手続及び保全処分について」（倒産制度研究会〔大阪〕・倒産実務上の問題点２）判タ八八一号六一頁（一九九五年）
仮屋広郷「アメリカ会社法学に見る経済学的思考」一橋法研三〇号一二一頁（一九九七年）
河合忠彦＝大森賢二＝高橋伸夫『経営学』（有斐閣Ｓシリーズ）（一九八九年）
河野玄逸「モデルケースに見る・和議手続と債権者の立場（一）～（四・完）」ＮＢＬ四〇九号六頁、四一〇号二八頁、四一三号二六頁、四一四号二九頁（一九八八年）
河野正憲「和議法の立法論的課題」ジュリ一一一一号七六頁（一九九七年）
川浜昇「米国における経営判断原則の検討（一）～（二・完）」論叢一一四巻二号七九頁（一九八三年）、五号三六頁（一九八四年）
神崎克郎『ディスクロージャー』（弘文堂 一九八〇年）
神崎克郎『取締役制度論――義務と責任の法的研究』（中央経済社 一九八一年）
神崎克郎「米国における経営判断の原則の展開」林（良平）還暦記念論文集『現代私法学の課題と展望（中）』（有斐閣 一九八二年）
神田秀樹＝小林秀之『法と経済学入門』（弘文堂 一九八六年）
神田秀樹「忠実義務の周辺」竹内追悼『商事法の展望――新しい企業法を求めて』一六一頁以下（商事法務研究会 一九九八年）
菊井維大『破産法概要』（弘文堂 一九五二年）
コース、ロナルド・Ｈ（宮沢健一＝後藤晃＝藤垣芳文訳）『企業・市場・法』（東洋経済新報社 一九九二年）

古曳正夫「条文にない債権回収の話①～⑨」ＮＢＬ三八六――九五号（一九八七年）

近藤光男「アメリカにおける経営判断の法則の適用限界」神戸三二巻四号七四七頁（一九八三年）

才口千晴=多比羅誠『特別清算手続の実務』（商事法務研究会　一九八八年）

斎藤常三郎『ドイツ民事訴訟法〔Ⅳ〕・破産法・和議法』（現代外國法典叢書13）（有斐閣　一九五六年）

佐藤鉄男「会社の倒産処理と取締役の責任（一）～（四・完）」法協一〇四巻五号　五七頁、一〇号四二頁（一九八七年）、一〇五巻五号九七頁（一九八八年）、一〇七巻二号七四頁（一九九〇年）〔取締役倒産責任論所収、一頁以下（信山社一九九一年）〕

澤野芳夫「近時における破産和議の諸問題――破産と保証人の求償権、和議の履行状況を中心として――」金融法務一五〇七号六頁（一九九八年）

宍戸善一「閉鎖会社における内部紛争の解決と経済的公正（一）～（四・完）」法協一〇一巻四号一頁、六号一頁、九号一頁、一一号八四頁（一九八四年）

清水直『臨床倒産法』（金融財政事情協会　一九八二年）

四宮章夫「後見型の再建型法的倒産手続についての一考察（再建型法的倒産手続の新展開②）」ＮＢＬ二四九号二二頁（一九八二年）

四宮章夫「再建型の監督について」（倒産制度研究会〔大阪〕・倒産実務上の問題点2）判タ九〇二号二一頁（一九九六年）

四宮章夫「会社整理における立法論的課題」ジュリ一一一一号八四頁（一九九七年）

四宮章夫「債務者の機関と再建型倒産手続の管理機関との関係」（倒産制度研究会〔大阪〕・倒産実務上の問題点12）判タ九一〇号三四頁（一九九六年）

四宮章夫=上甲悌二「倒産手続遂行機関の第三者性」（倒産制度研究会〔大阪〕・倒産実務上の問題点一七）判タ九二五号五一頁（一九九七年）

四宮和夫『信託法〔新版〕』（有斐閣　一九八九年）

柴田龍彦「再建計画」（倒産制度研究会〔大阪〕・倒産実務上の問題点11）判タ九〇四号五二頁（一九九六年）

清水直『臨床倒産法』（金融財政事情研究会　一九八三年）
清水正憲「清算型倒産手続の監督機関」（倒産制度研究会〔大阪〕・倒産実務上の問題点一三）判タ九一一号七一頁（一九九六年）
霜島甲一「東京における私的整理の実態と法的分析（一）～（四・完）」判タ四三三号一九頁、四三四号五七頁、四三五号二七頁、四三六号二五頁（一九八一年）
霜島甲一『倒産法体系』（勁草書房　一九九〇年）
霜島甲一＝田村諄之輔＝前田庸＝青山善充「会社更生計画の分析（一）～（十・完）」ジュリ三七八号八四頁、三八〇号五五頁、三八三号九二頁、三八五号一四三頁（一九六七年）、三八八号一六三頁、三九〇号一〇七頁、三九二号一一四頁、三九四号一〇七頁、三九六号九〇頁、三九九号九四頁（一九六八年）
新堂幸司＝霜島甲一『教材倒産法――破産・会社更生を中心として〔増補版〕』（有斐閣　一九七九年）
シュムペーター、ジョセフ、Ａ（塩野谷祐一＝中山伊知郎＝東畑精一訳）『経済発展の理論〔第二版〕（上）（下）』（岩波文庫　一九七七年）
証券取引法研究会訳編『コーポレート・ガバナンス――アメリカ法律協会「コーポレート・ガバナンスの原理：分析と勧告」の研究〈第二版〉』（日本証券経済研究所　一九九六年）
高木新二郎「新法下の再建手続の概要（上）（下）」ＮＢＬ二九三号四二頁、二九四号四六頁（一九八三年）
高木新二郎「破産裁判所・破産裁判官・連邦管財官・管財人・調査員（上）（下）」〔米国連邦改正　破産法研究⑤〕ＮＢＬ二八八号二六頁、二八九号五四頁（一九八三年）
高木新二郎「東京で和議が少ない理由」ＮＢＬ四四五号六頁（一九九〇年）
高木新二郎「破産管財人に望むこと――付、和議整理委員・和議管財人に望むこと」判時一三三一号（一九九一年）
高木新二郎『会社整理』（商事法務研究会　一九九七年）
高木新二郎『アメリカ連邦倒産法』（商事法務研究会　一九九六年）〔高木・倒産法〕
高木新二郎「新倒産法のあり方――倒産法制に関する改正検討事項に対する意見（上）（下）」ＮＢＬ六三六号六頁、六三七号三二頁（一九九八年）

高木新二郎「米国連邦倒産法改正勧告（ＮＢＲＣ）の概要（上）（下）」ＮＢＬ 六三八号一三頁、六三九号二七頁（一九九八年）
高木新二郎「事業者倒産における裁判所と債権者等の役割――続・新倒産法のあり方」法の支配一一一号六二頁（一九九八年）
田頭章一「和議手続きの機能について――私的整理との同質性・連続性の観点から（一）～（三・完）」民商一〇〇巻一号九四頁、二号七三頁、三号七六頁（一九八九年）
〔倒産法制の改正検討事項に寄せて〕「融資者の立場から見た二つの論点」金融法務一五一一号四一頁（一九九八年）
高橋慶介「債権者のための破産・和議手続（一）～（五・完）」ＮＢＬ一四八号六頁（一九八七年）、一五八号一一頁一五九号三四頁、一六〇号二二頁、一六二号三二頁（一九八八年）
竹内康二「倒産処理法の改正問題」ジュリ八七五号一三三頁（一九八七年）
竹下守夫＝藤田耕三『裁判実務大系３〔会社訴訟・会社更生法〔改訂版〕〕』（青林書院 一九九四年）
竹下守夫＝宮脇幸彦編『新版・破産・和議法の基礎〔実用編〕』（青林書院新社 一九七九年）
谷口安平『倒産処理法〔第二版〕』（筑摩書房 一九八〇年）
棚瀬孝雄＝伊藤眞『企業倒産の法理と運用』（有斐閣 一九七九年）
田原睦夫「再建型倒産手続における債務者の財産管理について」（倒産制度研究会〔大阪〕・倒産実務上の問題点６）判タ八九三号一六頁（一九九六年）
田原睦夫「清算型の弁済計画」（倒産制度研究会〔大阪〕・倒産実務上の問題点９）判タ九〇〇号五一頁（一九九六年）
田原睦夫「再建計画の遂行」（倒産制度研究会〔大阪〕・倒産実務上の問題点15）判タ九二一号四九頁（一九九六年）
田原睦夫「新再建型倒産手続〔倒産法改正の方向と検討課題①〕」ＮＢＬ六四二号六頁（一九九八年）
田村諄之輔「会社更生における『更生、公平と遂行可能性』についての一考察」菊井献呈『裁判と法（下）』七四一頁（有斐閣 一九六七年）
都留重人編『岩波経済学小辞典〔第三版〕』（岩波書店 一九九四年）
テオドール・バウムス（丸山秀平訳）「ドイツにおけるコーポレート・ガバナンス――制度と最近の展開」商事一三六

三号七〇頁（一九九四年）
出水順「倒産債権の届出・調査について」（倒産制度研究会〔大阪〕・倒産実務上の問題点7）判タ八九四号二一頁（一九九六年）
出見世信之『企業統治問題の経営学的研究――証明責任関係からの考察』（文眞堂　一九九七年）
寺本義他編著『日本企業のコーポレートガバナンス―開かれた経営を目指して』（生産性出版　一九九七年）
東西倒産実務研究会編『和議』（商事法務研究会　一九八八年）
東西倒産実務研究会編『会社更生・会社整理』（商事法務研究会　一九八九年）
東西倒産実務研究会編『破産・特別清算』（商事法務研究会　一九八九年）
倒産法制研究会「『新再建型手続』に関する提言」（〝通産省〟研究会提言〟）（一九九九年）
中島弘雅「新再建型倒産手続の一つの方向――イギリス倒産法からの示唆（上）（下）」ジュリ一一四一号一三〇頁、一一四二号九五頁（一九九八年）
中島弘雅「イギリスの再建型企業倒産手続（一）～（三・完）」民商一一八巻四・五号五七七頁、六号七一三頁、一一九巻一号一頁（一九九八年）
中田淳一『破産法・和議法』（有斐閣　一九五九年）
西澤宗英『ここからはじめる破産法』（日本評論社　一九九六年）
西村國彦「債権者のための破産手続（上）（下）」NBL二九五号六頁（一九八三年）、二九八号二二頁（一九八四年）
日本私法学会商法部会シンポジウム資料「コーポレート・ガバナンス――大会社の役割とその運営・管理機構を考える」商事法務一三六四号二頁（一九九四年）
野沢純平「実戦・倒産対策（ベテランからのひとこと66～80）」NBL二五八号―七二号（一九八二）、二七三―七四号（一九八三年）
羽田忠義『私的整理法』（商事法務研究会　一九七六年）
ハックス、カール（高山清治訳）『経営実態維持論』（同文館　一九九七年）
福田正「倒産処理手続と債権者集会」判タ八九〇号（倒産制度研究会〔大阪〕・倒産実務上の問題点5）判タ八九〇号

一一頁（一九九五年）
福永有利「倒産法一本化の是非と問題点」ジュリ一一一一号二九頁
福永有利「倒産実体法」〔倒産法改正の方向と課題④〕ＮＢＬ六四三号三四頁（一九九八年）
フォーク、イーサン Ｊ（岩永裕二＝廣田雅俊訳）「米国における企業買収の構成と交渉（上）（下）」ＮＢＬ三六二号六頁、三六四号四〇頁（一九八六年）
深尾光洋＝森田泰子『企業ガバナンス構造の国際比較』（日本経済新聞社 一九九七年）
プリュッティング、ハンス（吉野正三郎＝安達栄司訳）「ドイツ倒産法の改正」ジュリ一〇七二号一三一頁（一九九五年）
法務省民事局参事官室編『倒産法制に関する改正検討課題――倒産法制に関する改正検討事項とその補足説明』別冊ＮＢＬ四六号（商事法務研究会 一九九八年）〔検討事項〕
松下淳一「『全国破産法調査委員会報告書』の概要と『議会への勧告』（上）（下）」ジュリ一一三七号八〇頁、一一三八号九三頁（一九九八年）
松田二郎『会社更生法〔新版〕』（有斐閣 一九七六年）
三上威彦『ドイツ倒産法改正の軌跡』（弘文堂 一九九五年）
三ケ月章『会社更生法研究』（有斐閣 一九七〇年）
三ケ月章「倒産法の新展開」ＮＢＬ一六九号一三頁（一九七八年）
宮川知法『債務者更正法構想・総論――倒産法新世紀への憧憬と道標』（信山社 一九九四年）
三輪芳郎＝神田秀樹＝柳川範之『会社法の経済学』（東京大学出版会 一九九八年）
民事訴訟法学会編『民事訴訟法・倒産法の現代的潮流〔一九九七年民事訴訟法学会国際シンポジウム〕』（信山社 一九九八年）
村松謙一『ドキュメント・複合的和議』（商事法務研究会 一九九四年）
村山浩也「会社整理手続の一般的流れ」〔臨時増刊・会社更生・会社整理・特別清算の実務と理論〕判タ八六六号三七五頁（一九九五年）

森恵一＝四宮章夫「清算型の中立手続及び保全処分について」（倒産制度研究会〔大阪〕・倒産実務上の問題点3）判タ八八四号四五頁（一九九五年）
森淳二朗「コーポレート・ガバナンスと日本の企業システムの行方――自民党『商法等改正試案骨子』に寄せて」ジュリ一一二二号五二頁以下（一九九七年）
森高計重「ドキュメント・私的整理（その一）～（その一五・完）」NBL二五八号～二七四号（一九八二―八三年）
森高計重「倒産私的整理準則試論（その一）～（その四）」NBL三一九号一四頁（一九八四年）、三二三号二三頁、三二七号二二頁、三三〇号三九頁（一九八四年）、三三三号（一九八五年）
森俊治『アメリカ経営学の再吟味』（税務経理協会 一九九八年）
森本滋『会社法〔第二版〕』（有信堂 一九九五年）
森本滋「コーポレート・ガバナンスと商法改正――自民党商法に関する小委員会『試案骨子』について」ジュリ一一二一号六三頁（一九九七年）
山木戸克己『破産法』（青林書院 一九七四年）
山野目章夫「倒産実体法の立法論的考察（二）」（担保権の取り扱い(2)・動産売買先取特権）金商一一一二巻六号九六七頁（一九九五年）
山本和彦『民事訴訟審理構造論』（信山社 一九九五年）
山本弘「法人清算型手続――破産を中心に（検討事項第一部第二章）」ジュリ一一三四号四頁（一九九八年）
山本弘「ドイツ連邦共和国における倒産法改正の試み――Üertragende Sanierungの位置付けを中心として」三ケ月古稀『民事手続法学の革新（下）』五二九頁（有斐閣 一九九一年）
山本弘「《研究報告》ドイツ連邦共和国における企業再建手続導入論の動向」民訴三九号一五七頁（一九九三年）
山本克己「倒産法改正の課題」（倒産制度研究会〔大阪〕）判タ八八〇号四八頁（一九九五年）
弥永真生『リーガル・マインド会社法』（有斐閣 一九九三年）
柳田耕三「倒産法制の見直しと民事手続法の今後の課題」NBL六〇八号三五頁（一九九七年）
吉野正三郎『集中講義・破産法』（成文堂 一九九一年）

吉野正三郎＝木川裕一郎「ドイツ倒産法試訳(一)～(四・完)」東海一六号三三九頁、一八号一三七頁（一九九七年）、一九号三一六頁、二〇号一九一頁（一九九八年）
吉野正三郎「ドイツ新倒産処理手続の概要」東海二一号七三頁（一九九九年）
吉原和志「会社の責任財産の維持と債権者の利益保護（一）～(三・完)」法協一〇二巻三号一頁、五号四九頁、八号一頁（一九八五年）
渡邊光誠『最新・アメリカ倒産法の実務』（商事法務研究会 一九九七年）

《座談会》
伊藤眞＝三宅省三＝田原睦夫＝石黒省治「倒産処理実務の現状と問題点」金法一四七五号六頁（一九九八年）
伊藤眞＝オロ千晴＝佐伯照道＝高田裕成＝山本克己「倒産法改正の方向と検討課題(一)～(三・完)」NBL六三四号六頁、六三五号二六頁、六三六号三一頁（一九九八年）
鎌田薫＝高橋宏志＝庭山正一郎＝房村精一＝宮川光治「司法改革を考える（上）（下）」NBL六五六号四頁、六五七号一二頁（一九九九年）
高橋宏志＝岡正晶＝瀬戸英雄＝徳重寛＝長井秀典＝中島肇＝中山顕裕＝平澤憲雄＝森康清「倒産手続における裁判官、書記官、弁護士の協力と関与(一)～(五・完)」NBL六四五号六頁、六四六号三一頁、六四七号五五頁、六四八号五〇頁、六四九号五三頁（一九九八年）
中祖博司＝小曳正夫＝オロ千晴＝三宅省三「M&Aと会社更生（上）（下）」NBL四〇四号六頁、四〇六号一四頁（一九八八年）
矢沢惇＝位野木益雄＝藤林益三＝堀内仁＝宮脇幸彦＝三ケ月章「会社更生法の改正をめぐって（一）～(三・完)」ジュリ三七八号七一頁以下、三七九号九四頁以下、三八〇号三六頁以下（一九六七年）

《特集・別冊・増刊号》
金融法務特集「特集＝長期不況下の倒産時健処理」金法一五一〇号六頁（一九九八年）

同　「債権管理七七号」〔特集・住専・ノンバンクの破綻と債権管理〕金法一四六二号（一九九六年）
同　「債権管理七八号」〔特集・倒産処理実務の現状と問題点〕金法一四七五号（一九九六年）
金融商事判例増刊号『会社更生法――実務と理論の問題点』金判五五四号（一九七八年）
麻上信平＝羽田忠義＝森井英雄『私的整理――実務と理論の問題点』金判六七九号（一九八三年）
ジュリスト特集号「特集・コーポレート・ガバナンス」ジュリ一〇五〇号（一九九四年）
同　「特集・倒産法制見直しの課題」ジュリ一一一一号（一九九七年）
判タ臨時増刊・石川明＝田中康久＝山内八郎編『破産・和議の実務と理論』判タ八三〇号（一九九四年）
判タ特集号「特集・会社法全面改正の動向と課題」判タ八三九号（一九九四年）
同・青山善充＝金築誠志＝山内八郎編『会社更生・会社整理・特別清算の実務と運用』判タ八六六号（一九九五年）
法学セミナー特集「特集・ケースで考える企業倒産・個人破産」法セミ五二六号三八頁（一九九八年）
別冊ジュリスト「倒産判例百選」（一九七六年）
同　「新倒産判例百選」（一九九〇年）
同　「会社判例百選〔第五版〕」（一九九二年）
同　「会社判例百選〔第六版〕」（一九九八年）

《検討事項解説》
深山卓也「『倒産法制に関する改正検討事項』の概要(一)～(四・完)」ＮＢＬ六三二号四三頁、六三三号三六頁、六三四号三一頁、六三五号三六頁（一九九八年）
深山卓也＝古関裕二＝花村良一＝坂本三郎「『倒産法制に関する改正検討事項』の概説(一)～(三・完)」金法一五〇五号三九頁、一五〇六号四一頁、一五〇八号六〇頁（一九九八年）
法務省民事局参事官室「『倒産法制に関する改正検討事項』に対する各界意見の概要について」判タ九八五号七四頁（一九九八年）

深山卓也＝古関裕二＝花村良一＝筒井健夫＝坂本三郎「『倒産法制に関する改正検討事項』に対する各界意見の概要（一）～（五・完）」ＮＢＬ六四七号八頁、六四八号三〇頁、六四九号三九頁、六五〇号三二頁、六五一号二一頁（一九九八年）

——外国語文献一覧——

Ackerman, Susan R., Risk Taking and Ruin: Bankruptcy and Investment Choice, 20 J. Legal. Stud. 277 (1991)
Adams, Edward S., Governance in Chapter 11 Reorganizations: Reducing Costs, Improving Results, 73 B. U. L. Rev. 581 (1981) 〔'Adams, Reducing Cost'〕
Adler, Barry E., A Re-Examination of Near-Bankruptcy Investment Incentives, 62 U. Chi. L. Rev. 575 (1995)
Altmeppen, Holger, Probleme der Konkursverschleppungshaftung, ZIP 1997, 1173.
Baird, Douglas G., The Uneasy Case for Corporate Reorganizations, 15 J. Legal. Stud. 127 (1986)
Baird, Douglas G., Loss Distribution, Forum Shopping and Bankruptcy : A Reply to Warren, 54 U. Chi. L. Rev. 815 (1987)
Baird, Douglas G., Bargaining After the Fall and the Contours of the Absolute Priority Rule, 55 U. Chi. L. Rev. 738 (1988)
Baird, Douglas G., Revisiting Auctions in Chapter 11, 36 J. L & Econ. 633 (1993)
Baird, Douglas G., Fraudent Conveyances, Agency Costs, and Leveraged Buyouts, 20 J. Legal. Stud. 1 (1991)
Douglas G.Baird & Thomas H. Jackson, Corporate Reorganizations and the Treatment of Diverse Ownership Interests: A Comment on Adequate Protection of Secured Creditors in Bankruptcy, 51 U. Chi. L. Rev. 97 (1984)
Douglas G. Baird & Randal C. Picker, A Simple Noncooperative Bargaining Model of Corporate Reorganizations, 20 J. Legal. Stud. 311 (1991)

Balz, Manfred, Sanierung von Unternehmen oder von Unternehmenstragern？（Verlag kommunikationsforum Recht, Wirtschaft, Steuern, 1986）

Balz, Manfred, Aufgaden und Struktur des Künftigen einheitlichen Insolvenzverfharens, ZIP 1988, 273.

BASTY, GREGOR, DIE INTERESSEN DER GLÄUBIGER IN EINEM KÜNFTIGEN SANIERUNGS-/REORGANISATIONSVERFAHREN（VERLAG. FLORENTZ, 1988）

Bebchuk, Lucian A., A New Approach To Corporate Reorganizations, 101 Harv. L. Rev. 775（1988）

Berges, August M., Erster Bericht der Kommision für Insolvenzrecht――Eine Stellungnahme, BB 1986, 753.

Michael Bradley & Michael Rosenzweig, The Untenable Case for Chapter 11, 101 Yale L. J. 1043（1992）

Braucher, Jean, Bankruptcy Reorganization and Economic Development, 23 Cap. U. L. Rev. 499（1994）

Brudney, Victor, Equal Treatment of Shareholders in Corporate Distributions and Reorganizations, 71 Ca. L. R. 1073（1983）

Jermy I. Bulow & John B. Shoven, The Bankruptcy Decision, 9 Bell J. Econ. 437（1978）

BUNDESMINISTERIUM DER JUSTIZ, ERSTER BERICHT DER KOMMISSION FÜR INSOLVENZRECHT（VERLAG KOMMUNIKATIONSFORUM, 1985）〔〝第1報告書〟〕

BUNDESMINISTERIUM DER JUSTIZ, ERSTER BERICHT DER KOMMISSION FÜR INSOLVENZRECHT（VERLAG KOMMUNIKATIONSFORUM, 1986）

BUNDESMINISTERIUM DER JUSTIZ, DISKUSIONSENTWURF EINES GESETZ ZUR REFORM DES INSOLVENZRECHT（VERLAG KOMMUNIKATIONSFORUM, 1989）

BUNDESMINISTERIUM DER JUSTIZ, REFERENTENTWURF EINES GESETZ ZUR REFORM DES INSOLVENZRECHT（VERLAG KOMMUNIKATIONSFORUM, 1989）

Cofee Jr., John, C., Shareholders Versus Managers : The Strain in the Corporate Web, 85 Mich. L. Rev. 1（1986）

Donaldson, Gordon, Voluntary restructuring―― The case of General Mills, 27 J. Fin. Econ. 117（1990）

Dorndorf, Eberhard, Zur Dogmatik des Verfahrenszwecks in einem marktadäquaten Insolvenzrecht, in : FS Merz,

1992, S. 31.
Frank H. Easterbrook & Daniel R. Fischel, Voting in Corporate Law, 26 J. L & Econ. 395 (1983)〔'Easterbrook & Fischel, Voting'〕
Frank H. Easterbrook & Daniel R. Fischel, Corporate Control Transactions, 91 Yale L. J.698 (1982)
Engelhard, Hans A., Politishce Akzente einer Insolvenzrechtreform, ZIP 1986, 1287.
Eugene F. Fama & Michael C. Jensen, Separation of Ownership and Control, 26 J. L & Econ. 301 (1983)〔'Fama & Jensen'〕
FLESSNER, ALEX, SANIERUNG UND REORGANISATION (J. C. B. MOHR (PAUL SIEDECK) TÜBINGEN, 1982)
Fried, Jess M., Executory Contracts and Performance Decisions in Bankruptcy, 46 Duke L. J. 517 (1996)
Frost, Christpher W., Running the Asylum : Governance Problems in Bankruptcy Re-organizations, 34 Ariz. L. Rev. 89 (1992)〔'Frost, Asylum'〕
Frost, Christpher W., Bankruptcy Redistriutive Policies and The Limits of the Judicial Process, 74 N. Ca. L. Rev. 75 (1995)
Frost, Christpher W., The Theory, Reality and Pragmatism of Corporate Governance in Bankruptcy Reorganizations, 72 Am. Bankr. L. J. 104 (1998)〔'Frost, Pragmatism'〕
Gravenbrucher Kreis, Stellungnahme zu den Reofrmvorshlägen der Kommission für Insolvenzrecht, BB, Beitrage 15/1986, 1.〔'GK'〕
Gravenbrucher Kreis, Stellungnahme zum Diskussionsentwurf eines Insolvenzrechts-reformgesetzes, ZIP 1989, 468.
Groß, Paul J., Fortführungsgesellschaften, KTS 1982, 355.
HARDIN, RUSSELL, COLLECTIVE ACTION, 43 (1982).
Henckel, Wolfram, Insolvenzrechtsreform zwischen Vollstreckungsrecht und Unternehmens-recht, in: FS Merz, 1992, S. 197.

Michael C. Jensen & William H. Meckling, Theory of the Firm: Managerial Behavior, Agency Costs and Ownership Structure, 3 J. Fin. Econ. 305 (1976) 〔'Jensen & Meckling〕〕

JACKSON, THOMAS H., THE LOGIC AND LIMITS OF BANKRUPTCY LAW (HARVARD UNIVERSITY PRESS, 1986)

Kelch, Thomas, G., The Phantom Fiduciary : The Debtor In Possession In Chapter 11, 38 Wayne L. Rev. 1323 (1992) 〔'Kelch, Phantom'〕

Kelch, Thomas, G., Shareholder Control Rights in Bankruptcy: Disassembling the Withering Mirage of Corporate Democracy, 52 MD. L. Rev. 264 (1993) 〔'Kelch, Democracy'〕

Kilger, Joachim, Der Konkurs des Konkurses, KTS 1975, 142.

Kilger, Joachim, Grundzüge eines Reorganizationsverfahren ?, ZIP 1982, 779.

KING, LAWRENCE P., COLLIER PAMPHLET EDITION BANKRUPTCY CODE (1997)

KING, LAWRENCE P., 3 COLLIER ON BANKRUPTCY CODE (MATTHEW BENDER, 15TH ED., 1993)

KING, LAWRENCE P., 5 COLLIER ON BANKRUPTCY CODE (MATTHEW BENDER, 15TH ED., 1993)

Korobkin, Donald R., Rehabilitationg Values: A Jurisprudence of Bankruptcy, 91 Colum. L. Rev. 717 (1991)

Korobkin, Donald R., Employee Interests in Bankruptcy, 4 Am. Bankr. Inst. L. Rev. 5.

KÜBLER BRUNO, M. (HERS), NEUORDUNG DES INSOLVENZRECHTS (VERLAG KOMMUNIKATIONS-FORUM RECHT, WIRTSCHAFT,STEUERN, 1989)

Lamsdorff, Otto G., Wirtschaftspolitische Aspekte einer Insolvenzrechtreform, ZIP 1987, 809.

LoPucki, Lynn M., A General Theory of The Dynamics of The State Remedies/Bankruptcy System, 1982 Wis. L. Rev. 311 (1982)

LoPucki, Lynn M., The Debtor in Full Control—— Systems Failure Under Chapter 11 of the Bankruptcy Code ?, 57 Am. Bankr. L. J. 99, 247 (1983) 〔'LoPucki, Full Control (Second Installment)'〕

LoPucki, Lynn M., Stramge Visions in a Starnge World : A Reply to Professors Bradley and Rosenzweig, 91 Mich.

L. Rev. 79 (1992)

LoPucki, Lynn M., The Trouble With Chapter 11, 1993 Wis. L. Rev. 729 (1993)

Lynn M. LoPucki & William C. Whitford, Bargaining Over Equity's Share in The Bankruptcy Reorganization of Large, Publicly Held Companies, 139 U. Pa. L. Rev., 125 (1990) 〔'LoPucki & Whitofrd, Equity Bargain'〕

Lynn M. LoPucki & William C. Whitford, Corporate Governance in the Bankruptcy Reorganization of Large, Publicly Held Companies, 141 U. Pa. L. Rev. 669 (1993) 〔'LoPucki & Whitofrd, Governance'〕

Lynn M. LoPucki & William C. Whitford, Patterns in the Bankruptcy Reorganization of Large, Publicly Held Companies, 78 Cornell L. Rev. 597 (1993)

Miller, Harvey R., Corporate Governance in Chapter 11 : The Fiduciary Relationship Between Directors and Stockholders of Solvent and Insolvent Corporations, 23 Seaton Hall L. Rev. 1467 (1993) 〔'Directors and Stock-holders'〕

NATIONAL BANKRUPTCY REVIEW COMISSION (FINAL REPORT) BANKRUPTCY :THE NEXT TWENTY YEARS (U.S.GOVERNMENT PRINTING OFFICE, 1997) 〔'NBRC REPORT'〕

Nimmer, Raymond T. & Feinber, Richard B., Chapter 11 Business Governance : Fiduciary Duties, Business Judgement, Trustees and Exclusivity, 6 Bankr. Dev. J. 1 (1989) 〔'Nimmer & Feinberg'〕

Ponoroff, Lawrence, Enlarging the Bargaining Table : Some Implications of the Corporate Stakeholder Model For Federal Bankruptcy Proceedings, 23 Cap. U. L. Rev. (1993)

Palmiter, Alan R., Reshaping the Corporate Fiduciary Model : A Director's Duty of Inde-pendence, 67 Tex. L. Rev. 1351 (1989)

Pape, Gerhard, Recht auf Einsicht in Konkursakten――ein Versteckspiel fur Gläubiger ?, ZIP 1997, 1367.

Rasmussen, Robert, An Essay on Optimal Bankruptcy Rules and Social Justice, 1994 U. Ill. L. Rev. 1 (1994)

Roe, Mark J., Bankruptcy and Debt: A New Model For Corporate Reorganization, 83 Cloum. 527 (1983)

Roe, Mark J., The Voting Prohibition in Bond Workouts, 97 Yale L. J. 232 (1987)

ROHDE, CARSTEN, AUSLESE DURCH INSOLVENZEN——ZUR FUNKTIONSFÄHIGKEIT DER MARKTWIRTSCHAFTLICHE SANKTIONSYSTEME（VAN DENHOECK & RUPRECHT IN GÖTTINGEN, 1979）

RÖPKE, WILHELM, DIE LEHRE VON DER WIRSCHAFT（VERLAG PAUL HAUPT BERN UND STUTGART, 12 AUFL., 1979）

SCHMIDT, REINHARD H., ÖKONOMISCHE ANALYSE DES INSOLVENZRECHT（BBETRIEBSWIRTSHCAFTLICHER VERLAG GABLER, 1980）

Schwartz, Alan, A Contract Theory Approach to Business Bankruptcy, 107 Yale L. J. 1807（1998）〔'Contract Theory Approach'〕

Skeel, Jr., David A., The Nature and Effect of Corporate Voting in Chapter 11 Reorganisa-tion Cases, 78 Va. L. Rev. 461（1992）〔'Skeel, Voting'〕

Smith, Abbie J., Corporate ownership structure and performance- The case of management buyouts, 27 J. Fi. J. Legal. Stud. 1

Stürner, Rolf, Aktuelle Probleme des Konkursrechts, ZZP 1981, 263.

Stürner, Rolf, Möglichkeiten der Sanierung von Unternehmen duruch Maßnahmen in Unternehmens- und Insolvenzrecht, ZZP 1982, 761.

Tracht, Marshall E., Contractual Bankruptcy Waivers : Reconciling Theory, Practice, and Law, 82 Cornell L. Rev. 301（1997）

UHLENBRUCK, WILHELM（M. PRAXISHINWEISEN）, DAS NEUE INSOLVENZRECHT（VERLAG FÜR DIE RECHTS-UND ANWALSPRAXIS, 1994）

Warren, Elizabeth, Bankruptcy Policy, 54 U. Chi. L. Rev. 775（1987）

Williamson, Oliver, Corporate Governance, 93 Yale L. J. 1197（1984）

Williamson, Oliver, Organization Form, Residual Claimants, and Corporate Control, 26 J. L & Econ. 351（1983）

あとがき

本書は、倒産処理における関係人自治の意義及び実現方法を、多様な観点から考察し、その可能性を探求したものである。自治を論じようとすれば、自治主体の自発的行動に関する原理や力学、またその誘因に自ずと着目することになり、その探求の過程で次第に「経済効率性」がキーワードとなっていった。倒産というあくまでも経済的な異常事態の分析にあたって、少なくとも明確かつ一般的な指針たりうると考えられたからである。かくして本書には、全体として経済学的思考の影響が強く現れている。経済効率性を強調して倒産処理を論じる姿勢、とりわけ本書第四章で示した事件選別の必要性という私的提言に対しては、生身の人間が主役となる現実の場面には数値では測りきれないものが多々ある、或いは、可能性のある再建を安易に諦めて清算せよと推奨するかの如きである、といった批判が予測される。以下、この点の筆者の考え方を述べて、あとがきにかえたい。

経済学的分析に伴うこうした問題点こそは、筆者自身が研究を進める過程で最も葛藤した部分であった。それは理念である以上に、筆者の最も身近で痛感させられていた現実であった。ここで私事を挙げるのは憚られるが、すなわち筆者の両親が直面していた医院経営の悲惨な現実である。父は、大病院勤務医時代に現代医療のあり方に強い疑問を抱くようになったことから個人診療所を開設し、医師として真実真摯に最善の医療の提供に尽力した。医院の所在地から「祇園の赤ひげ」とも呼ばれた父だが、経済勘定のゆえに理想を曲げることは断固潔しとしなかったため、また厳しい不況のあおりも受けて、晩年には莫大な負債を抱え込むことになった。逼迫した財政状況に喘ぐ両親の姿を見て何度も自己破産を勧めようと思ったものだが、理念の実現を第一の目的とする医院経営であり、また常に患者の信頼を得る人格者たらんとする彼らに、破産は事実上ありえない選択であった。それで結局は、破産という選択肢を睨みつつ、医院の当時の融資状況や経営の採算性・持久力を考慮したときの適当な妥協点として、経営規模の縮小を勧めるにとどまった。その後程なく父が亡くなったため、この具体的な判断の妥当性を図る術はもはやないが、当事者に連なる立場において倒産処理方法の選択を迫られた体験は、筆者の研究姿勢に生きた。このとき筆者は、単純に破産という結論を出したのでも、逆に破産の可能性を完全に排除したのでもない。まずは経済的に合理的な選択肢を一方の極に据え、これに対して、他方の極に据えた当事者の経営の目的、価値観、実行可能性のほかその事業が持つ社会的価値等をすり合わせる形で、その時点で実際にとりうる選択肢を探したのである。仮にその後更に状況が悪化していたならば、同様の考えの道筋を辿って破産という究極に到達し、そのための説得を行ったであろう。すなわち、実際的な選択を可能にするためにこそ、敢えて合理性を基準とする単純なモデルを設定し、考察の出発点にしようと考えるのである。

すりあわせの諸要素は個別具体的な場合により多種多様にありえよう。その状況において当事者が目指すべき方向性や戦略を見出そうとするとき、発想の基軸や指標がなんらない漠然とした状態では、様々な情報や思考を組み立てるのはきわめて困難となる。これに対して、単純で画一的な基準を用いれば「合理的に正しい判断」を想定することは可能であり、方向性決定の際に広く妥当する基準として有用に活用できる。この意味で、選択肢の一方の極に合理的選択をモデル化することには、大きな意義があると考える。もちろん、誰にとって、どのような価値観において「合理的に正しい」といえるのか自体が、一概にはいえない難しい問題である。しかし、ほかでもない倒産処理という経済活動の終焉又はこれに限りなく近接した場面では、経済効率性が一つの尺度として用いられうるということにつき今日疑いの余地はあるまい。

このような意図のもとに本書での提言を行った以上は、ここでの結論は私の構想全体からみれば未だ中間到達点に過ぎない。今後は、一方で本書の立場における研究をよりいっそう進めて、会社法の領域での議論との間に断絶のない理論体系の構築という究極の目標の実現を目指しつつ、他方では前述のすりあわせの諸要素や方法についての研究を進めていきたいと考えている。この両輪がバランスよく備わってこそ初めて、この方法での研究は真に説得力をもち得る。

将来的課題は多々あるが、いまは今後の研究の発展と深化を期しつつ、ひとまず筆をおくこととする。

二〇〇四年二月

著　者

〈著者略歴〉

河崎祐子（かわさき・ゆうこ）

1969年　京都市に生まれる
1994年　筑波大学第一学群社会学類卒業
1996年　一橋大学大学院法学研究科修士課程修了
1999年　一橋大学大学院法学研究科博士後期課程修了・一橋大学博士（法学）　日本学術振興会特別研究員
2000年　立教大学法学部助手・東京女子大学非常勤講師
2001年　駿河台大学法学部専任講師（現職）

「主要論文」
「国際倒産法（内国法）における普遍主義と内国利益保護―ドイツ倒産法改正法政府草案からの示唆」一橋論叢117巻1号（1997年）
「倒産法改正をめぐる交渉の法社会学的分析」（著書紹介：Bruce G. Carruthers & Terence C. Halliday, RESCUEING BUSINESS: the Making of Corporate Bankruptcy in England and the United States, Clarendon Press/Oxford University Press, 1998. PP. xv, 5822）アメリカ法2000-1（2000年）
「紹介・倒産処理契約理論」立教法学58号（2001年）

企業再建手続運営プロセスの法理
――倒産処理における関係人自治――

2004年（平成16年）3月31日　第1版第1刷発行　3080-0101

著　者　河　崎　祐　子
発行者　今　井　　貴
発行所　株式会社　信　山　社
〒113-0033　東京都文京区本郷6-2-9-102
電　話　03（3818）1019
FAX　03（3818）0344
出版編集　信山社出版株式会社
販売所　信山社販売株式会社

Printed in Japan

 印刷・製本／東洋印刷・大三製本

ISBN4-7972-3080-0 C3332
3080-040-010
NDC分類01-327.361-B00